Publications du Fonds national suisse de la recherche scientifique
dans le cadre des programmes nationaux de recherche

Volume 5

Michel Bassand
Professeur de sociologie et directeur de l'Institut de recherche sur l'environnement construit,
Département d'architecture, Ecole polytechnique fédérale de Lausanne

Marie-Claude Brulhardt
Assistante de recherche à l'Institut de recherche sur l'environnement construit,
Département d'architecture, Ecole polytechnique fédérale de Lausanne

avec la collaboration de
Willy Dietrich et Philippe Maillard
et, pour les travaux de documentation, de
Geneviève Archambault et Barbara Michel

Mobilité spatiale

Bilan et analyse des recherches en Suisse

Editions Georgi, Saint-Saphorin (Lavaux)

Travail exécuté dans le cadre du programme national « Problèmes régionaux en Suisse, notamment dans les zones de montagne et les zones frontalières » du Fonds national suisse de la recherche scientifique (projet n° 4.156.0.78.05)

Publié avec l'aide du Fonds national suisse de la recherche scientifique et en collaboration avec les Presses polytechniques romandes
Tirage: 1100 exemplaires

AVANT-PROPOS

Précisons d'emblée que ce livre ne contient ni une théorie nouvelle — générale ou de moyenne portée — sur la mobilité spatiale, ni une comparaison internationale systématique et exhaustive des divers types de mobilité. Bien qu'orienté par ces deux ambitions, cet ouvrage, de par ses objectifs et ses conditions de production, se veut plus modeste: en premier lieu, il vise à rassembler et à présenter les travaux les plus significatifs de ces dernières années menés en Suisse et à l'étranger sur les principaux types de mobilité spatiale; en second lieu, il tente de clarifier le concept de mobilité spatiale, notamment par l'apport de certains travaux étrangers; enfin, il cherche à donner un aperçu général du problème en Suisse et de son impact sur le développement régional, en rassemblant des travaux épars et sectoriels. Ce livre a donc pour principal objectif de servir d'ouvrage de base et de point de départ pour des travaux ultérieurs.

Le groupe d'experts du Programme national de recherche N° 5 du Fonds national de la recherche scientifique nous a mandatés pour effectuer ce travail dans des délais très brefs, et ce avant tout pour porter à la connaissance des chercheurs participant au PNR N° 5 cet ensemble de recherches et pour définir, à partir de là, une étude nouvelle sur la mobilité spatiale qui serve la compréhension du développement régional.

Nous profitons de cet avant-propos pour remercier très vivement le FNRS et la Direction du PNR N° 5 pour leurs encouragements et leur soutien financier.

Michel Bassand et Marie-Claude Brulhardt.

TABLE DES MATIÈRES

INTRODUCTION

Importance et complexité du phénomène de la mobilité spatiale
Premières définitions

La mobilité spatiale n'est pas un phénomène propre aux sociétés contemporaines. Il suffit de lire les travaux des ethnologues et des historiens pour être convaincus du contraire. Que ce soit dans des zones désertiques, tropicales ou arctiques, la plupart des groupes humains primitifs ne survivent que par deux types au moins de mobilité spatiale. D'une part, des pérégrinations quotidiennes d'une partie du groupe en quête de végétaux, minéraux et animaux indispensables à leur vie quotidienne; d'autre part, des mouvements migratoires saisonniers répétitifs du groupe tout entier pour échapper à des conditions climatiques, socio-économiques ou politiques peu clémentes. Souvent, ces deux mouvements s'accompagnent de migrations définitives, contraintes ou pas, de peuples entiers.

Si maintenant nous considérons les sociétés contemporaines, la mobilité spatiale ne cesse d'y jouer un rôle crucial: tout le monde connaît les mouvements considérables de population, de toute nature, entre quartiers, localités, régions, nations et continents. L'histoire des sociétés industrielles et urbaines pourrait être contée sous l'angle de ces migrations. C'est entre autres par elles que se constitue un ordre social mondial.

Les crises économiques sociales et politiques contemporaines se traduisent encore et toujours par des déplacements d'êtres humains dans l'espace, et si, finalement, nous focalisons notre regard sur les sociétés d'Europe occidentale, en crise économique, dont le chômage croissant est un des symptômes les plus inquiétants, nous nous rendons compte que la mobilité spatiale devient un enjeu et partant un objet de vifs débats. Résumons-les: pour d'aucuns, les autorités politiques et économiques plus particulièrement, la lutte contre le chômage implique une main-d'œuvre plus mobile, par conséquent il faut que la mobilité spatiale soit favorisée au maximum. Pour d'autres, les travailleurs et les élites sociales et politiques des régions les plus touchées par la crise économique, vivre et travailler au pays devient une revendication majeure; ils refusent la mobilité spatiale.

Ces quelques constats entraînent au moins deux remarques :

● Jusqu'à ce stade, nous avons implicitement admis que la mobilité spatiale était un mouvement qui concernait l'homme compris individuellement ou en groupe. Pourtant force nous est de constater que la mobilité spatiale concerne aussi d'autres dimensions de la société : la plus ou moins grande mobilité des hommes est liée à la mobilité spatiale variable de divers biens de consommation ou de production, de capitaux, d'entreprises, d'institutions, de technologies, d'informations.

Il est très généralement admis que c'est la mobilité des facteurs de production comme les capitaux, les équipements, les technologies, et leur polarisation en quelques points privilégiés du territoire qui a entraîné celles des hommes. Ces mouvements expliquent dans une très large mesure l'urbanisation exceptionnelle des sociétés industrielles naissantes et avancées. C'est la même mobilité spatiale des capitaux et des technologies hors des sociétés occidentales, vers des contextes sociaux et économiques permettant une rentabilité plus favorable, qui explique en partie le chômage de la main-d'œuvre de ces sociétés. Soulignons que les mobilités spatiales des hommes, ou des capitaux, ou des technologies, ou de l'information, sont rarement isolées, très souvent ces mobilités s'impliquent mutuellement, par exemple : quel que soit le degré de sophistication des moyens de communication, rien ne remplace une décision prise en face à face, dans ce cas donc les hommes et les informations se déplacent en même temps, c'est la « jet society » des décideurs ; de même la migration interrégionale des travailleurs implique souvent celle de technologies, voire de capitaux.

Ainsi, pour comprendre et expliquer la mobilité spatiale des hommes, il est indispensable de la rapporter d'une part, à la mobilité ou l'immobilité notamment des capitaux, des équipements, des technologies, de l'information, des institutions de prise de décision ; d'autre part, aux transformations de la société et particulièrement celles qui concernent l'organisation de l'espace, l'urbanisation, l'exurbanisation, les ségrégations économiques, sociales, démographiques, culturelles, etc.

● La définition de la mobilité spatiale d'individus ou de groupes implique *au moins* le changement *d'une* localisation dans l'espace : le lieu du domicile. Or, la mobilité n'est pas que spatiale. Elle peut être aussi ou bien *professionnelle*, ou bien *sociale*, ou bien *culturelle*. Pour ce qui est de *la première*, l'acteur se déplace d'un emploi à un autre, ou d'une entreprise à une autre, n'entraînant pas nécessairement un changement de domicile. Cette mobilité est aussi qualifiée de mobilité sociale horizontale. *La seconde* implique un mouvement dans la stratification sociale, les spécialistes parlent alors de mobilité sociale ; elle peut être ascendante ou descendante, d'où certains parlent aussi de mobilité verticale. La *mobilité culturelle*, qui comprend le passage d'une culture (ou sous-culture, ou idéologie) à une autre, est dénommée acculturation, socialisation ou resocialisation. *Si nous évoquons ces trois types de mobilité, c'est que quasi systématiquement ils sont associés à la mobilité spatiale*. Ainsi par exemple, les mouvements migratoires vers les pôles urbains de croissance ont très souvent impliqué de manière plus ou moins concomitante une mobilité professionnelle, une mobilité sociale ascendante et une acculturation, alors que la mobilité spatiale, qu'entraîne la crise économique contemporaine, permet tout au plus de maintenir le statut social acquis et souvent elle est associée à une mobilité sociale descendante.

Il apparaît à la suite de ces deux remarques que la mobilité spatiale résulte de *déterminants économiques, politiques, sociaux, culturels, démographiques* qui se *situent aussi bien au lieu de départ du migrant qu'à son lieu d'arrivée*. Elle est également *intimement liée à l'organisation de l'espace* des sociétés et à *leur système de transport* et de *communication*. De même ce mouvement entraîne des *conséquences économiques, politiques, sociales, culturelles et psychologiques*, positives ou négatives *pour le migrant, comme pour ses communautés d'origine et d'accueil*. Relevons celles qui sont plutôt négatives: dépendance et anémie des régions à forte émigration, anomie du migrant, dérèglement de l'économie d'accueil dès que le flux migratoire ne correspond plus à l'offre d'emplois, désorganisations, crises, tensions dans les régions d'accueil. (Le surgissement d'un fort mouvement xénophobe en Suisse est un exemple typique.)

Ces quelques considérations illustrent la multidimensionnalité et la complexité de la mobilité spatiale, *et surtout elles démontrent qu'elle est un des axes fondamentaux du fonctionnement et du changement des sociétés contemporaines. Il est impossible de comprendre ces sociétés sans prendre en compte la mobilité spatiale qui s'y développe*.

L'objet de l'étude et ses limites

Cette étude a pour origine un mandat qui nous a été confié par le Groupe d'experts du Programme national du FNRS traitant des problèmes régionaux en Suisse (PNR 5). Plus précisément ce mandat consistait à dresser dans de brefs délais un bilan et une bibliographie des recherches en sciences sociales sur la mobilité spatiale en Suisse. Au fur et à mesure de son élaboration, cette étude a pris plus d'ampleur que prévu. Très rapidement également il nous est apparu qu'un bilan complet d'un phénomène d'une telle amplitude était impossible à dresser dans le délai qui nous était imparti. Force nous a été de procéder à plusieurs délimitations.

- Nous n'avons pris en considération que *la mobilité spatiale des hommes, conceptualisés comme main-d'œuvre, individus, groupes, etc. Nous avons éliminé les travaux concernant la mobilité spatiale des capitaux, des technologies, des entreprises, de l'information, des institutions, etc.* De même, nous n'avons pas retenu les recherches portant sur les *mobilités professionnelle, sociale et culturelle*.
- Nous n'avons considéré que les recherches en sciences sociales qui abordaient *principalement et centralement la mobilité spatiale*. Cette délimitation s'est avérée rapidement indispensable. En effet, rares sont les recherches théoriques et empiriques de sociologie, science politique, démographie, économie ou géo-

graphie notamment, qui n'abordent pas, plus ou moins longuement, sous un aspect ou un autre, la mobilité spatiale. Ne pas se plier à cette délimitation nous obligeait à passer en revue toute la production des sciences sociales des chercheurs suisses et sur la Suisse.

- Dans notre quête des travaux suisses, nous ne sommes pas allés *au-delà de l'année 1945*.
- Nous n'avons pas retenu *les études de nature normative et philosophique* comme la pastorale des migrants, le service social et l'immigration, etc.
- Nous avons éliminé également *les travaux techniques sur le système des transports*, sans exclure évidemment l'influence des transports et des communications sur la mobilité spatiale. Nous n'avons pas considéré non plus les études concernant les professions et problèmes professionnels liées aux transports ; par exemple des études sur la psychologie du pilote, le syndicalisme des transporteurs routiers, etc.
- Les études concernant les migrants et migrations liés à des crises militaires ou politiques internationales, comme par exemple les travaux relatifs aux réfugiés politiques, ont été écartées.
- Les travaux sur certains types de migrants comme les nomades, les gitans, les forains, les colporteurs, les travailleurs intérimaires, etc., n'ont pas non plus été examinés.
- Sauf quelques exceptions, nous n'avons pas relevé les statistiques produites par des organismes publics ou privés, ni fait une bibliographie des sources statistiques. *La présente étude ne se veut donc pas une compilation de statistiques sur la mobilité spatiale.*
- Ont été également exclus les travaux d'étudiants effectués pour l'obtention d'un diplôme universitaire ou analogue, sauf évidemment si ces recherches ont été publiées ou nous ont été recommandées.
- Il en est allé de même avec les articles de presse et les travaux d'organismes privés de recherche dont les résultats sont considérés comme privés ou accessibles moyennant des montants prohibitifs.

Déroulement de la recherche

Dans un premier temps, nous avons établi une liste de mots clés avec lesquels nous avons consulté les fichiers de la Bibliothèque nationale, des principaux centres de documentation et des bibliothèques universitaires suisses romandes. Ces mots clés étaient mobilité, mobilité spatiale, exode rural, migration internationale, migration interrégionale, migration intrarégionale, émigration, immigration, réfugiés, travailleurs étrangers, frontaliers, mobilité résidentielle, migration alternante, navette, mouvement pendulaire, transports, circulation, déplacement, trafic, démographie, mouvement de la population, tourisme, voyages, vacances.

Sur cette base, un premier lot d'items bibliographiques a été rassemblé ; nous avons lu les travaux qui, selon divers critères, nous sont apparus importants. Nous avons surtout retenu les études suisses de *portée* nationale ou régionale (par exemple dans un premier temps les études sur une localité ou une micro-région n'ont pas été retenues pour une lecture intégrale) et de nature scientifique incontestable.

Nous avons dépouillé les bibliographies de ces études. Parallèlement nous avons également analysé les œuvres maîtresses étrangères : avec les mêmes mots clés, nous avons établi une bibliographie de travaux récents concernant les pays du monde occidental en mettant l'accent sur la France, la République Fédérale Allemande, la Grande-Bretagne, le Canada et les Etats-Unis, sans vouloir évidemment viser l'exhaustivité.

Après ce premier dépouillement, nous avons consulté environ quarante instituts et chercheurs suisses travaillant, ou ayant travaillé, ou encore étant susceptibles de bien connaître le domaine de la mobilité spatiale en Suisse. Cette consultation s'est faite ou bien téléphoniquement ou bien de vive voix. Nous remercions ici très vivement toutes les personnes qui ont bien voulu nous recevoir ou nous répondre. Sans elles, notre bilan aurait été fort incomplet.

Après avoir rédigé complètement une première version de cette étude, nous l'avons soumise à quelques spécialistes suisses, soit MM. F. Mühlemann, E. Brugger, J. Csillaghy, Ch. Cuenoud, P. Güller, F. Haag, D. Maillat, J. Oetterli, J.-D. Rey, A. Rossi, M. Schuler, L. Thévoz. Leurs critiques et leurs remarques nous ont permis de corriger diverses omissions, lacunes et erreurs. Nous n'avons pas pu prendre en considération toutes ces remarques et critiques, mais dans leur ensemble elles ont entraîné un profond remaniement de notre premier rapport. Nous remercions ces collègues du temps qu'ils ont passé à nous lire, à nous aider à améliorer notre recherche et à nous encourager à la poursuivre. Cela dit, il va de soi que nous assumons entièrement la responsabilité de ce travail.

Plan général de l'ouvrage

Ce livre peut être subdivisé en trois grandes parties. La première, qui comprend les chapitres 1 à 4, pourrait être intitulée « Perspectives théoriques et méthodologiques ».

Nous nous sommes longuement demandé si cet essai théorique et méthodologique était nécessaire, tant les articles et les livres sur les théories et les méthodologies, plus ou moins nouvelles, relatives à la mobilité spatiale sont nombreux (parmi de multiples auteurs, citons G. Albrecht, 1972 [1.1][1], R. Duchac, 1974 [1.35], H.-J. Hoffmann-Novotny, 1970 [1.68], P. Aydalot et al., 1972 [1.4], L. Dollot, 1970 [1.33], K. Horstmann, 1976 [1.71]).

Finalement, nous avons conclu que cette première partie était indispensable. Elle l'est, d'une part, pour le lecteur qui n'est pas spécialisé dans ce thème de recherche, elle lui permettra d'apprécier les orientations prises par les sciences sociales pour rendre compte de la mobilité spatiale. D'autre part, elle est indispensable pour la cohérence de notre étude. Quitte à faire parfois double emploi avec des écrits plus ou moins récents, cette première partie nous permettra de définir toute une série d'idées, de concepts, de

---

[1] Cette numérotation renvoie à la bibliographie du chapitre 13 : [1.1] signifie paragraphe 1, item n° 1.

théories, de méthodes, par lesquels nous pourrons ensuite évaluer la production des chercheurs suisses, indiquer les acquis, désigner les lacunes dans les connaissances sur la mobilité spatiale en Suisse. Finalement, cet essai théorique et méthodologique est d'autant plus utile que les travaux sur la mobilité spatiale en Suisse sont épars et peu nombreux.

Nous ne visons pas l'exhaustivité; nous ne présenterons que les tentatives qui nous paraissent les plus marquantes, les plus riches d'enseignements et qui permettront de comprendre ce qui a été réalisé en Suisse, et ce qui pourrait encore être fait. Nous nous efforcerons d'être aussi brefs que possible, ce qui ne sera pas la moindre difficulté.

Comme pour toute démarche scientifique, nous procéderons en quatre temps : nous définirons et classifierons le phénomène pour ensuite l'expliquer et l'interpréter.

La deuxième partie, qui inclut les chapitres 5 à 12, pourrait être intitulée « Les principaux types de mobilité spatiale en Suisse ».

Après avoir examiné quelques théories générales et de moyenne portée, qui permettent de rendre compte de la complexité et de l'ampleur des phénomènes de mobilité spatiale, *les chapitres suivants seront consacrés principalement à des résultats de recherche.* Non pas qu'à nos yeux il soit possible de tracer une frontière claire et nette entre, d'une part, théorie et méthodologie et, d'autre part, résultats de recherche. Dans cette deuxième partie, nous mettrons donc fortement l'accent sur *les résultats de travaux menés en Suisse,* sans pourtant les isoler des recherches effectuées à l'étranger, qui très souvent les ont suscitées et les corroborent.

L'organisation et le contenu de cette deuxième partie diffèrent de la première d'une autre manière encore. En effet, dans la première partie nous avons abordé la mobilité spatiale sous des angles comme leurs déterminants, leurs conséquences, le profil et les motivations du migrant, la décision de migrer, etc., *sans tenir compte de la variété considérable des types de mobilité spatiale.* Dans cette deuxième partie, nous allons retourner la démarche. Nous avons retenu six types de mobilité spatiale qui nous sont apparus aussi importants statistiquement parlant que significatifs du point de vue social, économique et politique. Ils sont en outre profondément différents les uns des autres. Il s'agit dans l'ordre de leur présentation dans ce rapport des migrations internationales et de l'immigration étrangère, de la mobilité interrégionale et de l'exode rural, des mouvements pendulaires ou des migrations journalières, de la mobilité résidentielle, de la mobilité de loisir.

Pour chacun de ces types nous mettrons en relief ce que nous en savons en Suisse sans encore une fois isoler ces résultats de ceux élaborés à l'étranger. Nous ne synthétiserons évidemment pas tout ce qui a été écrit sur ces types de mobilité spatiale en Suisse.

Pour chacun de ces types, nous nous efforcerons d'illustrer les points mis en relief dans la conclusion de la précédente partie. Nous insisterons sur le fait que les divers types de mobilité spatiale *forment un système,* que les *déterminants de la mobilité spatiale ne peuvent pas être isolés des conséquences,* que les *niveaux macro- et microsociaux sont irréductibles,* comme le sont leurs dimensions politiques, économiques, démographiques, sociales et culturelles.

Cette deuxième partie est complétée par un chapitre traitant de l'influence des politiques publiques sur la mobilité spatiale.

La troisième partie, le chapitre 13, comprend une bibliographie qui est subdivisée selon l'ordre des divers types de mobilité spatiale retenus précédemment plus une première section théorique et méthodologique. Chaque section bibliographique, mis à part la première, est subdivisée en « Travaux sur la Suisse » et en « Travaux étrangers ».

Chapitre 1

DÉFINITIONS ET CLASSIFICATIONS DE LA MOBILITÉ SPATIALE

1.1 DÉFINITIONS

Pour beaucoup, les concepts mobilité géographique, migration et mobilité spatiale s'équivalent. Au hasard citons trois définitions du concept de migration:

- J. E. Ellemers [1.39]: «Par migration, nous entendons le passage plus ou moins *durable d'un environnement socio-culturel* à un autre suffisamment *éloigné* du premier pour que les seuls contacts *physiques* possibles avec l'environnement d'origine soient accidentels.»
- H. W. Saunders [1.120]: «La migration humaine renvoie à ces mouvements spatiaux par lesquels les gens, individuellement ou collectivement, changent de *lieu de séjour*.»
- S. N. Eisenstadt [1.38]: «Nous définissons la migration comme le passage physique d'un individu ou d'un groupe d'une *société* à une autre.»

Ces définitions du concept de migration désignent donc un changement plutôt durable entre deux lieux relativement distants physiquement, culturellement et socialement. Souvent le terme de migration implique plus ou moins tacitement des mouvements internationaux et interrégionaux. Généralement le concept de mobilité géographique recouvre celui de migration. Or, ainsi définies, la migration et la mobilité géographique sont loin de recouvrir tous les déplacements qui s'opèrent dans les sociétés contemporaines et qui sont d'une importance capitale, c'est ainsi le cas des *mouvements pendulaires* (qui sont certes parfois dénommés migrations alternantes), de *la mobilité résidentielle* (ou déménagements), *des multiples types de déplacements dans l'espace liés aux affaires, aux achats quotidiens, aux loisirs, aux vacances. C'est pour ces raisons que nous préférons aux concepts de migration et de mobilité géographique le terme de mobilité spatiale qui est plus englobant.*

Pour nous donc, **le concept de mobilité spatiale a un sens large. Nous entendons par là tout déplacement dans l'espace physique (ou géographique) des acteurs (individuels et collectifs) d'une société, quels que soient la durée et la distance du déplacement, les moyens utilisés, les causes et leurs conséquences.**

Cette définition est extrêmement large, pourtant soulignons qu'elle exclut des déplacements d'une importance considérable : mobilité des marchandises, mobilité de l'information, mobilité du capital, mobilité des technologies, etc. De même elle écarte d'autres types de mobilités, celles qui sont qualifiées de sociale, professionnelle et culturelle, bien qu'elles soient presque toujours liées à certaines formes de mobilité spatiale. Nous ne les considérons que subsidiairement dans notre champ d'étude, ou bien comme variables explicatives de la mobilité spatiale, ou encore comme conséquence de cette dernière.

Notre définition de la mobilité spatiale est donc limitée et pourtant on se rend compte à travers ces quelques lignes, qu'elle est d'une diversité considérable. C'est ce que nous voudrions établir de manière plus précise en examinant quelques typologies.

1.2 TYPOLOGIES

Rappelons que rarement une typologie se suffit à elle-même. C'est un instrument indispensable pour rendre compte de la diversité d'un phénomène et partant d'en promouvoir une explication plus pertinente. Ajoutons encore qu'une typologie est rarement exhaustive et définitive pour les bonnes raisons que la réalité sociale est constamment changeante et que le but des sciences sociales n'est pas de reproduire la totalité sociale, mais de la rendre intelligible. Cela implique que le chercheur ne doit rendre compte que de ce qui est essentiel dans cette réalité. Or, les chercheurs divergent souvent sur ce point.

Nous allons le constater à travers les quelques exemples de typologies. Ils nous permettront d'apprécier mieux encore la variabilité considérable du phénomène de la mobilité spatiale, ainsi que quelques-unes de ses causes et conséquences.

P. George [1.44] distingue les migrations du type exode (c'est-à-dire résultant d'une contrainte forte, plutôt de nature politique et militaire), des migrations économiques qui peuvent toujours être ramenées à une certaine combinaison de pressions démographiques et de nécessités économiques.

Pour L. Dollot [1.33] la variabilité du phénomène qui nous intéresse est considérable : « Ces mouvements peuvent n'être qu'*éphémères* ; c'est le cas des migrations saisonnières (transhumance, travaux de la moisson ou des vendanges) et *temporaires, fût-ce de longue durée* (la plupart des migrations de main-d'œuvre à destination des pays industrialisés...). Elles se distinguent des migrations *définitives*, au caractère plus spectaculaire. Parfois aussi, il s'agit de *déplacements continuels* : le nomadisme en offre l'illustration la plus frappante.

» L'histoire a connu non seulement des migrations *volontaires*, mais aussi des migrations *forcées*, habituellement sous forme collective : esclavage dans l'Antiquité, traite des Noirs, « dérangement » des populations françaises par les colons anglais en Acadie et à Terre-Neuve au XVIIIe siècle, (...), transferts de populations (...), exode de réfugiés.

» On peut opposer aussi les *migrations violentes*, agissant comme des raz de marée (invasions barbares, « rushs » d'aventuriers), aux *migrations lentes*, régulières, méthodiques et à l'heure actuelle de plus en plus dirigées ; les *migrations de masse*, portant sur des groupes humains considérables (ainsi de Chine en Mandchourie) aux *migrations individuelles* ; les *migrations spontanées* (toutes les migrations européennes vers les deux Amériques au XIXe siècle) aux *migrations organisées* par l'Etat, dans un but de colonisation ou d'expansion (émigration russe en Sibérie et Asie centrale).

» Tantôt encore, on distingue, par l'amplitude des mouvements, les *migrations internes* et les *migrations internationales*. Les premières s'opèrent dans les limites d'un même pays ou d'une même région géographique ou bien ne les débordent guère (migrations frontalières) ; elles ont un caractère soit continu, soit alternatif (migrations saisonnières), soit *définitif* (...).

» A la suite des deux guerres mondiales, on compare surtout les migrations politiques, le plus souvent de contrainte, et les migrations économiques » (p. 78).

R. Heberle [1.61] reprend plusieurs des dimensions déjà mentionnées, auxquelles il donne une dimension historique (tableau 1).

Tableau 1. — Typologie des migrations d'après R. Heberle

Type de groupement	Grands groupes		Individus ou petits groupes	
Type historique de société	Libre	Forcée	Libre	Forcée
Archaïque	Migration, invasions (par exemple : migration outre-mer des Grecs, des Vikings)			
Développée et différenciée		Exode de nations entières et de minorités		Exode, déportation d'individus, de familles ou de petits groupes
Occidentale moderne			Emigration individuelle de main-d'œuvre libre	

A partir de cette typologie, certains seraient tentés de conclure que les migrations de peuple sont des phénomènes passés ; dans les sociétés contemporaines, les mouvements migratoires se feraient certes en masse, mais à la suite de décisions individuelles ou de petits groupes. Or il suffit de scruter et réfléchir à l'histoire récente pour se rendre compte du contraire. En outre, la conception d'une « libre » migration dans les sociétés occidentales contemporaines est celle de la théorie économique classique, elle semble ignorer les contraintes de type économique.

La typologie générale des migrations de W. Petersen [1.110], comprend elle aussi l'une ou l'autre des catégories déjà évoquées.

Petersen distingue ainsi quatre classes de migrations :

- la migration primitive où le facteur écologique est prédominant ;
- la migration « forcée » qui est liée à une institution politique ou idéologique qui contraint à la mobilité ;
- la migration « libre » qui le plus souvent résulte de pressions économiques ;
- la migration de masse qui n'est que l'amplification de la précédente : la mobilité devient quasiment une conduite collective semi-automatique.

Ajoutons que cet auteur cherche à dégager pour chacune de ces classes leurs conséquences conservatrices ou innovatrices. Avouons qu'il ne nous paraît guère convaincant dans cet essai.

Finalement, mentionnons la typologie de R. Kreckel et al. [1.83] qui articule divers types de mobilité spatiale aux mobilités sociales et professionnelles (tableau 2).

Tableau 2. — Typologie de Kreckel

Mouvements	Domaines du changement			
	1. Organisation sociale du travail		2. Entité géographique	3. Classe sociale
	Entreprise	Profession		
1. Mouvement au sein de l'unité	changement de place de travail au sein de l'entreprise	changement dans la profession	mobilité spatiale de courte distance	*mobilité horizontale*
2. Mouvement entre les unités	changement d'entreprise (fluctuation de la main-d'œuvre)	changement de profession (mobilité professionnelle)	migration	*mobilité verticale (ascendante et descendante)*

Il nous serait très facile d'allonger la liste des typologies produites par des économistes, géographes, sociologues et autres spécialistes. Par ces quelques essais typologiques, nous voulions mettre en lumière la diversité du phénomène de la mobilité spatiale, cela autant dans ses formes, son histoire, ses causes et ses conséquences.

Nous tenons à souligner que dans la plupart des études consultées à ce stade, la notion de mobilité spatiale concerne surtout les migrations internationales et interrégionales. Plus rarement des déplacements comme les mouvements pendulaires, les voyages touristiques et ceux liés aux loisirs, la mobilité résidentielle, etc., sont mentionnés et pris en compte. Pourtant ces déplacements sont aussi fréquents qu'importants. Et ce n'est pas là une question de vocabulaire, car souvent les types de mobilité que nous venons de mentionner sont qualifiés de phénomènes migratoires, on parle aussi par exemple de migrations alternantes, de migrations touristiques. Il est donc difficile de ne pas les intégrer dans une analyse de la mobilité spatiale. Nous formulons l'hypothèse que les *divers types de mobilité spatiale que nous venons de considérer forment un système: il serait erroné de ne pas le prendre dans sa globalité.* Nous reviendrons par la suite sur cette idée.

CHAPITRE 2

EXPLICATIONS ET INTERPRÉTATIONS DE LA MOBILITÉ SPATIALE (I): THÉORIES À MOYENNE PORTÉE

2.1 PRÉAMBULE

Comment rendre compte d'un phénomène aussi complexe et hétérogène que la mobilité spatiale?

La réponse à cette question n'est pas simple. Pour d'aucuns, l'explication de ce phénomène passe nécessairement par une théorie prenant en compte la totalité des manifestations de la mobilité spatiale. Cette prétention implique elle-même une théorie générale de la société. Pour d'autres, une telle entreprise est ou bien utopique ou bien impossible, ou bien encore, elle n'est plus du domaine de la science. Ces derniers se rabattent sur un empirisme plus ou moins absolu ou sur des théories à moyenne portée relatives à un type précis de mobilité spatiale, ou à un aspect précis du processus, avec une méthodologie particulière. Selon que ces chercheurs seront économistes, psychosociologues, géographes, sociologues, démographes, leurs théories et leurs recherches empiriques prennent des connotations très variables. Comme ces chercheurs ne travaillent pas complètement isolément, mais s'influencent plus ou moins mutuellement, on se trouve devant une masse de travaux dont la cumulativité est très problématique.

Nous allons maintenant présenter certains de ces travaux. D'abord, nous relaterons un ensemble de recherches qui sont régies par une théorie à moyenne portée. Puis nous examinerons dans le prochain chapitre quelques essais de théorisation plus générale.

2.2 FLUX MIGRATOIRES

Nous allons présenter, ci-dessous, un ensemble de travaux assez hétérogènes tant du point de vue des types de mobilité spatiale que des disciplines (géographie, sociologie, économie) que du point de vue qui est adopté pour rendre compte de la mobilité spatiale. Certains de ces travaux sont des essais de modélisation d'une phase de processus, d'autres des tentatives d'explication du flux migratoire entre deux lieux, d'autres encore des analyses du comportement des migrants. De manière générale, ces études ne nient pas la nécessité d'une théorie, mais aux yeux de ceux qui les ont réalisées, cette théorie ne peut être, si elle se veut scientifique, *qu'à moyenne portée.*

2.2.1 Premières « lois » sur la mobilité spatiale. « Lois » de Ravenstein

Il est impossible de ne pas mentionner ici les « lois » de Ravenstein [1.113 et 1.114] (fort anciennes puisqu'elles datent des années 1885), tant elles ont influencé et influencent encore l'ensemble des recherches et des réflexions sur la mobilité spatiale. Le plus simple est de reproduire ses sept « lois » :

« 1. Les migrants, dans leur très grande majorité, ne se déplacent que sur de courtes distances, et sont attirés préférentiellement par les grands centres industriels et commerciaux.

» 2. Les mouvements centripètes vers un foyer d'attraction donné peuvent être figurés selon des schémas concentriques. Le foyer d'attraction attire d'abord les habitants de la zone rurale immédiatement périphérique. D'où un vide, que viennent combler des migrants en provenance de la zone suivante. Et ainsi de proche en proche, jusqu'à ce que l'attraction du premier foyer se trouve neutralisée par celle d'un autre. Il s'ensuit que, proportionnellement à la distance à partir d'un foyer attractif donné, la population de migrants dénombrée dans la zone d'attraction croît moins vite que la population totale native de la zone d'où les migrants sont issus.

» 3. Les processus de dispersion d'une population, à partir d'un foyer d'émigration, sont inverses de ceux observés dans un foyer d'immigration, et obéissent à des lois symétriques.

» 4. Chaque courant de migration produit un contre-courant compensatoire.

» 5. Les migrants parcourant de longues distances vont, de façon préférentielle, vers les grands centres industriels et commerciaux.

» 6. Les citadins émigrent plus que les ruraux.

» 7. Les femmes émigrent plus que les hommes. »

Actuellement plus personne ne doute que Ravenstein allait vite en besogne en qualifiant ces propositions de « lois ». D'ailleurs aucune d'entre elles n'a été vérifiée en tant que telle. Cela n'empêche pas que l'influence de Ravenstein comme initiateur de recherches a été considérable.

2.2.2 Théorie du « processus attraction-répulsion » (push-pull)

« Chaque formation ou organisation écologique dans une communauté joue le rôle d'une force sélective ou magnétique, attirant à elles les éléments de population appropriés, et repoussant les éléments inassimilables. Elle va ainsi dans le sens des divisions biologiques et culturelles de la population d'une ville. » (R. D. McKensie [1.92], p. 75.)

Cette idée que toute collectivité (locale, régionale ou nationale) soit dotée d'une charge — quasiment au sens électrique du terme — positive et négative, qui attire ou repousse, va avoir un succès considérable dans toutes les études concernant la mobilité spatiale.

Plus tard, D. J. Bogue [1.13] émit l'hypothèse que ce mécanisme n'était pas sans influence sur la sélection des migrants. « La migration qui a une très *forte* charge *répulsive* tend à être beaucoup *moins sélective, quant à la communauté d'origine, que celle qui a une très forte charge attractive.* Dans le cas d'une répulsion très forte et d'une attraction faible (dont les cas extrêmes sont la famine, la sécheresse, l'inondation, l'épuisement d'une ressource), la sélectivité est à son minimum. En d'autres termes, la sélectivité des émigrants de n'importe quelle communauté varie en liaison directe avec la force d'attraction d'autres communautés et inversement avec la force de répulsion de la communauté elle-même. »

2.2.3 Modèles de migration

Ils sont extrêmement nombreux et divers. En bref, ils tentent de rendre compte des mouvements migratoires par une équation mathématique. Qu'ils soient purement empiriques ou qu'ils impliquent une certaine théorie, qu'ils soient statiques ou dynamiques, les modèles sur les mouvements spatiaux ont suscité et suscitent encore un débat extrêmement vif et controversé. Nous allons, en termes littéraires, en donner un bref aperçu.

2.2.3.1 Premier modèle de Stouffer (1940)

Stouffer [1.131] fait écho aux « lois » de Ravenstein mais surtout à la théorie du processus attraction-répulsion. Il adoptait donc l'idée que la mobilité spatiale résulte de forces qui poussent l'acteur à déserter son lieu de résidence et d'autres forces qui l'attirent à une certaine destination. Stouffer traduit l'attraction par le nombre de postes de travail offerts (« opportunities »). C'est-à-dire que le nombre de migrants allant à un endroit donné est directement proportionnel aux postes de travail offerts, situés à cet endroit, et inversement proportionnel au nombre total d'*occasions d'emplois intermédiaires*, c'est-à-dire qui se situent entre le point de départ et celui d'arrivée. Toute la difficulté de ce modèle consiste à opérationnaliser le concept de postes de travail offerts.

Stouffer a testé son modèle sur la mobilité résidentielle de Cleveland, ce qui lui a donné des résultats « modestes mais encourageants ». D'autres travaux empiriques de cette époque montrèrent que le flux entre deux points d'un territoire ne se réduisent pas exclusivement à ces « opportunités ».

2.2.3.2 Modèle de Zipf (1946)

Inspiré par Pareto, G. K. Zipf [1.149] propose que le mouvement de population entre deux points est directement proportionnel au produit des populations résidant en ces deux points, et inversement proportionnel à la distance entre ces deux points.

Par rapport au modèle de Stouffer, Zipf introduit donc explicitement la distance entre les deux points. La difficulté est de mesurer cette distance. En outre, ce modèle est fondé sur plusieurs hypothèses dont les deux plus importantes sont que d'une part, le nombre d'individus désirant émigrer du point émetteur est proportionnel à l'envergure de la population de ce dernier et d'autre part, que le nombre d'«opportunités» au point d'arrivée est aussi proportionnel à l'envergure de la population de ce point. Ces hypothèses sont loin d'être vérifiées.

Comme pour le modèle de Stouffer, de nombreuses études ont été lancées pour vérifier le modèle de Zipf; en gros, elles démontrent que ce modèle est par trop grossier. Les comparaisons des modèles de Zipf et Stouffer ont fait également couler beaucoup d'encre. (T. R. Anderson [1.2].) Chaque fois les conclusions qui se dégagent sont que ces constructions sont trop sommaires et approximatives pour expliquer un phénomène aussi complexe que la mobilité spatiale. Ces travaux n'ont pas remis en cause la construction de modèles; ils ont surtout eu pour effet de contribuer à élaborer des modèles plus raffinés.

Ainsi, à partir des travaux de Stouffer et Zipf, de très nombreux travaux se sont développés, permettant de toujours mieux saisir le phénomène de mobilité spatiale. Pour mémoire et parmi de nombreux autres, mentionnons les travaux de l'école gravitationnelle (J. Q. Stewart et W. Arntz [1.128], et Ch. T. Stewart [1.126], le second modèle de Stouffer [1.132], les travaux du Suédois T. Haegerstrand [1.52], les travaux de l'INSEE en France, etc.).

Pour résumer, il apparaît que dans les très grandes lignes, cette tendance de la recherche sur la mobilité spatiale prend en compte pour mesurer le flux migratoire :

- la distance (physique ou sociale) entre un point de départ et un point d'arrivée;
- le pouvoir de répulsion au point de départ;
- le pouvoir d'attraction à la zone d'arrivée.

Notons encore que malgré les nombreuses critiques adressées à cette méthodologie des modèles, elle reste toujours une branche très vivante et porteuse d'avenir de la recherche sur la mobilité spatiale (R. Boudon [1.16]).

2.2.3.3 Analyse des flux migratoires par la méthode des agrégats
(ou analyse écologique)

Nous distinguons ce type d'analyse des précédents par le fait qu'il ne cherche pas à réduire la mobilité spatiale à une formule mathématique. Pourtant la liaison entre ces deux tendances est étroite.

De quoi s'agit-il? A l'aide, entre autres, d'une technique statistique multivariée (l'analyse de régression multiple par exemple), le chercheur rend compte d'un flux migratoire donné (variable dépendante) par un nombre plus ou moins grand de variables écologiques (ou agrégées), comme les taux d'urbanisation, le niveau de revenu, etc., des collectivités locales, régionales ou nationales retenues. Généralement, la théorie du processus attraction-répulsion reste sous-jacente à ces travaux.

Les recherches de ce type sont nombreuses (I. S. Lowry [1.91], Lansing et al. [1.85 et 1.86], P. Aydalot [1.4 et 1.5], M. J. Greenwood [1.49], etc.), mais donnent des résultats très peu convergents, ce qui n'est nullement une critique, *puisqu'ils ont été faits sur des mobilités spatiales différentes, à des époques historiques différentes, dans des sociétés différentes.* Même lorsque ces conditions sont homogénéisées, il apparaît que la manière de mesurer le flux migratoire n'est pas sans effets sur les résultats. Par exemple, les spécialistes distinguent le *flux migratoire net* du *flux migratoire brut*, et l'un et l'autre peuvent être mesurés de plusieurs manières (M. J. Greenwood, 1975 [1.51]).

2.2.3.4 Modèles dynamiques

Les modèles précédents tendent à considérer la migration comme une fonction déterminée une fois pour toutes, d'un certain nombre de conditions extérieures qui permettaient sa prédiction. (D. Courgeau [1.30] p. 10.) C'est certainement ce qu'il y a de plus critiquable dans les approches que nous venons d'exposer. C'est d'ailleurs cette critique qui a donné naissance à une génération de modèles d'une autre nature: les modèles dynamiques. Ils considèrent la migration comme un processus évolutif. « Partant d'une répartition initiale donnée des populations, on va étudier son évolution dans le temps sous certaines conditions. » (D. Courgeau [1.30] p. 11.) Les travaux qui se sont développés jusqu'à ce jour sont principalement inspirés par les théories markoviennes. Le manque de données pertinentes pour tester ces modèles fait qu'ils n'ont pas encore apporté tout ce qu'ils promettent (cf. J. S. Cani [1.26], D. Cromme et al. [1.31], G. Olsson [1.101]).

2.2.3.5 Modèles prévisionnels

Ces modèles sont aussi très variés; ils relèvent à la fois des précédents, tout en s'en distinguant par le fait qu'ils sont *appliqués* à des prévisions démographiques ou du marché de l'emploi. Ils sont plutôt élaborés dans le cadre d'études de localisation industrielle, de planification et de développement régional, d'aménagement du territoire, etc.

Deux tendances se dessinent également: l'une statique (méthode directe), l'autre dynamique (méthode indirecte ou explicative). Les lois régissant les changements des mouvements migratoires sont analysées ou bien par extrapolation *tendancielle, comparative, proportionnelle, des composants.* Ou bien ces modèles sont multiplicateurs ou encore évolutifs.

De manière générale, ces modèles prévisionnels sont peu opérationnels et peu sûrs. En dépit de leur base aléatoire, les tentatives de ce genre sont relativement nombreuses en Suisse. Mentionnons notamment celles de l'ORL, de Metron, de Kneschaurek, de Güller et al., de l'Institut de géographie de l'Université de Zurich, etc.

2.3 ANALYSE DU MIGRANT

2.3.1 Liminaire

Jusqu'à ce stade *nous n'avons considéré la mobilité spatiale que dans ses aspects macro-sociaux.* Or, *les conclusions tirées à ce niveau d'analyse ne nous permettent pas de déduire quoi que ce soit sur le migrant lui-même.* Nous classons les travaux sur le migrant en quatre groupes: ceux relatifs au profil du migrant, à ses motivations, aux processus de décision qui le mènent à la mobilité et enfin les travaux sur l'intégration sociale du migrant.

2.3.2 Profil démographique, social et psychologique du migrant

2.3.2.1 Age

Est-ce que le migrant (quel que soit le type de mobilité spatiale) a un profil type? Peut-on parler d'un type de migrant qui a un profil universel? La réponse est négative à une exception près. Quels que soient le temps, la société et la culture *l'immense partie des migrants sont de jeunes adultes, entre 20 et 34 ans.*

L'âge mis à part, il n'existe pas d'autres dénominateurs communs profilant le migrant: le sexe, l'origine rurale, le statut social, l'état civil, le niveau d'intelligence, le niveau d'instruction, etc., varient profondément selon les types de mobilité, de société et d'époque. Prenons quelques exemples.

2.3.2.2 Sexe

D'abord, dans la plupart des cas, il y a autant de migrants que de migrantes. Les quelques différences qui sont repérées sont peu significatives. Relevons quelques éléments intéressants qui ne peuvent en aucun cas être généralisés: parfois les femmes migrent sur de plus courtes distances et dans des plus petites villes que les hommes; dans certaines communautés, parfois, ce sont les hommes qui sont les premiers à émigrer, ils sont suivis ensuite par les femmes. L'inverse se produit aussi.

2.3.2.3 Statut social

Aux Etats-Unis, A. Rose [1.117] met en relief que la distance parcourue par le migrant tend à être d'autant plus grande que son statut est plus élevé. D'autres travaux confirment cette observation qui s'interprète facilement: plus la spécialisation est grande et plus la qualification est grande, plus rares sont les possibilités d'emploi, donc plus il faut aller loin pour en trouver qui conviennent. Pourtant cette relation entre statut et mobilité ne se vérifie pas partout, elle fluctue selon les caractéristiques socio-économiques des pays ou des régions pris en considération.

2.3.2.4 Niveau d'instruction

De nombreux psychologues affirment que « ce sont les plus intelligents qui émigrent ». Or il est apparu que cette proposition variait considérablement selon la race, l'ethnie, l'âge et surtout le niveau d'instruction. Ce qui renvoie à ce que nous disions pour le statut social. En outre, plusieurs travaux montrent que le niveau d'instruction oriente la direction que prend le migrant: plus le niveau d'instruction est élevé, plus le migrant se dirige vers une grande ville; moins le niveau est élevé, plus le migrant a tendance à préférer les petites villes ou les campagnes.

2.3.2.5 Statut familial et cycle de vie

Il est communément admis que le migrant est plutôt un célibataire ou membre d'une famille restreinte. Or, sans infirmer ces faits, les recherches montrent qu'il faut

Tableau 3. — Un modèle de processus de décision en vue de louer un logement (d'après I. A. Brown et E. Moore [1.20])

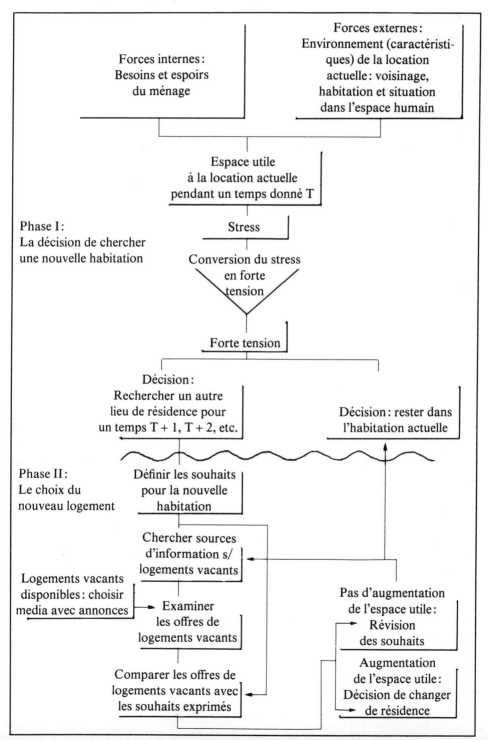

être beaucoup plus nuancé. Par contre, il semble bien que la mobilité résidentielle intra-urbaine est liée aux diverses phases du cycle de vie. Ce fait a été confirmé par plusieurs études. Nous le verrons plus loin. Le choix du logement par une famille dépend en partie de sa position sur le cycle de vie; à chaque phase elle aura tendance à changer de logement (B. Duncan [1.36 et 1.37], P. Rossi [1.119], I. B. Taeuber [1.135]).

2.3.3 Décision de migrer

Plutôt que de chercher à dégager un profil plus ou moins universel de migrants, d'autres chercheurs se sont attachés à analyser le processus de la décision qui précède la mobilité spatiale. On rencontre au moins deux types de démarche. Certains s'attachent à construire le modèle de la séquence des actions liées à la décision de migrer. Tel est le cas de l'approche de I. A. Brown et E. Moore [1.20] (tableau 3) et que nous expliciterons dans le chapitre relatif à la mobilité résidentielle.

P. A. Morrison [1.95] nous donne un autre exemple d'étude décisionnelle. A ses yeux, les individus d'une population donnée peuvent être ventilés sur un continuum «aisément mobile — quasiment immobile». La décision de migrer est perçue comme n'étant concevable qu'à un certain seuil. En dessus, la migration est impossible. Il va de soi que pour Morrison, ce seuil varie selon les acteurs, l'époque et les types de migration et qu'il est structuré par plusieurs facteurs mesurables empiriquement. Pour définir ces seuils et formuler des hypothèses de recherche, Morrison passe en revue les études empiriques sur le profil du migrant. Il en déduit que la propension à migrer est liée à trois types de dimensions, relativement indépendantes:

● le cycle de vie (âge, état civil, type de famille, etc.);
● le statut social (niveau d'instruction, statut socio-professionnel, revenu, qualification professionnelle);
● les expériences migratoires antérieures.

Nous n'avons rien à ajouter aux deux premières dimensions, si ce n'est qu'à la variable statut est souvent associée l'entreprise dans laquelle l'acteur est inséré (taille, dynamisme, degré de bureaucratisation, degré de dispersion dans le pays et le monde, etc.). Ce sont des facteurs qui pèsent beaucoup dans la décision de migrer.

Jusqu'à ce stade, nous avons moins parlé de la troisième dimension. D'après les recherches que Morrison rapporte, *les expériences migratoires antérieures constituent une socialisation qui facilite d'autres mouvements*: il parle ainsi d'une inertie cumulative à être non mobile ou inversement à être mobile. En d'autres termes, *la mobilité est un mode de vie*. Ajoutons que cette expérience de la mobilité n'est pas qu'individuelle, dans certaines collectivités locales et régionales, émigrer avec ou sans retour, est une tradition contraignante pour une large partie de leurs membres. Dès le plus jeune âge, certains sont préparés à émigrer. Finalement, cette expérience migratoire n'est pas définitivement acquise: plus l'individu s'intègre dans sa communauté d'accueil, plus il diminue sa propension à la mobilité.

2.3.4 Motivations du migrant

De l'avis de plusieurs spécialistes, c'est le secteur qui a été le moins bien étudié: certes il existe des classiques en ce domaine, *The Polish Peasant* de W. I. Thomas et F. Znaniecki [1.140], *The Urban Villagers* de H. Gans [1.42], pour ne citer que deux exemples.

En France, aux Etats-Unis et en Allemagne, plusieurs études ont été faites pour étudier les motivations à la base du peuplement de certaines régions, mais ces travaux restent très peu nombreux [1.45, 1.119, 1.144]. Ils aboutissent à reproduire le processus d'attraction-répulsion, indiquant que le migrant a des motivations économiques, professionnelles, familiales, etc. C'est bien pauvre! Nous ne pouvons que souscrire aux propos de R. Duchac:

« A la pauvreté de ce secteur d'étude, nous verrions plusieurs explications.

» Certaines tiennent à l'objet même de l'étude, et aux méthodes que requiert sa mise en œuvre. Par nature, une recherche de motivations est toujours une entreprise délicate, faisant appel tout autant à la psychologie des profondeurs — les stratèges de la publicité le savent bien — ou à des éléments instables tels que l'équilibre des relations interindividuelles dans les petits groupes, qu'à des déterminants objectifs et permanents, économiques ou politiques par exemple. Ceci vaut bien entendu pour toute espèce de motivations, et non pas seulement pour celles relatives à la décision de migration. Pour ce qui concerne, plus précisément, cette décision, disons qu'elle renvoie à des facteurs qui ne sont pas tous de nature sociologique (...).

» Les motivations repérables par le sociologue sont essentiellement de nature économique (les « occasions » de Stouffer) ou, encore que déjà moins fréquemment, familiale. Or, dire que le migrant est poussé à quitter sa ville ou son pays natal pour briguer un emploi, vivre sous un meilleur climat, rejoindre sa famille ou une communauté dans laquelle il se sent en sécurité, c'est sans doute référer la migration à une trame explicative nécessaire, mais trop générale, impuissante à rendre compte de l'ambiguïté de chaque décision particulière.

» Car la décision de migration est toujours ambiguë, comme l'exprime bien, mais là encore de façon abstraite, le couple conceptuel « attraction-répulsion ». On émigre pour rejoindre sa famille, mais aussi bien pour la fuir; pour occuper un emploi supposé plein d'avantages, mais aussi par lassitude d'un autre, qui était peut-être plus stable et tout aussi lucratif; pour s'intégrer dans un groupe, ou pour n'avoir pas pu se faire accepter par un autre... Comment peser exactement ces motivations alternées, parfois contradictoires, parfois conjuguées? Comment estimer aussi la part, dans la décision de migration, d'éléments sans doute importants, mais impondérables par leur nature: l'attrait de la grande ville, l'entraînement collectif, l'exemple de ceux qui partent et les sollicitations épistolaires, auréolées de prestiges du lointain, de ceux qui sont déjà partis, le « coup de foudre » éprouvé pour un pays ou une ville à l'occasion d'un voyage ou d'un récit, le coup de tête...

» Ajoutons que le migrant est difficilement saisissable dans ce moment — parfois bref, parfois égrené, des années durant, en velléités qui finissent par n'être plus significatives — où se mûrit sa décision. Le migrant potentiel, est-ce déjà un migrant? Le migrant installé au lieu de destination, souvent en butte aux difficultés, aux désillusions, et saisi par la nostalgie, quel crédit accorder à son appréciation de sa situation d'aujourd'hui et de celle d'hier ? » [1.35, pp. 458 et 459].

Encore une fois, nous ne voudrions pas laisser croire que rien n'a été fait dans ce domaine. Pour la Suisse, signalons par exemple l'étude assez volumineuse de J. Hadermann, J. Kaeppeli, P. Koller [3.34] abordant à la fois les déterminants spatiaux et les déterminants personnels de la mobilité permettant d'expliquer les motivations à la migration (et notamment la perception des disparités régionales, le degré d'information, les traits de personnalité, etc., des migrants et des non-migrants).

En revanche, c'est sans aucun doute dans ce domaine qu'il reste le plus à faire.

2.3.5 Intégration du migrant

Le terme d'intégration n'est de loin pas celui qui est toujours utilisé par les chercheurs qui s'intéressent à cette conséquence de la mobilité spatiale. Intégration, adaptation, assimilation, absorption, accommodation, acculturation, etc., sont les termes le plus souvent utilisés (sans qu'ils soient parfaitement synonymes les uns par rapport aux autres) pour désigner un stade plus ou moins grand de « fusion » et d'acceptation du migrant dans sa communauté d'accueil (N. B. Borrie [1.15], S. N. Eisenstadt [1.38], [1.94]). Cette multiplicité de termes ne facilite pas un résumé des très nombreuses recherches théoriques et empiriques faites à ce sujet. Nous y renviendrons plus loin. Les premiers travaux empiriques ont été lancés par l'Ecole de Chicago au début du siècle. Des auteurs comme R. E. Park et E. Burgess [1.105 à 1.107], E. V. Stonequist [1.129], W. I. Thomas et F. Znaniecki [1.140], insistent sur la désorganisation mentale du migrant, son désarroi, son anomie, sa marginalité. Ce dernier concept signifie dans ce contexte que le migrant participe à deux cultures, au moins, celle de sa communauté d'origine et celle de sa communauté d'accueil, ce qui entraîne pour lui, selon la dissimilarité de ces cultures, des tensions et des conflits pénibles.

« Ce qui caractérise l'immigrant, en tant que personne en mouvement, c'est sa mobilité mentale. Il est troublé par les frustrations et les désirs non satisfaits qui l'ont poussé à se mettre en route. L'arrivée au lieu de destination est, pour l'immigrant, le temps du désarroi. Il ne trouve pas ce qu'il espérait, et ce qu'il n'attendait pas se trouve tapi presque à chaque coin de rue. Les nouveaux modes de vie l'embarrassent, et parfois le désorientent. Le conflit fait rage dans l'esprit de l'immigrant ; sa désillusion puis son inquiétude grandissent. Sa personnalité est désorganisée. L'immigrant, désormais devenu un étranger, ne reçoit pas un accueil aussi chaleureux qu'il avait pu l'espérer. Il est l'objet de railleries et de sarcasmes. De quelqu'un d'important qu'il était, dans son village natal, il devient n'importe qui dans une foule étrangère. C'est une déchéance. » (E. S. Bogardus [1.11], pp. 3 et 5.)

Certains auteurs ont tenté de typologiser les différentes formes ou phases d'intégration. Souvent, les quatre états suivants sont distingués :

- • *la séparation* claire et nette entre le groupe d'immigrants minoritaires et le groupe d'accueil majoritaire et/ou dominant ;

- *l'acceptation* par les deux parties de la différence et/ou de l'inégalité;
- *l'acculturation:* la minorité immigrante intériorise la culture de la majorité;
- *l'assimilation:* la minorité immigrante perd le sens de la différence, elle disparaît en tant que minorité.

D'autres auteurs proposent des typologies plus dynamiques. T. Shibutani et al. [1.122] ont essayé de classifier les processus qui relient le groupe d'accueil et les immigrants; ils distinguent ainsi:

- le processus différenciateur permettant le développement d'une conscience de groupe chez les immigrés;
- le processus stabilisateur fixant le statu quo entre groupe d'accueil et immigrés;
- le processus disjoncteur qui comprend toutes les formes de conflits intergroupes;
- le processus intégrateur impliquant la fusion des deux parties.

D'autres auteurs encore s'attachent à mettre en relief les facteurs généraux qui facilitent ou freinent l'intégration. Par exemple, selon I. de A. Reid [1.115], quatre éléments jouent un rôle particulièrement décisif:

- *la tradition:* il est entendu par là les préjugés de la communauté d'accueil sur le groupe migrant;
- *la visibilité:* plus le groupe migrant est socialement et culturellement visible, moins grandes sont ses chances d'intégration;
- *la compétition socio-économique:* le fait que le groupe migrant soit en compétition socio-économique avec un groupe d'autochtones, est un obstacle à son intégration;
- *la « docilité sociale »* des migrants.

A chacun de ces processus et facteurs d'intégration sont associés de nombreux travaux détaillés, en profondeur et interdisciplinaires. Par exemple les recherches sur les stéréotypes, les préjugés, les discriminations, la personnalité autoritaire, la xénophobie et le racisme liés à la mobilité spatiale sont particulièrement riches.

De même, les recherches sur la ségrégation résidentielle des migrants et les processus de mobilité résidentielle qu'elle entraîne: chaque déménagement apparaissant comme une progression ou une régression dans le processus d'intégration sociale.

Finalement, citons les travaux sur le rôle de la famille, aussi bien comme rouage d'émigration, que comme groupe ou institution favorisant plus ou moins l'intégration sociale.

Pour conclure sur ce bilan des recherches sur l'intégration du migrant, relevons encore quelques résultats importants qui ressortent de cette littérature:

- L'intégration du migrant implique une réciprocité; l'intégration n'est réalisée qu'à la double condition que le migrant change dans le sens de la communauté d'accueil, et que celle-ci se transforme dans le sens du migrant.

- La culture et les institutions du migrant sont indispensables à son intégration : elles jouent un rôle de sas ; à la fois elles sont des refuges pour le migrant, mais également des « lieux » d'où il peut apprendre petit à petit sa nouvelle existence sociale.
- L'intégration prend toujours du temps, selon l'origine du migrant, une à deux générations sont indispensables.

CHAPITRE 3

EXPLICATIONS ET INTERPRÉTATIONS
DE LA MOBILITÉ SPATIALE (II):
THÉORIES GÉNÉRALES

3.1 LIMINAIRE

En fait, il est difficile de tirer une ligne de démarcation nette entre théories à moyenne portée et théories générales. A nos yeux, celles-ci existent lorsque le chercheur ne cantonne plus sa recherche à l'un ou l'autre aspect de la mobilité spatiale (le flux migratoire, le type de migrant, etc.) et dès qu'il cherche à rendre compte aussi bien de ses déterminants que de ses conséquences à plusieurs niveaux de la réalité (économique, démographique, sociale, politique, culturelle, etc.). Nous allons évoquer, ci-après, quelques types de théories générales, celles qui nous sont apparues comme étant les plus éclairantes. Notre choix n'est nullement exhaustif, mais il est représentatif des théories générales qui se développent actuellement dans les sciences sociales. Ajoutons, qu'en fait, les tenants des théories à moyenne portée et ceux des théories générales ne mènent pas leurs recherches dans l'isolement. Dans les pages qui suivent, il apparaît clairement que les seconds tiennent largement compte des travaux des premiers.

3.2 THÉORIES ÉCONOMIQUES DE LA MOBILITÉ SPATIALE

3.2.1 Introduction

Elles sont aussi nombreuses que les multiples tendances théoriques de la science économique. Souvent les économistes (par exemple H. Richardson [1.116]) les réduisent à deux types: les *modèles déterministes* (le taux de migration est déterminé par des conditions économiques objectives et l'homme est un être économiquement rationnel) et les *modèles probabilistes* (qui incluent des facteurs tels qu'attachement à une région, inertie, choix différé dans le temps, etc.). Nous ne reprendrons pas exactement cette typologie.

Nous présenterons deux théories; la première cherche à expliquer la mobilité plutôt en termes micro-économiques, la deuxième la considère dans une perspective plus macro-socio-économique. Toutes deux montrent fort bien qu'une analyse purement économique mène à une impasse, tant la mobilité spatiale implique des dimensions sociales et culturelles.

3.2.2 Fondements micro-économiques des migrations

Les lignes qui suivent sont reprises de l'ouvrage de F. Bourguignon, G. G. Hamonno et B. Fernet [1.17]. Ces économistes critiquent vivement le modèle économique classique ou néo-classique, parce qu'à leurs yeux il débouche sur une impasse, puisque selon ces théories, la migration tend à disparaître. En effet, dans une *réelle* économie de marché, les facteurs de production (dont le travail) sont mobiles, parce qu'il existe des différences régionales de rémunération: à terme et en bonne logique, par l'effet du marché, ces différences doivent disparaître, et l'immobilité s'imposer. Autrement dit, dans un marché en équilibre concurrentiel, aucune migration ne peut avoir lieu de manière durable. C'est la circulation de la marchandise qui remplace toutes les autres formes de mobilité. Or il s'agit purement et simplement d'une vue de l'esprit.

Pourquoi y a-t-il migration?

D'emblée, ces trois auteurs qui théorisent les migrations internationales soulignent qu'il ne peut *pas exister d'émigration sans immigration*. « Le phénomène migratoire implique non seulement la décision d'un individu de quitter le pays dans lequel il réside, mais aussi la décision des pays potentiels d'immigration de l'accueillir ou de ne pas l'accueillir » (p. 24). En fait, ce premier point s'applique à toutes les formes de mobilité spatiale, mais c'est par rapport aux migrations internationales qu'il est le plus visible.

Nos trois économistes distinguent par conséquent deux types de dynamisme; d'une part la décision d'émigrer, et d'autre part les mécanismes économiques dans la région d'immigration.

3.2.2.1 Décision d'émigrer

Elle est avant tout d'ordre économique. « En remarquant que ceux qui prennent une telle décision par simple curiosité ou par goût d'aventure sont peu nombreux, *force est de reconnaître que l'intérêt est en général le moteur de l'émigration ou tout au moins qu'il en est une condition nécessaire.* On peut constater, en effet, que si l'intérêt matériel de l'émigration est objectivement le même pour un ensemble de personnes, toutes ne décideront pas de s'expatrier. Ceci s'explique, d'une part par le fait que différents individus peuvent percevoir l'intérêt de l'émigration de façon distincte et, d'autre part, par le fait que leurs réactions à une même stimulation matérielle sont elles-mêmes différentes. Ce sont ces deux points que l'on analysera en détail après avoir défini l'intérêt objectif de l'émigration.

» Dans le cadre de l'« homo economicus », cher à la théorie économique, la décision d'émigrer peut être représentée simplement. Dans un univers certain, à information parfaite, où la satisfaction d'un individu dépend exclusivement de sa consommation de biens matériels, la décision d'émigrer revient à comparer le revenu présent et futur des deux pôles de l'alternative « rester sur place — partir pour l'étranger » (...). Cette formulation simple peut être perfectionnée de plusieurs manières. « On peut par exemple introduire la consommation annuelle en remarquant que revenus et consommation ne sont pas des concepts équivalents quand le marché du crédit n'est pas parfait. On peut aussi chercher à définir avec précision la séquence des revenus, (...) en considérant, par exemple, le cas où à l'année « t » le migrant décide de retourner dans son pays et d'y toucher les intérêts du capital humain et financier qu'il aura pu accumuler à l'étranger, le moment du retour devenant un élément de décision du modèle. Un individu rationnel choisira alors d'émigrer dès lors que parmi les différentes modalités d'émigration qui s'offrent à lui, celle qui lui assure le flux maximal de consommations (pondérées par sa préférence pour le présent) sur l'ensemble de sa vie est supérieur à celui qu'il obtiendrait en n'émigrant pas. »

» Le modèle simple que l'on vient d'exposer n'est guère qu'une formulation un peu plus sophistiquée du schéma classique de l'émigration. Si le salaire étranger est supérieur au salaire domestique, tout individu a intérêt à émigrer, pourvu qu'il reste un temps suffisant à l'étranger pour compenser le coût matériel de l'émigration. Si l'on considère l'émigration comme un investissement en capital humain, le modèle précédent exprime aussi que tout individu a intérêt à émigrer si les revenus futurs de cet investissement sont supérieurs aux coûts. Et l'on peut varier les interprétations de ce modèle ad libidium pour couvrir toutes les motivations économiques de l'émigration : acquisition d'une formation professionnelle, accumulation d'un capital financier, amélioration des conditions de vie de la famille restée sur place, achat de biens durables, etc. On peut remarquer par ailleurs que l'on dispose simultanément d'une explication des modalités de l'émigration : migration temporaire ou définitive, date de retour, consommation à l'étranger, etc. Ce modèle présente néanmoins l'inconvénient de considérer tous les individus de façon uniforme. Si ce n'étaient certains détails (impatience pour le présent, horizon décisionnel, état civil), *en effet, tous les individus appartenant à des tranches de revenus inférieurs à un certain niveau seraient candidats à l'émigration et, plus, au même type d'émigration. Il convient donc d'affiner le modèle en levant successivement les hypothèses restrictives imposées au départ.*

» Premièrement, on peut remarquer que l'incertitude modifie profondément le modèle précédent. Dans un univers incertain, la plupart des variables, et plus spécialement les flux de revenus sont aléatoires, et ceci à des degrés différents. On peut par exemple estimer que l'alternative « rester sur place » est sans doute moins incertaine a priori que l'alternative « émigrer », la connaissance de son milieu naturel étant supérieure chez tout individu à celle d'un milieu étranger. Il s'ensuit que des individus identiques capables de déterminer la probabilité vraie que tel ou tel événement, qui ait une influence sur leurs revenus futurs, se réalise, peuvent effectuer des choix différents. *En effet, l'intérêt matériel objectif de l'émigration devient dans ces conditions une variable aléatoire, et même si la distribution de probabilité de cette variable est identique pour un ensemble d'individus,* ceux-ci n'ont pas forcément la même attitude envers le risque et peuvent donc prendre des décisions différentes. Les esprits aventureux émigreront tandis que les esprits plus prudents n'émigreront pas.

» On peut se demander, en second lieu, comment se modifie l'analyse précédente quand on reconnaît que l'information d'un candidat éventuel à l'émigration est rarement parfaite. La conséquence immédiate d'un tel état de fait est que l'intérêt matériel de l'émigration est perçu de façon subjective et donc différente pour chaque individu. Face à un intérêt objectif identique, chacun sera susceptible de prendre une décision différente, ses éléments d'information n'étant pas les mêmes, et son interprétation de ces éléments différant de celle des autres. Il serait trop long, cependant (et sans utilité directe pour la suite de l'étude), d'exposer ici les différentes voies par lesquelles l'information concernant l'émigration et sa diffusion peuvent influencer un mouvement migratoire donné et lui imposer une certaine originalité.

» Une seule hypothèse reste à lever : dans le modèle dont on est parti, celle qui limite à la seule consommation de biens la satisfaction d'un individu. C'est évidemment là que toute thèse micro-économique explicative de l'émigration achoppe. Comment prendre en compte le fait qu'un individu a souvent une préférence marquée à l'égard d'un environnement national donné ? La solution de l'économiste consiste à introduire un nouveau bien dans l'analyse, un bien non économique auquel on attribue un prix fictif non déterminé, et que l'on pourrait appeler : bonheur de vivre dans son propre environnement national et culturel. La décision d'émigrer revient alors à la question : l'intérêt matériel de l'émigration est-il supérieur ou inférieur au prix attribué au bonheur de vivre dans son pays ? C'est cette notion que recouvrent les (...) « coûts psychologiques de l'émigration ». L'introduction de ce concept dans une théorie n'a en soi rien de rédhibitoire *pourvu qu'en le reconnaissant inapte à toute manipulation empirique, on donne les moyens de les manier théoriquement.* Les « revenus psychiques » et « coûts psychologiques » de l'émigration n'offrent aucune facilité de ce type. Ils apparaissent plutôt comme les résidus non expliqués d'un modèle de l'émigration et c'est ainsi qu'ils doivent être interprétés. *Une autre façon de présenter le problème est tout simplement d'estimer que l'intérêt matériel de l'émigration, subjectivement estimé, est une sorte de stimulation qui peut vaincre la résistance naturelle d'un individu à quitter son environnement.* Plus cette stimulation est forte et plus probable est la décision d'émigrer. Symétriquement plus grande est la force d'inertie d'un individu et moins probable est une réponse positive de sa part à l'incitation d'émigrer. Les éléments économiques du modèle qu'on a présenté plus haut permettent seulement de mesurer la puissance de l'incitation matérielle à l'émigration, ils ne permettent aucune inférence quant à la *décision* d'émigrer elle-même. Tout au plus pourraient-ils permettre de déterminer parmi des individus dont la force d'inertie serait identique, ceux dont la décision d'émigrer est la plus probable. D'une part, le modèle précédent met en lumière et formalise le fait que la différentielle de revenus (aussi lâche soit cette définition) est une condition nécessaire à l'émigration d'un individu. D'autre part, le modèle enseigne, par exemple, que l'incitation matérielle, et par conséquent la probabilité d'émigration, sera plus grande :

» ● selon que la différentielle de revenus, stricto sensu, sera plus élevée : ce qui implique qu'à salaire d'accueil égal et certain, les plus défavorisés, ou ceux dont l'espérance de revenus sur place est la plus basse (chômeurs permanents, jeunes à la recherche d'un premier emploi, etc.) devraient être les plus déterminés au départ ;

» ● selon que l'individu considéré sera relativement jeune, et ceci pour plusieurs raisons : d'une part parce que l'aversion pour le risque croît probablement

avec l'âge, d'autre part parce qu'un individu jeune peut profiter plus long-temps qu'un individu plus âgé des revenus du capital humain et financier qu'il est susceptible d'acquérir à l'étranger;
» ● selon que l'aversion pour le risque et l'incertain de l'individu considéré sera faible, ce qui devrait correspondre à des individus jeunes ayant des charges familiales relativement légères, et situés dans la partie inférieure de l'échelle de revenus et de la hiérarchie sociale (l'aversion pour le risque devant sans doute augmenter lorsque l'on remonte les degrés de ces hiérarchies). »

3.2.2.2 Mécanismes économiques de la région d'immigration

Pour qu'il y ait migration, il ne suffit pas qu'un individu décide de migrer, il faut qu'une région ou qu'un pays décide aussi de l'accueillir. Généralement, il s'agit d'une décision politique, dictée par des intérêts et considérations économiques. « Les plus importantes concernent le marché national de l'emploi. Peu de pays accepteraient, en effet, que l'immigration se solde par un accroissement égal du nombre de chômeurs. En allant plus loin, on peut même penser que le déficit du marché de l'emploi est l'un des moteurs de toute politique d'immigration. » (...) Jusqu'en 1975, dans la plupart des pays d'Europe occidentale, la relation entre immigration et marché de l'emploi est nette puisque les règlements exigent que tout immigrant ait un contrat de travail, et ne per-mettent aux entreprises nationales d'accorder un tel contrat que lorsque aucun travail-leur résident n'est disponible. Dans ces conditions, les fondements micro-économiques de l'immigration se trouvent donc obligatoirement dans les *politiques d'emploi des entreprises et dans le fonctionnement du marché du travail.* (...)

« Une entreprise peut faire face à l'accroissement de ses perspectives de produc-tion de plusieurs façons. En supposant qu'elle n'utilise que deux facteurs de production homogènes, le capital et le travail, elle peut accroître :

» ● le temps de travail hebdomadaire de ses employés;
» ● le nombre de ses employés;
» ● le temps d'utilisation de son capital (machines);
» ● son stock de capital productif. »

En Suisse (comme dans de nombreux autres pays européens) entre 1945 et 1970 environ, l'immigration étrangère est apparue comme la solution économique optimale pour les entreprises. C'est donc la deuxième solution qui a prévalu (capital-saving).

La théorie que nous venons de présenter ici est synthétisée dans le tableau 4 que nous empruntons à un autre auteur (K. Hietala [1.67]). Il met particulièrement bien en relief l'interaction entre les dimensions économiques, démographiques et politiques des pays d'émigration et d'immigration, ainsi que le fait que la migration ne peut pas s'ex-pliquer qu'en faisant intervenir le niveau macro-social de la réalité; le niveau pyscho-sociologique des acteurs est justement reconnu par cet économiste, même s'il est réduit à sa plus simple expression.

Tableau 4. — Les causes économiques et facteurs secondaires de l'émigration (d'après K. Hietala)

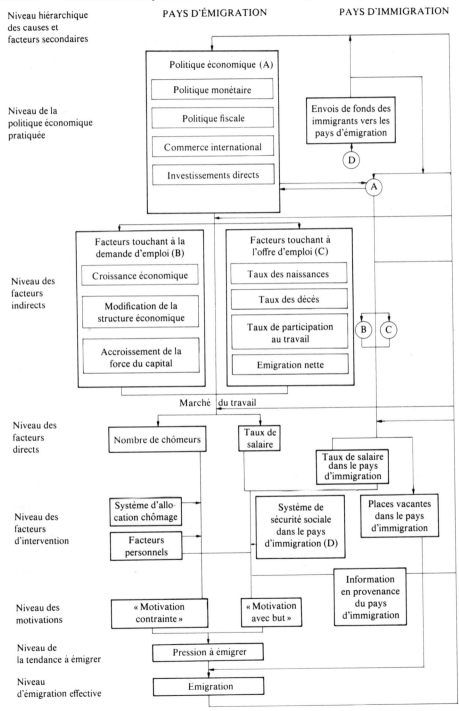

3.2.3 Mobilité et dynamique spatiales: approche macro-économique

Cette théorie est empruntée à Ph. Aydalot [1.5]. Elle enrichit par de nombreux aspects les propositions précédentes. La réflexion d'Aydalot commence par une critique de l'économie classique qui:

- ou bien est a-spatiale, plus exactement le cadre de réflexion de l'économiste est la nation: un processus d'optimisation se déroule à l'intérieur des frontières nationales, d'où la théorie économique ne peut avoir qu'un caractère global, partant la mobilité de la main-d'œuvre n'est plus qu'une question résiduelle;
- ou bien, les mécanismes néo-classiques sont tels que rapidement ils égalisent les aptitudes de l'espace quant à l'accueil des activités ou des hommes. La mobilité spatiale n'est donc qu'un phénomène occasionnel (p. 8). C'est déjà la critique que formulaient ci-dessus F. Bourguignon et ses coauteurs;
- ou bien encore, pour de nombreux économistes, l'activité commerciale des biens épuise l'analyse spatiale. « Ramener la mobilité spatiale au seul déplacement des biens permet simultanément de sauvegarder l'autonomie de destin des économies nationales et de réduire à leur simple expression la portée des ajustements interspatiaux » (p. 9).

Pour Aydalot, l'espace n'est pas un élément résiduel ou accidentel de la dynamique économique. L'espace n'est pas moins un simple réceptacle ou un contenant neutre. D'après Aydalot, «il n'y a d'espace que social; sa structure tend à reproduire la structure sociale et à la perpétuer; plus que simple reflet, l'espace est un agent actif. L'espace n'a de sens qu'en relation avec son contenu technique et social, il exprime des relations de pouvoir et de dépendance, il est aptitude d'un groupe localisé à définir la position, l'activité, le niveau d'autres espaces » (p. 312).

En bref, l'hétérogénéité et l'organisation de l'espace correspondent à la division sociale et technique du travail, aux rapports sociaux, à la structure sociale d'une société, tous ces éléments sont compris aussi en diachronie et sans que jamais ces rapports entre société et espace soient mécaniques.

Plus loin, Aydalot précise que dans les sociétés contemporaines, l'espace local, régional, national et mondial est régi par le modèle centre-périphérie, ce qui signifie en termes plus simples que l'espace est hiérarchisé et exprime les inégalités sociales.

Cette conceptualisation, on s'en rend compte, a pris ainsi une très forte connotation sociologique. *Il en découle que la mobilité spatiale des acteurs (individuels ou collectifs) comme des agents (technologie, capitaux, information, etc.) est un mécanisme fondamental qui permet de saisir le fonctionnement et les transformations du système social dans sa totalité.*

Dans ses travaux, Aydalot considère les rapports complexes qui se développent entre la *mobilité des activités*, la *mobilité des technologies*, la *mobilité du travail*, la *mobilité des biens*, la *mobilité des capitaux* et cela aussi bien dans une perspective interrégionale qu'internationale. Pourtant, à ses yeux, *dans les sociétés contemporaines, la mobilité la plus fondamentale* est celle des technologies.

Pour Aydalot, une technologie donnée implique des connaissances, des manières

de faire, une division et organisation du travail, un type de main-d'œuvre avec une qualification et un mode de vie spécifiques. D'où, cette « approche de la technologie permet
de ramener à un dénominateur commun les *comportements de mobilité des firmes*, qui
recherchent des facteurs de production correspondant à une technologie souhaitée, et
ceux des travailleurs qui peuvent être inspirés par les structures de consommation et les
modèles d'organisation liés aux techniques nouvelles.

» La technologie, ainsi définie sous ses deux aspects (dose de connaissance et de
qualification intégrée dans les fonctions de production, et structure des fonctions de
consommation), peut nous servir de variable essentielle pour expliquer les comportements de mobilité. Dans cette optique, la mobilité s'analyse en un choix de technique,
tandis que les espaces se définissent d'abord par les technologies qu'ils incorporent. »

« Compte tenu de ces éléments, comment va évoluer la structure d'activités des
espaces au cours d'un processus dynamique de longue période ? Dans leurs comportements de mobilité, les activités rechercheront des implantations leur offrant le travail
dont elles ont besoin, et la minimisation de leurs coûts salariaux.

» Plusieurs facteurs vont se conjuguer pour donner sa silhouette au schéma de
mobilité des activités, si nous admettons que les espaces se différencient par des niveaux
technologiques moyens non identiques, et donc hiérarchisés :

» *Les entreprises tendent à scinder leurs activités en autant d'établissements
qu'il existe de catégories (relativement) homogènes de travail. Elles dispersent leurs
établissements dans l'espace économique de manière à calquer la structure de l'emploi
de chaque établissement sur celle de l'espace d'accueil ; ce faisant, elles minimiseront le
coût salarial total.*

» L'apparition périodique d'activités nouvelles, le vieillissement relatif des activités anciennes, se traduiront alors par des délocalisations périphériques qui tendront à
reproduire la même structure sociale et technologique dans un espace sans cesse élargi.

» *Nous avons montré que les écarts spatiaux de salaires entre travailleurs d'une
même catégorie étaient liés à la structure technologique des espaces, et n'étaient pas
représentatifs de différences véritables de niveau de vie.* Par contre, l'écart dans la composition socio-technologique est essentiel : c'est lui qui détermine l'ensemble des différences qui peuvent être appréhendées à d'autres niveaux par des différences de revenu
moyen, par des termes de l'échange critiquables ou par des mouvements de capitaux
mal orientés » (pp. 316 et 317).

Ainsi, la mobilité des activités est le moteur de la dynamique économique
contemporaine.

« Le monde néo-classique des localisations est un monde encadré par des coûts
de transport et de déplacement : des économies externes de proximité au sein des villes,
au poids des gisements chez Weber, c'est le déplacement des choses et des hommes
dont la minimisation définit la localisation optimale.

» Mais dès que l'on pose une autre conception de la production, et qu'on admette
parallèlement que les coûts de déplacement et de transport ne jouent qu'un rôle décrois-
sant, des conceptions toutes différentes peuvent être proposées.

» Le problème est simple : la technologie et la localisation des activités sont choi-
sies simultanément par les entreprises qui recherchent les localisations leur offrant les

types de travail nécessaires au moindre coût salarial. Symétriquement, leurs choix techniques découlent du souci d'adapter les techniques aux types de travail permettant le meilleur bilan productivité/coût » (p. 153).

Finalement, Aydalot reconnaît qu'il existe des éléments qui freinent cette mobilité des activités :

« ● Les entreprises ont une préférence constante pour l'immobilité. Toutes choses égales, elles préfèrent éviter les coûts et les risques de la délocalisation.

» ● Les entreprises ont une préférence pour les localisations centrales; cette préférence n'étant que la traduction au niveau des entreprises, des préférences des individus qui les composent pour les localisations à l'environnement le plus évolué » (p. 154).

Il va de soi que ce redéploiement des activités relativement récent a des incidences sur la mobilité des hommes. *Ces mouvements dans tous les cas perdent le caractère monolithique des décennies écoulées.* Aydalot relève que :

● *le mouvement migratoire ne va plus exclusivement des périphéries vers les centres urbains;*

● *les migrants ne sont plus prioritairement et exclusivement à la recherche d'un salaire plus élevé*, en d'autres termes, *les migrations semblent s'autonomiser par rapport aux incitations économiques.* L'environnement social et culturel semble compter considérablement dans la décision de migrer;

● *les mouvements internationaux, interrégionaux et internes aux régions, s'articulent dans le temps de manière fort complexe.*

3.3 UNE THÉORIE STRUCTURO-FONCTIONNALISTE DE LA MOBILITÉ SPATIALE

Sous ce titre, nous aurions pu présenter au moins deux ensembles de travaux rattachés au structuro-fonctionnalisme. Il s'agit, d'une part, des travaux de l'Ecole sociologique zurichoise, d'autre part de l'étude monumentale de G. Albrecht [1.1] sur la sociologie de la mobilité géographique. Nous avons finalement abandonné l'idée de présenter cette dernière. Ce livre est certes une source d'information indispensable. Mais son auteur affirme à plus d'une reprise que son intention est de construire une théorie générale de la mobilité géographique en s'inspirant de la sociologie structuro-fonctionnaliste de Parsons. En fait, Albrecht se contente de faire une compilation de recherches théoriques et empiriques. C'est pour cette raison que dans ce chapitre nous n'en dirons pas plus long.

Il n'en va pas de même des travaux sur les migrations de l'Ecole sociologique zurichoise. A la base de cette théorie, mentionnons quelques aspects du paradigme élaboré par P. Heintz :

● Le pouvoir et le prestige sont les dimensions centrales des systèmes sociétaux. Ils dépendent l'un de l'autre.

- Dans les systèmes sociétaux, le pouvoir et le prestige ne sont pas accessibles de la même manière à tous les acteurs.
- Il en découle que le pouvoir et le prestige sont répartis inégalement.
- Dans des systèmes sociétaux, le pouvoir et le prestige ne sont pas en correspondance. Il existe des « excédents de pouvoir ou de prestige » et des « déficits de pouvoir ou de prestige ».
- En même temps, se développent dans les systèmes sociaux des tendances à équilibrer le pouvoir et le prestige.

Ce paradigme — que nous présentons de manière très simplifiée, disons-le encore une fois — a été repris, adapté et développé par H. J. Hoffmann-Nowotny [1.68 et 1.69] pour rendre compte des processus migratoires. Il développe deux concepts : celui de tension structurelle qui concerne des unités macro-sociologiques (nations, régions, localités) et celui de tensions anomiques, qui s'applique à des individus et groupes plutôt restreints. *Il y a tension structurelle lorsqu'une structure sociale comporte un décalage entre pouvoir et prestige. La tension anomique se manifeste lorsque, pour un acteur, il y a déséquilibre entre une valeur centrale et les moyens pour l'accomplir.*

Ajoutons que les tensions structurelles sont des facteurs fondamentaux de changement, mais aussi de tensions anomiques. Ces dernières peuvent engendrer des comportements de rééquilibrage qui peuvent se traduire en mobilité spatiale par exemple.

Prenons d'abord les tensions structurelles. D'après cette théorie, les phénomènes migratoires entre nations par exemple résultent de différences de tensions structurelles entre elles. Hoffmann-Nowotny ne se contente pas de théoriser, il s'efforce également de tester ses idées ; ainsi il quantifie les tensions structurelles à partir d'indicateurs comme le PNB par habitant, le taux d'urbanisation, le niveau d'instruction, etc.

Il crée un indice de tensions structurelles en fonction des décalages qui existent à l'intérieur d'une collectivité, entre ces diverses dimensions (PNB, urbanisation, instruction, etc.). Plus l'indice est élevé, plus les tensions structurelles sont grandes.

Dans un système de collectivités, celles ayant l'indice des tensions structurelles le plus élevé sont celles qui ont *l'émigration* la plus forte ; celles où il est bas, *l'immigration* est forte, à la condition que leur niveau de développement socio-économique soit élevé. Bref, les collectivités ayant de fortes tensions structurelles déversent leur population dans les collectivités ayant de faibles tensions structurelles.

Il va de soi que pour Hoffmann-Nowotny, le flux migratoire va également dépendre de la politique d'immigration du pays d'accueil et de ses spécificités culturelles (religion, langue notamment). *En résumé, la migration apparaît comme un processus de réduction de tension.* Les tests effectués par l'auteur à divers niveaux vérifient ces hypothèses.

Comme nous l'avons déjà suggéré, les tensions structurelles d'une société entraînent pour ses membres des tensions anomiques. Une tension anomique signifie un décalage entre fin et moyens, par exemple un décalage entre le statut social d'un acteur et son niveau d'aspiration. Elle se traduit chez l'acteur par un certain désarroi, une désorientation, une perte de sens, un sentiment d'impuissance.

Face à une situation de tensions anomiques, l'acteur concerné peut réagir au moins de deux façons et trouver deux types de solution :

- une solution individuelle: se réfugier dans un contexte lui permettant de diminuer les tensions anomiques;
- une solution collective: participer à des efforts ayant pour but de réduire les tensions structurelles qui engendrent les tensions anomiques.

C'est surtout par rapport aux tensions anomiques que Hoffmann-Nowotny a poursuivi sa recherche sur l'immigration étrangère en Suisse, sans pourtant jamais les isoler des tensions structurelles. Car en effet la solution individuelle à la tension anomique, qui est justement l'émigration, peut constituer dans le pays de départ une réduction des tensions structurelles, par contre dans le pays d'accueil comme la Suisse, l'immigration peut conduire à la création de tensions structurelles.

On observe en Suisse un phénomène appelé « Unterschichtung ». Ce terme signifie que les immigrés occupent systématiquement les couches sociales les plus basses de la hiérarchie sociale, couches qui étaient antérieurement occupées par les Suisses qui les ont quittées en raison d'une mobilité sociale ascendante. Ainsi, de 1950 à 1960, l'accroissement de la main-d'œuvre étrangère se fait presque entièrement (à 91,2%) dans les couches sociales inférieures, tandis que 72% de l'accroissement de la population active suisse s'insère dans les couches moyennes.

L'immigration est donc liée à une *mobilité sociale ascendante importante* de la population autochtone.

Ce taux de mobilité sociale élevé entraîne une forte anomie aussi bien chez les personnes qui n'arrivent pas à profiter des chances de mobilité sociale ascendante, que chez celles qui en bénéficient. Pour ces dernières en effet, leur statut professionnel, leur revenu, s'améliorent, mais leur niveau de formation (qualification professionnelle, éducation formelle) ne change pas, ce qui entraîne une tension de déséquilibre entre pouvoir (position professionnelle, revenu) et prestige (formation).

Il est difficile de rééquilibrer cette tension tant que le développement des systèmes d'éducation, de formation professionnelle et de formation permanente sont en retard par rapport au développement socio-économique. Un système d'éducation suffisamment large est donc un garant structurel majeur d'une mobilité ascendante équilibrée.

Bref, l'*Unterschichtung*, liée à l'immigration, entraîne aussi bien des tensions anomiques que des tensions structurelles. Or, il apparaît que ce sont les personnes caractérisées par un degré d'anomie élevé qui ont une plus forte tendance à percevoir la menace d'une *Überfremdung* que les personnes peu anomiques. Dans tous les cas, la perception de l'*Überfremdung* est indépendante du contact «physique» que les sujets entretiennent avec les étrangers.

Soulignons qu'à la perception de l'*Überfremdung* correspond l'émergence d'un fort sentiment de particularisme national, qui à son tour engendre un comportement discriminatoire à l'égard des immigrés. Ce comportement tend à exclure les immigrés de toutes les positions impliquant un certain pouvoir. Il n'y a plus qu'un pas à franchir pour que la xénophobie et le racisme déferlent.

L'anomie n'est pas seulement le fait des autochtones. Elle concerne aussi les immigrés, mais d'une autre façon. D'abord l'expérience de marginalité n'est pas nouvelle pour eux; l'émigration constitue précisément un essai de résoudre les tensions structurelles et anomiques engendrées par la marginalisation dans le pays du départ. Mais dans le pays de destination, les immigrés se trouvent à nouveau dans une situation marginale. Nous avons précédemment décrit ce phénomène (paragraphe 2.3.5), nous n'y reviendrons pas. La migration moderne est donc essentiellement un transfert d'un pays à un autre, de tensions structurelles.

Hoffmann-Nowotny croit que l'anomie a tendance à augmenter avec la durée de séjour, ce qui évidemment pose la question de l'intégration du migrant. L'auteur distingue intégration structurelle, assimilation culturelle et intégration sociale. La première renvoie à la stratification sociale d'une société donnée, la deuxième à la structure symbolique. Il y a assimilation culturelle lorsque par exemple l'immigrant a appris la langue du pays d'accueil. L'intégration sociale concerne la participation aux groupes plus ou moins formels du pays d'accueil. Or, c'est l'amélioration de l'intégration structurelle qui entraîne l'assimilation culturelle et l'intégration sociale et pas l'inverse. Or, comme la mobilité sociale ascendante des migrants est lente, par conséquent leurs tensions anomiques vont subsister.

Il reste peu de solutions de rechange au migrant :

- reporter sur ses enfants ses aspirations ;
- se surévaluer et être fortement critique à l'égard des autochtones ;
- se « perdre » dans la consommation de masse ;
- intérioriser son statut de minoritaire discriminé ;
- retourner au pays.

Ces diverses solutions, mis à part la dernière, sont qualifiées par Hoffmann-Nowotny comme étant des formes d'adaptation anomique.

3.4 THÉORIE MATÉRIALISTE HISTORIQUE ET DIALECTIQUE DE LA MOBILITÉ SPATIALE

3.4.1 Liminaire

Cette théorie s'inspire d'écrits marxistes et marxiens et utilise des concepts comme mode de production, exploitation de la force de travail, accumulation, aliénation, reproduction, plus-value, rapports sociaux, classes sociales. L'approche matérialiste dialectique veut aller au-delà de l'économisme, du sociologisme, du psychologisme, du positivisme. Elle refuse de ne considérer la mobilité spatiale que dans la perspective d'une seule science ; elle souhaite redonner au phénomène toute son ampleur et son mouvement. Enfin, elle aspire à produire des connaissances qui soient des agents de changement. Cela dit, les recherches qui s'inscrivent dans ce courant de pensée sont loin d'être monolithiques. Elles se différencient, parfois très sensiblement, par les accents variables portés sur un aspect ou l'autre du matérialisme historique et dialectique. Nous allons présenter ci-dessous deux exemples de travaux assez différents.

3.4.2 Travailleurs immigrés en France, de B. Granotier [1.47]

Après une description des grands mouvements migratoires dans le monde industrialisé et en voie d'industrialisation, Granotier examine la situation des immigrés dans les pays d'Europe occidentale les plus touchés par le mouvement migratoire sud-nord. Ensuite de quoi il décrit les diverses politiques publiques françaises qui ont organisé la venue et l'accueil des migrants.

Après ces considérations, Granotier décrit minutieusement la population immigrée de France selon l'âge, le sexe, le statut socio-professionnel, l'état civil, le type de travail et les conditions de travail, le logement, l'éducation, la pathologie, la délinquance. Tout au long de ces descriptions et analyses statistiques, l'auteur souligne l'aliénation, l'exploitation, la marginalité d'une large majorité de travailleurs immigrés. Granotier poursuit par une description de ce qu'il appelle le vécu du migrant:

«La catégorie du vécu se réfère à un niveau spécifique de la réalité sociale, celui du quotidien. Chaque couche et classe sociale, du fait de sa position dans les rapports de production, subit différentes contraintes d'emploi du temps, d'orientations idéologiques, etc. Le langage, le vêtement, les centres d'intérêts, le type de loisirs, le mode des rapports individuels, bref, tout ce qui constitue la vie quotidienne, se trouve largement déterminé par cette appartenance de classe et constitue chaque fois un vécu spécifique.

» A l'intérieur de chaque classe sociale, le vécu se différencie suivant les couches considérées. Dans le cas des ouvriers immigrés, le vécu est sensiblement différent de celui des ouvriers français du fait de la diversité culturelle d'une part, de l'emploi des immigrés aux postes de travail les plus bas d'autre part. Une description du phénomène immigratoire, pour être complète, doit tenter de retracer la façon de vivre des étrangers, jusque dans les détails de la banalité quotidienne.» (...) Ce vécu «s'ordonne suivant un cycle: départ — séjour en France — retour, car les installations définitives se produisent pour une minorité de cas. D'autre part, le vécu des femmes et des enfants présente des caractères particuliers qu'il faudra prendre en considération» (p. 158).

C'est pour l'auteur l'occasion de décrire les multiples tâtonnements de l'immigré lorsqu'il arrive dans son pays d'accueil, ses difficultés, ses traumatismes, son intégration plus ou moins rapide selon sa culture d'origine, ses relations avec le pays d'origine, le retour dans ce pays d'origine.

Cependant on ne saurait comprendre l'immigrant en France si on n'étudie pas les pays d'origine, or ceux-ci sont fort variables: Granotier en fait une typologie:

- les pays ayant un niveau de développement comparable à la France;
- les pays semi-industrialisés: d'une part, ayant «décollé» économiquement comme l'Italie et l'Espagne, d'autre part étant encore relativement arriérés comme la Grèce et le Portugal;
- les pays non industrialisés: le Maghreb, l'Afrique francophone et les autres pays.

Les politiques d'immigration, d'une part, et l'intégration des immigrés, d'autre part, dépendent de la dynamique de ces trois types de pays. *La compréhension de l'immigration passe donc par une analyse poussée et nuancée des pays d'émigration.*

Politiques de migration, histoire des flux migratoires, démographie et intégration du migrant n'épuisent pas encore la compréhension de l'immigration en France. Pour faire le tour du problème, Granotier pense qu'il faut encore examiner la demande en main-d'œuvre de l'économie française et la position des immigrés dans le système des classes sociales.

Comme dans de nombreux autres pays d'Europe occidentale, l'immigration résulte :

- d'une forte et rapide croissance économique ;
- d'une modernisation technologique qui ne suit pas le mouvement de croissance ; les travailleurs nationaux s'emparent des meilleurs emplois, laissant d'abord aux ruraux nationaux les autres emplois. Les ruraux faisant défaut, on a fait appel à l'immigration étrangère. *Exode rural et immigration étrangère obéissent donc aux mêmes déterminismes et mécanismes économiques et sociaux.* D'ailleurs l'immigrant étranger, avant d'arriver en France, a souvent suivi un itinéraire du genre : village de naissance → petite ville → grande ville → France.

« L'exode rural s'articule sur l'immigration et l'influence. Les résultats définitifs du recensement de 1975 montrent que non seulement l'exode rural en France ne s'est pas ralenti, mais qu'il s'est accéléré. La population active agricole de 3 millions de personnes en 1968 (14,9 % des actifs) a diminué d'un million en 1975 (9 % des actifs). Un rapport étroit existe d'ailleurs entre les soubassements économiques de l'exode rural et de l'immigration. *Finalement, la demande française de force de travail étrangère (ou, si l'on préfère, l'offre d'emplois aux immigrés) dépend des pénuries de main-d'œuvre industrielle, selon les déficits que les apports démographique et rural laissent.* Le bilan de ces trois facteurs, qui évoluent chacun en interaction avec les autres, donne la marge de manœuvre pour l'ouverture des frontières à des travailleurs étrangers. Depuis 1975, une volonté politique de limiter l'exode rural a été affirmée. D'autre part, le ralentissement de la croissance démographique française joue dans le même sens : faire appel à l'immigration. Puisque inversement le besoin de main-d'œuvre étrangère va en diminuant dans le cadre de la nouvelle croissance, la pondération de ces divers facteurs aboutit à l'hypothèse d'une stabilisation de la communauté des millions d'étrangers en France. Cette conclusion s'oppose donc à ce qui était envisageable jusqu'en 1972-1973, où la poursuite d'une forte immigration paraissait acquise pour plusieurs années. La modification du contexte international, plus que des causes internes à la France, explique en grande partie ce revirement » (p. 236).

Finalement Granotier analyse l'intégration difficile et conflictuelle des travailleurs immigrés dans les organisations de la classe ouvrière française en raison du racisme et de la xénophobie non seulement des ouvriers, mais de larges couches de la population française. Cette xénophobie et ce racisme ont pour conséquence de faciliter l'exploitation de la main-d'œuvre étrangère :

« Les immigrés contribuent relativement plus que les autres travailleurs en France à la formation de la plus-value totale annuelle. *Ils subissent, outre l'exploitation*

« *normale* » *des travailleurs, une exploitation additionnelle due aux discriminations, ce qui justifie l'emploi du mot surexploitation.* En outre, ils sont dans des secteurs de plus-value parce que le rapport $\dfrac{\text{capital constant}}{\text{capital variable}}$ est plus grand » (p. 254).

3.4.3 Mobilité du travail et accumulation du capital, de J.-P. de Gaudemar [1.43]

Cette analyse marxiste de la mobilité spatiale prend ici un tout autre accent, bien que guidée par le même souci de globalité.

L'auteur constate tout d'abord que depuis quelques années existe un large consensus des pouvoirs publics dans la plupart des pays capitalistes avancés pour favoriser et encourager la mobilité. On assiste donc à une stratégie générale pour réduire tous les obstacles qui pourraient entraver la mobilité spatiale: mobiliser la main-d'œuvre, la dynamiser, savoir la reconvertir. Pour ce faire sont créés des organismes nationaux destinés à contrôler les mouvements de main-d'œuvre, sont mises en place des politiques de formation professionnelle favorisant les aptitudes aux changements d'activité par une augmentation du personnel intérimaire et par la rotation accrue des postes de travail, etc.

Que recouvre cette stratégie de mobilité accrue, sinon de mobilité forcée? Le discours économique contemporain est le produit de la théorie économique classique et néo-classique. D'une part, le concept de mobilité du travail est occulté en tant que tel et se dissout dans les moyens d'une politique économique destinée à assurer l'*équilibre économique et social.* L'hypothèse de la *mobilité parfaite* du travail trouve sa justification dans l'*identification du travail à la marchandise.* Dès lors l'axiomatisation néo-classique de mobilité parfaite du travail n'exprimera pas autre chose que la nécessité de cette réduction du travail à une marchandise, sans tenir compte des rapports sociaux derrière les agrégats économiques et l'équilibre général.

D'autre part, de Gaudemar critique la théorie économique et l'économie politique parce que fréquemment la mobilité du travail n'est souvent abordée qu'à travers une seule réalité: la *dimension spatiale.*

« De là cette désinvolture conceptuelle qui caractérise les modèles migratoires où la migration est décrite à l'aide de fonctions continues et dérivables, où tout déséquilibre entre secteurs ou entre nations en matière de facteurs de production se traduit automatiquement par un *réajustement* grâce à des flux (migratoires), la seule contrainte subsistant désormais étant d'ordre institutionnel, si du moins l'instauration du libre-échange ne l'a pas levée » (pp. 253 à 257).

Passant en revue toute une série de travaux de recherche sur les flux migratoires, de Gaudemar pense que: « La mobilité spatiale du travail y est perçue seulement comme flux rééquilibrant soit en matière d'emploi pour les modèles à visée macro-économique, soit comme maximisant le profit individuel tiré de la migration pour les modèles de comportement; ces travaux sont souvent contradictoires dans leurs résultats aussi bien avec leurs propres hypothèses qu'entre eux. Paradoxalement, ils nuisent à l'objectif visé. Ils constitueraient plutôt une démonstration empirique de l'inefficacité des concepts néo-classiques » (p. 100).

L'accumulation du capital, qui implique la recherche permanente de plus-value croissante, est régie par une *loi de la baisse tendancielle du taux de profit*. Le taux de profit ne baisse pas parce que le travail devient moins productif, mais parce qu'il le devient plus. Tout développement de la productivité du travail, et donc la possibilité de contrecarrer la baisse tendancielle du taux de profit, repose sur une hypothèse de base de la théorie économique classique: la mobilité parfaite du travail. Or, si celle-ci est une vue de l'esprit, l'accumulation du capital requiert constamment l'exercice de la mobilité la plus parfaite possible, aussi bien sur le plan temporel (réduction des temps de production) que sur le plan spatial (réduction des temps de circulation). Cette *loi de la perfection tendancielle de la mobilité spatiale* permet de réaliser des économies de capital variable (réduction du nombre d'ouvriers employés, réduction de leur salaire au-dessous de sa valeur, parallèlement à un accroissement de l'intensité de production ou de la durée), et des économies de capital constant (rationalisation et rentabilisation des moyens de production, par exemple par la mise en place d'un système de relais). Tendre vers une mobilité la plus parfaite possible du travail permet également l'existence de secteurs à faible composition organique, car le taux de plus-value constitue la deuxième composante du taux de profit.

Il faut donc que tous les obstacles à la libre mobilité (géographique, professionnelle, sociale) des hommes soient levés. Ainsi A. Loesch (1940) reconnaissait que « malgré les mouvements migratoires, des différences absolues comme relatives de salaires subsistent, même à l'intérieur d'un pays. Il y voit l'effet de l'imperfection de la mobilité du travail, imperfection due à tous les impondérables d'une société humaine, mais dans laquelle il voit, un peu paradoxalement, une raison de souhaiter des interventions étatiques. L'Etat est chargé de suppléer à l'impossibilité éventuelle d'un équilibrage automatique, en particulier en favorisant une meilleure mobilité de la main-d'œuvre. C'est au fond ce conseil que suivent aujourd'hui la plupart des gouvernements des pays occidentaux » (pp. 91 et 92).

Selon l'acception marxiste, la manifestation spatiale de la mobilité n'est qu'une des formes particulières de la mobilité du travail. L'analyse cherche à unifier sous un même concept la multiplicité des formes d'existence de la force de travail, morcelées dans la théorie néo-classique en des rubriques comme la division du travail, les migrations.

Elle distingue notamment dans les conditions d'existence du capitalisme trois étapes de la mobilisation du travail:

● *La production des forces de travail.* Avant de se transformer en main-d'œuvre plus ou moins qualifiée, la force de travail est d'abord *extraite*: émancipation du travail hors des structures précapitalistes, expropriation de la population campagnarde, destruction de l'artisanat ou du travail à domicile, séparation du producteur d'avec ses moyens de production. Cette mobilité « primitive » jette sur le marché du travail une quantité d'hommes libres et mobiles. Mais cette « liberté » de la force de travail se transforme en son contraire dès son entrée sur le marché. Libre de se rendre par soi-même « au marché » pour se vendre à l'enchère. Mieux encore, c'est le travailleur qui prend le plus souvent en charge ses propres frais de déplacement. Les flux migratoires évitent donc au capital des frais de circulation. Cette première étape implique une migration des zones géographiques hors de la sphère du capital.

- *La mise en exercice des forces de travail.* C'est la mobilité qui permet à la force de travail de s'adapter aux variations et aux exigences de la productivité: extension de la journée de travail, ou modification de la division du travail, modification des techniques utilisées, etc. En d'autres termes, il s'agit ici d'une mobilité qualitative n'impliquant pas de mobilité spatiale.
- *La circulation des forces de travail.* C'est la mobilité du travailleur entre les différents secteurs d'activité à l'intérieur du marché. Cette troisième étape implique également une migration, mais à l'intérieur de la sphère du capital.

Ces différentes formes de mobilité du travail sont comme autant d'étapes dans la recherche de plus-value. Si elles possèdent une certaine logique chronologique, surtout au moment de l'industrialisation, actuellement elles se juxtaposent, s'interpénètrent et s'influencent mutuellement: la modération de l'usage de l'élasticité temporelle de la force de travail (diminution de la journée de travail) entraîne soit une élasticité spatiale (recours à la réserve de main-d'œuvre des campagnes, puis de la main-d'œuvre étrangère), soit un accroissement de l'intensité et de la productivité du travail. Ainsi définie, la mobilité du travail apparaît «comme autant de moments du procès complexe de production et de reproduction, de circulation et de mise en œuvre de la force de travail, c'est-à-dire de son usage dans la valorisation du capital» (p. 263).

En résumé, à quels moments la mobilité spatiale intervient-elle dans le procès de production de plus-value?

D'une part, sous forme de mobilité primitive (production initiale des forces de travail salariées), d'autre part au moment des phases de restructuration des moyens de production. Ainsi, lors de l'avènement du machinisme, l'ancienne classe ouvrière qualifiée s'est vu remplacée par une classe ouvrière non qualifiée (paysans expropriés, femmes, etc.) et a constitué une *surpopulation relative* («armée industrielle de réserve»). Lorsque celle-ci va s'amenuisant à l'intérieur du pays, elle est relayée par la sphère extérieure (autochtone des pays colonisés, immigration étrangère). Encore aujourd'hui, les chômeurs nationaux ne constituent pas toujours (et dans tous les pays) les vraies réserves de main-d'œuvre. C'est une main-d'œuvre quasi disponible, c'est-à-dire produite par le capital mais devenue inadaptée à ses besoins et inutilisée.

CHAPITRE 4

PREMIÈRES CONCLUSIONS

4.1 QUELQUES REMARQUES MÉTHODOLOGIQUES

A la suite de cet examen non exhaustif de diverses tendances de la recherche en sciences sociales sur la mobilité spatiale, il ne fait plus de doute, à nos yeux, que s'armer d'une théorie générale est infiniment plus fructueux que de restreindre ses investigations et réflexions à des théories à moyenne portée. Cette affirmation n'est évidemment pas vraie pour tous les objets d'étude des sciences sociales, par contre pour la mobilité spatiale, les travaux théoriques et empiriques sont d'une telle richesse que la construction de théories générales devient une quasi-nécessité. Les quelques exemples de théories générales que nous avons présentés sont en tout cas prometteurs. Notre préférence pour la construction de théories générales ne méconnaît pas les risques d'une telle ambition. Le premier et le plus important est de détourner l'effort de recherche scientifique vers de l'essaisme social et de transformer la théorie en dogme. Une théorie générale est un instrument qui doit promouvoir la recherche et la production de connaissances scientifiques et rien d'autre. Nous sommes bien conscients enfin qu'il n'est pas possible de vérifier empiriquement la totalité d'une théorie; son rôle est de questionner le chercheur, de l'aider à formuler des hypothèses, à interpréter des résultats, à rendre ceux-ci cumulatifs. Si ces derniers infirment la théorie, le chercheur se doit évidemment de reformuler sa théorie.

Il n'est pas question, dans cette première conclusion — ni dans les prochains chapitres — de se lancer dans l'élaboration d'une théorie générale de la mobilité spatiale. Si nous devions le faire, elle s'inscrirait certainement dans le cadre des études dont nous venons de rendre compte. Au stade de notre réflexion, il nous paraît plus utile de préciser quelques conditions à respecter pour construire une théorie générale de la mobilité spatiale.

- *Une première condition* c'est l'interdisciplinarité. Il est impossible de comprendre et d'expliquer la mobilité spatiale si les perspectives géographique, culturelle, démographique, économique, politique, psychosociologique et sociologique ne sont pas prises en compte. Nous ne voulons pas dire par là que toutes recherches empiriques sur le terrain soient le fait d'équipes comprenant des spécialistes de ces sept domaines au moins. Ce que nous entendons, c'est qu'un économiste, par exemple, ne peut pas par sa seule discipline rendre compte de la mobilité spatiale, et qu'il serait aberrant de réduire ce phénomène à sa dimension économique. La science économique doit absolument intégrer dans sa recherche les dimensions mises en relief par les autres sciences sociales. En aucun cas ces dimensions sont réductibles à des termes économiques.

- *Une deuxième condition* c'est de reconnaître à la mobilité spatiale deux niveaux eux aussi irréductibles: le niveau macro-social et le niveau micro-social. Le premier est notamment celui des structures, des institutions, des modèles de culture et de civilisation. Le second concerne les acteurs individuels et collectifs qui communiquent entre eux, prennent des décisions, s'influencent, se déplacent, etc. Ces deux niveaux sont irréductibles, ce qui ne les empêche pourtant pas d'interagir et de s'influencer mutuellement. Les acteurs ont des pratiques dans des champs de contraintes structurelles et institutionnelles, mais les apports qu'ils fournissent contribuent à modifier ces structures et ces institutions, voire à en créer d'autres, parfois de manière inattendue.

- *Une troisième condition* consiste à prendre en compte dans une théorie de la mobilité spatiale non seulement le flux, mais encore ses déterminants et conséquences. Il n'est plus possible de cantonner une théorie de mobilité spatiale à l'un ou l'autre de ces termes. Elle se doit de concevoir la mobilité spatiale sous l'angle du flux, de ses déterminants et de ses conséquences, aux niveaux micro- et macro-sociaux, dans les domaines culturel, économique, démographique, géographique, politique, psychosociologique et sociologique.

- *La quatrième condition* rend encore le problème plus complexe. L'immense partie des travaux qui ont été mentionnés jusqu'à maintenant concernent les migrations internationales et interrégionales. Pourtant, ce ne sont pas là les déplacements les plus nombreux ni peut-être les plus significatifs des sociétés contemporaines. La mobilité spatiale ne peut être cantonnée à ces deux types. Les mouvements pendulaires, liés au travail, aux loisirs, à la consommation, la mobilité résidentielle, etc., forment une masse très considérable de déplacements. Si nous pensons que la mobilité spatiale ne peut pas être réduite aux migrations, ce n'est pas seulement pour des questions d'importance ou de nombre, mais c'est que les *divers types de mobilité forment un système*; la compréhension d'un type de mobilité spatiale passe par la prise en compte de la globalité de ce système. Les migrations internationales, les migrations interrégionales (rurales-urbaines, urbaines-rurales, urbaines-urbaines), la mobilité résidentielle, les mouvements pendulaires, la mobilité de loisir, pour ne citer que ces cinq types, s'articulent, s'engendrent mutuellement, se complètent, s'opposent, se remplacent l'un par l'autre, selon notamment les conjonctures, les phases du développement socio-économique, les innovations technologiques en matière de transport, l'organisation du phénomène urbain.

- Outre ces quatre conditions indispensables à l'explication de la mobilité spatiale, *il convient d'en ajouter une cinquième*. C'est le rôle de l'espace. Comme nous avons pu le constater précédemment à plus d'une reprise, il y a mobilité spatiale parce que l'espace est organisé en fonction de la division du travail social et technique. Dans les sociétés industrielles avancées, cette division s'accentue considérablement. Nations, régions, localités, espaces plus restreints (comme les quartiers, les voisinages, etc.) tendent à se spécialiser économiquement, socialement, culturellement, etc. Pour fonctionner, une telle organisation implique une mobilité spatiale intense ou en d'autres termes une « mobilisation » poussée des individus et des groupes. D'autres auteurs parlent d'une croissance sur l'échelle sociétale, ce qui signifie que localités et régions, en raison de leur spécialisation, tendent à perdre leur autonomie et qu'elles ne peuvent se développer que par une forte mobilité spatiale entre elles. Par conséquent, elles n'existent plus qu'en se situant à un niveau sociétal. Il en va de même entre les nations du monde, elles sont contraintes plus que jamais à tenir compte du système mondial. *Ajoutons finalement que les sociétés d'un continent, comme les régions d'une société, et les localités d'une région, ne sont pas seulement différentes, mais elles sont reliées par des rapports sociaux, politiques et économiques asymétriques, ce qui fait que leur fonctionnement et leur développement sont inégaux et dépendants. La mobilité spatiale épouse ce système asymétrique. Le phénomène urbain est l'armature de ce système. Pour mieux comprendre la mobilité spatiale, il est indispensable de connaître les changements de cette armature.*

4.2 TRANSFORMATIONS DE L'ORGANISATION DE L'ESPACE ET MOBILITÉ SPATIALE

Cette dernière condition nous paraît tellement importante que nous allons la développer. A nos yeux, *les transformations de l'organisation de l'espace constituent le cadre explicatif et interprétatif majeur des divers types de mobilité spatiale.*

Grosso modo, dans les sociétés au seuil de l'industrialisation, 10 % de leur population environ vivaient dans des villes. Ces collectivités formaient quasiment des enclaves dans des régions rurales. Mais les villes d'alors dépendaient intégralement de la capacité de l'économie rurale de produire un surplus. Lieu de la gestion politique et de l'administration, lieux du commerce et de l'artisanat, les villes étaient les points de convergence de ces sociétés dont les moyens de communication étaient rudimentaires. Elles étaient formées d'un certain nombre de quartiers, liés les uns aux autres par un ou plusieurs centres. Le tout était ceinturé de murailles qui étaient d'une part, des moyens de défense militaire et civile et d'autre part, un instrument de régulation commerciale. C'est la paroisse et la corporation qui ont été les éléments structurants du quartier. Ces derniers étaient des groupements territoriaux, caractérisés par des institutions politiques, religieuses, éducatives, économiques propres, ce qui leur conférait une certaine autonomie. De plus, cette qualité de groupement correspondait souvent à une ethnie ou à une race. Les activités économiques étaient, par contre, très diversifiées : dans un même quartier, les fonctions de production, de distribution, de résidence, de consommation, d'échange, etc., se superposaient. Souvent même, coexistaient dans le même immeuble, l'atelier, le logement, le magasin. Les échanges entre les quartiers étaient fort réduits.

Avec l'industrialisation, les communautés locales se transforment profondément. Les villes se multiplient et croissent. Alors que dans la société agraire, les villes avaient essentiellement des fonctions politico-administratives et culturelles, elles ont avant tout, dans la société industrielle, une *fonction économique.* Elles constituent une structure d'une rationalité économique considérable. En effet, les entreprises s'établissent dans les villes pour augmenter leur chiffre d'affaires et leur profit, mais il apparaît qu'en se juxta-posant, donc en augmentant leur densité, elles maximisent la compétition entre elles. Cette dernière accroît la souplesse du marché urbain, mais aussi, à plus ou moins long terme, force les entreprises à se spécialiser. En d'autres termes, plus les entreprises d'une ville sont nombreuses, plus la division du travail s'accentue, plus les organismes satellites industriels, commerciaux, financiers des villes se multiplient, plus les entrepri-ses ont tendance à diminuer leur polyvalence et à devenir beaucoup plus dépendantes de cet environnement (urbain) que chacune, pour sa part, a contribué à créer et qui les attire d'autant plus qu'elles sont susceptibles d'utiliser une multiplicité de services (M. Bassand [1.6], M. Castells [1.27]).

En somme, c'est le nombre élevé d'entreprises juxtaposées qui constitue un fac-teur d'économie, et si la ville est un point privilégié de l'espace, ce n'est pas tellement à cause de sa position géographique, mais en raison d'une qualité créée par la concen-tration des entreprises. La ville apparaît comme une unité, une *totalité réalisant des objectifs spécifiques et distincts de ceux poursuivis directement par les unités qui la composent.*

Ce système économique urbain, indivisible, collectif et inamovible, implique que ce sont les autres facteurs de production plus mobiles, et plus particulièrement la main-d'œuvre, qui doivent se déplacer; ce fait est explicatif de la rapide croissance des villes.

Dans la ville industrielle, la ségrégation s'amplifie: aux ségrégations sociales, eth-niques et démographiques des villes préindustrielles s'ajoute la spécialisation fonction-nelle du sol. L'industrialisation dissocie systématiquement le lieu de travail du lieu de résidence, la famille et l'entreprise s'autonomisent l'une par rapport à l'autre. Ces déve-loppements sont l'expression directe de la division du travail.

Parallèlement on assiste à une désorganisation et à une régression des commu-nautés rurales. Ces processus sont liés aux changements urbains susmentionnés et en outre, s'expliquent par le fait que l'artisanat rural s'effondre, car il ne soutient plus la concurrence de l'industrie des villes, et que la forte croissance démographique des villa-ges n'est pas suivie d'une croissance économique.

La communauté rurale s'effrite à un rythme et selon des modalités variant en fonction de sa position géographique. Pour améliorer leur sort, la plupart des villageois doivent se rendre en ville. L'exode rural est d'abord journalier, puis saisonnier, puis rapidement il devient définitif. Cette immigration massive cause dans un premier temps, une espèce de ruralisation des villes. Les perfectionnements des moyens de transport et de communication accentuent les processus évoqués ci-dessus, car ils permettent la pénétration de la ville dans les campagnes et la distribution des produits urbains de plus en plus abondants et meilleur marché. La ville a non seulement besoin des communautés rurales pour obtenir des matières premières et de la main-d'œuvre, mais aussi pour écouler ses produits.

Dans les sociétés industrielles capitalistes avancées, les processus de concentration et de croissance économique et démographique décrits dans les sociétés industrielles se poursuivent. Cependant, si dans les sociétés industrielles, le niveau de développement de moyens de communication a justifié que presque tous les types d'activités économiques se concentrent dans les villes, il n'en va pas de même dans les sociétés industrielles avancées.

« Au moment de la deuxième révolution industrielle, la généralisation de l'énergie électrique et l'utilisation du tramway permirent l'élargissement des concentrations urbaines de main-d'œuvre autour d'unités de production industrielle de plus en plus vastes. Les transports collectifs ont assuré l'intégration des différentes zones et activités de la métropole, répartissant les flux internes suivant une relation temps/espace supportable. L'automobile a contribué à la dispersion urbaine, avec d'énormes zones de résidences individuelles, étendues dans toute la région, et liées par des voies de circulation rapide aux différents secteurs fonctionnels. » (...) « L'industrie est de plus en plus libérée par rapport à des facteurs à localisation spatiale rigide, tels que les matières premières ou des marchés spécifiques, alors qu'elle est, par contre, de plus en plus dépendante d'une main-d'œuvre qualifiée et du milieu technique et industriel, à travers les chaînes de relations fonctionnelles déjà établies. L'industrie cherche donc avant tout son insertion dans le système urbain, plutôt que la localisation par rapport aux éléments fonctionnels (matières premières, ressources, débouchés), qui déterminaient son implantation dans la première période. » (M. Castells [1.27], pp. 36 et 37.)

Ainsi, à cause des perfectionnements relatifs aux moyens de communication, mais aussi en raison de certaines déséconomies urbaines, on remarque, d'une part, un éloignement des industries lourdes : pour ces entreprises, la juxtaposition urbaine ne semble plus être d'une grande importance. Cependant, si elles quittent les centres urbains, elles tentent toujours de se maintenir le plus près possible d'eux ou encore d'y fixer leur administration. D'autre part, il apparaît que la concentration au centre des villes des entreprises tertiaires se poursuit de manière toujours plus intensive.

Si dans les sociétés agraires, les villes sont des enclaves, dans un monde rural, dans les sociétés industrielles avancées, les zones rurales tendent à être des enclaves dans les régions urbaines. Elles sont très largement dépeuplées et s'urbanisent pour répondre à une demande citadine de plus en plus forte en matière de loisirs. Ainsi le développement du tourisme augmente la mobilité spatiale des citadins. En même temps il donne un rythme très particulier aux villes : périodiquement elles se vident de leur population et semblent entrer dans une espèce de léthargie ou de vie sociale réduite. En outre de par ces migrations touristiques une proportion toujours plus grande des citadins investissent leurs ressources économiques et sociales hors de la ville. A ce type de loisir correspond donc une évasion, un retrait social massif des citadins.

Plus récemment encore, on enregistre d'autres changements, qualifiés par les spécialistes de contre-urbanisation, de rurbanisation ou d'exurbanisation.

« La nouvelle tendance est caractérisée par une importante diminution du taux de croissance de toute la zone métropolitaine (le centre y compris) et par une remarquable augmentation du taux de croissance des zones non métropolitaines, spécialement celles qui sont isolées des zones métropolitaines, celles qui ne leur sont pas attenantes, les zones considérées comme « rurales ». Ce renversement semble représenter beaucoup plus qu'une nouvelle manifestation de l'expansion urbaine autour de zones métropolitaines, mais plutôt l'émergence d'un nouveau modèle, ainsi on pourrait dire que la « métropolisation » a entraîné la « contre-urbanisation ».

» Il y a beaucoup d'indications, au moins aux Etats-Unis et en Europe de l'Ouest, que ces changements démographiques sont parallèles à la redistribution spatiale de l'emploi ; cela veut dire que la dichotomie « centre riche — périphérie pauvre » de la phase industrielle de la ville, et la dichotomie « centre pauvre — périphérie riche » de la phase métropolitaine pourraient devenir très vite une façon dépassée de représenter le modèle urbain. Il a été montré que, aux Etats-Unis, depuis la fin des années 60, le plus grand taux dans la croissance de l'emploi a changé depuis les zones suburbaines aux zones non métropolitaines qui sont situées dans les régions les moins développées du pays ; cela signifie que la décentralisation de l'emploi est plus qu'un simple « spillover » métropolitain.

» Ce parallélisme entre décentralisation de la population et décentralisation de l'emploi semble être une fonction de la possibilité de « penduler » au-delà de grandes distances. Il n'y a pas de synchronisation nécessaire entre les deux processus. Dans les pays qui sont très bien équipés tant du point de vue des transports privés que publics, il n'est pas surprenant de découvrir que la décentralisation de la population n'est pas suivie par une décentralisation proportionnelle de l'emploi. » (M. Termote [5.198].)

On s'en rend compte, dans les sociétés industrielles avancées, il n'est plus possible de parler de villes et de villages ; c'est dès lors le concept de région urbaine qui rend le mieux compte de la réalité. Elle correspond à un vaste ensemble de communes ou de zones plus ou moins grandes, *spécialisées* et *hiérarchisées*. Ainsi se côtoient des zones industrielles, commerciales, administratives, de résidence, de verdure, de loisirs, agricoles, etc. Le tout est ponctué d'équipements unifonctionnels : supermarchés, aéroports, équipements culturels, gares, etc. Ce système est généralement agencé par un ou deux centres, qui sont souvent les anciennes cités industrielles et préindustrielles. Ils représentent les pôles tertiaires de la région urbaine : il y coexiste quelques rares activités ludiques et résidentielles. Il faut en outre préciser que l'aspect de mosaïque de la région urbaine est encore accentué par une ségrégation sociale, démographique et culturelle qui ne cesse de s'accroître dans les zones résidentielles. (B. Duncan [1.36], P. K. Hatt et al. [1.55], P. M. Hauser et al. [1.57], E. W. Butler [1.25].) Un tel système ne peut pas fonctionner sans une mobilité spatiale très fluide et souple entre ces multiples zones. D'ailleurs, la participation sociale, économique et politique des acteurs à la région urbaine est dépendante de leur mobilité spatiale. Mais les recherches montrent que cette aptitude à la mobilité est socialement inégalement répartie. De même ces régions urbaines sont étroitement reliées entre elles par un réseau sophistiqué de moyens de transport et de communication. Elles sont les têtes de pont et les carrefours nationaux et internationaux des flux de mobilité spatiale.

Chapitre 5

ESQUISSE D'UNE HISTOIRE DE LA MOBILITÉ SPATIALE EN SUISSE

5.1 LA SUISSE PRÉINDUSTRIELLE

La Suisse d'aujourd'hui est un pays d'accueil qui héberge un nombre considérable d'étrangers; leur proportion par rapport à la population active représente un des taux les plus élevés parmi les pays européens.

Pourtant, jusqu'au XIXᵉ siècle, la Suisse se distinguait par une forte émigration. Entre le XIVᵉ et le XVIIIᵉ siècle, la moitié du volume d'accroissement naturel de la population suisse a émigré en raison d'une désertion de la terre qui souvent ne pouvait pas nourrir tous ses rejetons. Le mercenariat représentait de loin la part la plus importante de cette émigration (K. B. Mayer [2.93], H. M. Hagmann [2.53] et l'importante étude historique de L. Schelbert [2.123]).

Les mercenaires suisses sont devenus une sorte d'article d'exportation. A la suite du XVᵉ siècle, le mercenariat était monopolisé et régularisé par les Etats associés, à travers des « capitulations militaires » (somme conférée à l'Etat associé par un souverain étranger) et des pensions (somme attribuée personnellement aux hommes du pouvoir dans les Etats associés). Ainsi, les marchands suisses ont profité des privilèges de douane qui faisaient partie des contrats mutuels entre les Etats confédérés et le souverain étranger; ce privilège était important dans cette époque du mercantilisme.

L'émigration civile, jusqu'au XVIIIᵉ siècle, est avant tout une émigration religieuse, liée aux guerres de religions. Elle est restée limitée dans son extension.

5.2 PREMIÈRES PHASES DE L'INDUSTRIALISATION

L'agriculture, de plus en plus conditionnée par les règles du marché capitaliste, voit accroître sa production par une exploitation intense du sol. Mais le marché national des produits agricoles s'ouvre en même temps à la concurrence étrangère. Les céréales en provenance d'outre-mer submergent le marché et exercent une pression sur les prix et la chute de ces derniers. La conséquence immédiate en fut une forte mobilité vers d'autres activités économiques ou l'émigration étrangère.

De plus, la pression démographique survenue au XIXe siècle était extrêmement forte: en effet la population suisse, doublée du XIIIe au XVIIIe siècle, double une deuxième fois lors de la période du XVIIIe au XIXe siècle.

Cette pression démographique engendra d'abord une émigration considérable à l'étranger puis elle fut peu à peu résorbée par le puissant essor industriel suisse, qui rapidement ne s'en contenta plus, et nécessita une immigration étrangère.

« La Suisse possédait à cette époque déjà, de nombreux facteurs d'attraction pour les travailleurs étrangers: une situation géographique favorable, des institutions politiques stables et des conditions économiques appréciables. Les traités d'établissement (liberté d'établissement et libre circulation) conclus avant la Première Guerre mondiale accentuèrent encore le flux immigratoire. » (J.-Ph. Widmer [2.133] p. 2.)

Ainsi s'opère la transformationde la Suisse de pays d'émigration chronique en un pays d'immigration étrangère.

Ce « renversement du courant d'immigration séculaire » (A. Sauvy, C. Moindrot [2.260]) s'observe dans de nombreux pays contemporains d'immigration avec certains décalages les uns par rapport aux autres. L'afflux des étrangers de la fin du XIX siècle accuse un premier sommet en 1914, où ceux-ci représentent 15,4 % de la population résidente (J.-Ph. Widmer [2.134] p. 13). Avec les saisonniers, on compte 17,3 % d'étrangers parmi la population résidente.

« Cette immigration massive suscita à l'époque un émoi considérable, mais la Première Guerre mondiale, en renversant brusquement le sens du courant migratoire, vint calmer l'opinion publique suisse troublée au début du siècle par le problème des étrangers. La guerre marque aussi la fin de la liberté de mouvement qui existait depuis un demi-siècle dans toute l'Europe (excepté en Russie): en 1917, la Suisse institua un contrôle rigoureux de l'immigration auquel elle n'a cessé d'avoir recours. (...)

» A l'issue de la Première Guerre mondiale, la Suisse rouvrit ses portes aux immigrants, mais ceux-ci durent être munis de permis de travail. On laissa rentrer les étrangers établis en permanence avant 1914, mais les autres ne furent tolérés que pour des périodes limitées, et leur nombre fut systématiquement réduit pendant la crise. La Deuxième Guerre mondiale amena une fois de plus un arrêt total de l'immigration. » (K. B. Mayer [2.95].)

5.3 LA SUISSE CONTEMPORAINE

« Après 1945, l'économie suisse connaît une période de très forte expansion due à une importante demande de biens. L'industrie suisse était en mesure de satisfaire les commandes étrangères grâce à son appareil de production intact. Cependant, les commandes devant être satisfaites dans un laps de temps restreint, les entrepreneurs n'avaient pas la possibilité de restructurer leur appareil de production dans un sens plus « capital intensif ». La capacité de production nécessitait alors une forte demande de main-d'œuvre. La population active suisse ne suffisant pas, on avait recours à la population étrangère. Sans l'apport massif de travailleurs étrangers, il eût été impossible d'accroître de manière continue la production et de satisfaire l'exceptionnelle demande de biens, dont bénéficiait notre économie à cette époque. Bien que freiné à partir de 1963 par des mesures d'ordre politique et sociologique, le flux de travailleurs étrangers n'a pas cessé de croître jusqu'à la récession de 1974. » (J.-Ph. Widmer [2.133].)

Avant la Première Guerre mondiale, les immigrés étrangers en Suisse étaient avant tout de nationalités allemande, autrichienne ou française. C'était généralement une main-d'œuvre qualifiée. Par contre, entre les guerres et surtout après 1950, le gros des migrants vient d'Italie, puis d'Espagne, de Yougoslavie, de Turquie, de Grèce, etc. C'est une main-d'œuvre non qualifiée. Depuis peu de temps, on constate une diversification grandissante des pays fournisseurs de main-d'œuvre.

Le principe sous-jacent à la législation suisse en matière d'immigration, jusqu'à ces dernières années, était une *politique de rotation*.

« Le principe qui régit cette politique consiste à fixer un certain délai au-delà duquel l'étranger devra quitter notre pays et abandonner sa place au profit d'un autre travailleur étranger. Les partisans de cette politique désirent occuper en Suisse une main-d'œuvre étrangère qui ne songe pas à s'y établir définitivement. Ainsi, en période de chômage, cet effectif quitte la Suisse dans un bref délai. Depuis le déclenchement de la crise de 1973, nous assistons à une illustration du fonctionnement de cette « soupape de sécurité ».

» De nos jours, il semble qu'une telle politique ne soit plus justifiée et que l'on devrait s'acheminer progressivement vers *une politique d'assimilation-naturalisation* de la main-d'œuvre étrangère. Tout en pratiquant cette politique d'assimilation, il convient de stabiliser le nombre d'étrangers exerçant une activité lucrative. Par « stabilisation », il faut entendre la possibilité pour les étrangers présents en Suisse d'y rester.» (J.-Ph. Widmer [2.133] p. 1.) (Voir aussi R. Braun [2.14], K. Ley, S. Agustoni [2.77], H. J. Hoffmann-Nowotny [1.69].)

L'évolution historique de la mobilité spatiale en Suisse correspond en bien des points à ce qui s'est passé dans d'autres pays du centre et du nord de l'Europe.

« Le XXe siècle est marqué tout à la fois par le déclin, après la Première Guerre mondiale, de l'émigration transocéanique, par les grands mouvements migratoires déclenchés, directement ou indirectement, par les deux conflits mondiaux, par la poursuite dans les vieux pays d'Europe et l'extension à la plus grande partie du globe de l'émigration rurale vers les villes, après la Deuxième Guerre mondiale, d'une main-d'œuvre peu qualifiée, recrutée dans les pays en voie de développement, enfin par le développement massif des migrations dites « alternantes », migrations de travail (domicile-travail) et migrations de loisirs. » (A. Girard [2.196] p. 1.)

Avec les premières mesures de freinage de l'immigration étrangère, un autre type de migration se développe fortement en Suisse: la migration alternante des frontaliers. Jusqu'en 1914, les flux de frontaliers comprennent avant tout des Suisses qui travaillent à l'étranger. (Pour cette époque, il est difficile de chiffrer les flux de frontaliers étrangers et suisses, étant donné qu'ils n'étaient pas contrôlés.) C'est après la Deuxième Guerre mondiale que le mouvement s'inverse vraiment. En 1974, on compte plus de 100 000 frontaliers en Suisse. Cette tendance générale au renversement des courants migratoires (et surtout frontaliers) n'est cependant pas absolue: elle est différenciée selon qu'il s'agit de régions frontières rurales ou urbaines. Par exemple, contrairement à la région urbaine bâloise, qui draine de forts contingents de frontaliers étrangers, au Tessin, l'immigration italienne vers les centres urbains évolue conjointement avec une émigration saisonnière rurale des Tessinois.

L'afflux des frontaliers — qui généralement ne sont pas des habitants autochtones des régions frontalières (Savoie, Lombardie, Alsace, etc.), mais des migrants, souvent citadins, venant de régions beaucoup plus lointaines — correspond à la création de nouveaux emplois dans les centres économiques près des frontières. Comme nous l'avons déjà suggéré, les frontaliers sont dus aussi à la conjoncture politique. La tendance, en quelque sorte exponentielle de la courbe du nombre suisse des frontaliers n'est apparue qu'en 1966, à un moment où la Confédération helvétique cherchait à stabiliser l'immigration étrangère en Suisse. (R. Donzé, Ch. Ricq [5.15].)

L'amplification considérable de l'urbanisation de la Suisse, dès la fin de la Deuxième Guerre mondiale, est due en partie à cette très forte immigration. Elle influe sur le rythme d'extension ainsi que sur la distribution interrégionale du développement urbain. A partir de 1960, un phénomène de suburbanisation se produit au détriment de la population urbaine des villes. Or, l'immigration des allogènes n'est pas étrangère à ce phénomène. Entre les années 1960 et 1970, l'accroissement de la population étrangère dans les centres de la plupart des agglomérations est supérieur à celui de la population suisse, tandis que dans la couronne urbaine, c'est l'inverse qui se produit. Le départ des étrangers renforce la tendance à une décentralisation relative de la population, mais en même temps il freine la croissance de la population dans la banlieue.

« Avant 1964, l'immigration de l'étranger renforce les tendances à la concentration dans les villes et les agglomérations situées dans un corridor du Plateau, notre corridor de l'opulence. Après 1964, au contraire, le frein à l'immigration favorise la décentralisation de la demande de main-d'œuvre et permet aux villes des régions économiquement marginales de se développer. » (A. Rossi [3.48].)

Ce développement urbain (spécialisation du centre en termes d'emploi et de population) va s'accompagner de mouvements migratoires résidentiels, ainsi que d'une expansion des mouvements pendulaires qui, dès 1950, sont en augmentation continue. L'expansion des villes va susciter également une autre forme d'exode urbain : la mobilité de loisirs. Nous développerons ces deux nouvelles formes de mobilité spatiale dans les chapitres 8 à 10, mais *ces quelques considérations illustrent à quel point les divers types de mobilité spatiale forment un système.*

CHAPITRE 6

MIGRATIONS INTERNATIONALES
ET IMMIGRATION ÉTRANGÈRE

6.1 DÉFINITION

Les migrations internationales englobent tous les changements durables de domicile s'effectuant au-delà d'une *frontière nationale*. Ainsi on parle d'un courant ou d'un flux migratoire entre un pays d'origine (ou contexte d'émigration) et un pays d'accueil (ou contexte d'immigration). Concernant un seul pays, on peut calculer les soldes migratoires (ou flux migratoire net), c'est-à-dire la différence entre le nombre des émigrants et celui des immigrants, dans une durée déterminée.

La littérature sur ce type de mobilité est très considérable. Nous en avons déjà évoqué de nombreux aspects dans les précédents chapitres. Nous ne reviendrons donc pas sur ces points. Nous traiterons ici quelques thèmes nouveaux.

6.2 SITUATION DES MIGRATIONS INTERNATIONALES

Tous les ouvrages montrent que les flux migratoires, leur volume et leur direction, ne sont pas répartis au hasard dans l'espace. Prenons seulement l'exemple de l'émigration européenne vers les Etats-Unis. Les pays d'émigration se déplacent dans le temps de l'ouest vers l'est. Ce phénomène est évidemment le produit d'une multitude de facteurs économiques, sociaux, démographiques, spécifiques à chaque pays qui lui-même s'insère dans un contexte plus vaste. Pourtant souligné par tous les auteurs, le facteur le plus déterminant est le phénomène de l'industrialisation.

D'une part, selon la phase d'industrialisation, l'émigration vers les Etats-Unis a été déterminée par le décalage entre les réformes agricoles et la création de places de travail dans l'industrie; ou bien, cette émigration a été déterminée par la ruine des petits artisans, des petits chefs d'industries ou des ouvriers qualifiés, due à l'avènement de la 2e phase de la révolution industrielle. « Parmi les 123 000 Confédérés qui émigrent de 1888 à 1914, plus de la moitié sont du type « bernois-paysans-ouvriers » et depuis 1920, du type « zurichois-ouvrier-commercial. » (H. M. Hagmann [2.53].)

D'autre part, l'industrialisation est apparue dans certains pays plus tôt que dans d'autres, par exemple les débuts de l'industrialisation anglaise précèdent ceux de la Russie. Ceci explique aussi le décalage temporel de l'émigration en Angleterre et en Russie.

Depuis la Deuxième Guerre mondiale, l'émigration des Suisses a varié entre 1500 et 4000 personnes par année.

Entre 1950 et 1970, la plupart des pays d'Europe accusent une balance migratoire négative; seuls la France, l'Allemagne fédérale, la Suisse, la Suède, la Belgique, l'Albanie et le Luxembourg sont des pays d'immigration. Parmi ceux-ci, la France, la République Fédérale d'Allemagne et la Suisse ont le taux d'immigrants le plus élevé. L'analyse des soldes migratoires des pays européens dans la période de 1950 à 1970 suggère donc l'existence de pays *centraux* disposant d'un bilan migratoire positif et de pays *périphériques* fournisseurs de main-d'œuvre comme le Portugal, l'Italie, la Grèce.

6.3 IMMIGRATION ÉTRANGÈRE

6.3.1 Définitions et variations des flux

Les divers flux migratoires sont composés de *catégories d'immigrés différentes* rattachées chacune à un statut spécifique.

Les définitions de ces statuts sont plus ou moins malléables suivant la conjoncture et les objectifs que se donnent les responsables de la politique d'immigration.

Ainsi, à titre de rappel, il existe en Suisse trois catégories de travailleurs étrangers soumis à un contrôle: les frontaliers, les saisonniers qui ne sont autorisés à travailler que neuf mois par année en Suisse (permis de travail A, non renouvelable), les annuels (permis B, renouvelable pour une année). Les étrangers établis (permis C) ne sont pas soumis au contrôle de la Police des étrangers.

S'il est vrai que ces définitions socialement vagues mais politiquement et administrativement efficaces sont communément à la base de tout discours sur les immigrés étrangers, cette catégorisation fait problème, scientifiquement parlant: « Le découpage en groupes désignés comme étant « à la marge » font partie intégrante de ces mécanismes de pouvoir, précisément constitutifs des différentes formes de marginalisation et de leur contenu. Autant dire que l'étude ne peut alors être une sociologie ou une ethnologie du groupe désigné d'entrée de jeu (et sans appel) comme objet, mais qu'elle porte aussi sur les mécanismes mêmes de la désignation, sur les différentes formes du rapport social qui définit le marginal. C'est donc la question d'un pouvoir social qui est ici à l'épreuve, corrélative d'un savoir qui ne peut pas en être dissocié: pouvoir et savoir de normalisation, pourrait-on dire, par opposition à d'autres formes de pouvoir plus connues peut-être: le pouvoir économique et le pouvoir politique, sur lesquels nous insistons moins. » (Tewfik Allal [2.146] pp. 9 et 10.)

Le volume et la direction des flux ne sont pas les seuls à être soumis à des transformations, mais aussi leur composition (J. Widgren [2.296]). Dans le chapitre précédent, nous avons déjà évoqué le changement de la composition des courants migratoires en Suisse. Plusieurs auteurs décrivent le même ordre de phénomènes en France par exemple (B. Granotier [1.47], M. Chevalier [2.173]): avant la Première Guerre mondiale, les auteurs observent une main-d'œuvre immigrée avant tout belge et italienne dont le niveau de qualification est plus élevé que celui des immigrés d'aujourd'hui provenant des anciennes colonies et des régions européennes périphériques les moins développées, comme par exemple le Portugal.

Ces différentes vagues successives d'arrivées de travailleurs étrangers suggèrent un marché du travail immigré fortement parcellisé et plus ou moins exclusif. Jusqu'en 1958, pour la France, les arrivées de travailleurs italiens avaient représenté plus de la moitié de l'ensemble. En 1959, le volume des arrivées tombe brutalement à 20000. A partir de 1960, l'immigration espagnole, puis portugaise prend le relais de l'immigration italienne. Ces substitutions successives peuvent correspondre aussi bien à des modifications économiques dans les pays d'origine qu'à une concurrence des pays demandeurs de main-d'œuvre. (Y. Tugault [2.289] p. 119.)

Depuis 1970, on observe en Suisse, comme ailleurs, une diversification des nationalités des immigrants et un élargissement de la distance culturelle entre les pays d'accueil et les pays d'origine.

Peut-on parler d'une loi générale de la migration qui va des pays moins riches vers les plus riches? Ou en d'autres termes, du sud vers le nord («tropisme socio-économique»)?

J. Houdaille et A. Sauvy [2.203] répondent positivement en ajoutant que de tels mouvements s'observent aussi «depuis une date plus récente dans les quatre pays non socialistes d'Europe du Sud, sous des formes et à des titres divers: Noirs du Cap Vert au Portugal, Algériens en Espagne, Tunisiens en Italie, Egyptiens, Soudanais et même Ethiopiens en Grèce. Ces pays ne restent pas moins des pays d'émigration, vers des pays plus riches» (p. 727).

6.3.2 Les migrations irrégulières ou clandestines

En général «les arrivées (dans les pays d'accueil) sont sujettes à d'importantes fluctuations, à court terme» (Y. Tugault [2.289]). Ces fluctuations s'expliquent par la situation conjoncturelle d'une part, mais aussi par un important afflux étranger qui, dans certains pays d'accueil, échappe pour une large partie au contrôle des pouvoirs publics. C'est le problème des migrations clandestines, qui ont tendance à s'accroître. Pour la France, le pourcentage des entrées irrégulières (J. Houdaille et A. Sauvy [2.203]) a passé de 26% en 1948, à 82% en 1968. Ce chiffre ne comprend pas les migrants clandestins qui n'ont jamais donné lieu à une régularisation ultérieure.

Une situation semblable se trouve aux Etats-Unis (J. A. Bustamante [2.166], W. T. Dagodag [2.181], D. Nelkin [2.236]), où on compte beaucoup d'immigrants clandestins de provenance mexicaine.

«Pour estimer le nombre des «wetbacks» qui réussissent à s'établir aux Etats-Unis, on ne peut s'appuyer que sur celui des arrestations pour séjour illégal. En 1967, le nombre a atteint 200000 pour les Mexicains. Parmi eux, figurent 80% de personnes entrées sans papier et 14% avec un visa temporaire non renouvelé (J. Houdaille et

A. Sauvy [2.203], p. 736). Les mêmes auteurs indiquent pour la République Fédérale
d'Allemagne un chiffre de 5% à 12% des migrants clandestins parmi l'ensemble des
travailleurs étrangers. Ils résument la situation de la Suisse de façon suivante:

» C'est le pays où l'immigration régulière de travailleurs étrangers a été la plus
importante. De ce fait, l'opposition à leur admission légale a été plus forte que dans les
autres pays (campagne Schwarzenbach et référendum). Le nombre des travailleurs
clandestins paraît relativement faible, pour deux raisons:

» • le contrôle est particulièrement sévère et efficace;
» • la Suisse a fait surtout appel à des Italiens et des Espagnols; or la pression est
    moins forte dans ces pays, parvenus à un stade de développement plus élevé
    que celui de l'Afrique du Nord, du Portugal et de la Turquie.

» La clandestinité touche surtout les saisonniers, lesquels n'ont pas de problèmes
de logement, ni de résidence, ainsi que l'immigration familiale. Il a été estimé que 10 000
enfants d'étrangers seraient entrés de cette façon.» (J. Houdaille et A. Sauvy [2.203]
p. 736.)

Tous les auteurs ne sont pas aussi optimistes:

«La migration clandestine en Europe, résultat de la stratégie capitaliste du marché du travail, a augmenté ces dernières années (plus d'un million de travailleurs); elle
est commune aux pays d'immigration et d'émigration comme l'Italie, bien que dans une
moindre mesure (clandestins en provenance du Mali, de la Tunisie, du Maroc, employés
dans l'agriculture et dans la construction, dans les villes pour les travaux domestiques,
etc.). En Suisse, elle se concentre dans le secteur de l'hôtellerie (60% par exemple dans
la zone touristique du Léman), mais touche Bâle par exemple (40% de ces entreprises
auraient un ou deux clandestins), les industries alimentaires et du papier (dans les cantons de Saint-Gall et Soleure). Le phénomène des femmes de travailleurs saisonniers
(54% des saisonniers environ sont mariés), obligées de travailler clandestinement en
Suisse, atteint des proportions pathétiques. L'accentuation du phénomène découle de
l'application d'autres mesures restrictives récentes et extrêmement sévères: si elles ont
des enfants mineurs, les femmes de saisonniers ne peuvent plus obtenir de permis de travail et de séjour en Suisse. Les clandestines effectuent des travaux lourds et pénibles
(dans le secteur de l'hôtellerie, des hôpitaux, des services de nettoyages, etc.). A l'égard
de ces travailleuses immigrées et clandestines, l'arbitraire du patron ne connaît plus de
bornes. (...) Le phénomène parallèle des enfants clandestins n'est pas moins grave et
scandaleux. Selon des calculs forcément approximatifs, ils seraient 15 000 dans toute la
Suisse. La chute subie depuis 1975 par la catégorie des saisonniers en aura-t-elle diminué le nombre? Et ce sont des enfants qui ne peuvent pas aller à l'école, ni avoir de
contacts avec des camarades de leur âge, encore moins circuler librement; ils doivent
rester cachés dans les maisons toute la journée par crainte d'être repérés par la Police
des étrangers et expulsés. Des cas retentissants d'expulsion d'enfants en très bas âge ont
eu lieu dans les années soixante.» (D. Castelnuovo-Frigessi [2.19] pp. 197 et 198.)

6.3.3 Condition immigrée

Une vaste gamme d'études apportent des informations sur les facettes multiples de la condition sociale des immigrés dans les pays d'accueil. Cette condition sociale se trouve déterminée tant par la structure socio-politique du pays d'émigration que de celui d'immigration. C'est un fait établi par de nombreux auteurs de tous les bords idéologiques et scientifiques ([1.140], [1.69], [1.17], [1.47], etc.). Les pratiques discriminatoires sur les marchés du travail engendrées par la politique d'emploi spécifique aux pays d'accueil règlent les relations entre autochtones et immigrés en instituant une logique sociale des inégalités. « Le statut politique inférorisant et la faible qualification des immigrés permettent aux entreprises de les exploiter au maximum (salaires bas, horaires souvent démesurés, rythme de travail intense). Mais leur fort taux de mobilité procure également aux entreprises des économies appréciables sur les masses salariales : la rotation rapide des travailleurs immigrés supprime toutes les primes d'ancienneté et permet de maintenir un taux faible pour les salaires. De même, les travailleurs immigrés, qui ont un taux d'activité supérieur à la moyenne, cotisent à des caisses dont ils profitent rarement (maladie, chômage, vieillesse). On a pu ainsi calculer qu'en Allemagne, les travailleurs immigrés paient environ 17 % de toutes les contributions aux pensions d'assurance (alors qu'ils ne constituent qu'environ 5 % de la population), mais n'en reçoivent en retour qu'environ 0,5 % du montant total ! Les chiffres sont vraisemblablement similaires en France. » (J.-P. de Gaudemar [1.43] p. 17.)

Nous renvoyons également aux analyses effectuées par G. Blumer [2.10], qui reflètent la condition sociale des immigrés d'origine italienne en République Fédérale d'Allemagne, en France et en Suisse, ou encore à l'étude de M. Poinard [2.248].

D'autres auteurs suivent l'itinéraire des travailleurs provenant d'un pays particulier. A. Zehraoui [2.300] met en relief les problèmes des familles algériennes dans la région parisienne. L'auteur constate que la condition d'immigrés des hommes seuls est bien différente de celle des familles. Les deux apparaissent pourtant comme étant structurées par la même famille algérienne qui, actuellement, est en train de se nucléariser sous l'effet de l'industrialisation.

M. Morokvasic [2.234] étudie l'ampleur et la répartition des activités selon les secteurs d'activité économique des femmes yougoslaves émigrées en France et en République Fédérale d'Allemagne. L'auteur constate des attitudes différentes face au travail et à une modification des rôles familiaux traditionnels, engendrée par le séjour dans le contexte d'immigration. Les études portant sur des populations immigrées spécifiques contribuent finalement à une meilleure compréhension non seulement des « étrangers », mais aussi du fonctionnement de la société autochtone. Nous rappelons, à titre d'exemple, les études suisses récentes : A. Dobler-Mikola [2.35], K. Ley [2.76].

A. Sayad [2.264] aborde d'une autre manière la transformation des rapports sociaux induits par la migration. Le long récit, par lequel Zahoua (fille d'une famille algérienne émigrée en France, étudiante au moment de l'entretien) retrace l'histoire de l'émigration de sa famille et décrit les relations internes et externes de sa famille nous fait entrevoir les déterminants des transformations du système social des migrants. Ce qui a été nommé « modification des relations sociales » est présenté ici en termes de conflit.

« Le récit de Zahoua se présente comme une somme de drames solidaires les uns des autres, ou comme un même drame revêtant des expressions multiples » : drame des enfants séparés les uns des autres, « ces frères et sœurs qu'on dirait pas sortis du même ventre » et séparés de leurs parents par un hiatus plus grand encore ; drame du père et de la mère, parents qui en arrivent à « s'interroger sur leurs enfants » en lesquels « ils ne se reconnaissent pas » et que, par conséquent, ils ne peuvent reconnaître pleinement. »

D'autres témoignages analogues, révélateurs de la crise d'identité du migrant, nous sont traduits par J. Guyot [2.199] et D. Castelnuovo-Frigessi [2.19].

Une autre démarche intéressante est celle présentée dans l'ouvrage de T. Allal, J.-P. Buffard, M. Marie, T. Regazzola [2.146]. Ces auteurs montrent que « dans de nombreux cas, les immigrés échappent aux règles définies par la société française pour ses propres citoyens, dans un contexte de droit commun où les règles générales sont considérées comme suffisantes à la gestion de ce groupe particulier. Or précisément ces règles fonctionnent mal, sont inadéquates : l'immigré échappe partiellement, rentre mal dans le circuit hégémonique français ; d'où le caractère imprévisible, fantasmatique, voire même angoissant des situations que nous avons commencé à constater, parce que non réglées, a-institutionnelles » (pp. 107 et 108). De plus, du point de vue du citoyen français, l'immigré doit jouer un rôle spécifique, « mais l'immigré, qui n'est pas Français, ne connaît pas le « livret » du rôle : d'où des conflits polymorphes entre l'attente de la vision du rôle de l'immigré et la réalité de la vue ».

Dans ce paragraphe sur la condition d'immigré, il faut encore mentionner la littérature abondante sur le thème des relations interethniques dans les pays d'accueil, non seulement aux Etats-Unis et en Grande-Bretagne (Y. Charbit [1.28], C. Couper [2.180]) mais encore dans les pays d'accueil centraux d'Europe où les courants xénophobes gagnent en ampleur (A. Sayad [2.262, 2.264], H. J. Hoffmann-Nowotny [2.55 à 2.65], U. Windisch [2.136 à 2.140], T. Allal [2.146]).

Rappelons encore les ouvrages qui étudient *les rapports de travail* (St. Castles et G. Kosack [2.21], « Immigrés en Europe » [2.68], R. Braun [2.14]), la situation des *travailleurs immigrés séparés de leur famille* (R. Beck [2.4], R. Braun [2.14]), *les conditions de logement des immigrés* (T. Marti [2.92], R. Braun [2.14]), *la sécurité sociale* (BIT [2.165], Associazioni cristiane lavoratori italiani [2.2]) qui, pour les travailleurs étrangers, n'existe que de façon embryonnaire.

De nombreuses recherches sont consacrées aux problèmes linguistiques des immigrés et aux difficultés qui en résultent lors de la scolarisation des enfants de la deuxième génération (A. Verdoodt [2.292], I. Willke [2.298], M. Rutter et al. [2.257], C. Baloche et al. [2.154]) et pour l'assimilation des parents dans le contexte d'immigration (R. S. Weppner [2.294 et 2.295], N. Amaro et al. [2.148]).

La nécessité de l'assimilation des immigrés a été maintes fois soulignée. «... les pays industriels européens sont tenus d'assurer le plus rapidement possible l'adaptation sociale de la main-d'œuvre étrangère. Les tensions et les conflits sociaux, entre étrangers et nationaux, se sont inévitablement multipliés au point d'entraîner, dans plusieurs cas, des mesures restrictives dictées par des raisons politiques et non économiques de la part de pays pourtant habitués à pratiquer une politique de la « porte ouverte » et se prévalant d'une longue tradition d'accueil et d'hospitalité.

» La formation et la préparation au départ, ainsi que la sélection judicieuse des immigrants font partie intégrante des politiques d'adaptation sociale car elles en représentent les conditions préalables. La relation entre le niveau d'instruction général ou spécialisé de l'immigrant et la durée de l'adaptation est élémentaire sur le plan professionnel. Cependant, peut-être sommes-nous trop habitués à admettre d'emblée que dans nos sociétés, chacun sait lire et écrire pour négliger quelque peu combien la vie urbaine repose sur ces connaissances, à quel point l'écriture conditionne les rapports sociaux et plus simplement la vie quotidienne dans sa banalité: panneaux indicateurs, enseignes commerciales, formulaires à lire et à remplir, etc. Que l'Européen imagine son isolement et ses faux pas dans une ville où toutes les inscriptions sont portées en arabe ou en chinois pour comprendre la situation de l'immigrant analphabète. Placé dans un contexte étranger profondément différent du milieu d'origine, l'étranger ne peut trouver aucun point de repère, ne peut utiliser aucun des « signaux » qui lui permettraient de se situer et de se comporter de manière requise. Ses ajustements sont maladroits et retardés ; ce ne sont ni ses aptitudes, ni sa bonne volonté qui sont en cause, mais ses difficultés à percevoir des informations qui sont vues (ou entendues) et sans signification pour lui. Dans cette situation, on comprend encore mieux la nécessité de connaître quelque peu la langue du pays afin de disposer au moins d'un moyen de communication sociale. De toute manière, l'analphabétisme total ou « fonctionnel » (lettrés dans des langues non européennes) retardera considérablement les ajustements, même les plus élémentaires, et interdira l'utilisation de l'information écrite. En conséquence, l'adaptation sociale, sans mesures spécifiques pour suppléer ou éliminer cet obstacle culturel, sera très partielle, d'un niveau limité et longue. Nous estimons qu'un sur trois des travailleurs étrangers en Europe est totalement analphabète et qu'un sur deux n'a pas atteint le niveau minimal d'instruction primaire qui lui permettrait d'effectuer les opérations de langue et d'écriture nécessaires à l'exercice de la vie courante dans une société industrielle. » (R. Descloitres [2.183], p. 162.)

Par conséquent, les études qui ont été effectuées sur l'alphabétisation des immigrés et sur les expériences que l'on a faites dans ce domaine, sont d'une grande importance (Commission fédérale consultative [2.32]).

En ce qui concerne l'intégration des travailleurs immigrés, nous renvoyons également à la première partie de ce rapport (chapitre 2.2.4).

6.3.4 Retour des immigrés

La crise économique de ces dernières 5 à 10 années constitue un révélateur du statut de marginal des immigrés. Les premiers à être secoués par l'irruption d'une récession économique sont les migrants (D. Maillat, C. Jeanrenaud [2.87], W. Wiedenboerner [2.297]). Dans ces conjonctures, les pays d'immigration exportent le chômage.

Notons cependant qu'une très large partie des travailleurs migrants, quelle que soit la situation économique, considèrent leur séjour dans les pays centraux comme passager et non durable: le retour au pays d'origine est anticipé, le plus souvent au moment même du départ de celui-ci (R. Girod [2.44]). Ce phénomène est accentué par la politique d'immigration « rotative » répandue en Suisse comme dans les autres pays centraux. Le retour des émigrants devient donc inévitable. (Cf. également le chapitre 3.1.1 de la première partie sur les motivations et la décision de l'émigration.)

Les mouvements de retour (réguliers ou conjoncturels) se répercutent au niveau socio-économique global des pays périphériques (G. Gesano [2.195]), comme à celui du vécu des migrants (F. Cerase [2.171 et 2.172], B. Kayser [2.209]).

6.3.5 Effets structurels de l'immigration étrangère

Malgré les différences ethniques et culturelles importantes, la situation socio-économique des immigrés étrangers reste très similaire dans les divers pays d'accueil comme la France, la République Fédérale d'Allemagne, l'Angleterre et la Suisse. Il est communément admis que, dans ces pays, les migrants constituent la couche inférieure de la classe ouvrière qui, ainsi divisée en deux, contribue à maintenir un statu quo socio-politique, dont profitent la classe ouvrière autochtone et la bourgeoisie.

« Le recours à l'immigration permet aux entreprises de faire face, sans trop de frais sociaux, aux fluctuations conjoncturelles de l'activité. Les immigrés constituent une force de travail mobile qui peut être déplacée d'établissement en établissement ou de branche en branche selon la conjoncture ; et qui peut, statutairement, être renvoyée chez elle sans tensions ni coûts sociaux importants. Les entreprises, en particulier celles à faible composition organique du capital, utilisent à fond cette disponibilité. »

« ... L'arrivée d'immigrants étrangers facilite la mobilité ascendante des autochtones. Les gains de productivité sont d'autant plus importants que les secteurs à basse productivité effectuent ainsi des transferts de main-d'œuvre sans perte de population active. Tous les auteurs soulignent ce phénomène. Ainsi, ce rapport de l'ONU qui écrit : « A mesure que les immigrants ont occupé des emplois que les travailleurs locaux tendent à abandonner — travaux moins qualifiés, moins bien rémunérés, « indignes », dangereux ou autrement désagréables, ou des travaux manquant de prestige social — des fractions considérables de la population locale ont gravi les échelons sociaux et économiques. » (Commission économique pour l'Europe : Etude économique de l'Europe en 1965. Chapitre 2, p. 78.)

« Enfin, l'immigration étrangère joue d'une façon générale le rôle de lubrifiant en suppléant aux goulots d'étranglement dus à une augmentation trop faible de la population, évitant la décroissance de certains secteurs. » (J.-P. de Gaudemar [1.43] pp. 49 à 51.)

Dans la première partie de cette étude, nous avons présenté les travaux de H. J. Hoffmann-Nowotny [1.69], qui illustrent fort bien pour la Suisse ces phénomènes. Avec des méthodes et des points de départ différents, des auteurs comme R. Girod [2.44 et 2.45], D. Maillat [2.84 à 2.90], M. Hagmann [2.52 et 2.53], D. Castelnuovo [2.19], U. Windisch [2.136 à 2.140], K. Ley [2.76 à 2.78], etc., confirment les résultats de Hoffmann-Nowotny. Cette théorie de l'« Unterschichtung » devrait toutefois être relativisée : elle est liée notamment à la durée de séjour de l'immigrant.

Chapitre 7

MOBILITÉ INTERRÉGIONALE
OU MIGRATIONS INTERNES

7.1 DÉFINITIONS, IMPORTANCE RELATIVE
ET ÉVOLUTION DES MOBILITÉS INTERRÉGIONALES

7.1.1 Définitions

H. Bastide et A. Girard [3.89, 1re partie], distinguent les *changements de domicile sans migration* de *ceux avec migration. La mobilité interrégionale* appartient à ce deuxième type. Le changement de domicile sans migration — la mobilité résidentielle — sera analysée dans le chapitre 9.

Il y a changement de domicile, avec migration, lorsque par exemple des citadins s'installent ou bien dans une autre ville ou agglomération, ou bien à la campagne; c'est le cas aussi lorsque des ruraux gagnent la ville, ou bien restent à la campagne en changeant de région. La mobilité interrégionale implique donc souvent un changement d'emploi ou d'entreprise.

Ch. Cuénoud [3.8], F. Haag et al. [3.33] définissent la mobilité interrégionale comme le flux de personnes qui changent d'aires politiques ou administratives (district, canton). Une telle distinction est assez arbitraire, car il n'est pas certain que ces unités politico-administratives soient toujours les plus significatives pour rendre compte de la mobilité. Il faut reconnaître que les autres tentatives de définition, comme par exemple une distance minimale ou un changement de type d'habitat, se heurtent elles aussi à des difficultés considérables.

Finalement, *nous entendons par mobilité interrégionale les déplacements des individus ou ménages entre les régions d'un même contexte national, la région étant définie aussi bien en termes socio-économiques que politico-administratifs. Ce type de mobilité implique un changement de domicile durable.*

Nous distinguons quatre types de courants migratoires *profondément différents par leur composition sociale, leur volume et la motivation des individus qui y participent*; il n'y a donc pas *une* mais *des mobilités interrégionales*:

- L'*exode rural*, c'est-à-dire les déplacements d'un contexte rural vers un contexte urbain.

● Les migrations *interrurales*, consistant en une mobilité allant d'un contexte rural ou semi-urbain vers un autre.

● La mobilité *interurbaine*, caractérisée par les migrations entre deux contextes urbains.

● L'*émigration urbaine* ou l'*exode urbain*, enfin, qui désigne les flux migratoires se dirigeant d'un contexte urbain vers un contexte rural ou semi-urbain. Si ces déplacements se dirigent seulement à la périphérie immédiate d'une agglomération urbaine, nous les considérerons comme de la mobilité résidentielle.

7.1.2 Importance relative des mobilités interrégionales

L'importance relative des divers flux migratoires interrégionaux est considérable selon les pays et les époques pris en considération. En plus, il est difficile de comparer les données d'un pays à l'autre, parce que les auteurs adoptent très souvent des découpages régionaux très différents et des méthodologies différentes. Donnons cependant quelques indications.

Les chiffres relatifs aux Etats-Unis (A. Kirschenbaum [3.166]) sont les suivants:

● des territoires métropolitains aux territoires non métropolitains	7,7% des familles
● des territoires non métropolitains aux territoires métropolitains	12,4% des familles
● les flux intermétropolitains	12,2% des familles
● les flux intra-métropolitains	46,1% des familles

Ces chiffres révèlent une mobilité interurbaine aussi importante que le volume des migrations allant des zones non urbaines vers les centres urbains. On remarque aussi le poids important des déplacements à l'intérieur des aires urbaines. En France, H. Bastide et A. Girard observent un phénomène semblable: « Le nombre de migrations interrégionales est à peu près deux fois moins élevé que celui des changements de logements » ([3.89], p. 585, n° 1). Le volume relatif des mouvements correspondants en Suisse s'est présenté en 1970 comme suit: *4,7% de la population totale change la résidence à l'intérieur des frontières communales, 4% à l'intérieur des limites cantonales, 3% émigrent dans un autre canton et 1,7% même à l'étranger. Ainsi, le total des personnes mobiles a présenté 13,4% de la population*, dont 8,7% à l'intérieur de la région (canton). (H. Triner [6.10]). La mobilité résidentielle intra-régionale est ainsi le type de mobilité le plus répandu, suivi par les mobilités interrégionales qui sont plus importantes que les migrations internationales.

En Suisse, les mouvements migratoires entre deux types d'environnement socio-économique identiques (la mobilité interurbaine et la mobilité interrurale) sont moins importants que les volumes des flux entre des types d'environnement différents. Les plus importants en sont les flux allant des zones rurales vers les zones urbaines (F. Haag, B. Orben, M. Wyss [3.33]).

Comme le montre le tableau 5, les mouvements entre différents types de zones n'ont rien d'un mouvement à sens unique, mais il s'agit de mouvements complexes parallèles, allant dans les sens opposés et produisant par leurs volumes différents des soldes distincts. Les travaux de P. Güller et al. [3.24] apportent des résultats semblables.

Tableau 5. — Courants et soldes migratoires entre les quatre types différents d'habitat (1965/70) (chiffres absolus arrondis) (tiré de Haag et al. [3.33] p. 505)

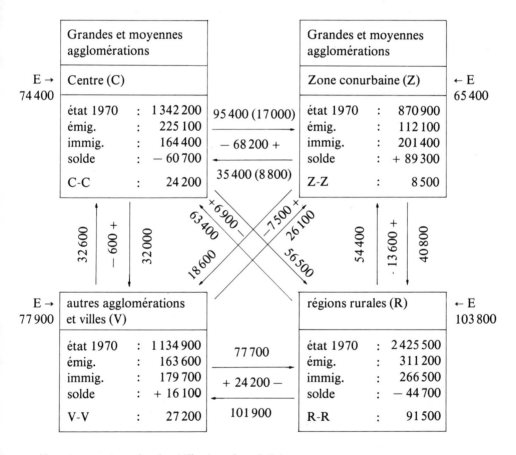

— Ne sont pas contenus dans les chiffres les enfants de 0-4 ans.
— Les immigrants étrangers ne sont pas contenus dans immigrants (immig.) et dans les soldes, par contre dans l'état de 1970.
— Chiffre entre les flèches : solde migratoire en faveur (+) de l'un, en défaveur (−) de l'autre côté.
— C-Z et Z-C : chiffres sans parenthèses : courant à l'intérieur de l'agglomération ; chiffres entre parenthèses : courant entre agglomérations différentes.
— C-C, Z-Z, V-V, R-R : courants migratoires entre les unités du même type.

7.1.3 Evolution des mobilités interrégionales

Evoquer l'évolution des mobilités interrégionales, c'est faire du même coup l'analyse de l'urbanisation et des disparités régionales. Pour des raisons de place, il nous est impossible d'entrer dans cet immense champ d'étude. Rappelons seulement que lors des dernières cent cinquante années, nous avons assisté à un profond changement de l'organisation de l'espace des sociétés industrielles. *La mobilité spatiale a été une des conditions de ce changement.* La locution mouvement d'implosion-explosion résume cette transformation. En bref, elle signifie que la population d'une société s'est concentrée en quelques points du territoire, soit dans les villes; ensuite, autour de celles-ci s'est créé petit à petit la suburbanisation, qui a fait émerger les régions urbaines. Depuis une à deux décennies, on assiste à une exurbanisation, qui correspond aux déplacements des citadins (selon des modalités diverses) hors des contextes urbain et suburbain. (Cf. plus précisément à ce propos les paragraphes 8.4.2, 8.4.3 et 4.2.)

Les tableaux 6 et 7 et les cartes 2 à 7 que nous reproduisons ci-après illustrent ces mobilités interrégionales. Ces données font apparaître que les flux de mobilité interrégionale sont complexes et qu'entre autres, *ils sont conditionnés aussi par des variables culturelles: la langue (F. Haag et al., P. Güller et al.) et la religion (P. Güller et al.) ont canalisé la mobilité interrégionale de la population résidant en Suisse.*

En outre, tout porte à croire que cette mobilité interrégionale s'est *déroulée en étapes.* En effet, F. Haag et al. [3.33], mais déjà K. Mayer [2.93] relèvent que les migrants se déplacent dans la majorité des cas sur des distances plutôt courtes. Ainsi, leur trajet passe souvent de la campagne à la petite ville d'où ils repartent, souvent définitivement, vers une grande ville.

Carte 2. — Centres d'immigration: mouvements intercantonaux selon les lieux de naissance datés 1941 (d'après Mayer [2.93])

Chaque ligne représente 5000 personnes (les migrations de moins de 500 sont exclues)

Carte 3. — Centres d'émigration: mouvements intercantonaux selon les lieux de naissance datés 1941 (d'après Mayer [2.93])

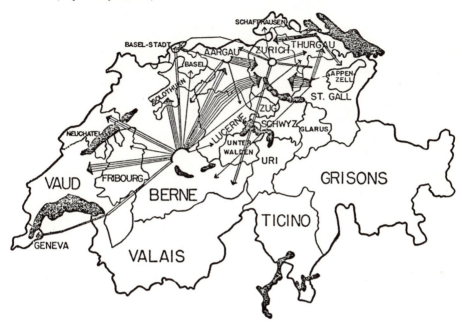

Chaque ligne représente 5000 personnes (les migrations de moins de 500 sont exclues)

Carte 4 — Immigrations intercantonales 1965-1970 (flux maximal par canton) (Haag et al. [3.30])

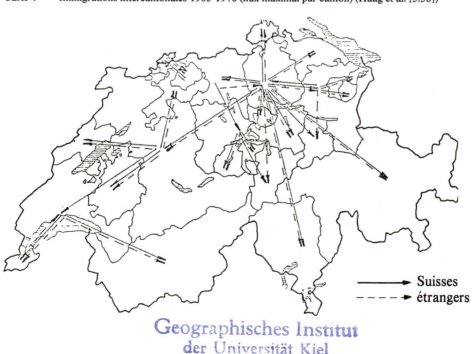

Suisses
étrangers

Carte 5. — Emigrations intercantonales 1965-1970 (flux maximal par canton) (Haag et al. [3.30])

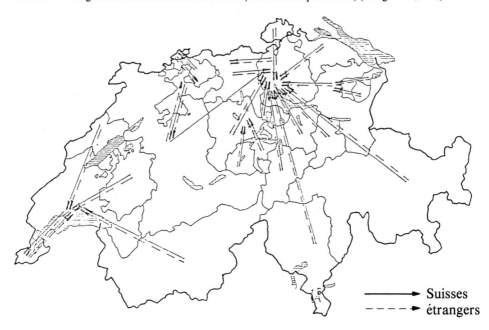

→ Suisses
--→ étrangers

Carte 6. — Emigrants (1965/70) de régions rurales de la Suisse orientale, du nord, occidentale et du Tessin (Haag et al., 1978 [3.33])

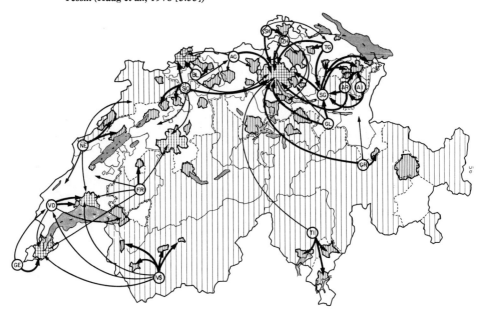

Carte 7. — Emigrants (1965/70) des trois régions rurales (Plateau, Oberland, Jura) du canton de Berne et des régions rurales de la Suisse centrale (Haag et al., 1978 [3.33])

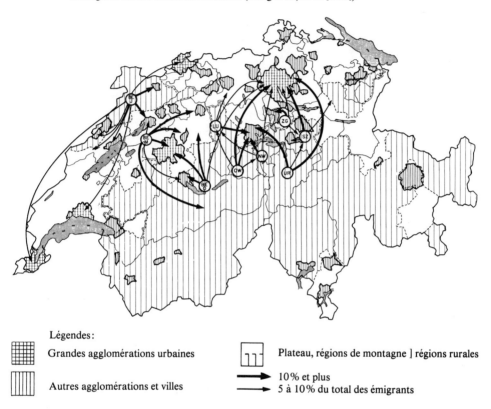

Légendes:

 Grandes agglomérations urbaines

Autres agglomérations et villes

 Plateau, régions de montagne] régions rurales

 10% et plus
5 à 10% du total des émigrants

Légendes:

Grandes agglomérations urbaines

Autres agglomérations et villes

Plateau, régions de montagne] régions rurales

10% et plus
5 à 10% du total des émigrants

Tableau 6. — Migrations internes entre les cantons (d'après P. Güller et al. [3.24])

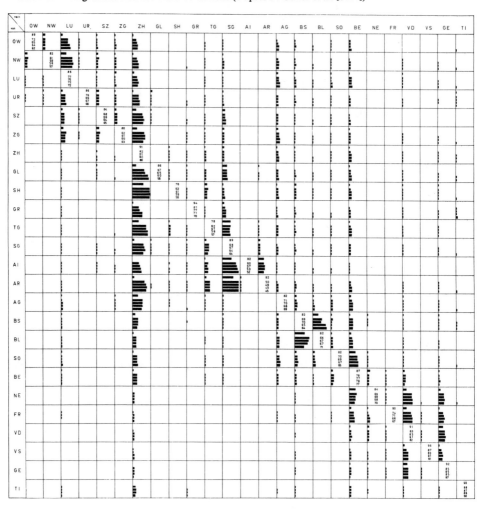

Légendes :

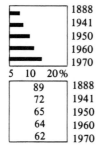

1888	Pourcentage des personnes nées dans le canton X,
1941	domiciliées dans le canton Y lors de la période de
1950	référence
1960	
1970	

5   10   20%

89	1888
72	1941
65	1950
64	1960
62	1970

Pourcentage des personnes nées dans le canton X, domiciliées dans le canton X lors de la période de référence

Tableau 7. — Estimation des taux[1] de migration interne nette par période intercensitaire (en ⁰/₀₀) d'après Ch. Cuenoud [3.8])

Cantons	1888-1900	1900-1910	1910-1920	1920-1930	1930-1941	1941-1950	1950-1960	1960-1970
Zurich	+ 87	+ 33	+ 59	+ 109	+ 58	+ 56	+ 52	+ 23
Berne	− 37	− 34	− 34	− 38	− 9	− 14	− 16	− 14
Lucerne	− 2	+ 16	− 2	− 15	− 14	− 35	− 32	− 24
Uri	− 27	− 26	− 24	− 128	+ 43	− 96	− 71	− 75
Schwyz	− 16	− 41	− 28	− 37	− 13	− 59	− 44	− 9
Obwald	− 37	+ 4	− 46	+ 8	− 43	− 55	− 102	− 54
Nidwald	− 60	− 75	− 86	− 59	+ 5	− 92	− 91	− 9
Glaris	− 80	− 49	− 27	− 5	− 29	− 30	− 88	− 89
Zoug	− 37	+ 8	+ 71	+ 18	− 16	+ 15	+ 26	+ 77
Fribourg	− 42	− 47	− 44	− 80	− 54	− 78	− 111	− 23
Soleure	+ 16	+ 5	+ 5	+ 3	− 13	− 31	− 12	− 39
Bâle-Ville	+ 180	+ 24	+ 13	+ 52	+ 52	+ 71	+ 3	− 55
Bâle-Campagne	− 53	− 20	+ 19	+ 72	+ 13	+ 47	+ 195	+ 139
Schaffhouse	− 41	− 26	+ 57	− 34	+ 26	− 19	− 14	− 31
Appenzell Rh.-Ext.	− 66	− 63	− 91	− 149	− 110	− 14	− 70	− 47
Appenzell Rh.-Int.	− 47	− 55	− 88	− 139	− 136	− 102	− 151	− 83
Saint-Gall	− 19	+ 25	− 40	− 79	− 59	− 38	− 58	− 21
Grisons	− 9	+ 12	− 15	− 20	− 30	− 58	− 82	− 37
Argovie	− 34	− 11	− 21	− 5	− 20	− 16	− 12	− 4
Thurgovie	− 13	+ 31	+ 8	− 36	− 3	− 33	− 32	− 58
Tessin	− 19	+ 3	− 12	− 1	− 12	− 3	+ 3	+ 46
Vaud	+ 15	+ 30	+ 15	+ 36	+ 27	+ 30	+ 30	+ 22
Valais	− 20	− 11	− 18	− 31	− 24	− 64	− 43	− 16
Neuchâtel	+ 25	− 11	− 14	− 28	− 53	+ 33	+ 37	+ 8
Genève	+ 130	+ 96	+ 215	+ 99	+ 77	+ 98	+ 108	+ 68

[1] $\dfrac{\text{Solde migratoire} \times 1000}{\text{population moyenne d'origine suisse}}$

J. Hadermann et al. [3.34] aboutissent à la même conclusion : à travers les sept derniers changements de domicile, ils constatent que ces derniers se trouvent dans un contexte toujours plus urbanisé de la première à la dernière migration.

Les mouvements interurbains sont eux aussi structurés de façon hiérarchique : de forts courants se développent entre petites, moyennes et grandes villes, tandis que les flux reliant des villes de même taille sont très peu volumineux (F. Haag et al. [3.33]).

Lors de la décennie qui vient de s'écouler, assiste-t-on à une modification sensible des mobilités interrégionales ?

Ainsi en France, J.-C. Deville ([3.127], pp. 5 à 16), entre 1968 et 1975, dégage un changement significatif: «Les mouvements migratoires interrégionaux peuvent s'analyser comme la superposition de deux phénomènes. *Le premier* se traduit par le dépeuplement des provinces du nord et du nord-est de la France (Nord-Pas-de-Calais, Champagne-Ardenne, Lorraine, Franche-Comté) au bénéfice de régions plus privilégiées en ce qui concerne le climat, l'activité économique et les possibilités de loisirs comme la Provence-Alpes-Côte d'Azur, Rhône-Alpes ou l'Alsace. *Le second* correspond à des mouvements qui ont lieu à des étapes différentes de la vie des individus. Il se caractérise par l'afflux vers Paris, et dans une moindre mesure la Haute-Normandie, de jeunes adultes venus de la plupart des provinces françaises, et par le retour au pays d'une part importante des familles et surtout des retraités.

«Ces deux phénomènes présentent des aspects inquiétants. Le premier mené à son terme, aboutirait au déclin de contrées qui furent naguère parmi les plus actives de France et au surpeuplement d'autres régions aux capacités d'accueil pourtant limitées. Le second prive les provinces d'une part importante de leur population potentiellement dynamique et créative. Il aboutit à une répartition déséquilibrée des enfants d'âge scolaire et accentue le vieillissement de certaines régions. Par le biais des différences régionales de fécondité et des migrations de retour des familles, ce mouvement de marée semble, malheureusement, devoir s'entretenir de lui-même» (p. 16).

D'autres résultats allant dans le même sens nous sont apportés par G. Desplanques [3.125] et Y. Tugault [3.253]. Ce dernier parle d'une accélération du dépeuplement rural entre 1954 et 1962, suivie d'un dépeuplement plus lent de 1962 à 1968. «Toutefois le solde positif à destination des villes correspond pour l'essentiel à un excédent de population active: le solde positif des jeunes âges est en partie compensé par un excédent de départ vers les campagnes à la fin de la vie active. »

Qu'en est-il en Suisse?

Un ensemble d'observations récentes indiquent un changement des migrations interrégionales depuis la récession de 1974 (M. Schuler [3.55]). (Cartes 8 et 9.) Les migrations internes ont diminué en chiffres absolus. Les différences extrêmes dans *l'accroissement démographique entre régions économiquement fortes et régions économiquement faibles ont diminué.* Suivant les types de zones, la balance migratoire s'est renversée: c'est le cas des migrations dans les banlieues de certaines villes au profit des communes de la ceinture extérieure de l'agglomération; c'est le cas aussi des régions hautement industrialisées. *Dorénavant, les régions fortement menacées par un dépeuplement ne sont plus les régions de montagne, mais les zones mono-industrielles (régions horlogères, régions textiles).* Le déficit migratoire traditionnel dans plusieurs campagnes du Plateau, des Préalpes et des Alpes s'est affaibli; on assiste également à une augmentation des migrations de retraite.

Ces réorientations des courants migratoires internes doivent toutefois être considérées avec beaucoup de prudence. Les données utilisées entre deux périodes censitaires ne sont pas toujours comparables avec celles des recensements.

Carte 8. — Bilan des migrations 1960/1970. Population globale, modifications annuelles en %, selon districts (d'après M. Schuler [3.55])

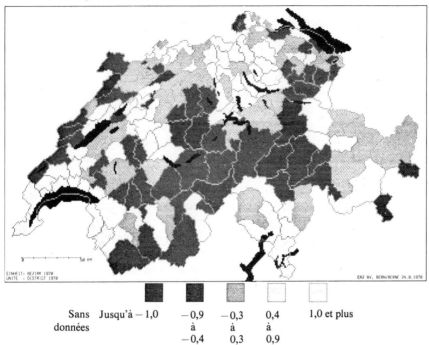

    Sans   Jusqu'à − 1,0   − 0,9   − 0,3   0,4   1,0 et plus
   données   à   à   à
                                  − 0,4   0,3   0,9

Carte 9. — Bilan des migrations 1973/1976. Population globale, modifications annuelles en %, selon districts (pas de données pour les cantons de GL, FR, AI, VS)

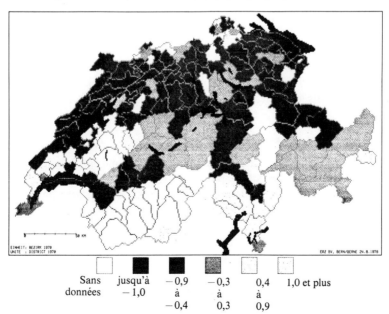

            Sans   jusqu'à   − 0,9   − 0,3   0,4   1,0 et plus
           données   − 1,0   à   à   à
                                − 0,4   0,3   0,9

7.2. EXODE RURAL

7.2.1 Définitions et perspectives générales

Comme nous l'avons vu à plus d'une reprise, l'exode rural est un type particulier de mobilité interrégionale. Nous l'analysons à part parce que longtemps il a suscité un débat politique et scientifique spécifique.

Le terme « exode » a une connotation biblique bien connue (c'est illustrer par là, si besoin est, l'ancienneté de la mobilité spatiale!) : un peuple déraciné en route vers un destin heureux mais mal assuré. On se rend compte de la charge dramatique qui a été donnée à l'émigration des ruraux. Souvent elle a été aussi qualifiée d'émigration rurale, d'abandon des campagnes ou de la terre, de dépeuplement ou dépopulation des campagnes, de désertion des campagnes. Il va de soi que toutes ces expressions ne sont pas parfaitement synonymes, selon les époques et les régions, elles ont des sens spécifiques. Nous n'allons pas entrer dans la discussion de ces nuances. *L'exode rural évoque pour nous le mouvement massif le plus souvent définitif pour des raisons socio-économiques des habitants des zones rurales vers les villes.* Ce qu'il ne faut pas confondre par contre, c'est *l'exode agricole* avec *l'exode rural.* Le premier ne comprend qu'une *mobilité professionnelle,* alors que le second implique le plus souvent un double changement, celui de la profession et celui de la région. Certes, dans la plupart des cas, le départ des populations rurales non agricoles va de pair avec celle des agriculteurs, mais ce n'est pas nécessairement le cas.

L'exode rural n'est ni un phénomène nouveau, ni un phénomène propre aux sociétés industrielles. Dans toutes les sociétés, dès qu'il existe des villes, nécessairement des ruraux quittent leur village pour établir leur domicile en milieu urbain. Plus encore, les villes dépendent largement des surplus démographiques et alimentaires des campagnes. Les ruraux sont attirés par « les splendeurs des villes comme le papillon par la lumière » disait Méline, ministre français de l'Agriculture au début du siècle. Certes, l'exode rural est un phénomène universel, par contre *les causes, conséquences, modalités ont changé parfois profondément selon les époques et selon les sociétés.* Il n'est pas question d'analyser l'exode dans toute son épaisseur historique. Nous nous contentons d'en rendre compte dans les sociétés industrielles naissantes et avancées.

7.2.2 Principaux aspects de l'exode rural en Suisse

D'abord soulignons que la littérature suisse sur ce thème est abondante. L'ouvrage de la Commission nationale suisse pour l'UNESCO [4.15], édité en 1968 par B. Biucchi, contient une bibliographie de près de 300 titres, dont certains datent du début du siècle dernier. C'est dire les préoccupations qu'a suscitées l'exode rural. Depuis, cet intérêt a quelque peu diminué.

En Suisse, l'industrialisation s'est déroulée de manière assez différente de celle des pays voisins. Avant qu'elle ne démarre, les campagnes suisses détenaient un véritable monopole manufacturier. De nombreux témoignages prouvent que le tiers seulement des habitants des campagnes vivaient de l'agriculture. D'ailleurs, il est bien connu que les villes suisses d'alors étaient stagnantes, par contre les campagnes étaient en pleine expansion économique et démographique. Les débuts de l'industrialisation ne modifièrent pas profondément cette décentralisation des emplois : les petites et moyennes industries se sont multipliées dans les campagnes.

Pourtant une distinction importante est à faire : les régions alpines profitèrent dans une très moindre mesure de ce développement économique. C'est donc surtout dans ces régions que l'exode rural, puis le dépeuplement, se firent le plus gravement sentir. Dans les autres régions rurales, il s'est plutôt agi d'un exode agricole, accompagné d'un mouvement pendulaire ou d'une émigration vers des petites villes voisines en voie d'industrialisation (M. Bassand et al. [4.3]).

D'après W. Bernet [4.6], l'exode devint vraiment très important lorsqu'à la fin du XIXᵉ siècle « le marché des produits agricoles s'élargit mais s'ouvrit également à la concurrence étrangère provoquant des crises de surproduction. Les céréales en provenance d'outre-mer submergèrent le marché et exercèrent une pression sur les prix. (...) La chute des prix due à la concurrence étrangère ne permit plus au paysan de subsister. (...) La conséquence en fut une forte émigration vers d'autres activités et l'on commença alors à parler de « l'exode rural ». On chercha à pallier ces difficultés en rationalisant la production, en créant des coopératives et même en réclamant des subsides à l'Etat ; la doctrine libre-échangiste était alors trop puissante pour autoriser des normes de protection douanière.

» Avec l'industrialisation croissante, les coûts de production se sont aussi élevés dans l'agriculture ; celle-ci est prise dans un étau de coûts qui s'est manifesté après la Première Guerre mondiale. La structure des frais de nos exploitations agricoles est essentiellement influencée par l'endettement qui reviendra toujours en discussion. »

Dès lors, une politique agraire devenait indispensable. En effet, jusque vers les années 1900-1910, l'exode rural et agricole n'alarmait pas les autorités politiques, autant pour les raisons évoquées ci-dessus qu'en raison de la certitude que l'exode rural était une « bénédiction ». Un des leaders du mouvement paysan suisse, professeur à l'EPFZ, ne disait-il pas dans les années 1900 que « le bien-être national requiert de ne pas empêcher ces immigrations : au contraire, il faut faire en sorte que cette source de jeunesse coule de manière copieuse et constante » (dans les villes) (in : B. Biucchi [4.15], p. 25). Pourtant, lorsqu'on découvrit petit à petit que l'exode agricole et rural signifiait dépeuplement, les milieux politiques s'alarmèrent. D'autant plus que la dépopulation des cantons ruraux menaçait l'équilibre fédéraliste et que l'agriculture était considérée comme un élément indispensable au maintien de la neutralité helvétique. Dès lors, et la Première Guerre mondiale aidant, les pouvoirs publics multiplièrent les mesures de soutien à l'agriculture et aux régions de montagne (améliorations foncières, transports, assurances, politique sociale, tourisme, aide à l'industrie et à l'artisanat, planification régionale, etc.). (Cf. notamment B. Biucchi [4.8 et 4.15], J. Valarché, 1953 et 1975 [4.35 et 4.36], H. Gutersohn [4.20], O. Howald [4.24], etc.)

7.2.3 Causes, modalités et conséquences de l'exode rural

7.2.3.1 Causes

La théorie relative aux *processus d'attraction et de répulsion* s'applique particulièrement bien à l'exode rural. Celui-ci résulte d'un décalage quasi permanent entre l'économie et la démographie des régions rurales et celles des régions urbaines. Tout au long de la phase naissante et ascendante de l'industrialisation, le fait majeur est que la création des emplois s'est polarisée quasi exclusivement dans les régions urbaines, alors que leur mouvement naturel régressait.

A l'inverse, dans les régions rurales, les emplois artisanaux, industriels et agricoles régressaient ou disparaissaient, mais leur mouvement naturel de la population restait très largement positif. L'économie rurale ne pouvait donc (et cela est vrai de tout temps) employer à plein temps et utilement ses ressortissants. Outre ce déséquilibre économique et démographique entre zones rurales et urbaines, la vie du paysan et de ceux qui en dépendent était fort aléatoire, moins actuellement il est vrai qu'il y a cinquante ans. Alors « une fraction notable de la paysannerie restait à la merci d'une mauvaise saison. Un coup de froid, un excès d'eau ou de chaleur et les plus déshérités étaient plongés dans la détresse » (J. Pitié [4.73], p. 41).

C'est donc le déséquilibre économique et démographique entre régions urbaines et régions rurales qui est la cause fondamentale de l'exode rural. Cela admis, il ne fait pas de doute que plus les premières deviennent proches des secondes — par le développement des moyens de transport, par pénétration des moyens de communication de masse, etc. — plus l'exode s'amplifie.

7.2.3.2 Profil des migrants

Ce sont d'abord les ouvriers agricoles et les petits agriculteurs qui ont été touchés ; cela autant en raison de leur revenu dérisoire et incertain que par le fait qu'ils vivent dans des conditions pénibles et ont un horizon social bouché. Il est exclu que l'ouvrier agricole devienne propriétaire. Le petit propriétaire, riche de sa terre, vit pauvrement. Aussi, dès que la ville s'industrialise, il n'y a plus de choix possible : tout est préférable à la misère rurale. Et pourtant, tout le monde sait que la condition ouvrière dans l'industrialisation naissante, n'était pas du tout épanouissante.

Un autre trait de ce migrant, c'est qu'il est le plus souvent jeune et célibataire (M. Alix [4.38], N. Eizner et N. Maupeouabboud [4.59], D. F. Hannan [4.61], M. Bassand et al. [4.4], M. Vincienne [4.84]).

Enfin, l'émigrant des campagnes est une femme. L'explication est facile. D'abord il n'y a pas de travail spécifiquement féminin dans les campagnes. Ensuite le travail de la jeune fille ou de la femme paysanne est à la ferme tout sauf stimulant ou valorisant. « Nos enquêtes auprès des jeunes paysannes nous ont révélé l'intense mouvement de répulsion que provoquent les travaux liés à l'élevage : la traite des vaches laitières, le maniement du fumier, l'arrachage des topinambours, les soins donnés aux porcs » (J. Pitié [4.73], p. 50). Dans une société qui s'urbanise, s'étonnera-t-on que la gent féminine rurale aspire à d'autres tâches ? Et partant qu'elle cherche à épouser un homme qui ne soit pas paysan? (Cf. aussi les travaux du Groupe Migration de l'Université de Zurich [4.18], et ceux sur les réseaux de mariage de l'Institut de géographie de Zurich.)

7.2.3.3 Modalités

L'émigration des campagnes n'a pas affecté avec la même intensité et en même temps toutes les catégories sociales des collectivités rurales. Ces modalités varient sensiblement selon les époques et les régions. Parfois ce sont les femmes qui les premières sont parties, les jeunes hommes, faute d'épouses, ont à leur tour quitté le village ou vont chercher femme ailleurs. Parfois, c'est l'inverse qui s'est produit. Dans certaines régions rurales, ce sont d'abord les notables (avocats, notaires, grands propriétaires, etc.) qui partent en ville avec les groupes sociaux qui en étaient dépendants, puis les artisans qui ne soutiennent plus la concurrence urbaine, puis les ouvriers agricoles, puis les petits agriculteurs.

Relevons deux modalités particulièrement typiques:

- *L'exode rural se fait en plusieurs temps:* d'abord il y a la mobilité professionnelle d'agriculteurs qui s'engagent dans une industrie locale, puis ils déménagent dans une petite ville voisine, puis finalement, ils aboutissent dans une grande agglomération. Ces divers temps constituent une socialisation à la vie urbaine. De très nombreuses études ont fait état de cette fonction de « pompe aspirante et refoulante » qu'assument les petites et moyennes villes. (M. Anderson [3.77], R. Bages [4.39 à 4.41].)
- *L'exode rural crée une catégorie sociale spécifique: l'ouvrier-paysan.* Attardons-nous quelque peu sur ce dernier cas, d'abord pour souligner qu'il existe depuis fort longtemps. Ce n'est pas une catégorie sociale récente. En outre, elle existe partout en Europe.

« Le plus souvent, le même homme est à la fois ouvrier et paysan, il travaille à l'usine ou au bureau, et continue à gérer sa ferme. La plus grande partie du travail agricole tombe à la charge de la femme et des enfants. De son côté, l'homme a tendance à se surmener, et finalement l'exploitation est mal gérée et suréquipée. Pour garder des forces pour son travail agricole, l'ouvrier a tendance à « se reposer » à l'usine et à ne pas venir aux époques de gros travaux agricoles. N'étant pas de très bons ouvriers, les ouvriers-paysans sont souvent sous-payés. Etant plus intéressés par leur village que par l'usine, ils n'ont guère de conscience ouvrière et sont rarement des syndicalistes très militants. Cette double vie est très pénible pour l'individu, à qui elle impose de très longs temps de déplacement entre le village et la ville. (...)

» Les ouvriers hésitent à se séparer de leurs fermes qui leur apportent un supplément de ressources appréciable, et surtout une sécurité en cas de chômage industriel. De plus, comme les migrants saisonniers, s'ils vendaient leurs champs, ils n'en retireraient qu'un petit capital qu'ils ne sauraient comment faire fructifier, tandis qu'en cultivant leur champ, ils se nourrissent et vendent quelques produits. La double activité assure un volant de main-d'œuvre à l'industrie; souvent aussi à l'agriculture, quand les gros exploitants peuvent compter sur leurs voisins ouvriers au moment des gros travaux. » Cette complémentarité entre la ferme et l'usine peut prendre une autre forme.

« Dans un même groupe domestique peuvent vivre un agriculteur et un ouvrier. Par exemple, le père continue à gérer l'exploitation agricole, pendant que le fils est ouvrier dans une usine ou la fille secrétaire dans un bureau. Dans ce cas, la situation peut être stable : lorsque le père mourra, le fils reprendra l'exploitation, et son propre fils prendra à son tour le chemin de l'usine ou du bureau. Satisfaisante du point de vue de la famille, cette solution offre des inconvénients du point de vue de l'agriculture. En général, la présence d'un double revenu dans l'exploitation ne pousse pas au progrès de l'agriculture, mais sert au contraire à maintenir la structure paysanne de polyproduction autarcique. Autre danger inverse : le salaire permet à l'exploitation agricole de s'étendre et de s'équiper sans souci de rentabilité, et notamment d'acheter des terres au prix fort. »

(...) « Les effets de la double activité sur l'agriculture varient avec la distance du village au centre industriel. Dans les communes les plus proches de la ville, il n'y a plus guère d'agriculture. Presque toutes les exploitations agricoles ont moins de 2 ha. : les agriculteurs étant en même temps ouvriers n'exploitent plus que de grands jardins de 2 ha. au maximum. Parfois, une ou deux grandes exploitations agricoles occupent une grande part du territoire communal ; par contre, les exploitations moyennes ne sont pas viables. En s'éloignant davantage de la ville dans une région d'agriculture moderne, la pyramide est inversée. Les grandes exploitations sont les plus nombreuses et prennent toute la terre, qui est abandonnée par les petits paysans, devenus ouvriers et partis en ville parce que l'éloignement leur rendait les trajets et la double activité trop pénibles. Dans les régions les plus éloignées enfin, la répartition traditionnelle des exploitations se maintient, et les petits agriculteurs vont à l'usine pour pouvoir conserver leur ferme. » (H. Mendras [4.66], pp. 149 et 150). (Cf. également les travaux du BIT [4.52] et de l'ONU [4.69].)

7.2.3.4 Conséquences

Nous nous attacherons surtout à mettre en relief les conséquences de l'exode rural pour les régions rurales, car c'est pour elles que ce type de mobilité spatiale est particulièrement problématique.

Longtemps, la vitalité démographique des campagnes a compensé l'émigration. Pourtant, à un moment donné, l'exode a signifié dépeuplement et, passé un certain seuil (variable de région à région), les communautés rurales se trouvent dans l'impossibilité d'assumer :

- leur propre reproduction en raison des déséquilibres démographiques (entre jeunes et vieux, hommes et femmes, etc.) ;
- l'entretien de l'environnement construit et du paysage : et pourtant les communautés rurales contrôlent l'immense partie du territoire national ;
- le fonctionnement de leurs institutions politiques, religieuses et scolaires ;
- le maintien d'une identité culturelle.

Bref, ces communautés entrent dans un cercle vicieux : plus elles se dépeuplent, plus elles deviennent invivables et plus on les abandonne.

Ajoutons qu'à l'exode rural correspond souvent une modernisation de l'agriculture : agrandissement des domaines, mécanisation, spécialisation, etc. Ces changements ont pour effet d'augmenter la productivité du secteur primaire. En 1960, le BIT [4.52] estimait qu'en Europe occidentale, l'agriculture produisait « un quart de plus en n'utilisant que 75 % de l'effectif dont elle disposait naguère » (p. 120).

Cette modernisation a finalement eu pour effet d'accélérer l'exode, car elle a, à moyen terme, pour effet d'une part de réduire la demande en main-d'œuvre, ce qui empêche l'amélioration des salaires des travailleurs agricoles non spécialisés, d'autre part la situation des ouvriers agricoles et de plus en plus saisonnière. En Suisse, comme ailleurs, *cela se traduit par l'émigration des Suisses, et simultanément, par l'immigration des saisonniers étrangers.*

7.3 RÔLE ET DÉTERMINANTS DES MIGRATIONS INTERRÉGIONALES

Les régions des sociétés contemporaines ne se réduisent plus à deux types : les régions urbaines et les régions rurales. Il faut même se demander si le deuxième type correspond encore à une réalité. Nous aurions tendance à répondre par la négative. *En Suisse, d'après nos observations, seules quelques rares micro-régions peuvent encore être qualifiées de rurales. Ce qui ne veut évidemment pas dire que les disparités régionales ont disparu.* Bien au contraire. Chacun sait que c'est l'inverse qui se produit : les disparités régionales ne cessent de s'amplifier et la mobilité spatiale est une des conditions de ce processus. Certes, la mobilité interrégionale pourrait contribuer à réduire les disparités régionales, mais à notre époque, cette mobilité par rapport au développement régional est une condition et non un déterminant.

En analysant la situation par exemple en Italie (mais cela est vrai dans d'autres pays européens), il apparaît « que les régions d'immigration profitent de la force de travail d'une population jeune dont le coût éducatif demeure à la charge des régions d'origine. De plus, les stratégies de localisation des capitaux profitent de la mobilité du travail. Cette dernière renforce la concentration des nouveaux investissements dans les régions déjà développées disposant d'un réseau d'économies externes directement utilisables. Enfin, les prestations des services publics dans les régions d'émigration ont tendance à diminuer vu leur coût croissant par habitant. Ces éléments, propres à une économie de croissance, entraînent un déséquilibre de plus en plus prononcé entre zone de provenance et zone de destination ». (Ch. Cuenoud [3.8], p. 549.)

G. Myrdal arrive à des conclusions analogues : « La migration est sélective pour les travailleurs jeunes, mieux éduqués, et pour les plus productifs. Ce type de travailleurs est attiré par les zones où la demande augmente rapidement au détriment des zones où la demande croît moins vite. Le caractère sélectif de la migration résulte en une demande croissante des zones d'immigration et une demande décroissante des régions d'émigration. Des inégalités de salaire entraînent des croissances interrégionales différentes, qui causeront encore plus de migration. » (G. Myrdal : *Rich lands and poor*, New York, 1957, cité in : M. Greenwood [1.51], p. 415.)

Plusieurs travaux nous obligent à être très nuancés. La mobilité interrégionale, dans les contextes sociétaux actuels, ne joue pas nécessairement un rôle d'équilibrage et de réduction du chômage.

Un bon exemple venant des Etats-Unis nous est donné par P. Uhlenberg [3.254] qui compare l'Etat de Virginie occidentale avec ceux du Wyoming et du Nevada. Le taux de chômage était beaucoup plus élevé dans le premier; le revenu moyen d'une famille y était beaucoup plus bas; plus de deux fois plus de familles y gagnaient moins de $ 3000.— par an; et un pourcentage inférieur d'hommes y avait un emploi.

Ces indicateurs économiques suggèrent que la pression d'émigrer est moins forte au Wyoming et au Nevada qu'en Virginie occidentale. Or, c'est l'inverse qui se passe, l'émigration de la Virginie occidentale est inférieure à celle des deux autres Etats.

D'autres travaux effectués en France, mais confirmés dans d'autres pays, démontrent que le chômage peut jouer de façon contradictoire ou ne pas avoir les effets prévus par la théorie économique. *Au lieu de rendre mobile la population touchée par le chômage, l'existence du chômage rend mobiles d'autres couches de salariés que l'on souhaitait stables.* (R. Cornu [3.112], p. 474.)

Jusque dans les années récentes, les déterminants les plus souvent évoqués dans l'analyse des migrations interrégionales sont les *disparités de salaires* (R. J. Cebula [3.105], R. Fabre [3.131], B. Okun et F. Richardson [1.98], H. Adebahr [3.69], etc.).

Ainsi, A. Rossi [3.48] a pu démontrer qu'en Suisse entre 1950 et 1965, il existe une relation entre revenu cantonal par habitant et solde migratoire. Cependant, l'auteur souligne que les différences de revenus n'expliquent que partiellement les mouvements migratoires. D'autres facteurs jouent un rôle important et surtout leur influence varie selon les conjonctures socio-économiques.

C'est la conception économique classique qui considère la migration comme une réponse à des différences de revenus entre régions. Ainsi la mobilité interrégionale est nécessairement conçue comme étant un fait positif en soi, indispensable à la croissance économique, sans qu'il y ait place pour une réflexion sur d'autres modèles de développement. Ch. Cuenoud [3.8] développe deux objections majeures par rapport à cette conception classique: des recherches récentes (telles que celle de St. Holland [3.154]) montrent d'une part *que les revenus après migration ne sont pas significativement plus élevés qu'avant la migration; d'autre part, les déséquilibres économiques régionaux persistent, voire s'aggravent.*

7.4 COMPOSITION DES FLUX MIGRATOIRES INTERRÉGIONAUX

Revenons maintenant au problème déjà évoqué du profil du migrant ou aux mécanismes sélectifs que comportent les mobilités interrégionales. Toutes les recherches suisses (cf. Haag et al. [3.33] entre autres) et étrangères soulignent que les migrants sont plutôt jeunes (entre 15 et 35 ans) et célibataires; d'une manière générale leur formation scolaire et professionnelle est supérieure aux sédentaires. Mais encore une fois, ces affirmations doivent toujours être nuancées et relativisées selon l'époque, les régions de départ et d'arrivée (cf. encore J.-P. Pellaton, A. Strohmeier [3.44], J. Hadermann et al. [3.34]). D'autres critères interviennent encore. R. Duncan et C. Perrucci [3.130] ont démontré que l'exercice d'une profession par la femme ne paraît pas constituer ni un obstacle ni une impulsion à une migration. Par contre, la profession du mari et le prestige qui y est lié déterminent fortement la propension du couple à migrer. Plus le prestige du chef de la famille est élevé, plus la famille est encline à migrer.

F. Haag et al. [3.33] constatent que le taux de mobilité intra-régionale des étrangers en Suisse est plus élevé que celui des Suisses mais au contraire les étrangers accusent un taux de migration interrégionale plus bas que les autochtones. Les auteurs expliquent ce fait par une information limitée qui réduit l'espace de migration possible des étrangers. P. Güller et al. [3.24] apportent quelques nuances à cette constatation: le comportement migratoire des étrangers est lié à la durée de séjour, et donc au statut. Ainsi, plus la durée de séjour est longue, plus le comportement migratoire se rapproche de celui des Suisses tant en ce qui concerne la direction que le volume des flux.

D'autres recherches illustrent le rôle de la distance parcourue. Ainsi, on constate que les motifs liés aux conditions socio-professionnelles sont prédominants pour de longs déplacements, tandis que les motifs touchant les domaines de la famille et du logement entraînent les déplacements de courte distance. (J. Hadermann, J. Kaeppeli, P. Koller [3.34].)

H. Bastide et A. Girard [3.89] ont observé que les motifs changent considérablement suivant qu'il s'agit du premier, deuxième ou troisième déplacement. « Le premier changement s'explique très fréquemment pour des raisons familiales (en particulier le mariage) et professionnelles; le deuxième et surtout le troisième, surtout par des motifs professionnels et des questions de logement. Le dernier, plus fréquemment par le désir d'un meilleur logement. » (...) « Les migrations successives sont dues au déroulement de la carrière professionnelle, bien plus qu'aux événements familiaux. » (...) *Replaçant les migrations dans l'ordre où elles se sont succédé, et les rapprochant des raisons qui les ont entraînées, le motif professionnel conserve la même fréquence au cours de la vie, quel que soit le degré de mobilité.* Au contraire, avec l'augmentation de la mobilité, les raisons concernant la vie privée, tel le mariage, valent de moins en moins et les motifs liés au logement de plus en plus, comme, à un degré moindre, les conditions d'existence » (pp. 752 et 753).

7.5 VERS DES MODÈLES COMPLEXES D'ANALYSE DES MOBILITÉS INTERRÉGIONALES

Il apparaît de manière très évidente à la suite des données présentées ci-dessus que les mobilités interrégionales ne peuvent pas être expliquées par un facteur prédominant, fût-il de nature économique. Seule la prise en compte d'un faisceau complexe de déterminants, changeant dans le temps et dans l'espace, peut expliquer la mobilité spatiale.

Pour rendre compte de cette complexité, les spécialistes de la mobilité spatiale utilisent les divers modèles mathématiques que nous avons présentés dans le paragraphe 2.2.3. En complément, notons l'effort théorique considérable entrepris récemment par des chercheurs français (C. Thelot [3.248], Y. Tubault [3.252], D. Courgeau [1.30], H. Caussinus [3.104]) pour élaborer des modèles mathématiques aptes à analyser les composantes et déterminants des courants interrégionaux.

On retrouve évidemment les mêmes préoccupations chez des chercheurs anglophones et germanophones. En Suisse, mentionnons quelques tentatives fructueuses. Par exemple celle de P. Güller et al. [3.24] qui aboutit à la construction d'un modèle prévisionnel (tableau 8), partiellement vérifié sur 52 régions de Suisse alémanique. Ce modèle nous paraît indiquer la voie à suivre, car d'une part il souligne l'interdépendance de divers types de mobilité spatiale (internationale, interrégionale, mouvements pendulaires) et d'autre part, il montre la profonde imbrication de la mobilité spatiale dans les structures socio-économiques et politiques. Nous ne pouvons que regretter que les déterminants culturels (religion, langue, niveau d'information, modes de vie, etc.) soient réduits à une sous-variable intitulée « distance sociale », que les structures sociales ne soient pas mentionnées, et que les variables utilisées ne soient que de nature structurelle. Cela dit, nous reconnaissons que la prise en compte de ces critiques constitue une difficulté très considérable.

Les travaux de R. Frey sont un peu moins complexes. Tout de même il prend en compte un nombre considérable de variables pour expliquer la mobilité intercantonale. D'après ses analyses, les variables les plus explicatives sont le revenu moyen par habitant et le revenu brut par personne active. Suivent, par ordre d'importance décroissante, la population active dans l'agriculture, la densité de la population, le degré d'urbanisation, la qualité de l'environnement, l'organisation des transports, les possibilités de formation, la densité des médecins, la charge fiscale, etc. (R. Frey [3.15], p. 79.) A la suite de ces travaux, R. Frey propose un modèle (tableau 9) explicatif de la mobilité spatiale interrégionale et internationale. Cette étude est prolongée d'une analyse de la mobilité intercommunale de l'agglomération de Bâle. La même méthodologie que pour les cantons est mise en œuvre. Les critiques adressées aux travaux de P. Güller et al. s'appliquent à ceux de R. Frey.

Dans une certaine mesure, le modèle élaboré par le groupe de sociologues et de géographes de l'Université de Zurich (inspirés par les travaux de P. Heintz et H. J. Hoffmann-Nowotny que nous avons résumés dans le paragraphe 3.3) comble les lacunes que nous venons de relever dans les modèles précédents. En effet, cette approche montre que la mobilité interrégionale doit être considérée comme *stratégie individuelle* ayant pour objectif la diminution des tensions anomiques des migrants. (Tableau 10.)

Pourtant, nous sommes obligés de reconnaître que si ce modèle, par rapport aux deux précédents, rectifie certains des défauts relevés, il ne prend pas en considération leurs acquis. Il est évident qu'un travail considérable de conceptualisation et de recherche reste encore à effectuer.

Tableau 8. — Modèle de prévisions de la mobilité (P. Güller et al. [3.24])

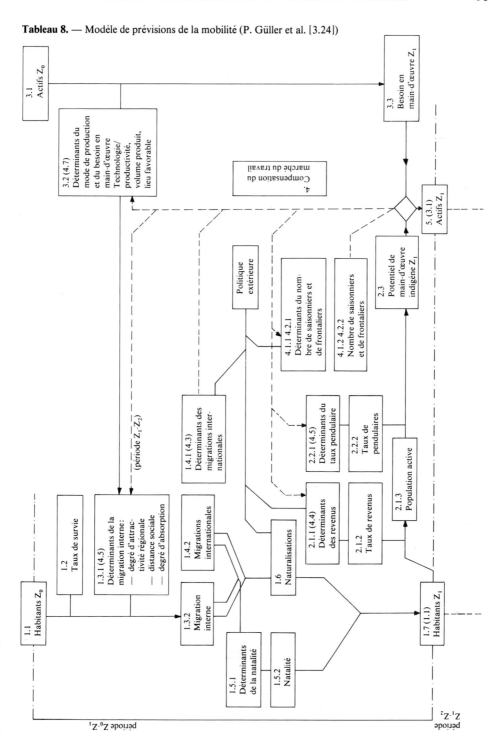

Tableau 9. — Modèle explicatif de la mobilité intercantonale (d'après R. Frey [3.15])

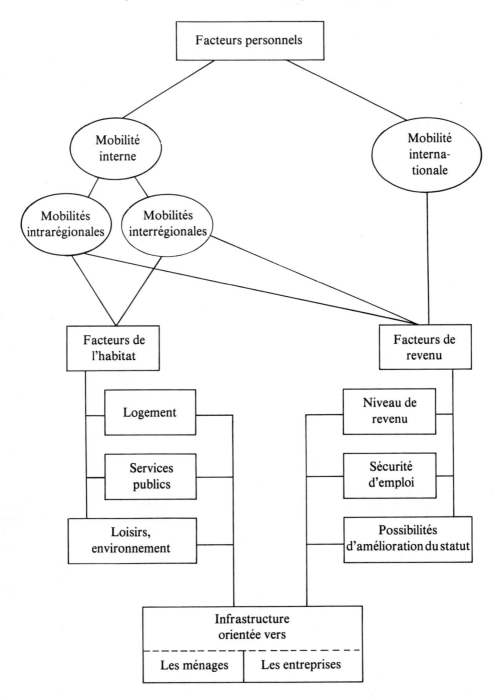

Tableau 10. — Mobilité spatiale et tensions anomiques (selon Groupe Migration de l'Université de Zurich, et sensiblement corrigé par nos soins)

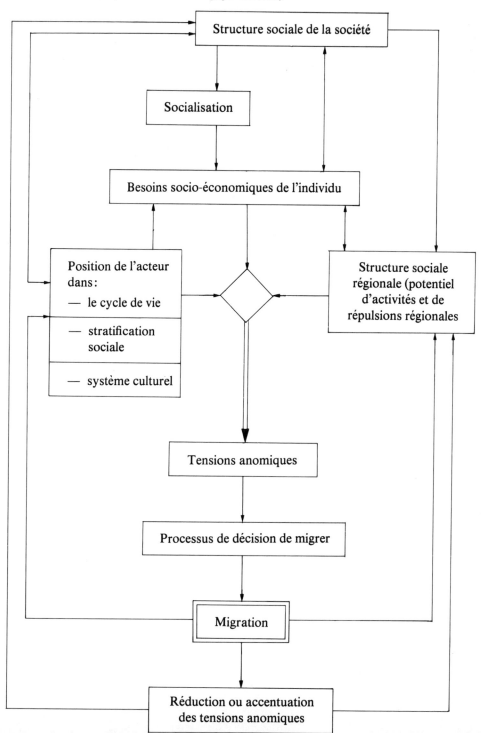

CHAPITRE 8

MOUVEMENTS PENDULAIRES ET FRONTALIERS

8.1 GÉNÉRALITÉS

« On reconnaît les pendulaires au premier coup d'œil. Dans le wagon de chemin de fer, ils sont assis autrement que les autres voyageurs. Par temps pluvieux, ils tiennent le parapluie entre les genoux, pour qu'il n'aboutisse pas au bureau des objets trouvés. Ils n'enlèvent pas leur manteau, encore moins leur écharpe et en tout cas pas leur chapeau. Ils ne sont pas bavards. Si quelqu'un entre bruyamment dans le compartiment et parle d'autre chose que du temps, on peut parier qu'il ne fait pas les trajets depuis longtemps ou pas du tout. (...) Les pendulaires ont leurs soucis particuliers. L'un concerne leur place habituelle. (...) D'autres ont découvert depuis longtemps où s'arrête « leur » wagon. Il est rare qu'ils fassent plus de trois pas jusqu'au marchepied. (...) » (H. Thurer, Glarner Nachrichten, Glarus 1959, in : E. Landolt [5.39].)

Les déplacements journaliers entre lieu de travail et lieu d'habitat, qualifiés tantôt de mouvements pendulaires, tantôt de migrations alternantes, tantôt de navettes, ne trouvent que rarement une définition autonome à l'intérieur des études sur les migrations. En effet, la plupart des définitions classiques des migrations se rapportant en premier lieu au changement permanent ou semi-permanent de domicile ou de commune, les mouvements pendulaires sont souvent considérés comme succédanés de la migration définitive. Ainsi, la définition de R. Heberle [1.60] : « La migration signifie tout changement de domicile, du domicile de facto, qu'il soit volontaire ou forcé, durable ou passager. Par contre, des déménagements à l'intérieur de la commune ne sont pas considérés comme migration, ni les voyages, car le voyageur a l'intention de retourner à son ancien domicile, tandis que le migrant cherche un nouveau domicile. Nous incluons également les ouvriers qui migrent par habitude et les vagabonds qui migrent parce qu'ils n'ont pas envie de travailler. *Par contre, nous excluons la «migration pendulaire» qui doit être considérée davantage comme remplacement de la véritable migration.* »

Par ailleurs, selon les recommandations des Nations Unies (1971), les pendulaires ne peuvent pas être qualifiés de migrants.

S'il est vrai que logement, loisirs, consommation, voyages, sont des objectifs secondaires dans l'étude des migrations (comparés au travail, au revenu ou à la formation), il n'en est pas moins vrai que les mouvements pendulaires sont très caractéristiques des sociétés occidentales urbanisées et motorisées; on peut s'attendre encore, à court terme du moins, à une augmentation de ces mobilités.

C'est plutôt dans le cadre des ouvrages de sociologie urbaine, d'études sur les transports et sur la localisation des entreprises que nous retrouvons le plus fréquemment ce type de mobilité spatiale, en tant que conséquence des diverses phases de la croissance urbaine ou de la décentralisation industrielle.

La littérature américaine est certainement la plus abondante à propos des mouvements pendulaires dans les grandes agglomérations. Ces études sont avant tout empiriques, mais quelques-unes tentent d'aborder le phénomène pendulaire d'un point de vue conceptuel, basé principalement sur les modèles gravitationnels ou des modèles matriciels origine-destination (G. Olsson [1.99]), et d'un point de vue socio-économique (impact de et sur l'utilisation du sol, productivité et intégration du travailleur, etc.).

En ce qui concerne la Suisse, le migrant pendulaire est ainsi défini par l'Office fédéral de statistique:

- il doit s'agir d'une personne active; les élèves et les étudiants ne sont pas considérés comme pendulaires (les études suisses effectuées à partir des recensements de la population tiennent toutefois compte des flux liés à la formation);
- l'exercice de la profession doit se faire en dehors de la commune de domicile. Le critère n'est pas la distance entre lieu de travail et lieu d'habitat, mais le franchissement de la frontière communale;
- la profession principale doit s'exercer en un même lieu; les personnes dont le lieu de travail est multiple ou changeant ne sont pas prises en considération;
- le trajet doit s'effectuer journellement.

Cette définition administrative est quelque peu arbitraire et a souvent été critiquée (U. Zwingli [5.75], S. Jenal [5.37], M. Pittet [5.50], etc.), car elle ne permet pas, notamment, de saisir les mouvements pendulaires intra-communaux, dont les trajets sont souvent plus longs que lors du passage d'une commune à une autre.

Les pendulaires sont-ils des migrants définitifs en puissance ou, au contraire, un résidu de la migration définitive? En d'autres termes, les mouvements pendulaires constituent-ils la phase initiale ou la phase terminale de la migration?

Pour répondre à cette question, il faut prendre en considération les deux déterminants principaux de l'émergence du phénomène pendulaire: la restructuration du marché de l'emploi et la restructuration du marché du logement.

8.2 MOUVEMENTS PENDULAIRES DANS LES RÉGIONS PÉRIPHÉRIQUES

Depuis longtemps, et encore aujourd'hui, on a tendance à considérer les mouvements pendulaires comme un phénomène spécifiquement urbain. Si l'analyse s'est portée en premier lieu sur les grandes agglomérations, c'est aussi — comme le soulève

A. Chatelain [5.100] — que la documentation était plus facile à rassembler grâce aux données statistiques relatives aux moyens de transports.

Les migrations quotidiennes du travail sont aussi importantes dans les régions économiques périphériques que dans les régions centrales. Si l'on prend le cas de la France par exemple (A. Chatelain [5.100]), des taux élevés de pendularité apparaissent dans les zones très industrialisées ou à proximité des grandes agglomérations comme dans les régions restées très agricoles. Pour prendre des cas extrêmes, à Dunkerque, par exemple, $2/3$ des personnes travaillant dans la ville sont des pendulaires. Mais dans l'Isère, le taux de migrants quotidiens par rapport au total des exploitants agricoles d'une commune peut aller jusqu'aux 100 % ! (Il est vrai que le volume de l'effectif de base n'est pas comparable.) Pour la Suisse, la discontinuité rural-urbain n'est toutefois pas aussi marquée. La plupart des régions rurales sont à proximité de centres secondaires. Les villes moyennes et petites drainent autant de pendulaires que les grands centres.

Des raisons très générales, comme la décentralisation industrielle, la plus grande dimension des entreprises, la spécialisation de la production, l'extension des grandes agglomérations, l'augmentation du tertiaire centralisé, le développement et l'organisation des transports, l'insuffisance de logements dans les zones urbaines ou industrielles, l'élévation du niveau de vie et l'exigence de plus grandes surfaces de logement, ont provoqué la mutation des migrations en mouvements pendulaires. Par la distance ainsi réduite (création de centres intermédiaires et développement des transports), les migrations saisonnières (ou hebdomadaires) de la première partie de ce siècle ont en partie été relayées par les mouvements pendulaires. (Toutefois — si l'on suit W. Schlaeppi [4.32] — il y a 10 ans encore, en Suisse, plus de 50 % des paysans-ouvriers travaillaient en été en tant que paysans, en hiver en tant qu'ouvriers !)

Mais quelles sont les raisons spécifiques qui incitent les pendulaires à maintenir leur lieu de domicile ?

Une enquête effectuée par M. Pittet [5.50] dans le canton de Fribourg indique les raisons suivantes (ces raisons sont largement confirmées dans le reste de la littérature) : c'est avant tout la propriété immobilière (logement, terrain, ferme paternelle, exploitation agricole), mais aussi des facteurs écologiques, des facteurs d'intégration (proximité de la famille élargie, attachement à la terre natale), des facteurs économiques (bas loyers, fiscalité plus avantageuse), etc.

Outre les raisons propres aux paysans-ouvriers (qui sont celles de l'exode rural en général), c'est donc principalement les transformations économiques et la restructuration du marché de l'emploi qui en découle qui contribuent à l'évolution des mouvements pendulaires (possibilité de trouver un autre emploi ou un emploi complémentaire dans une commune avoisinante, salaire plus élevé à l'extérieur, meilleures possibilités d'avancement ailleurs, etc.).

8.2.1 Importance et caractéristiques des flux pendulaires dans les régions périphériques

Les mouvements pendulaires dans les régions rurales sont déjà anciens : ils naissent avec la première industrialisation. Par exemple, dans le Valais central dès 1904 (usine de Chippis), dans le canton de Glaris dès 1864. Mais ils ne se généralisent réellement qu'avec la concentration industrielle et le développement des transports.

Le tableau 11 montre l'évolution des mouvements pendulaires dans les régions rurales de Suisse.

Tableau 11. — Evolution des mouvements pendulaires en milieu rural

	1950	*1960*	*1970*
Uri	23%	26%	32%
Schwyz	16%	19%	27%
Obwalden	10%	14%	19%
Nidwalden	17%	22%	32%
Glaris	24%	26%	33%
Fribourg	14%	22%	31%
Appenzell Rh.-Ext.	13%	20%	24%
Appenzell Rh.-Int.	13%	15%	19%
Grisons	7%	10%	15%
Tessin	23%	32%	42%
Valais	12%	18%	25%

Sources: Recensement fédéral de la population 1970; Annuaire statistique suisse, H. 549, Berne 1974, in: H. Leibundgut, P. Tami [5.41]

Nous constatons qu'une accélération de la mobilité pendulaire se produit partout dès 1950. Cette évolution est différente de cas en cas; elle ne dépend pas de la dimension d'un centre régional, mais de la structuration des secteurs d'activité et du taux de création d'emplois.

« Jusqu'alors, les communes de montagne étaient moins touchées, mais depuis 1970, leur coefficient d'indépendance (exprimé en termes d'interdépendance de main-d'œuvre) baisse très rapidement et se rapproche des communes de la plaine. » (A. Maillard [5.42].)

Qui « pendule » ?

Les personnes employées dans le secteur primaire ne sont que très rarement des pendulaires, sinon en tant que paysan-ouvrier. En conséquence, dans les régions faiblement urbanisées, c'est aujourd'hui encore le secteur secondaire qui draine le plus de pendulaires; par exemple, en 1972, dans le canton de Fribourg, 50% des pendulaires travaillent dans le secondaire (contre 46% de la population active totale), en 1961, dans le canton de Glaris, 89% des pendulaires (contre 64% de la population active totale); en 1970, dans le canton du Valais, le secteur dominant est également le secondaire. Pourtant, proportionnellement, la propension des pendulaires à émigrer dans le tertiaire est de plus en plus marquée partout. Les groupes professionnels touchés sont les ouvriers non qualifiés, les ouvriers (semi-) spécialisés, les employés subalternes, les fonctionnaires, les apprentis et les étudiants. En outre, à l'exception de quelques cas régionaux spécifiques, les pendulaires sont plutôt des hommes, mariés, jeunes (20-40 ans). Selon les régions, le contingent d'adultes âgés est encore relativement important (ainsi Glaris). C'est également le cas en France.

Le degré de motorisation (automobile privée) a fortement progressé entre 1950 et 1970 (en 1950 — 1 voiture sur 30 personnes, en 1970 1 sur 5). Les enquêtes effectuées en 1950 dans ces régions mettent en évidence la prédominance du train, du vélo et de la marche à pied, tandis qu'en 1970, c'est la voiture qui l'emporte. Contrairement à la France, on ne trouve en Suisse que peu d'indications sur les transports organisés par les entreprises elles-mêmes (cars de ramassage).

8.2.2 Cas des paysans-ouvriers

Un rapport du BIT de 1960 [4.52] relève la tournure nouvelle qu'ont prise, dans plusieurs pays d'Europe, les relations entre les campagnes et les villes. Beaucoup plus souvent que par le passé, les cultivateurs prennent désormais des emplois d'appoint en dehors de leur exploitation, et la pendularité qui en résulte dans la majeure partie des cas constitue une forme d'exode rural masqué.

« L'exode rural se poursuit désormais sans obliger nécessairement les cultivateurs à quitter leur village pour la ville, et leur exploitation pour l'usine, bien que de telles ruptures se produisent encore en fait, notamment dans le cas des ouvriers agricoles. (...) La tendance croissante qu'ont les travailleurs ruraux à combiner plusieurs emplois s'explique avant tout par la nécessité dans laquelle ils se trouvent de compléter leurs revenus agricoles. Elle dépend naturellement, et dans une large mesure, de l'existence de moyens de transport, qui augmentent leur mobilité physique et professionnelle et leur permettent de prendre des emplois à temps partiel ou de s'engager pour une saison dans les villes voisines, comme ils permettent aux travailleurs des villes d'habiter à la campagne.

» La décentralisation de l'industrie favorise cette évolution, ainsi que la mécanisation de l'agriculture, en ce sens que la réparation et l'entretien des machines créent de nouvelles possibilités de travail dans les zones rurales. (...)

» Dans la République Fédérale d'Allemagne, où le gouvernement s'efforce d'encourager les travailleurs ruraux à prendre des emplois industriels tout en habitant la campagne et en gardant une exploitation agricole, l'expérience a montré que cette initiative donne les meilleurs résultats lorsque l'exploitation est vraiment petite.

» Le nombre des personnes qui travaillent dans les villes, tout en habitant la campagne et en faisant chaque jour la navette entre les deux, a beaucoup augmenté, lui aussi, au cours des dernières années. Cette solution a le double avantage de ne pas obliger les intéressés à quitter leur communauté et d'éviter que les zones rurales ne s'anémient. »

Il y a en gros deux catégories de migrants encore attachés à la terre : les paysans-ouvriers travaillant à l'usine sans abandonner le village natal et les biens paternels ; les ouvriers-paysans, anciens agriculteurs, ayant abandonné le village natal et les biens de la famille pour reconstituer dans une commune assez proche de l'usine, une petite propriété foncière dont ils s'occupent tout en réservant au travail industriel l'essentiel de leur labeur. (Distinction introduite par R. Caillot, in: A. Chatelain [5.100].) L'agriculture à temps partiel peut être diverse et passer de 95 % à 5 % (W. Schlaeppi [4.32]). Cette double activité ne s'exerce généralement que si l'exploitation est de dimension réduite et si l'exploitant est indépendant. Les ouvriers agricoles sont plutôt des migrants définitifs.

Dans son étude sur le canton de Fribourg, M. Pittet [5.50], pp. 86 à 88) relève pertinemment que le secteur primaire fournit approximativement deux fois plus de pendulaires que chacun des deux autres secteurs et que parmi les pendulaires, 42 % sont propriétaires d'immobiliers. (Il est bien entendu ici que la pendularité des ruraux implique généralement un changement de secteur.)

En France, la proportion de migrants quotidiens, par rapport au nombre total des exploitations, est de 20 % en moyenne (1955). En Suisse, de 40 % environ (1969). Il faut noter que les régions suisses présentant le plus haut pourcentage d'agriculteurs à temps partiel sont le Valais et le Tessin (probablement aussi lié au tourisme). (Statistische Quellenwerke der Schweiz, 1969, in: W. Schlaeppi [4.32].)

« On a beaucoup critiqué les migrations quotidiennes du travail. Les industriels affirment souvent que les paysans-ouvriers sont de mauvais ouvriers d'industrie et que les migrants non paysans sont fatigués par les trajets. De leur côté, les agriculteurs se plaignent des paysans-ouvriers: cultures négligées, mentalité pas toujours favorable aux milieux ruraux, mauvais exemple pour les jeunes qui ont tendance à déserter les champs. » (A. Chatelain [5.100], p. 689.)

Des remarques analogues sont formulées par W. Schlaeppi pour la Suisse. Outre les sanctions encourues de part et d'autre (partenaires sociaux et familiaux) et la surcharge de travail, le deuxième métier est très souvent lié à des contrats exceptionnels (en ce qui concerne les heures de travail par exemple). De ce fait, dans la plupart des cas, le deuxième métier constitue une mobilité descendante pour le paysan qui, indépendant, travaille comme simple auxiliaire.

8.3 MOUVEMENTS PENDULAIRES FRONTALIERS

Dans l'étude des mouvements pendulaires, les frontaliers occupent une place particulière. Sans vouloir ni pouvoir ici entrer dans le débat sur la régionalisation et les régions transfrontalières, disons simplement que le concept de centralité ou de polarisation propre à toute construction régionale est également le fait des régions transfrontalières et que, par conséquent, les mouvements pendulaires frontaliers ne seraient en rien différents de ceux qui caractérisent les grandes agglomérations. Cependant, la frontière opère comme un disjoncteur spatial et temporel (« les cicatrices de l'histoire »). Les régions transfrontalières doivent faire la synthèse non seulement des problèmes que rencontre toute région dans les rapports entre ses multiples zones industrielles, tertiaires, résidentielles, rurales, etc., dans les rapports souvent conflictuels entre groupes sociaux différents, mais encore faire la synthèse entre systèmes politiques émanant d'entités nationales différentes. De ce fait, elles se trouvent à cheval entre un régionalisme fonctionnel et un régionalisme transnational dépendant de la coopération et de l'harmonisation internationales (complémentarité et conflictualité). (Association des Instituts d'études européennes [5.2].)

Concrètement, qu'est-ce que cela signifie pour la population? La frontière peut avoir des influences tantôt incitatives (les groupes frontaliers peuvent chercher à tirer parti des contrastes ou des oppositions, donc à valoriser certaines discordances engendrées par des politiques différentielles) et tantôt coercitives vis-à-vis de celui qui la franchit pour son travail. Les deux genres d'influence peuvent se juxtaposer ou se succéder chronologiquement suivant les fluctuations de l'économie et les variations des échanges. Les mouvements pendulaires frontaliers sont donc beaucoup plus conjoncturels que les autres formes de mouvements pendulaires.

La frontière est un obstacle à une distribution rationnelle de la population dans une région. Car si dans les pôles de croissance intra-nationaux, il est possible d'envisager une redistribution des activités, dans les régions frontalières, la redistribution est rendue difficile par la présence de la frontière. Du côté français, italien, autrichien (et probablement aussi allemand), la population est très concentrée le long de la frontière et s'accumule dans un bourrelet d'une épaisseur moyenne de 10 km. (C. Raffestin [5.51]). Sur le plan de l'analyse de la mobilité spatiale des hommes, il est intéressant de noter que la frontière et les disparités des échanges qu'elle engendre ont un effet de « ruée vers l'or »: du côté français (franco-genevois), les 60% des frontaliers sont des migrants de départements français non frontaliers (R. Donzé et al. [5.15], 1973), du côté italien, dans les provinces de Varèse et de Côme (Lombardie), 75%, respectivement 40% des frontaliers sont des immigrants d'autres provinces italiennes (B. B. Avanzini [5.3], 1970), du côté autrichien, dans le Vorarlberg, 49% des frontaliers ne sont pas des autochtones (P. Meusburger [5.168], 1969).

Sur le plan *historique*, le XIXe siècle avec l'ère de l'industrialisation a vu naître un mouvement pendulaire frontalier à évolution croissante parallèlement à l'intensification de passage de l'artisanat familial à l'atelier et à l'usine. En Suisse, le mouvement frontalier a subi le même renversement de courant que les migrations internationales permanentes: avant 1914, le mouvement dominant est celui des Suisses vers l'étranger; dans la région de Bâle par exemple, les frontaliers suisses de la campagne travaillent en Allemagne et en France (M. Banz [5.4]). Le renversement du courant migratoire frontalier se situe dans l'entre-deux-guerres, mais la tendance en quelque sorte exponentielle de la courbe des frontaliers n'est apparue qu'en 1966, à un moment où la Confédération helvétique cherchait à stabiliser l'immigration étrangère.

« La Confédération helvétique est certainement un autre cas (avec celui du Grand-Duché du Luxembourg) qui suggère que le mouvement migratoire frontalier pallie pour une certaine part aux difficultés d'immigration dans des régions à faible croissance démographique autochtone. » (S. Kessler, in: [5.2].)

Vers 1974, on pouvait estimer que l'Europe occidentale comptait un chiffre brut de 300 000 travailleurs frontaliers de toutes nationalités, dont la Suisse en accueillait, sur toutes ses frontières, 109 000, soit environ les 36%. (S. Kessler [5.152].) A titre de comparaison, en 1962, il y avait en Suisse 53 858 travailleurs frontaliers (in: M. Banz [5.4]); dix ans plus tard, en 1973, 104 573, soit un doublement de l'effectif (R. Donzé et al. [5.15]).

Sur le plan *juridique*, la Suisse n'appartenant pas à la Communauté économique européenne, le travail frontalier est réglé par conventions binationales. C'est ainsi qu'est frontalier, le travailleur qui peut prouver qu'il est domicilié dans la zone frontalière (de 10 à 70 km., selon les pays) depuis 6 mois au moins et où il retourne *chaque jour*. (Dans la pratique, on retient moins les limites géographiques de la zone que la preuve apportée par le travailleur de pouvoir rentrer chaque jour chez lui, compte tenu des moyens modernes de transport.)

Il est trop simple d'affirmer, comme d'aucuns le font, que le pendulaire frontalier n'est pas considéré comme travailleur étranger, mais comme partenaire économique. Car un effet négatif de la présence d'une frontière politique est la fragilité du travail frontalier au point de vue des réglementations. Celles-ci donnent la priorité aux autochtones, aux résidents et comme force d'appoint, aux travailleurs frontaliers. Le pendulaire frontalier se voit confronté avec deux législations d'Etat-nation qui se juxtaposent mais se complètent rarement. L'insécurité du travail et l'addition des législations sociales, fiscales et du travail font du pendulaire frontalier un élément hybride. Le contentieux social (confrontation de plusieurs régimes fiscaux, caisses de chômage, assurance AI, etc.) a toutefois tendance à s'amenuiser sous la pression des organisations de défense. (J.-P. Buet, in: [5.2].)

Sur le plan *socio-démographique*, on peut notamment relever que, sur toutes les frontières suisses, la pyramide des âges des frontaliers se distingue fortement de celle de la population active ordinaire: la proportion des jeunes de 20 à 35 ans est nettement supérieure. Autres caractéristiques générales: si dans les zones frontalières fortement urbanisées, comme Genève et Bâle, une très forte proportion de frontaliers travaillent dans le tertiaire (surtout les femmes), l'apport de la main-d'œuvre frontalière au secteur secondaire est, proportionnellement à la population active résidante, le plus marqué (métallurgie, bâtiment, habillement, etc.). Mis à part le fait que les frontaliers se divisent en autochtones et en immigrants des régions intérieures, la nationalité est relativement homogène (par région linguistique). Les frontaliers autochtones et migrants de l'intérieur pourraient d'ailleurs être distingués sur le plan socio-démographique: P. Meusburger [5.168] fait la remarque qu'il y a une plus grande proportion de célibataires parmi les frontaliers autochtones, que leur stabilité dans l'emploi est plus grande que celle des migrants, etc.; et, bien sûr, leur intégration dans le pays d'accueil est plus favorable (B. B. Avanzini [5.3]).

Sur le plan des *motivations* à devenir pendulaire frontalier, elles sont presque exclusivement d'ordre salarial, mais aussi engendrées par le fait de ne pas trouver d'emploi adéquat dans la région d'origine. En outre, pour beaucoup, le lieu de travail en Suisse est plus proche que le prochain lieu de travail dans leur propre pays.

« La première motivation avancée qui est le salaire n'est qu'un élément apparent de disparités s'il n'est fait un effort de décomposition en rémunération brute et rémunération nette, compte tenu des législations sociales et fiscales en vigueur des deux côtés de la frontière, de la qualification acquise et du coefficient familial de l'intéressé au point de vue charges. Quant au taux de change des unités monétaires, la fluctuation des devises, l'inflation et le coût de la vie dans les régions frontalières de résidence et d'accueil tendent, après un bonus de courte durée, de résorber la différence.» (S. Kessler, in: [5.2].)

Les conséquences des mouvements pendulaires frontaliers sont surtout négatives pour les régions débitrices: les coûts sociaux des entreprises frontalières étrangères sont élevés, car elles fonctionnent souvent comme «atelier transitoire» (c'est-à-dire que les frontaliers immigrés de l'intérieur du pays s'engagent dans ces entreprises pour le temps minimal requis jusqu'à l'obtention du permis de frontalier; en outre, ces entreprises doivent payer des salaires plus élevés que les autres entreprises nationales du fait de la concurrence au-delà de la frontière); la région assiste à une surcharge du marché du logement et à une occupation «sauvage» du sol, etc.

«Les zones frontalières débitrices de main-d'œuvre se transforment en régions dortoirs d'autant plus uniformes que les réglementations du travail frontalier sont appliquées avec plus de rigueur. Il se développe cependant à côté du caractère spécifique de résidence un secteur de service abondamment alimenté du fait de l'élévation du niveau de vie des classes laborieuses par l'accroissement du pouvoir d'achat.» (S. Kessler, in: [5.2].)

Les conséquences sont plutôt positives pour les régions créditrices: pas d'incidence sur le marché du logement, pas d'autorisation d'établissement, intégration plus facile que pour les travailleurs étrangers, mesure conjoncturelle très souple, etc.

Si le mouvement migratoire frontalier sert de palliatif aux difficultés d'immigration, «... il faut (cependant) tenir compte des mutations profondes de la société durant ces vingt dernières années, et ne pas minimiser le rôle joué par l'élévation du niveau d'instruction des populations intéressées par le mouvement pendulaire. (...) Les études ponctuelles effectuées dans un coin ou dans l'autre, quoique toutes plus ou moins parfaites, permettent d'avancer que le mouvement migratoire frontalier a pour une large part dépassé le simple stade conjoncturel et prend de plus en plus un caractère structurel en relation étroite avec l'évolution technologique des économies créditrices. En première approche, on peut considérer que pour un complexe économique comme Bâle, l'accroissement du nombre de femmes frontalières, l'abaissement de l'âge moyen des effectifs et l'appréciation des postes de travail occupés dans le secondaire technique et dans le tertiaire font que le mouvement pendulaire est très différent de la migration permanente méridionale dans ses structures. Il est donc permis de deviner que le pôle d'attraction du travail frontalier est appelé à exercer sur son environnement territorial non seulement national mais étranger des effets fertilisants et stérilisants». (S. Kessler, in: [5.2].)

8.4 MOUVEMENTS PENDULAIRES DANS LES GRANDES AGGLOMÉRATIONS

8.4.1 Introduction

Ceux-ci apparaissent comme une conséquence directe du développement urbain. Cependant, alors qu'entre 1950 et 1960, ces mouvements étaient principalement dus à l'augmentation des postes de travail dans les centres des villes, depuis 1960 ils relèvent du marché du logement, le taux de création d'emplois étant en baisse par rapport à la moyenne suisse.

8.4.2 Dépeuplement des centres-villes et suburbanisation en Suisse

Entre 1960 et 1978, toutes les grandes villes suisses, Zurich, Bâle, Genève, Berne, Lausanne, Winterthour, Saint-Gall, Lucerne, Bienne, ont connu une diminution de la population sur leur territoire communal, et ceci au profit des ceintures de l'agglomération ou des communes proches des grandes agglomérations.

Entre 1960 et 1970, seules les communes de Zurich et Genève accusent une perte démographique, mais entre 1970 et 1978, c'est le cas de toutes les *communes* centrales des plus grandes agglomérations suisses.

Tandis que depuis 1970, les *agglomérations* de Zurich, Bâle et Berne décroissent, les agglomérations de Genève et Lausanne (et Lucerne) continuent à croître. Alors que durant la période précédente, entre 1960 et 1970, ces cinq agglomérations étaient encore en croissance.

Cette suburbanisation est avant tout liée à la spéculation sur les prix du terrain dans les centres-villes et à la spécialisation de l'utilisation du sol qui en découle : rénovation et reconversion des immeubles existants, ou démolition et reconstruction. (Durant la phase intermédiaire, les bâtiments ne sont plus entretenus : le prix du terrain augmente, les loyers baissent, les baux sont à court terme. Lorsque le bâtiment devient insalubre, il est alors reconverti en surface de services ou en logements luxueux.) Les logements — marché le moins rentable — sont expulsés des centres au profit des activités tertiaires.

La spécialisation de l'utilisation du sol entraîne avec elle une hiérarchisation des quartiers urbains et une ségrégation au niveau des groupes sociaux.

8.4.3 Habitants des centres et des zones suburbaines

Outre les anciens résidents des centres-villes, la population du centre est aujourd'hui essentiellement caractérisée par le flux d'immigration (étape des migrations interrégionales ou immigration étrangère) de groupes sociaux des classes inférieures, à bas revenus, ayant un statut de locataire ou de sous-locataire et occupant des petites surfaces de logement :

- ruraux récemment urbanisés ;
- jeunes entre 20 et 25 ans ;
- adultes au début de leur carrière professionnelle et familiale (étudiants, célibataires ou petits ménages) ;
- étrangers (surtout les annuels et saisonniers).

Les centres-villes attirent les migrants provisoires provenant de tous les types d'agglomérations, tandis que les zones suburbaines accueillent avant tout les migrants qui considèrent l'agglomération comme étape finale :

« Il semble qu'une partie non négligeable des habitants des types de résidence moins urbanisées utilise passagèrement la riche offre infrastructurelle des noyaux des agglomérations pour retourner ensuite dans de petites villes ou des régions rurales. Par contre, les habitants des ceintures des agglomérations semblent être plus sédentaires et moins prêts à émigrer dans des régions moins urbanisées. » (F. Haag et al. [3.31].)

Les migrations hors des centres sont effectuées avant tout par les groupes sociaux ayant accompli une ascension sociale : les ménages avec enfants, les individus entre 25 et 34 ans, de haut niveau d'éducation, de haut revenu.

W. Zingg [3.66] constate que si les migrations interrégionales *constituent en règle générale une réponse à une aspiration de changement de statut social dans le sens d'une mobilité ascendante,* ou du moins de maintien du statut social antérieur menacé, il n'en va pas de même pour l'exode urbain ou pour les courants migratoires à l'intérieur d'une même agglomération. Ici, *c'est la mobilité sociale réalisée qui est cause de migration.* La migration n'entraîne pas de changement de statut, mais une conversion des diverses dimensions à l'intérieur d'un même statut : par exemple conversion d'une fortune monétaire en propriété.

A cette phase du cycle de vie, lorsqu'un certain statut (familial et social) est réalisé, *les possibilités infrastructurelles du centre — déplacements aisés, bas loyers, activités culturelles, loisirs, achats — sont sacrifiées au profit d'une augmentation de la surface de logement, d'une meilleure qualité de la vie — calme, espaces verts, parking, etc.* (G. Iblher [6.2].)

Les données empiriques recueillies en Suisse confirment les analyses faites à l'étranger (W. Alonso [6.13], B. Duncan [1.36], J. F. Kain [5.148], E. J. Taaffe et al. [5.196] et bien d'autres) : le revenu familial augmente avec la distance au lieu de travail, et peut être considéré comme la variable socio-économique individuelle la plus explicative de la pendularité urbaine.

La dispersion de la population à la périphérie et la concentration des emplois au centre (dichotomie croissante entre lieu d'habitat et lieu de travail), ainsi que l'élévation du niveau moyen des revenus et l'augmentation de la motorisation, entraînent une très forte augmentation de la pendularité.

Si l'on considère les recensements fédéraux de 1950, 1960 et 1970, on observe également une constante augmentation des mouvements pendulaires dans les grandes agglomérations urbaines (tableau 12).

Tableau 12. — Evolution des mouvements pendulaires (en % de la population active)

	1950	*1970*
Zurich	13,5 %	38,5 %
Bâle	17,7 %	37,0 %
Genève	13,6 %	41,9 %
Berne	19,0 %	47,2 %
Lausanne	11,6 %	37 %

Sources: Recensement fédéral de la population 1950 et 1970, in : H. Leibundgut, P. Tami [5.41]

Il est intéressant de relever qu'en 1950, la pendularité urbaine se situe encore dans la moyenne suisse (16,9 %) et que Zurich, Genève et Lausanne se situent même au-dessous; en 1970, par contre, les flux pendulaires dans les grandes agglomérations sont nettement supérieurs à la moyenne suisse (30,1 %).

L'orientation des flux pendulaires durant les décennies écoulées était principalement « radiale », c'est-à-dire axée sur les centres des grandes villes. Aujourd'hui, il se dessine toutefois de nouveaux flux « tangents », dus à une certaine décentralisation du marché de l'emploi industriel et commercial (création de centres régionaux). C'est l'analyse qu'a pu faire par exemple P. Güller/SNZ AG [5.26] à Zurich.

Tableau 13. — Orientation des mouvements pendulaires

Autrefois	Aujourd'hui

Sur les cinq grandes villes suisses considérées (Zurich, Bâle, Genève, Berne, Lausanne), ce sont Genève et Lausanne qui manifestent la plus grande décentralisation. Toutefois, la réorientation de ces flux pendulaires est toute relative, car sa proportion par rapport à l'augmentation absolue du nombre de pendulaires aurait même tendance à baisser depuis 1960 en faveur du centre, si l'on compare les chiffres du tableau 14 (tirés de A. Rossi, P. Tami [8.19]).

Tableau 14. — Proportion des flux du centre vers la périphérie par rapport au chiffre total des flux pendulaires

	1960	*1970*
Zurich	17,8 %	15,7 %
Bâle	17,7 %	17,6 %
Genève	30,4 %	25,0 %
Berne	13,4 %	12,3 %
Lausanne	24,4 %	24,2 %

« Ces taux de variation des pendulaires arrivant dans le centre sont corrélés tant avec les taux d'augmentation de la population dans les couronnes urbaines qu'avec les taux d'augmentation de l'emploi dans les centres. Il est donc facile de tirer de l'existence de ces corrélations une conclusion sur l'évolution des mouvements pendulaires orientés vers le centre. Ceux-ci sont l'effet de l'augmentation de l'emploi dans le centre de l'agglomération urbaine et, plus spécialement, de la spécialisation du centre en termes d'emploi (tertiarisation). (...) La spécialisation des centres urbains n'a pas fait seulement augmenter les flux des personnes qui viennent y travailler, mais a eu une forte influence aussi sur les flux de pouvoir d'achat et de consommateurs vers le centre. Il s'en est ensuit une intensification des volumes de trafic entre centre et couronne de l'agglomération et une forte augmentation des émissions (bruit, pollution atmosphérique) dérivant du trafic routier.» (A. Rossi, P. Tami [8.19].)

Dans son analyse sur la région de Zurich, P. Güller [5.26] arrive à la même constatation: la volonté de créer des centres régionaux à la périphérie a bien engendré une augmentation de mouvements pendulaires inverses ou intersuburbains, mais dans une moindre mesure que l'augmentation des mouvements vers le centre. La presque totalité de ces centres régionaux perdent leur population active. La création de meilleures voies de communication vers ces communes a provoqué l'effet contraire. L'une des rares communes qui ait gagné en autonomie est celle qui possède d'assez mauvaises liaisons avec Zurich (Regensdorf)! Ces centres régionaux à la ceinture de l'agglomération sont devenus des *communes rotatives*: grâce à leur attractivité en termes de marché de l'emploi, elles ont gardé un taux de pendulaires immigrants élevé, mais leurs habitants émigrent encore davantage vers Zurich depuis 1950. Statistiquement parlant, leur bilan de pendularité est équilibrée, mais la rotation de population active est assez élevée.

Les modèles de convergence (domicile-travail) et de divergence (travail-domicile), analysés aux Etats-Unis, particulièrement par K. Liepmann [5.163], E. J. Taaffe [5.196] et A. J. Catanese [5.96] peuvent être cités en comparaison quant à l'évolution de l'orientation des modèles pendulaires dans les grandes agglomérations américaines. D'une part, ceux-ci dépendent de la structure de la région urbaine (centralisée ou décentralisée); ainsi à Philadelphie, la majorité des déplacements pendulaires sont orientés vers le centre, tandis qu'à Milwaukee, la majorité de ceux-ci sont intersuburbains. D'autre part, la pendularité du centre à la périphérie et surtout la pendularité intersuburbaine représentent les tendances principales d'évolution, ceci plutôt par la création de nouveaux emplois que par un redéploiement des activités.

8.4.4 Mouvements pendulaires intra-urbains

Ainsi que nous l'avons signalé plus avant, ces mouvements ne sont pas pris en considération par les statistiques officielles, puisque se situant sur un même territoire communal. Cependant, plusieurs villes de Suisse (tel que l'Office de statistiques de la Ville de Zurich) en ont entrepris l'étude. D'autre part, sur la base du recensement fédéral de 1970, il est possible d'en calculer les distances. Il est intéressant de relever que la distance parcourue par les pendulaires intra-urbains est souvent plus élevée que la moyenne suisse, elle est notamment fonction de la dimension de la ville et du moyen de transport (tableau 15).

Tableau 15. — Durée de déplacement des pendulaires internes (P. Güller |5.26|)

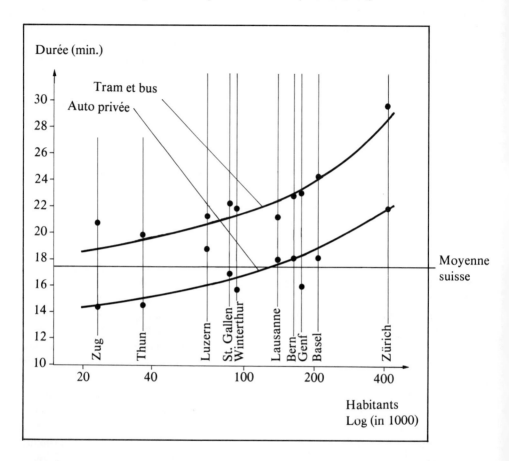

Ce sont surtout les femmes (emplois dans le tertiaire centralisé et utilisation des transports publics), les personnes âgées et les étrangers qui constituent les pendulaires intra-urbains dans toutes les grandes villes suisses.

8.5 IMPORTANCE ET CARACTÉRISTIQUES
DES FLUX PENDULAIRES EN SUISSE

En 1950, 116 communes suisses n'avaient pas d'émigrants pendulaires. En 1970, il n'en reste que 19.

Sur l'ensemble du territoire, l'intensité pendulaire a sans cesse augmenté depuis le premier recensement de 1910, mais surtout depuis trois décennies. En 1910, la Suisse comptait 9% de pendulaires sur l'ensemble de la population active, en 1930: 12%, en 1941: 13%, en 1950: 17%, en 1960: 23%, en 1970: 31%.

Tableau 16. — Population active et pendulaire depuis 1941 (H. Leibundgut, P. Tami [5.41])

Index (1941 = 100)

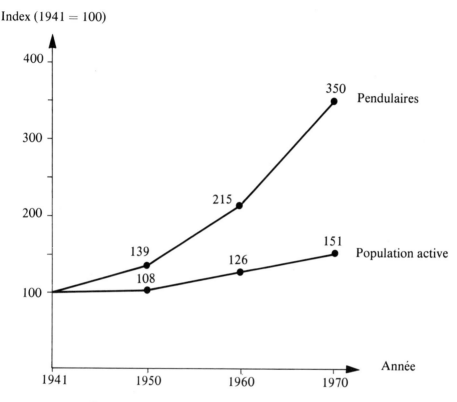

Une première analyse au niveau national a pu être effectuée sur la base du recensement fédéral de 1970.

Par rapport à d'autres pays européens, la dépense de temps des mouvements pendulaires en Suisse est minime: la *durée* moyenne d'un parcours est de *15,2 min*. La

Tableau 17. — Durée du parcours des pendulaires

env. 15 minutes	< 15 minutes	> 15 minutes
personnes actives	écoliers − 16 ans	étudiants + 16 ans
	professions indépendantes	employés inférieurs, ouvriers
agglomérations moyennes	petites agglomérations	grandes agglomérations

moyenne des *parcours* par jour est de *2,9*; cependant, plus de la moitié de tous les migrants effectue quatre fois le parcours par jour (tableau 17).

Plus de la moitié de tous les migrants pendulaires (58%) dépensent moins d'un quart d'heure pour se rendre au travail ou à l'école. Plus l'attractivité d'un centre est élevée, plus les distances pendulaires s'allongent (pour Zurich, le rayon s'étend jusqu'à 80 minutes).

La *distance* moyenne suisse des parcours est aussi relativement basse: *4,3 km*. Près de 60% de tous les migrants parcourent moins de 2 km. Les conditions les plus favorables existent dans les localités de taille moyenne.

En ce qui concerne le mode de transport, 44% des personnes actives et d'élèves ne se servent d'aucun mode de transport! Par ailleurs, comme on peut s'y attendre, l'automobile privée reste le moyen privilégié (36% de tous les modes de transport utilisés), cependant l'utilisation des transports publics prédomine dans les agglomérations de plus de 200 000 habitants.

La proportion des hommes qui utilisent l'automobile privée est trois fois plus élevée que celle des femmes.

Les prestations quotidiennes totales en trafic pendulaire sont de 46,5 mio pkm. (C. Baumgartner et al. [5.6]).

Enfin, on peut noter que les mouvements pendulaires constituent les 54% de tous les déplacements journaliers en semaine de la population. (Scope AG [5.63].)

De plus en plus, les flux partant des communes dépendantes (Eizugsgemeinden) se diversifient et se dirigent vers plusieurs centres régionaux à la fois. Cet enchevêtrement des ramifications est avant tout le fait du Plateau suisse dans l'axe Frauenfeld - Winterthour - Zurich - Aarau - Soleure - Bienne.

A l'aide des flux pendulaires a pu être établie une hiérarchie de l'attractivité des centres régionaux (et par là la division du territoire en régions de marché du travail (E. Werczberger [5.72], H. Leibundgut, P. Tami [5.41]). Cette hiérarchisation se caractérise par des relations en chaîne de flux pendulaires (tableau 18).

Tableau 18. — Exemple de hiérarchie de flux pendulaires

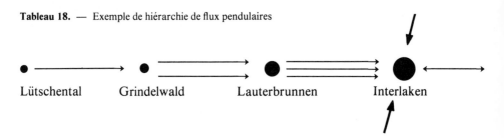

Lütschental   Grindelwald   Lauterbrunnen   Interlaken

8.6 CONSÉQUENCES DES MOUVEMENTS PENDULAIRES

Si les mouvements pendulaires sont l'une des conséquences de la décentralisation industrielle, de la croissance des agglomérations et de l'interdépendance ainsi créée avec les communes environnantes, ils participent également à la poursuite de la ségrégation fonctionnelle des espaces habités. On connaît aujourd'hui le problème des *communes-dortoirs* (appelées en allemand les « veuves vertes ») qui se vident le jour (ou inversement des communes de travail qui se vident le soir), avec leurs corrélats : baisse du coefficient d'indépendance des communes, perte d'autonomie politique, modification de la vocation économique, non-intégration des nouveaux habitants (participation politique et sociale), augmentation du prix du terrain agricole (et des produits), etc. A titre d'exemple, certaines communes à la périphérie de Zurich se vident aujourd'hui des $^4/_5$ de leurs habitants durant la journée de travail (P. Güller [5.26]).

Les mouvements pendulaires accentuent l'effet d'entraînement sur le dépeuplement des centres-villes, par l'augmentation du trafic automobile et les modifications infrastructurelles qu'il exige. C'est ainsi que l'on assiste à un processus circulaire : la valeur résidentielle baisse — la population émigre à la périphérie — la pendularité s'accentue — le trafic routier augmente — la valeur résidentielle baisse encore, etc.

Pour les budgets des communes centrales des agglomérations se pose le problème de la diminution des recettes fiscales (cf. Prognos AG [1.112]), ce qui donne lieu à des interpellations alarmistes de la part des pouvoirs politiques.

Mais les conséquences des mouvements pendulaires ne sont pas que négatives. Pour L. Hunter et G. Reid [1.73], le parcours quotidien jusqu'au lieu de travail offre une solution de rechange, moins onéreuse et plus facile, à la nécessité de changer de résidence pour prendre un autre emploi. La main-d'œuvre peut ainsi réagir avec plus de souplesse aux fluctuations du marché local de l'emploi : le coût d'un changement d'emploi sera en général moins élevé s'il sous-entend un changement de trajet et non de résidence. Pour A. Chatelain [5.100], dans les zones rurales, les pendulaires peuvent apporter à l'agriculture une participation non négligeable. La migration quotidienne ne conduit pas nécessairement à l'abandon de la terre, mais parfois à un lien plus marqué avec cette terre. Elle assure à la commune rurale des effectifs de population plus considérables et ses ressources économiques ont été accrues par les gains acquis grâce aux pendulaires.

Au niveau individuel, les mouvements pendulaires se traduisent par des coûts économiques (qui ne sont que rarement pris en charge par l'employeur) et par des coûts non économiques (santé, équilibre nerveux, solidarité, prolongement de la journée de travail, etc.).

On a pu estimer que dans les grandes métropoles, comme Londres ou New York, le temps passé dans le déplacement journalier au travail prolonge la durée de la journée de travail de 20 % environ (H. S. Lapin [5.159], p. 14).

Quelle est l'*attitude* du pendulaire face à sa situation ? L'analyse la plus courante veut que celui-ci ne soit pas insatisfait de sa situation et probablement plus disposé à investir du temps et de l'argent dans les déplacements (en rapport avec l'augmentation de son revenu), afin de pouvoir consommer plus d'espace (et d'espaces verts) (G. Iblher [6.2], F. Othenin-Girard [6.6]). D'autres enquêtes (G. L. Zander [6.12], M. Pittet [5.50] par contre, prouvent d'une part, qu'une grande partie des habitants de la périphérie auraient préféré rester en ville ou rapprocher leur domicile de leur lieu de travail, si les conditions en étaient données, d'autre part, qu'une majorité d'émigrants quotidiens était désireuse de trouver un poste de travail plus près de leur lieu de domicile jusqu'à consentir une éventuelle réduction de leur revenu.

Il faut introduire ici une analyse plus globale.

Les contradictions introduites dans les modes de vie des salariés par l'écart domicile-travail ne se posent pas de la même manière pour tous les groupes sociaux. L'une des situations est celle des groupes qui peuvent développer des stratégies par rapport au marché du travail et au marché du logement. Les stratégies professionnelles fondées sur le montant du salaire et le développement de la carrière sont surtout le fait des hommes, principalement des plus qualifiés. Ils se saisissent de la mobilité à des fins sociales qui leur sont propres : accès à la totalité du marché du travail offert par l'agglomération pour s'y placer le mieux possible, accès à la totalité de l'offre de logements. Les choix professionnel et résidentiel légitiment les difficultés du déplacement, et les moyens matériels et culturels pour y faire face sont importants. Il n'en va pas de même dans les groupes sociaux où l'écart domicile-travail n'est nullement calculé mais résulte strictement de contraintes sur les marchés du travail et du logement (travailleurs les moins qualifiés, les plus pauvres, les femmes). Dans cette situation, travailler près de chez soi, réduire l'écart géographique, sont les objectifs plus nettement mentionnés (A. Haumont [5.136]).

En 1952, J. D. Carroll [5.93] faisait l'hypothèse que les ménages tendaient à rapprocher le plus possible leur lieu de résidence de leur lieu de travail. Alors que les indications empiriques prouvaient que la distance entre domicile et lieu de travail augmentait continuellement, il attribua cela à l'irrationalité de l'utilisation du sol et aux moyens de transports inadéquats, plutôt qu'aux désirs des ménages. Son hypothèse de départ à été également infirmée par des recherches américaines ultérieures (telles que celle de A. J. Catanese [5.96] par exemple), qui relèvent que la plupart des ménages pendulaires (notamment ceux à haut niveau de revenus) habitent de plus en plus loin de leur lieu de travail et que, par conséquent, la distance ne semble pas être un facteur déterminant dans le choix d'un domicile.

8.7 PERSPECTIVES D'ÉVOLUTION DES MOUVEMENTS PENDULAIRES

8.7.1 Avenir des mouvements pendulaires

A court et moyen terme, on peut faire l'hypothèse que les mouvements pendulaires suivront la courbe de croissance qui les caractérise jusqu'ici. Les facteurs y concourant sont notamment l'urbanisation continue (et notamment la rurbanisation), la tertiairisation continue, l'élévation du niveau moyen des revenus, la motorisation accrue et le développement des moyens de transports publics et de l'infrastructure, la prolongation de la scolarisation (si l'on admet que le niveau d'instruction est un facteur de mobilité), le raccourcissement de la journée de travail, la recherche de l'espace vert, etc. Certains autres facteurs peuvent concourir à une mobilité décroissante : rénovation et réanimation des centres-villes, promotion de logements adéquats à l'intérieur de l'agglomération, augmentation du prix du pétrole (et son incidence sur la motorisation individuelle), la relative stabilisation du secteur primaire (bassin de pendulaires), etc.

Contrairement à d'autres pays européens, la Suisse n'a que peu de zones marginales (à plus de 30 minutes-isochrone d'une zone d'attraction). Les distances pendulaires y sont relativement courtes et ne nécessiteront plus de migrations définitives. A. Maillard [5.42] remarque qu'en Valais, la distance n'est actuellement plus un facteur déterminant du coefficient d'indépendance.

Pour Th. Regazzola et J.-P. Desgoutte [5.177], l'homme industriel est un migrant. « Si toute étude sur les transports urbains renvoie inévitablement « à la campagne », à l'exode rural, c'est que les usagers n'ont pas encore tracé une croix sur leur passé, c'est que le mouvement qui les a mis en marche n'est pas encore retombé ; la migration pendulaire quotidienne n'est (encore) que le devenir provisoire de la mobilité inquiète du citadin. »

8.7.2 Stabilisation des mouvements pendulaires

A plus long terme, une décentralisation du marché de l'emploi peut concourir à réhomogénéiser les pôles spatiaux de production et de consommation (si l'emploi reste constant ou diminue).

Attachés à l'observation des flux migratoires en région parisienne, Th. Regazzola et J.-P. Desgoutte [5.177] tentent de savoir si cette migration peut être considérée comme une forme stable d'organisation sociale (institutionnalisation du mouvement) ou si, malgré sa stabilité apparente, elle n'est que l'expression transitoire d'un déséquilibre général, d'une restructuration inachevée du territoire.

« La clôture du moment « industriel », telle que nous en pressentons les symptômes, consisterait en une reconstitution de l'homogénéité du territoire et une démobilisation consécutive ou simultanée du « migrant industriel. » (...) Il est devenu possible au mode de vie urbain de se reproduire et de diffuser à partir des segments locaux du réseau urbain, sans faire recours de manière impérative au « stage urbain » centralisé auquel la plus grande partie de la population française a été soumise pendant un siècle. (...) Il apparaît ainsi que la dialectique ville/campagne est close. Nous sommes actuellement témoins de la mise en place d'un « réseau urbain » dont la campagne ne serait que la « région agricole ».

Pour l'instant, P. Güller [5.26] pour Zurich, P. Dufner [5.16] pour Bâle et d'autres auteurs avec eux, nous rappellent que la décentralisation effective du marché de l'emploi dans certaines régions n'a en rien diminué les mouvements pendulaires, au contraire (cf. chapitre 8.4.2). *Il semble que la mobilité, une fois acquise, fasse partie intégrante d'un mode de vie* (et de l'élévation du niveau de vie).

8.7.3 Rapport entre les mouvements pendulaires et les autres types de mobilité spatiale

A la question de savoir si les mouvements pendulaires ne constituent qu'une des phases (initiale ou finale) de la migration, il est difficile de répondre. Il n'y a qu'un groupe social, les jeunes pendulaires en formation, pour lequel on peut admettre qu'il présente une propension à la migration définitive après leur formation.

On peut penser que les personnes qui exercent une activité hors de leur lieu de domicile éprouvent, au bout d'un certain temps, quelque lassitude dans l'accomplissement de ces trajets journaliers et, disposant d'une situation qu'elles considèrent comme stable, décident d'élire domicile dans la localité où elles travaillent. Cependant, plusieurs recherches mettent en évidence la situation relativement stable dans laquelle s'installent bon nombre de pendulaires (au vu notamment du contingent d'adultes plus âgés et mariés, et de la longue période de pendularité). En outre, il existe beaucoup d'attaches très solides chez les pendulaires, et ces entraves à la migration se renforcent progressivement (écologie, logement, etc.). Dans une très forte proportion, ils ne peuvent pas être des émigrants définitifs en puissance (E. Landolt [5.39], M. Pittet [5.50]). E. Buff, in: [4.18] remarque également que les femmes qui ont déjà travaillé en navette ne sont néanmoins pas plus disposées à émigrer que d'autres femmes qui n'ont jamais quitté leur lieu de naissance.

En ce qui concerne les mouvements pendulaires urbains, on a tendance à les considérer comme l'étape finale des migrations interrégionales. Cependant, on ne peut plus parler aujourd'hui de mouvements migratoires en chaîne de manière linéaire; ce serait sous-estimer l'importance croissante des centres moyens, les effets de la récession économique et les migrations de retraite (migrations de retour).

Dans leur recherche en Allemagne fédérale, R. Wieting et J. Hübschle [1.145] ont tenté d'établir une corrélation entre comportement pendulaire et propension à la migration. Il en appert que les pendulaires ont plus souvent que les non-pendulaires songé ou décidé de quitter leur lieu de domicile. Cela n'est toutefois pas en rapport avec la longueur du trajet effectué; bien au contraire, ce sont les pendulaires qui n'ont jamais songé à quitter leur lieu de domicile qui considèrent leur trajet au travail comme trop long. Cette corrélation est donc imputable à d'autres facteurs, tels que la connaissance d'espaces alternatifs, etc.

Peut-être s'agit-il aussi d'un faux problème. Les mouvements pendulaires ne constitueraient-ils pas une forme de mobilité spatiale en soi, une forme de migration de la société actuelle, et dont la migration définitive ne serait que le pis-aller?

Comme nous l'avons esquissé en guise de conclusion de la première partie de ce rapport, la compréhension des mouvements pendulaires passe par la prise en compte d'un système de la mobilité spatiale pris dans sa globalité.

CHAPITRE 9

MOBILITÉ RÉSIDENTIELLE

9.1 DÉFINITIONS

D'aucuns intitulent la *mobilité résidentielle* d'intra-urbaine, ou d'intra-régionale. A notre avis, ces termes sont insuffisants car ils s'appliquent aussi aux mouvements pendulaires.

Pour d'autres, la mobilité résidentielle ne mérite pas d'être distinguée puisque toutes migrations (internationales et interrégionales) entraînent un changement de résidence, partant, toutes migrations sont résidentielles. D'ailleurs Stouffer n'a-t-il pas inauguré ses recherches sur la mobilité résidentielle? N'ont-elles pas par la suite été appliquées à de multiples autres types de mobilité spatiale? Partant, pourquoi les différencier?

A nos yeux, la mobilité résidentielle est spécifique, sans pour autant nier qu'elle s'articule à d'autres types de mobilité spatiale. Elle est, certes, intra-urbaine ou intra-régionale comme les mouvements pendulaires, mais elle s'en distingue par le fait qu'il n'y a pas de retour au point de départ. Elle est différente des migrations internationales et interrégionales qui, certes elles aussi, comportent un changement de logement, mais ce n'est pas là leur caractéristique première. En effet, nous avons pu le constater à plus d'une reprise, les déterminants et motivations de ces mobilités spatiales ne sont pas liés principalement à la recherche d'un logement.

Par conséquent, à la suite de P. Rossi [1.119], E. W. Morris et M. Winter [6.46], *nous définissons la mobilité résidentielle comme étant un mouvement intra-régional* (urbain ou rural) *par lequel un acteur* (individu ou groupe) *change durablement de logement* en raison de facteurs professionnels, sociaux, familiaux, etc. *C'est une forme d'adaptation du logement au mode de vie de l'acteur.*

A partir de cette définition, il importe de faire trois remarques. Premièrement et contrairement aux autres chapitres de cette deuxième partie, nous ne consacrerons pas un paragraphe spécifique à la Suisse. La raison en est simple: les études menées dans ce pays sur la mobilité résidentielle sont très peu nombreuses. Nous les intégrerons donc à l'ensemble des travaux que nous présentons sur ce thème. Deuxièmement, la mobilité résidentielle n'est pas un phénomène résiduel. Nous donnerons deux chiffres seulement pour illustrer cette affirmation. Depuis plusieurs années, des évaluations démontrent que près de 20% des habitants des Etats-Unis changent annuellement de logement; en Grande-Bretagne, le chiffre est de 10%. Cela ne signifie pourtant pas qu'en 5 ans aux Etats-Unis, et qu'en 10 ans au Royaume-Uni, tous les habitants changent une fois de logement. Que ce soit pour les migrations interrégionales, internationales ou pour la mobilité résidentielle, l'aptitude à la mobilité spatiale d'une population est fort différente, en d'autres termes le degré de «mobilisation» d'une population est variable, nous l'avons déjà constaté à plus d'une reprise. Troisièmement, la totalité des études que nous avons consultées analysent la mobilité résidentielle exclusivement en milieu urbain. A tel point qu'il serait possible d'en conclure qu'il s'agit d'un phénomène typiquement urbain. Ce serait proprement erroné: il y a évidemment aussi une mobilité résidentielle dans les régions rurales ou semi-urbaines, mais sûrement en moindre mesure que dans les régions urbaines. Que la mobilité résidentielle ait été étudiée quasi exclusivement dans les régions urbaines se comprend aisément: la rapide croissance économique et démographique des villes, puis des régions urbaines, depuis plus d'un siècle, a entraîné une constante réorganisation de l'espace (spécialisation fonctionnelle du sol, ségrégation, suburbanisation, etc.). Ce réaménagement spatial du phénomène urbain explique en partie la forte mobilité résidentielle qui s'y développe.

Tableau 19. — Causes de la mobilité résidentielle dont les hypothèses sont confirmées par les travaux de recherche

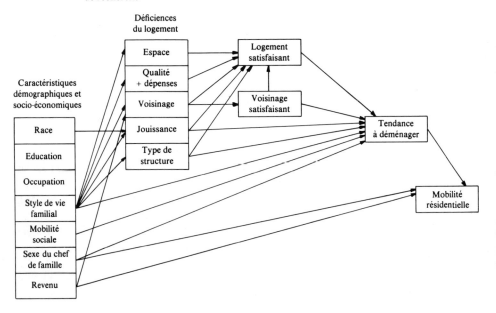

9.2 PROBLÉMATIQUES DE LA MOBILITÉ RÉSIDENTIELLE

La mobilité résidentielle a été étudiée à peu près selon toutes les problématiques que nous avons évoquées dans les chapitres 2 et 3. Nous n'y reviendrons donc pas systématiquement, nous ne relèverons que les aspects les plus spécifiques de ce type de mobilité spatiale.

9.2.1 Déterminants de la mobilité résidentielle

C'est certainement la problématique la plus fréquemment utilisée. Elle prend en compte le plus souvent le ménage mobile, individuel ou familial, et tente d'expliquer sa mobilité par un ensemble de variables plus ou moins grand et complexe. L'essai de synthèse que proposent E. W. Morris et M. Winter [6.46] est intéressant (tableau 19); il est construit en fonction d'un nombre considérable de travaux empiriques.

Il s'agit d'un modèle causal (qui à notre connaissance reste encore à vérifier dans sa totalité) qui articule cinq types de variables; il reste donc théorique, mais il présente un haut niveau de vraisemblance.

Ces variables sont:

- les caractéristiques sociales et démographiques du ménage: statut social, revenu, âge, niveau d'instruction, type de famille, etc.;

- les déficiences du logement actuel quant à sa surface, sa qualité, sa structure, son voisinage et cela par rapport aux besoins du ménage;

- la satisfaction ou insatisfaction que procurent le logement et son voisinage;

- la propension à la mobilité résidentielle;

- la mobilité résidentielle elle-même, qui est expliquée par les variables précédentes.

En termes plus simples, ce modèle postule que la mobilité résidentielle est liée à l'évolution du ménage sur au moins trois dimensions: le statut social, le cycle de vie, le niveau socio-culturel. Ces changements entraînent par rapport au logement des besoins nouveaux qui impliquent une propension à la mobilité. Cette dernière pourra évidemment se réaliser ou non. L'intérêt de ce modèle réside dans le fait du nombre important de variables qu'il intègre. Pourtant, il a ses limites; nous en relevons deux: les déterminants de la mobilité résidentielle ne sont considérés que par rapport au ménage (mis à part celles concernant le voisinage); en outre, la mobilité résidentielle n'est pas considérée dans ses conséquences. Ce sont ces limites que corrige le modèle systémique de B. T. Robson [6.50] que nous reproduisons également (tableau 20).

Tableau 20. — Mobilité individuelle des ménages et écologie collective des villes : la structure du marché britannique du logement

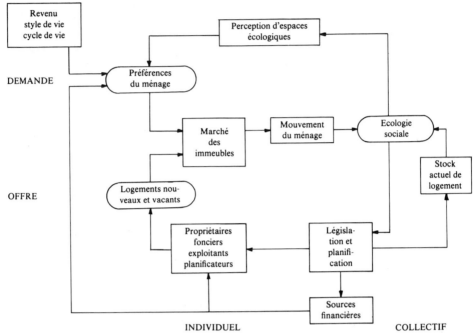

Cette deuxième approche montre mieux la complexité du phénomène de la mobilité résidentielle (nous pourrions dire de toutes mobilités). En effet, Robson combine dans son modèle des variables économiques, politiques, juridiques, sociologiques, psychologiques, aussi bien dans une perspective macro-sociale que psycho-sociologique. *Il souligne que les acteurs individuels et familiaux agissent dans un système de contraintes collectives et qu'ils sont donc limités dans leurs projets de mobilité. Pourtant, ce faisant, ils contribuent à transformer ces contraintes. Bref, le ménage individuel ou familial mobile n'est ni sujet, ni agent, mais acteur. Il agit dans un système de contraintes, qu'il transforme — certes à sa mesure — par sa mobilité résidentielle.*

9.2.2 Décision de changer de résidence

Nous avons vu à plus d'une reprise dans ce rapport que l'analyse du processus de décision qui mène la mobilité était une approche heuristique. Dans le paragraphe 2.3.3, nous avons reproduit le modèle de L. A. Brown et E. Moore [1.20], dont l'objectif est de rendre compte des processus de décision relatifs à la mobilité résidentielle (tableau 3). Commentons-le brièvement ici.

Ce modèle a l'avantage de tenir compte des forces internes et externes qui conditionnent la mobilité résidentielle des ménages. Il intègre donc les deux modèles présentés ci-dessus, sans évidemment les expliciter dans leur totalité. L'idée est que ces forces agissent sur le ménage ; elles provoquent une tension dont l'intensité est variable et qui, à plus ou moins long terme, aboutit à la décision de déménager. Le ménage va alors élaborer des aspirations quant à sa nouvelle résidence, et chercher un logement correspondant. Si cette recherche est couronnée de succès, le ménage déménagera.

Les modalités de la recherche d'un nouveau logement ont fait l'objet de travaux très précis sur le nombre de logements examinés par un ménage avant de prendre la décision de déménager, sur les sources d'information (mass media, parents, amis, agences spécialisées, etc.) utilisées par le ménage. D'autres travaux démontrent que la recherche d'un appartement dépend de la carte mentale que le chef de ménage a de sa ville. Cette carte peut être plus ou moins partielle et déformée en fonction des pratiques urbaines de l'acteur. Par exemple, certains acteurs ne connaissent que les environs immédiats de leur quartier, ils ne chercheront un nouvel appartement que dans ces espaces.

Nous n'allons pas rapporter plus longuement ces travaux qui nous éloigneraient de la mobilité résidentielle elle-même et qui d'ailleurs sont profondément marqués par des situations américaines ou britanniques qui ne sont applicables en Suisse qu'avec précaution.

Relevons un dernier point: le rôle de l'accessibilité du lieu de travail et des équipements commerciaux, sociaux, scolaires, culturels, etc. De manière générale, les recherches menées font apparaître une tendance relativement étonnante: *la mobilité résidentielle n'améliore pas l'accessibilité au lieu de travail et aux autres équipements. Bref, dans le choix du logement, le fait de devoir assumer un mouvement pendulaire, ne joue donc pas un rôle déterminant.*

9.2.3 Enchaînement des mobilités résidentielles

Lorsqu'un ménage (individuel ou familial) déménage, il libère un logement, et de ce fait, il suscite un déménagement d'un autre ménage. Se développe ainsi une chaîne de déménagements/emménagements, qui sera plus ou moins longue, selon le type de logements et de ménages pris en considération. B. T. Robson a construit un schéma (tableau 21) qui montre que l'enclenchement d'une telle chaîne dépend de facteurs comme notamment la création d'un nouveau logement, la disparition d'un ménage (par décès, émigration, etc.). Inversement, la chaîne sera interrompue par la destruction d'un logement ou par l'apparition sur le marché du logement d'un nouveau ménage (par mariage ou divorce, ou par immigration) qui ne libère pas un logement. Quelle est la longueur de ces chaînes de déménagements/emménagements? Est-ce que ces chaînes ont une logique sociale et démographique? Les réponses à ces questions sont complexes et dépendent des contextes nationaux et locaux: il est difficile de leur donner des réponses générales. Les travaux de J. B. Lansing et al. [6.38] aux Etats-Unis, particulièrement systématiques, permettent de donner quelques illustrations. Ainsi, la longueur moyenne d'une chaîne de déménagements/emménagements est de 3,5 pour les nouvelles constructions du secteur privé. Celles réalisées par le secteur public en faveur des couches sociales défavorisées et des personnes âgées, ont un effet multiplicateur bien moindre. Les travaux menés en Grande-Bretagne vont dans le même sens, en dépit de quelques exceptions.

Tableau 21. — Chaîne du logement : son origine et sa fin (d'après J. B. Lansing et al. [6.38])

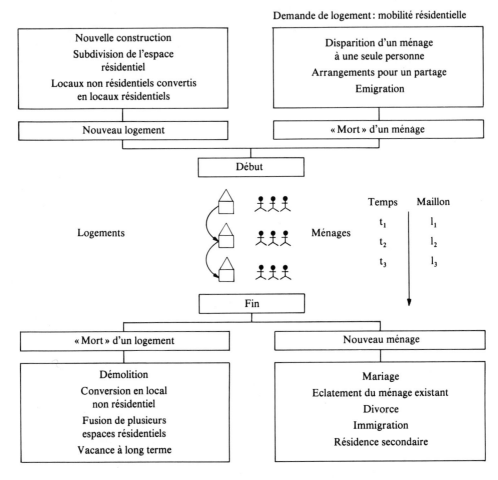

Les déménagements/emménagements ne sont pas dus au hasard. Les recherches montrent que ces chaînes sont régies par des logiques sociales. Relevons-en deux :

- dans la plupart des travaux, il apparaît qu'à travers ces successions de déménagements/emménagements, le ménage progresse socialement, mais le logement, lui, se dégrade. De plus, Lansing montre que ceux qui quittent un logement ont un statut socio-économique plus élevé que ceux qui y entrent : finalement dans une majorité de cas, la mobilité résidentielle implique une amélioration (en espace, densité, etc.) du logement ;
- les ménages qui emménagent sont plus « jeunes » sur l'échelle « cycle de vie » que ceux qui déménagent.

Il est évident qu'à ces deux tendances il y a de nombreuses exceptions qui, pourtant, n'infirment pas la règle que la mobilité résidentielle obéit à des logiques sociales.

9.2.4 Conséquences de la mobilité résidentielle

Nous en relevons deux. La première conséquence ne peut pas être isolée des autres mobilités spatiales (interrégionales, internationales, pendulaires de toute sorte): *elle contribue à donner aux individus des sociétés contemporaines une mentalité et des comportements de voyageur, c'est-à-dire des acteurs mal intégrés, peu participatifs à toutes les institutions, repliés sur eux-mêmes*, etc. Les recherches sur la mobilité résidentielle montrent bien en outre que ces conséquences ne concernent pas seulement les ménages mobiles, mais aussi ceux qui sont stables. *En effet, dans les zones où la mobilité résidentielle est élevée, les ménages stables se trouvent dans l'impossibilité d'aménager des structures communautaires. Ils sont donc contraints eux aussi d'adopter des pratiques et une mentalité de voyageur.*

La deuxième conséquence est d'ordre macro-social. La mobilité résidentielle est un des processus par lesquels l'espace d'une région (peu importe qu'elle soit urbaine ou rurale) se différencie socialement, démographiquement et ethniquement. *En d'autres termes, dans les sociétés contemporaines, la mobilité résidentielle est un processus qui mène à la ségrégation.* Depuis longtemps, l'Ecole de Chicago (Park, Burgess et McKensie [1.107]) a montré qu'un espace urbain donné, par la mobilité résidentielle, changeait de contenu socio-économique et socio-culturel. Ce changement se fait en quatre phases qui sont:

« ● L'invasion (c'est, en quelque sorte, la brèche par où s'introduisent, même en nombre très limité, les nouveaux arrivants);
» ● la réaction (la résistance de la population précédente à la pénétration);
» ● l'affluence (influx) en masse des nouveaux arrivants, accompagnée du départ des anciens résidents;
» ● l'apogée (climat) de la vague d'immigration, et la constitution, dans la zone donnée, d'un nouvel équilibre. » (R. Duchac [1.35] p. 117.)

Chapitre 10

MOBILITÉ DE LOISIR

10.1 DÉFINITION ET GÉNÉRALITÉS

Nous distinguons trois catégories temporelles de loisirs : le loisir de fin de journée, le loisir de fin de semaine, le loisir du congé annuel ou de plusieurs congés annuels. J. Dumazedier ajoute le loisir de la retraite. Or, ces catégories temporelles contiennent également une logique spatiale, comme le montre le schéma du tableau 22.

Tableau 22. — Cycles du temps libre et déplacement spatial (M. Bassand et al. [7.9])

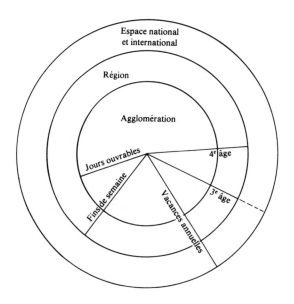

M. Bassand et C. Lalive d'Epinay [7.9] ont également établi un tableau des types d'activités dominants pour chaque dimension spatio-temporelle (tableau 23).

Tableau 23. — Typologie spatio-temporelle des loisirs

Temps \ Espace	Domestique	Voisin, proche	Peu éloigné	Eloigné, étranger
Quotidien	Domestique social-fam.			
Hebdomadaire, plurihebdo.	Domestique social	Social sportif	Social sportif	Social plein air
Mensuel plurimensuel	Social	Social sportif culturel passif	Social sportif culturel passif	Social plein air
Annuel	Social	Social culturel passif		Plein air culturel consommateur

▨ Domestique   ▨ Sportif   ▨ Plein air   ⊞ Culturel passif

La mobilité de loisir des *jours ouvrables* n'a que rarement fait l'objet d'études spécifiques. Cela est principalement dû à trois facteurs :

- En général, le rythme de la journée de travail est tel qu'il limite la pratique quotidienne des loisirs exigeant un déplacement (rappelons que selon l'enquête internationale des budgets-temps réalisée en 1968 — B. Weiner [7.249] — le temps libre moyen du lundi au vendredi pour les pays industrialisés était de 3,6 heures pour les hommes actifs, de 2,9 heures pour les femmes ayant une profession, de 4,8 heures pour les ménagères).
- La pratique des loisirs des jours ouvrables est en général circonscrite dans l'espace domestique ou dans un rayon de 20 km. environ (agglomération).
- La mobilité de loisir est ou bien saisie de manière incidente dans l'approche sociologique globale des loisirs de l'homme industrialisé, et donc peu par sa dimension spatiale, ou bien inclue dans les études sur le tourisme qui, elles, se basent sur un changement temporaire du lieu de domicile.

Quant à la mobilité de loisir durant les *jours de congé* (fins de semaine et vacances), elle peut être aujourd'hui incluse dans la définition du *tourisme*. A la suite de la définition donnée par l'Association internationale des experts scientifiques du tourisme (AIEST), C. Kaspar [7.5] propose un élargissement de la notion de tourisme: *« Le tourisme est l'ensemble des rapports et des phénomènes résultant du voyage et du séjour de personnes pour lequel le lieu de séjour n'est ni résidence principale et durable, ni lieu de travail usuel. »*

La notion de tourisme comprend aujourd'hui aussi bien les excursions de fin de semaine, que le tourisme de congrès, d'études, etc. Selon que le déplacement sera de 2 heures à 48 heures ou d'au moins 4 jours, on parlera de mobilité de loisirs de fin de semaine ou de voyages de vacances. On peut constater un hiatus dans les définitions utilisées dans les études suisses sur la mobilité des loisirs qui ne semblent pas tenir compte de la période intermédiaire des week-ends prolongés, même si ceux-ci sont le fait d'une minorité. L'INSEE, quant à lui, définit la mobilité de week-end par une durée comprise entre 24 heures et 4 jours.

Si l'on peut mettre en évidence la littérature relativement peu abondante sur les déplacements de week-end, en revanche, celle sur le tourisme de vacances est gigantesque. Elle a d'abord été le fait des économistes, orientés sur les effets du tourisme au niveau macro-économique: structures des dépenses des touristes, productivité fiscale du tourisme, effets d'emplois, distribution des revenus, balance des paiements, aide au développement, limites de charge par les communes et les régions, etc.; ou au niveau micro-économique: entreprises touristiques, mesure des flux touristiques, élasticité des prix, consommation, marketing, prestations de service, moyens de transports, etc.

« Si nous choisissons comme date de départ de l'évolution de la recherche touristique le lendemain de la Deuxième Guerre mondiale, nous constatons une prédominance de l'étude économique du fait touristique. Comme le démontrent les rapports touchant aux implications géographiques, sociales ou sociologiques de la recherche touristique, la science économique marque aujourd'hui encore la recherche des géographes et des sociologues intéressés au tourisme. » (C. Kaspar, 1975, in: [7.5].)

Dans le système de mobilité spatiale des facteurs de production que nous avons déjà brièvement analysés au sujet des migrations de travail, la mobilité de loisir présente un aspect particulier. Ici, les matières premières sont des biens naturels et culturels qui restent immobiles dans l'espace. «La justification «fondamentale» de l'implantation d'une industrie touristique se trouve dans l'introduction des biens naturels et culturels d'une nation dans le circuit économique national. La demande des touristes provoque, en effet, une « plus-value » qui permet l'exploitation économique de ces biens, qui autrement ne seraient absolument pas utilisés (climat, eau, soleil, désert, plage, musée, coutumes, etc.). La consommation touristique détermine une forme d'activité économique particulière, dans la mesure où c'est le consommateur qui se rend sur le lieu de production », à la source des matières premières. (A. Sessa [7.231].)

L'approche plus tardive du phénomène spatial que constituent les déplacements des acteurs sociaux eux-mêmes est le fait des géographes et des sociologues, dans une moindre mesure des psychologues. En 1975, l'AIEST consacrait son congrès au bilan des derniers 25 ans de la recherche touristique. Les excellents articles de synthèse contenus dans les actes du congrès nous incitent à en reproduire quelques passages:

« ● Les perturbations apportées par l'irruption du tourisme dans toutes les catégories d'espaces devaient nécessairement attirer l'attention des pouvoirs
publics au moment où se généralisaient les préoccupations de planification
économique et d'aménagement du territoire. (...) Mais les géographes,
contrairement aux économistes et aux sociologues, étaient peu sollicités, dans
un premier temps, pour ces recherches, dont la finalité essentielle était la prévision de rentabilité, et qui prenaient rarement en compte, dans une approche
globalisée les hommes, l'espace et le temps. (...) Ces débuts difficiles n'ont
pourtant pas empêché la géographie du tourisme de progresser. (...) Le passage de l'analyse statique des régions d'accueil des touristes à l'analyse dynamique des mouvements de plaisance est très significatif de l'évolution de la
recherche en géographie du tourisme dans les années 1960-1965. Dès 1957,
en Italie, le tourisme est considéré comme « un fait de la géographie de la circulation plus encore que de géographie économique : mouvements des hommes, des biens et des capitaux qui s'organisent autour des centres touristiques ». (...) En France, les mouvements touristiques ont d'abord été étudiés
dans le cadre de la géographie des transports. Avec la thèse de Françoise
Cribier [7.146] sur *La grande migration d'été des citadins en France*, l'étude
des mouvements touristiques prend une dimension et une signification nouvelles. C'est le touriste en mouvement qu'on essaie de saisir, non plus au
terme de son déplacement, mais à l'origine, au lieu de départ, de la mise en
route. Et ce mouvement est localisé dans l'espace à partir d'échantillons
d'agglomérations, représentatifs de quatre niveaux de villes françaises. Ainsi,
l'attention est-elle attirée sur les comportements spatiaux des touristes, notion
capitale pour les géographes, car c'est à l'origine que sont déterminées les
caractéristiques du mouvement.

» ● Les progrès de la réflexion théorique se sont développés, depuis deux décennies, dans de nombreuses directions. L'une des plus fécondes est peut-être
celle qui a cherché à introduire les concepts de la *théorie générale des systèmes*, d'abord en géographie physique, puis en géographie humaine.
» La notion de champ est particulièrement féconde. On peut retrouver dans
l'espace touristique toutes les formes de champ observées dans les espaces
polarisés : très rares champs circulaires, champs tronqués (effets de frontière
ou de concurrence), champs distordus (effets de répulsion et surtout d'attraction par des facteurs tels que le soleil, l'eau, etc.), champs fragmentés (avant-
postes du tourisme international). L'étude des champs a un intérêt pratique
évident. Elle est liée à l'étude des comportements et révèle l'importance des
chaînes d'information et des faits d'imitation. Elle est à la base de la plupart
des modèles prévisionnels.

» ● L. J. Crampon [7.145], a repris *les modèles gravitationnels* appliqués à l'étude des mouvements des réseaux urbains pour les adapter à la géographie du
tourisme. Il a pu ainsi calculer un indice de propension au voyage des populations des différents Etats des Etats-Unis et un indice d'attraction pour les
différents parcs nationaux.

» H. Todt [7.238] a utilisé un modèle exprimant la distance par les deux variables coût et fatigue et introduisant un coefficient d'attirance des régions réceptives obtenu par l'analyse factorielle, et un coefficient d'intervention des régions concurrentes (« opportunités alternatives »).

» Les recherches les plus fructueuses semblent être à ce jour celles qu'anime le géographe canadien R. Wolfe [7.251]. Il reprend le *modèle gravitationnel*, mais en introduisant une variable relative à la capacité d'hébergement de la région d'accueil : propriétaires de résidences secondaires, campeurs, clients de l'hôtellerie et para-hôtellerie commerciale. Les études de comportement ont révélé un autre aspect de la recherche touristique : c'est le rôle de l'*image* que se font les touristes des régions qu'ils vont voir ou même qu'ils ont vues.

» ● Les études *monographiques* sont de loin les plus nombreuses. Le tourisme est devenu le thème central de nombreuses études régionales dans le cadre soit de la recherche fondamentale soit des études d'aménagement. Elles fournissent une masse considérable d'observations concrètes. Dans l'*espace rural*, le tourisme est plus difficile à analyser. Il a tout d'abord été étudié comme un des aspects — souvent perturbateurs — de la vie rurale.

» ● L'étude des *comportements spatiaux* des touristes a moins progressé en Europe qu'aux Etats-Unis et au Canada. Les sociologues, après s'être intéressés au problème dans les années 1960, n'ont pas donné à ces recherches les prolongements qu'on espérait. Les seules études de comportement sont finalement celles qui sont réalisées au niveau national sur les vacances. Des sondages d'opinion et des études de marché sont faits assez régulièrement en France par l'INSEE et l'IFOP, en Italie par l'ISTAT, en République Fédérale Allemande par la DIVO, en Suisse depuis peu par l'Institut du tourisme de l'Université de Saint-Gall.

» ● Les autres composantes spatiales du tourisme affectent les aires d'émission et les régions traversées par les migrations de plaisance. Mais les progrès décisifs de l'analyse sont venus de l'application à l'ensemble des phénomènes liés au tourisme, de la *théorie générale des systèmes*. Il est alors apparu qu'on avait donné à l'étude des équipements d'accueil des touristes une bien trop grande importance et que les espaces à privilégier dans l'analyse devraient plutôt être les régions d'émission, puisque là se concentrent les apports d'énergie qui impulsent le mouvement, là agissent les forces déterminantes qui règlent le fonctionnement du système : besoin de loisirs, comportement et décision de la population, stratégie des entreprises d'organisation des voyages et des transports, décisions des pouvoirs politiques et administratifs ; ce sont les caractéristiques démographiques, socio-économiques, culturelles, politiques... des populations des régions d'émission qui déterminent le volume des flux de plaisance, leur distribution dans les réseaux dirigés vers les régions d'accueil. » (Y. Barbaza, in : [7.5].)

10.2 CAUSES

Si, dans leur grande tendance, les migrations de travail apparaissent comme des migrations sud-nord, les mobilités de loisir sont des migrations nord-sud. Elles constituent une forme de migration de retour temporaire, dérivées directement de l'industrialisation et de l'urbanisation. C'est ainsi qu'on peut également appliquer à ce type de mobilité la notion de « Verdrängungswanderung ».

« Les valeurs sociologiques de synthèse qui ont caractérisé l'irruption du phénomène de la mobilité des loisirs comme nécessité première de la société industrielle, peuvent être trouvées dans l'analyse de la transformation du cadre de vie de l'homme industrialisé. Cette transformation du cadre de vie est due principalement à deux facteurs: l'augmentation du loisir par rapport au travail (réduction de l'horaire de travail en semaine, introduction de la semaine de 5 jours, législation sur les congés payés), et la diminution de l'espace à disposition. Le premier rapport antinomique est celui relatif à la « fracture » entre le temps de travail et le temps de vie, le second est celui relatif à l'industrialisation et à l'urbanisation excessives, qui sont la cause du désir d'évasion de l'agglomération urbaine, désir de retourner à la nature. » (A. Sessa, in: [7.5].)

C'est que le loisir mobile, et surtout celui de longue durée, représente l'antithèse « fondamentale » de la routine quotidienne. Il est amené à rompre le rythme quotidien lié non seulement au travail, mais aussi à la vie de tous les jours, laps de temps consacrés à la consommation habituelle des loisirs inclus.

Toutes les recherches, aussi bien étrangères que suisses, sont unanimes: *plus une population est urbanisée, plus la pratique des loisirs implique un déplacement hors du domicile et loin de celui-ci* (et plus le statut socio-professionnel sera élevé, davantage sera grande la probabilité que ces tendances se réalisent). *Les variables les plus importantes dans le comportement de déplacement pour les loisirs sont la dimension de l'agglomération d'origine, le type d'habitat (collectif ou individuel), la catégorie socio-professionnelle, le revenu.*

L'habitat détermine dans une large mesure le pouvoir récréatif du quotidien, puisque trois quarts environ du temps de loisir se passent chez soi, en famille, chez des parents ou chez des connaissances. Lorsque ce cadre familier n'a pas les qualités récréatives nécessaires, il en résulte souvent une mobilité pour la mobilité, la « fuite » pour se mettre au vert, des déplacements exagérément longs par rapport au temps passé à destination. (CGST [7.26].)

Ainsi, pour tous les types d'agglomération, les habitants de blocs locatifs partent plus en week-end et en vacances que les habitants de maisons familiales (M. Boyer [7.128], CGST [7.26], etc.). En 1970, en France, 77% des habitants de l'agglomération de Paris sont partis en vacances, 50 à 55% des habitants des villes moyennes, 17% des habitants des communes rurales (M. Boyer [7.128]). A la même période, en Suisse, l'intensité de départs en vacances était de 78% pour les communes de plus de 100000 habitants, de 33% pour celles de moins de 2000 habitants. (Cette intensité, pour les années suivantes, se distribue comme suit: 1972, 81% resp. 48%; 1974, 82% resp. 51%; 1976, 86% resp. 67%; 1978, 85% resp. 61%. Dans la plupart des autres pays, la dichotomie ville/campagne est nettement plus marquée qu'en Suisse; en outre, l'écart va en s'amenuisant.) (H. P. Schmidhauser [7.87, 7.88, 7.91, 7.92].) Selon la taille des agglomérations, la polarisation des motifs de départ est inversée ; dans les plus grandes agglomérations, 60 % de la population se mettent « au vert », 40 % visitent la parenté ; dans les plus petites, 40 % se mettent « au vert », 60 % visitent la parenté (CGST [7.26]).

En ce qui concerne plus spécifiquement les causes du tourisme, on sait que celui-ci est très ancien (dès le XVIIIᵉ siècle). Mais de tourisme aristocratique qu'il fut (l'« Oxford English Dictionary » définit ainsi le « Grand Tour » : « A journey through France, Germany, Switzerland and Italy, formerly fashionable, especially as a finishing course in the education of young men of rank »), il est devenu tourisme social, puis tourisme de masse. Le tourisme social est le phénomène qui a marqué l'accès à l'activité touristique de couches sociales qui en avaient jusque-là été tenues économiquement à l'écart. Il a pris naissance par l'« invention » de Cook : grouper les voyageurs individuels pour résoudre à leur place un certain nombre de difficultés techniques inhérentes au déplacement, et en même temps assurer à chacun le bénéfice économique des réductions de prix accompagnant la notion de l'achat groupé. Tandis que le tourisme social exige une intervention économique de la communauté, le tourisme de masse est caractérisé par le fait que le touriste devient économiquement capable de couvrir lui-même ses dépenses touristiques classiques (AIEST [7.5]).

Mais la démocratisation des loisirs et des déplacements de loisirs n'en a pas pour autant éliminé l'inégalité d'accès. M. Bassand et al. [7.9] relèvent en conclusion de leurs recherches que l'accès au système des loisirs est d'autant plus riche et varié que l'on s'élève dans l'échelle sociale, que l'on est inséré dans la vie active et que l'on est un homme.

10.3 MODALITÉS

Si, comme nous l'avons vu, la mobilité de loisir est essentiellement d'origine urbaine, il faut tempérer cette tendance par les diverses modalités du flux des déplacements.

En dehors de leur aspect domestique ou intra-agglomératif, les déplacements de loisirs *en semaine* sont quasi indépendants de l'infrastructure existante ou pas dans les quartiers (CGST [7.26]). L'attrait du centre-ville demeure grand, et les facteurs intervenant sur une plus grande mobilité et de plus longues distances sont le degré de motorisation, ainsi que le revenu, la profession, la taille du ménage.

Les déplacements de *week-end* se situent dans un rayon de 60 km environ dans la région (M. Bassand et al. [7.9]). Ces déplacements sont consacrés en premier lieu à la promenade et à la marche, puis à la visite de parentés, aux pique-niques, aux sports d'hiver. Citons ici notamment les nombreux travaux monographiques effectués par J. Jacsman et al. à l'ORL [7.45 à 7.51] destinés principalement à l'aménagement de lieux de détente durant le week-end.

Comme en semaine, plus le ménage est petit, l'agglomération est grande, le revenu est élevé, plus la propension à partir en week-end est accentuée. Ces facteurs sont cumulatifs avec le degré de motorisation et la jouissance de *résidences secondaires*. La relation entre la disposition d'une résidence secondaire et le départ habituel en week-end est évidente. Pour pouvoir partir souvent, il faut disposer d'un toit relativement proche. En France, « la proximité du domicile principal fut longtemps le facteur décisif: les résidences secondaires se sont répandues autour des villes comme des ondes, suivant des cercles concentriques correspondant à une heure de trajet à l'époque où elles furent construites. Celles qui datent de la fin du XVIIIe siècle correspondaient à 4-5 km. de distance. Autour de Paris, elles ont été absorbées par l'extension urbaine et la quasi-totalité de ces résidences secondaires sont devenues principales; mais, à cette distance, beaucoup survivent autour des villes de province. (...) L'onde actuelle porte plus loin; on ne doit tenir compte que de l'accès par la route et distinguer les bonnes sorties urbaines où, en une heure, on peut aller à 80-90 km., et les autres... Pour toutes les villes de province, cette théorie de l'onde est toujours valable: c'est en effet entre 60 et 90 km. que se construisent ou s'achètent la plupart des résidences secondaires destinées principalement au week-end. Autour de Paris, cela cesse d'être vrai; la campagne trop proche est comme « saturée ». (...) La grande majorité provient d'héritages ou d'acquisitions de maisons rurales; retapées, ces demeures témoignent aujourd'hui que les migrations temporaires d'été compensent l'exode définitif des campagnards; cet exode est relativement récent et les liens familiaux ne sont pas coupés entre la plupart des urbains récents et ceux qui sont « restés au pays » (M. Boyer [7.128]).

En France, 7,2% (1964), puis 13,4% (1970) de la population sont propriétaires d'une résidence secondaire (Statistiques de l'INSEE). En Suisse, en 1972, 8% de la population sont propriétaires d'une résidence secondaire (plus 2% de locataires permanents et 1% de caravanes parquées) (H. P. Schmidhauser [7.87]). Cette proportion n'a que peu augmenté ces dernières années.

Les courants de migrations de *vacances* sont surtout différenciés selon:

- qu'il s'agit de pays à côtes maritimes ou non;
- l'origine régionale des vacanciers;
- qu'il s'agit d'un seul congé ou de plusieurs congés annuels.

(Interviennent également la distinction entre migration interrégionale ou internationale, les catégories socio-professionnelles, la conjoncture économique.) Ainsi, en France, en 1970, 84% des *vacanciers d'été* ont passé leurs vacances à l'intérieur du pays, 16% à l'étranger. Les migrations interrégionales se dirigent à 45% vers la mer, à 30% vers les campagnes, à 17% vers la montagne, la ville et les circuits n'occupent que les 7%. Les migrations internationales voient la proportion du tourisme urbain ou itinérant augmenter à 27% (Statistiques de l'INSEE). Pour la Suisse, en 1972, 64% des *vacanciers d'été* ont passé leurs vacances à l'intérieur du pays, 36% à l'étranger (parmi ceux-ci la majorité des Suisses romands et des Tessinois!). Les migrations interrégionales se dirigent de préférence vers la montagne (en premier lieu les Grisons, le Valais et le Tessin), tandis que les migrations internationales vont vers la mer (Italie surtout). Ici aussi, le tourisme international est plus propice au tourisme urbain ou itinérant.

Mais tout le monde ne part pas en vacances. Si l'on compare, sur le plan international, les législations en matière de congés payés et le taux de départ en vacances, on peut en déduire que le Suisse est relativement très mobile durant ses congés (tableau 24).

Tableau 24. — Comparaison internationale de la durée des vacances et du taux des vacanciers

	Durée de vacances	Taux de départ	
Suisse	20 à 32 jours	60%	1970
République Fédérale d'Allemagne	32 à 35 jours	42%	1970/1971
Pays-Bas	20 à 22 jours	46%	1970
Grande-Bretagne	16 à 18 jours	60%	1970
France	28 à 32 jours	45%	1969
Autriche	37 à 43 jours	28%	1969
	(M. Bassand et al. [7.9])	(H. P. Schmidhauser [7.87])	

Les milieux agricoles sont ceux qui voyagent le moins (ce sont aussi ceux qui n'ont généralement pas de vacances!). Mais lorsqu'ils voyagent, ils vont au bord de la mer, ou en ville. En France, Paris est le lieu des courtes vacances des ruraux et des gens de petites villes.

Le fractionnement des congés annuels intervient également sur l'orientation des flux de mobilité de loisirs. Les vacances de deuxième période sont plus favorables aux migrations internes (en raison notamment des sports d'hiver).

On peut observer partout, depuis 1970, une certaine extension des modalités extrêmes: parallèlement à une augmentation des déplacements de courtes durées et de moindre distance se profilent également les déplacements de plus longues durées et de plus longues distances (voyages à l'étranger).

Une nouvelle forme de tourisme se développe: L'«*agrotourisme*». Le rural se transforme de plus en plus en marchand de loisirs ou, du moins, en loueurs et en prestataires de services touristiques. Dans tous les pays où les exploitations familiales sont restées très nombreuses, les paysans cherchent par eux-mêmes des clients sans passer par les agences officielles. Cet hébergement payant et semi-clandestin est important. Dans d'autres pays, la campagne est devenue un espace de loisirs.

« L'utilisation de la campagne comme zone d'hébergement touristique a peut-être pris le plus d'ampleur dans les pays anglo-saxons. Les progrès mêmes de la productivité agricole ont condamné l'agriculture dans toutes les zones de terrains anciens du Royaume-Uni ou des Etats-Unis. La reconversion s'est effectuée à une vitesse inouïe: partout on offre le « bed and breakfast »; chaque année aux Etats-Unis se créent des milliers de « recreative farms » en même temps que se développe la pratique des « paying guests ». Les farmers ne procurent pas seulement des logements aux touristes, ils transforment les étendues de médiocre valeur agricole en terrains de jeux, en ranches, en zones de chasse et de pêche. » (M. Boyer [7.128].)

Concevoir une mobilité de loisir n'est pas uniquement prendre en considération le trajet, mais la mobilité dans son ensemble: les *séjours sédentaires* ou les *séjours mobiles*. Les vacances à l'étranger (ainsi que les vacances d'appoint) répondent plus souvent à des buts culturels ou éducatifs, à une recherche de connaissances nouvelles (c'est aussi celles qui font le plus souvent appel aux entreprises d'organisation) — ce sont les plus mobiles; les séjours en Suisse (ainsi que les vacances principales) privilégient largement les besoins physiques, repos et culture du corps — ils sont plutôt sédentaires. Par ailleurs, si la moitié environ des vacances des Suisses sont sédentaires, le séjour dans un endroit fixe, avec l'aller et le retour, pour seuls trajets importants, est plus prisé par les ménages d'ouvriers et d'employés. Mais au fur et à mesure que le statut social s'élève, la proportion des rayonnements à partir d'un point fixe, puis celle des vacances essentiellement itinérantes, tend à augmenter (M. Bassand et al. [7.9], p. 261).

Un accroissement éventuel de la durée des vacances, et des possibilités de fragmentation accrues, tendraient à valoriser les sports d'hiver et le tourisme urbain.

Enfin, il faut lier les phénomènes *loisir* et *automobile*. Celle-ci domine partout de manière évidente les types de moyens de transport utilisés pour les déplacements de loisir. L'acquisition d'une automobile est liée à la satisfaction même du besoin de vacances. Au sujet des non-propriétaires de voiture, les avis concordent: sur le plan européen, même les non-propriétaires de voitures utilisent la voiture (des autres) pour leurs vacances: 45% de la population enquêtée en Suisse (M. Bassand et al. [7.9]) ne disposent pas de voiture. Or, même parmi cette catégorie de population, la voiture est aussi utilisée que les autres grands moyens de transport!

10.4 CONSÉQUENCES

Que l'on songe un instant à l'aspect massif des déplacements de loisirs: d'après les estimations de 1973, 215 millions de touristes ont franchi les frontières dans toutes les nations des cinq continents, sans compter les flux encore bien plus considérables du tourisme interrégional!

Le paradoxe du marché touristique, c'est d'engendrer des «effets d'agglomération». Or, le but des vacanciers est avant tout le changement d'air, la tranquillité, le repos, le changement de mode et de rythme de vie, c'est-à-dire des besoins de récupération physique et psychique, comme antithèse à leur rythme de vie de citadins. Ces aspirations ne peuvent souvent plus être réalisées; et de consommation de biens naturels, l'industrie touristique mène à la consommation de produits culturels.

On peut attribuer aux grandes migrations de loisir des éléments positifs: la réduction des coûts permet l'extension du tourisme à de plus larges couches de la population, le tourisme assure le transfert d'énormes masses de richesses des régions à haut niveau de vie vers les régions moins favorisées, redistribuant les possibilités d'accès au travail. Toutefois, depuis un certain nombre d'années, de nombreuses voix s'élèvent au sein même des experts scientifiques du tourisme au sujet des aspects négatifs des migrations de masse. Dans son ouvrage *Les Dévoreurs de Paysage*, J. Krippendorf [7.65] dénonce l'urbanisation de la nature, le démantèlement des zones de détente, et mentionne en exemple le cas de l'Espagne: 176 000 ha. de rivages espagnols ont été bétonnés au cours des 25 dernières années, soit une zone dix-sept fois plus vaste que la ville de Paris!

D'autres relèvent le manque de préparation du touriste à bénéficier de «la connaissance mutuelle entre les peuples»: celui-ci ne peut que reproduire le genre de vie qu'il a laissé à la ville et dans son pays et qu'il voudrait théoriquement abandonner. Aux visions optimistes du départ à l'égard du loisir offert à l'homme par la société de consommation se sont succédé des visions pessimistes sur l'aspect pathologique de ce même loisir. Pour H. J. Knebel [7.185], la «consommation ostentatoire de l'expérience touristique» est surtout devenue un symbole de prestige social, pour pouvoir «exceller» de retour à la maison (nombre de cartes postales envoyées, de villes traversées, etc.).

La mobilité de loisir est aussi un fait d'imitation: on ne veut pas rester «seul» en ville à une époque de l'année pendant laquelle la plus grande partie de la population se trouve hors de la ville. En termes peu cléments, certains peuvent parler de ces «grands exodes, par lesquels des millions d'aveugles se précipitent en une sorte de panique collective, pareils à des fourmis dont on vient de bousculer l'habitat».

Reste le support psychologique, la «mythologie du retour à la nature, au village». L'industrie touristique, sous le signe de l'ordinateur, est à l'image du «Club Méditerranée»: «On est vêtu de paréo, on couche dans des paillotes, on paie avec des perles, on porte colliers et bracelets... tout en gardant le village rigoureusement fermé aux autochtones.»

10.5 MOBILITÉ DE LOISIR EN SUISSE

Il peut paraître surprenant qu'en dépit (ou peut-être à cause de cela même) du haut niveau de développement touristique de la Suisse, la recherche sur la mobilité de loisir n'ait pas connu le même retentissement qu'à l'étranger. Certes, nous y trouvons de très nombreuses monographies régionales et locales, à caractère plutôt technico-économique.

Ce ne fut que dans les années 1950 et surtout 1960 que des géographes suisses commencèrent à reconnaître la valeur des recherches touristiques. L'initiative y fut prise notamment par l'Institut de géographie de l'Université de Zurich (E. Schwabe, in: [7.5]).

Bien que certains organismes privés (comme l'ISOP, par exemple) aient procédé depuis quelque temps déjà à des sondages d'opinion partiels, c'est surtout avec les différents travaux de la Conception globale suisse des transports [7.4, 7.9, 7.26, 7.86, 7.89, 7.97] et les études de marché effectuées par l'Institut du tourisme de l'Université de Saint-Gall (sous la direction de H. P. Schmidhauser, cinq études ont été effectuées à ce jour, en 1970, 1972, 1974, 1976 et 1978, portant sur des échantillons d'environ 2000 ménages — ou 6000 personnes — couvrant les 25 cantons suisses) que nous possédons aujourd'hui des informations précises sur le comportement du Suisse en matière de mobilité de loisir.

Ces études ne comprennent pas la mobilité des touristes étrangers en Suisse. Celle-ci exige des relevés aux frontières, dont l'un a été fait le 8 août 1973 (CGST [7.25]). Par déduction, on peut supposer que le comportement des étrangers en Suisse est analogue à celui des Suisses à l'étranger, exception faite des régions de montagne vers les régions maritimes : les touristes se dirigent avant tout vers les points de chute touristiques réputés à l'étranger.

Les déplacements de loisir en *semaine* des Suisses couvrent un bon quart de tous les déplacements (tableau 25).

Tableau 25. — Structure des buts de voyage les différents jours de la semaine (mouvements de piétons inclus) (CGST [7.26])

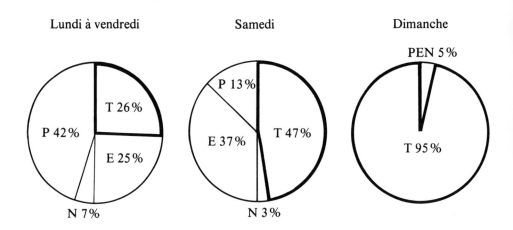

P = mouvements pendulaires (domicile — lieu de travail/école)
E = trafic d'achats
N = trafic utilitaire (courses d'affaires)
T = trafic de loisir et de vacances

Source : Lundi à vendredi, samedi : SCOPE AG [5.63]
        Dimanche : propre estimation

La distance moyenne des trajets en voiture est de 20 à 25 km.

84 % des ménages suisses partent en moyenne tous les 3 week-ends (surtout en été), mais seulement 18 % avec nuitées à l'extérieur. La distance moyenne des trajets de week-end en voiture est de 60 à 80 km.

Le tableau 26 montre l'évolution du taux d'*accès aux vacances* de la population suisse et des distances parcourues.

Tableau 26. — Evolution du taux des vacanciers en Suisse et des distances parcourues

A) Taux des vacanciers

    1970: 60% de la population (H. P. Schmidhauser [7.87])

    1972: 66% de la population (H. P. Schmidhauser [7.87])

    1974: 68% de la population (H. P. Schmidhauser [7.88])

    1976: 76% de la population (H. P. Schmidhauser [7.91])

    1978: 74% de la population (H. P. Schmidhauser [7.92])

B) Distance parcourue par les vacanciers

	1970	*1972*	*1974*	*1976*	*1978*
100 à 300 km.	56%	53%	47%	63%	67%
300 à 1000 km.	28%	31%	31%	27%	25%
plus de 1000 km.	16%	16%	22%	10%	8%
(H. P. Schmidhauser)					

Les Suisses vont de préférence en visite chez des amis et parents (petits revenus, ménage d'une personne, enfants en bas âge), en montagne l'été (grands ménages), aux sports d'hiver (jeunes, hauts revenus, propriétaires de résidences secondaires), à la mer (agriculteurs, entrepreneurs et directeurs, Romands et Tessinois). Plus généralement encore le Suisse est un touriste individuel; il a peu recours aux entreprises d'organisation (entre 15 et 20% seulement, selon H. P. Schmidhauser).

Au total, en 1970, la population suisse a dépensé 2,6 milliards de francs pour les vacances de plus de 4 jours. Ce budget-loisir a augmenté régulièrement jusqu'en 1976, pour atteindre 5 milliards. Depuis il est légèrement en baisse.

Le rapport final de la CGST sur la mobilité des loisirs et des vacances [7.26] prévoit une augmentation de cette mobilité (surtout des vacances courtes), en raison notamment de l'abaissement de l'âge de la retraite, de la prolongation de la scolarité, de la réduction des horaires de travail, de la prolongation des vacances, puis aussi en raison de la diminution des temps de voyage et de la simplification des formalités de frontières. Durant l'année de récession 1976, les Suisses ont effectivement plus voyagé qu'auparavant, mais sur de plus courtes distances et de plus courtes durées (H. P. Schmidhauser [7.91]). Pour 1978, cette tendance se vérifie, bien que l'intensité de départs soit légèrement inférieure à celle de 1976.

CHAPITRE 11

POLITIQUES PUBLIQUES ET MOBILITÉ SPATIALE

11.1 INTRODUCTION

A plus d'une reprise dans les précédents chapitres, nous avons indiqué que la mobilité spatiale est aussi influencée par des variables politiques, comme inversement, dans certaines circonstances, certains types de mobilité spatiale influent sur le système politique. Ici c'est du premier type de relation de causes à effets dont nous parlerons.

Pour mémoire, notons que cette influence peut se réaliser au moins de trois manières:

- par des actions directes sur la mobilité spatiale comme par exemple en mettant en place un réseau de transport;
- par des actions indirectes, qu'elles aient des effets voulus ou non importe peu: par exemple la politique de modernisation de l'agriculture libère de la main-d'œuvre qui augmente le flux de l'exode rural;
- par des politiques réglementaires: en élaborant lois et règlements, les pouvoirs publics conditionnent les comportements de mobilité spatiale des individus et des groupes.

En fait, à y regarder de près, rares sont les politiques publiques qui finalement, à la suite d'une chaîne plus ou moins longue de causes à effets, n'ont pas d'incidences sur la mobilité spatiale.

D'où tout un ensemble de travaux scientifiques pour rendre compte et évaluer les effets réels — voulus ou pas — des politiques publiques sur la mobilité spatiale. Les publications suivantes: A. Rossi, P. Tami [8.19], H. Schimanski [8.21], K. Ganser [8.26], H. ter Heide [8.27], L. H. Klaassen, P. Drewe [8.29], C. Zarka [8.31], etc., donnent une idée de ce genre de recherche.

L'objectif du présent chapitre est beaucoup plus simple: désigner quelques politiques publiques cantonales et fédérales qui influent sur la mobilité spatiale. Nous examinerons successivement les politiques suisses d'immigration, de transport ainsi que les politiques agricole et régionale.

11.2 POLITIQUE FÉDÉRALE D'IMMIGRATION : SES TROIS PHASES

11.2.1 1917-1945 : Fin de la période de libre immigration et début d'une politique protectionniste

Entre la deuxième moitié du XIXe siècle jusqu'au début de la Première Guerre mondiale, l'attitude de la Suisse — à l'instar de celle de la plupart des pays européens — est très «libérale» en matière d'immigration. De nombreux traités conclus avec divers Etats permettent aux ressortissants de divers pays d'exercer librement une activité lucrative en Suisse et de s'y établir. L'essentiel des mesures relatives à l'entrée des étrangers et leur résidence en Suisse, leur sortie du territoire sont *réglées par le droit cantonal* (par contre l'expulsion pour motif politique est du ressort de la Confédération). Cette période, marquée par la croissance de l'industrialisation, attire un grand nombre de travailleurs des pays voisins (Allemagne notamment). Cet afflux atteint son point culminant en 1914, à cette date un habitant sur six est d'origine étrangère (15,4 % de la population résidente). Il est intéressant de noter que tout au long de cette période, les autorités mettent l'accent sur des mesures d'assimilation et de naturalisation (J.-Ph. Widmer [2.133]).

Avec la guerre de 1914-1918, on assiste à un reflux important de la population immigrée (mobilisée dans les pays en guerre); cette tendance s'accentue avec la crise économique des années trente et le second conflit mondial.

C'est au cours de cette période de reflux que la Confédération adopte une politique protectionniste. Après l'obligation du visa, introduite pendant la Première Guerre mondiale, elle crée la Police des étrangers. Ce droit d'exception qui marque le début de la politique protectionniste est agréé par le peuple, qui accepte le fondement constitutionnel le 25 octobre 1925 (art. 69 ter). Cet article constitutionnel est précédé en 1924 d'un message du Conseil fédéral concernant la réglementation du séjour et du domicile des étrangers dans lequel apparaît pour la première fois le concept de «capacité restreinte de réception» du pays et propose une nouvelle législation dont l'instrument exécutoire est la Police des étrangers. L'une des directives du message — en vigueur encore aujourd'hui — introduit diverses catégories d'immigrés (à l'année, saisonnier, etc.) encadrées chacune d'un statut spécial.

L'immigration (entrée-résidence-sortie) est désormais du ressort de la Confédération qui partage avec les cantons certaines compétences administratives (octroi et retrait des permis, etc.).

La politique protectionniste aboutit le 26 mars 1931 avec l'entrée en vigueur de la LF d'application; à cette date, les étrangers représentent les 8 % de la population résidente (cette proportion atteindra 5 % en 1941). Selon cette loi, le séjour et l'établissement en Suisse peuvent être accordés aux étrangers «sous réserve des intérêts moraux et économiques, ainsi que des risques découlant d'une surpopulation étrangère dans le pays».

En d'autres termes, la loi de 1931 accorde aux autorités le droit de limiter, si le besoin s'en fait sentir, le séjour et l'établissement des étrangers dans le pays (A. Rossi, P. Tami [8.19]).

Les autorisations de séjour ou d'établissement ne sont valables que pour le canton qui les a délivrées.

11.2.2 1946-1962 : Afflux massif des travailleurs étrangers

Après la disparition du problème des travailleurs étrangers pendant la Deuxième Guerre mondiale, un nouvel afflux se fait jour, qui nécessite aux yeux des tenants de l'économie, une réadaptation de la loi de 1931. Cet afflux est considéré comme un phénomène occasionnel.

Au lendemain de la guerre, l'expansion de l'économie suisse est considérable ; pour faire face, une majorité d'entreprises suisses choisissent d'étendre l'appareil de production « traditionnel » plutôt que d'opérer des investissements de rationalisation et de modernisation. Cette politique d'investissements *extensifs* réclame une augmentation très rapide de la main-d'œuvre. Le faible accroissement de la population suisse ne suffit pas à répondre à ce besoin croissant de forces de travail. Dès lors, le recours à un recrutement de plus en plus important de travailleurs immigrés est utilisé. La population étrangère augmente d'abord relativement lentement, elle passe de 6,1 % en 1950 à 6,8 % en 1955, par rapport à la population totale. Cependant dans la crainte d'un ralentissement sur le marché du travail, suite à la forte expansion de l'immédiat après-guerre, le Conseil fédéral veille à éviter un accroissement exagéré du nombre *des personnes établies.*

Mais, sous la pression de nombreux secteurs économiques et avec une application toujours plus libérale de la législation sur l'immigration de la part des autorités fédérales et cantonales, on assiste dès 1959 à une véritable explosion de « l'importation » de main-d'œuvre étrangère.

« Celle-ci passe de 364 000 à 720 000 personnes en 4 ans. Dès 1961, la machine économique s'emballe : tendance inflationniste, augmentation sensible de l'indice des prix, immigration accélérée, déficit de la balance des paiements. » (M. Hagmann [2.53].)

11.2.3 1962 à nos jours : Vers une nouvelle politique...

La Confédération, les milieux économiques prennent conscience du caractère durable du phénomène « travailleurs étrangers ». Face à la montée de la xénophobie dans de larges couches de la population, elle cherche un équilibre entre les nécessités économiques et politiques. Une limitation des entrées des étrangers est recherchée.

En 1962, les associations faîtières adressent un appel aux employeurs suisses, les invitant à faire preuve d'auto-discipline afin de freiner la surchauffe, elles proposent à leurs adhérents de ne pas « accroître sensiblement l'effectif total de leur personnel » et de concentrer leurs efforts sur des investissements de rationalisation de l'appareil de production. Ces recommandations ne sont pas entendues.

Dès lors, la Confédération prend un certain nombre de mesures en édictant en 1963 et 1964 des arrêtés « destinés à freiner la conjoncture ». Toutefois ce moyen ne permet pas de limiter le nombre de travailleurs étrangers.

Le Conseil fédéral se décide à introduire une limitation de la main-d'œuvre immigrée en instaurant par l'arrêté du Conseil fédéral du 1er mars 1963 un *plafonnement* du contingent étranger *par entreprise*; aux termes de cet arrêté, les nouvelles autorisations de séjour ne sont délivrées qu'à la condition que le personnel étranger de l'entreprise n'excède pas de 2% l'effectif de décembre 1962, ou moyen de la même année.

Cette réglementation *limite l'effectif total* du personnel des entreprises *mais non l'effectif des étrangers*. Malgré cette réglementation, on assiste à une nouvelle augmentation de l'immigration.

De 1963 à 1969, ce n'est pas moins de 13 arrêtés et ordonnances qui se succèdent, relatifs à la limitation et à la réduction du nombre des étrangers; ainsi l'arrêté du Conseil fédéral du 26 février 1965 introduit le système du « double plafonnement » : ce système *limite à la fois l'effectif total et l'effectif des travailleurs étrangers* sous contrôle au sein de l'entreprise et opère une nouvelle réduction du personnel allogène de 5% sur la base de l'effectif des travailleurs étrangers employés au 1er mars 1964 (J.-Ph. Widmer [2.133]).

Cette série de réductions aboutit à un abattement total de 17% de ces travailleurs par rapport à fin 1962.

D'autre part, de 1965 à 1968, le nombre des permis de travail a diminué de 37% pour les travailleurs à l'année et de 29% pour les saisonniers. Il est vrai que le chiffre des travailleurs frontaliers — non soumis à la limitation depuis 1966 — augmente de 35% au cours de la même période (il augmentera encore de 60% entre 1969 et 1974) (J. Rohr [8.17]).

Les effets négatifs de la « haute conjoncture » (inflation importante) et de l'explosion urbaine qui l'accompagne (crise du logement, hausse des loyers, etc.) ainsi que les problèmes d'infrastructure sociale déficiente, liés à l'accueil de la population allogène (écoles, logements, hôpitaux) provoquent un climat d'opposition aux immigrés dans la classe ouvrière et les couches moyennes. Cette situation aboutit au dépôt, en moins de 5 ans, par les mouvements xénophobes, de quatre initiatives visant à réduire énergiquement la population étrangère. Désormais, la politique du Conseil fédéral est obligée de tenir compte de ces demandes.

Les interventions fédérales sont rythmées par les diverses votations découlant de ces initiatives.

Ainsi, peu avant la votation fédérale sur l'initiative contre la surpopulation étrangère du 7 juin 1970 (dite initiative Schwarzenbach) et qui échouera de justesse, le Conseil fédéral instaure par son arrêté du 16 mars 1970 le système du *plafonnement global*. L'effectif plafonné par entreprises est supprimé, il est remplacé par un effectif réparti entre les cantons.

En introduisant le plafonnement global, le gouvernement ordonne un blocage de l'immigration (un contingent annuel de remplacement est prévu). Tout en s'engageant à maintenir à son niveau actuel (600000 personnes, non compris frontaliers et saisonniers) le nombre des étrangers, la Confédération, en vertu de la nouvelle réglementation, en assume désormais le contrôle (auparavant entre les mains des cantons).

Suite au score très serré lors du scrutin de 1970 et à la pression constante des mouvements xénophobes, les différentes mesures prises par le gouvernement entre 1970 et 1974 vont dans le sens d'un renforcement *encore plus sévère* de la nouvelle réglementation et de la tentative de résoudre les problèmes liés à l'intégration sociale et à l'assimilation des immigrés (par des directives aux cantons sur une simplification des procédures de naturalisation notamment).

Mais le problème de l'immigration perd de son acuité au fur et à mesure que se développent les effets de la récession (dès 1974), la diminution des postes de travail s'accompagnant presque simultanément d'une diminution de l'effectif de la population immigrée.

Notons que l'un des aspects importants de la nouvelle « loi sur les étrangers », actuellement en discussion, semble être le renforcement de la subordination de la politique d'immigration aux besoins économiques. En particulier, la création d'un volant de main-d'œuvre (saisonniers, annuels et frontaliers durant les 5 premières années passées en Suisse) permettra, selon la conjoncture, de régulariser le marché du travail en jouant sur l'ouverture ou la fermeture (non-renouvellement de l'autorisation de séjour) des vannes de l'immigration.

11.2.3.1 *Différents statuts de travailleurs étrangers*

Les différents statuts de la main-d'œuvre étrangère en Suisse et leur évolution, et plus spécialement les dispositions relatives à la mobilité des immigrés, ont été l'objet d'enjeux différenciés de la part de certains groupes de pression (Vorort, USAM, etc., cantons « développés », cantons « moins développés »). Sans entrer dans le détail, il paraît intéressant de les présenter très succinctement :

- *Permis A : permis saisonnier.* Ce permis a une durée limitée à 9 mois (LF de 1931). Il y a de fait de nombreuses dérogations. Le travailleur saisonnier ne peut pas changer d'emploi. Il ne peut pas dans la pratique louer un appartement et doit vivre dans le logement prévu par l'employeur. Une initiative populaire « Etre solidaire » est actuellement pendante, en vue de supprimer le statut de saisonnier.
- *Permis B : permis de travail à l'année.* Renouvelable d'année en année. Après 1 an, le travailleur peut changer de place, mais ni de corps de métier, ni de canton. Pour cela, il doit attendre 5 ans (10 ans jusqu'en 1967), ceci seulement pour les travailleurs en provenance de pays affiliés à l'OCDE. A la suite des pourparlers italo- et hispano-suisses de 1972, ce délai est réduit à 2 ans (et à 1 an dès 1976).
- *Permis C : permis d'établissement.* D'une durée indéterminée. Ce permis met sur pied d'égalité au niveau économique les travailleurs suisses et immigrés.
- *Permis D : permis de frontalier.* C'est un permis de travail (délivré en principe pour 1 an) et non de séjour. Le bénéficiaire doit ressortir de Suisse chaque soir, et il n'a pas le droit de loger en dehors de la zone frontalière. Ce permis ne donne pas le droit au changement d'emploi.

11.3 POLITIQUE DES TRANSPORTS

11.3.1 Considérations générales

Dans le rapport final de la Commission de la Conception globale suisse des transports (CGST) on peut lire que :

« La politique suisse des transports ces 30 à 40 dernières années se caractérise par son évolution sectorielle : chaque mode de transport possède sa propre législation, sa planification d'infrastructure et sa méthode particulière de financement. La problématique des transports préoccupe cinq départements fédéraux et vingt-cinq gouvernements cantonaux. Personne n'a une vision d'ensemble des effets des transports sur les besoins de terrains, les structures de l'habitat, la charge de l'environnement, les finances publiques, etc. Nul n'est compétent pour assurer la coordination nécessaire en vue d'une exploitation économique. » (CGST [8.7] p. 46.)

Cette situation découle notamment de la Constitution fédérale de 1848, plus précisément de son article 3 (toujours en vigueur) qui fixe la délimitation des attributions de la Confédération et de celles des cantons. En substance, les cantons ont le droit de régir souverainement tous les domaines dans lesquels la Confédération n'est pas expressément autorisée à légiférer.

11.3.2 Infrastructure routière

L'extension du réseau routier depuis 1848 — sous la « haute surveillance » de la Confédération pour des raisons militaires et politiques — est principalement du ressort *des cantons*. Depuis 1928, la Confédération commence à influer sur la planification et la construction des routes cantonales par le biais de subventions.

Après la Deuxième Guerre mondiale, l'augmentation du parc de véhicules à moteur (le nombre des automobiles triple entre 1950 et 1960) nécessite une révision fondamentale de la construction des routes nationales. Une initiative, déposée en mars 1958, émanant d'associations routières, va dans ce sens.

Les propositions fédérales de modifications constitutionnelles sont acceptées par le peuple le 6 juillet de la même année. Grâce aux articles constitutionnels 36 bis, 36 ter et 37, la Confédération reçoit la compétence de planifier et de construire un réseau de *routes nationales*.

Le financement de ce réseau est assuré essentiellement par la Confédération alors que les coûts — de plus en plus importants — d'exploitation et d'entretien des routes nationales sont assumés par les cantons.

Depuis 1959, il convient de le noter, *les programmes d'aménagement des routes principales*, promulgués périodiquement par la Confédération, sont déterminants. Ils sont édictés selon la disposition constitutionnelle (art. 36 ter) sur l'affectation du produit net des droits d'entrée sur les carburants pour moteurs.

C'est cette même source de financement, augmentée de la surtaxe douanière sur les carburants, qui est utilisée pour les routes nationales.

Les investissements routiers et les coûts d'entretien des routes représentent une part croissante des dépenses publiques et sont devenus l'une des préoccupations majeures en politique financière.

Entre 1950 et 1970, *le réseau routier s'est allongé de 14%, alors que dans le même laps de temps, le nombre des voitures a été multiplié par huit.*

Une récente enquête montre que les frais d'infrastructure ne sont pas couverts par les différents trafics (68,8% en 1975). Le trafic «poids lourds» par exemple ne couvre pas les coûts qu'il occasionne, au contraire du trafic voyageur privé qui, lui, dépasse les 100% de couverture.

11.3.3 Transports routiers

Ces derniers relèvent de la souveraineté cantonale sur les routes. Le trafic voyageur motorisé individuel n'est soumis qu'à des restrictions de police.

En revanche, le trafic voyageur public constitue un élément de la régale des postes, il est depuis toujours *exclu* de la libre entreprise (art. 36 cst). Ce secteur des transports relève des entreprises PTT et des arrêtés relatifs à la remise de concessions à des tiers (notamment les entreprises de transports urbains collectifs) par le Département fédéral des transports et communications (C. Kaspar [8.9]).

11.3.4 Chemins de fer

Par la LF du 23 décembre 1872, la Confédération s'est attribué un droit qui appartenait jusqu'alors aux cantons, celui de délivrer les concessions pour la construction et l'exportation de chemins de fer par des entreprises privées.

Mais c'est avec la *loi de rachat* des chemins de fer du 15 octobre 1897 que la Confédération *acquiert* la possibilité de jouer un rôle actif dans le domaine ferroviaire. Elle met fin ainsi à l'anarchie qui existe au niveau des liaisons et des tarifs.

Cependant, en raison des prix *surfaits* de la facture, de l'opération de rachat et de la perte de fait du monopole (due à la concurrence des transports routiers) qu'ils détenaient dans les transports, les chemins de fer connaissent dès l'entre-deux guerres une *crise financière.*

Avec les lois du 23 juin 1944 et du 20 décembre 1957, les autorités fédérales tentent d'établir les fondements d'une adaptation durable des transports publics à cette nouvelle situation. La forte augmentation du trafic qui accompagne la croissance économique de l'après-guerre améliore passagèrement la situation financière, mais l'effondrement de la haute conjoncture qui suit, entraîne un recul général du trafic marchandises alors que le trafic voyageurs — du fait de l'augmentation considérable du nombre des automobiles — stagne depuis plusieurs années. Ces deux éléments rendent très précaire la situation financière des chemins de fer (C. Kaspar [8.9]).

La politique fédérale en matière de transport ferroviaire est nettement marquée par le problème du financement, de l'équilibre financier de ce mode de transport et celui des tâches que s'est assigné le pouvoir fédéral, en acquérant le monopole des concessions, notamment celle d'assurer une desserte équitable des différentes régions du pays.

En ce qui concerne le problème du financement, on peut noter qu'avec la disparition *de fait* du monopole de transport des chemins de fer, l'égalisation des conditions de concurrence est maintenant un postulat permanent de la politique des transports. La Confédération tente de résoudre le problème des frais d'infrastructures par une série de mesures compensatoires.

Remarquons également que les différents essais de régulation du marché (loi sur le partage du trafic, statut des transports automobiles) se sont heurtés systématiquement à un refus populaire lors des diverses votations, l'opposition à ces propositions émanant le plus souvent des associations d'automobilistes, de transporteurs et de l'Alliance des indépendants. En 1976, parmi les mesures urgentes préconisées pour résoudre le déficit de la régie (708 mio), les CFF mentionnent *le rééquilibrage rail/route*, notamment par l'imputation au trafic routier lourd de tous les frais qu'il occasionne. Pour la direction des Chemins de fer fédéraux, l'offre future des chemins de fer doit constituer un compromis qui comporte les améliorations structurelles nécessaires, tout en tenant compte des besoins de mobilité de la population et des exigences de l'économie.

En ce qui concerne les exigences financières et les tâches assignées à la Confédération, mentionnons la question de la reprise, par la Confédération, des chemins de fer privés. Cette question est régulièrement posée, et pourtant de tels rachats n'ont pas eu lieu (C. Kaspar [8.9]).

L'arrêté fédéral du 5 juin 1959 sur le rapprochement entre les tarifs d'entreprises de chemins de fer concessionnaires et ceux des CFF permet à la Confédération de subventionner directement des régions à l'économie peu développée, souffrant de monoculture ou de mono-industrie ou défavorisées par leur position, notamment les régions de montagne. Ces interventions visent à promouvoir l'économie et à réduire les inconvénients de la situation géographique peu favorable de ces régions.

11.3.5 Transports urbains

Bien que 60% de la population suisse vivent dans des agglomérations urbaines, il n'existe pas de politique fédérale des transports urbains. Ces derniers dépendent *essentiellement* des communes et des cantons du point de vue de la planification, de la gestion et du financement. Les interventions fédérales se limitent aux réseaux de transport à vocation nationale (chemins de fer, routes nationales).

En ce qui concerne l'infrastructure routière, principalement les autoroutes, le choix des tracés et les dispositions d'aménagement font l'objet de négociations entre la Confédération, les cantons et les communes. Les transports routiers urbains sont soumis à la régale des postes et font l'objet d'une concession.

Par l'intermédiaire du trafic ferroviaire local et régional, l'intervention fédérale — en dehors des questions d'infrastructures — a principalement une fonction de coordination (horaires, par exemple).

La révision de 1972 de la loi sur les chemins de fer a étendu « le droit à l'aide aux investissements » de manière générale aux lignes automobiles et de trolleybus servant au trafic général; *les lignes urbaines* à caractère local ou régional *restent exclues* de cette révision. De plus, pour des motifs d'opportunité politique, on a renoncé à inclure le trafic urbain dans la conception globale des transports.

11.4 POLITIQUES AGRICOLE ET RÉGIONALE

11.4.1 Politique agricole

Nous mentionnons cette politique, parce que dès ses débuts, un de ses objectifs explicite était de lutter contre le dépeuplement des campagnes.

L'aide de la Confédération à la paysannerie remonte à l'arrêté fédéral du 27 juin 1884. Ce texte a pour objet l'amélioration de l'agriculture. Il fut remplacé par la LF du 22 décembre 1893, tendant au même but : il s'agit, par le biais de subventions, de perfectionner un certain nombre de secteurs et de développer diverses activités (formation agricole, stations d'essais). Ce dispositif de subventions est complété par la LF du 5 octobre 1929 qui donne aux autorités la faculté de prendre en considération la situation des régions de montagne.

Jusque dans les années quarante, les différentes mesures prises par les pouvoirs publics en faveur de l'agriculture, sous l'impulsion de l'Union suisse des paysans (USP), ne reposent sur aucune base constitutionnelle. Les enseignements tirés de l'expérience durant les deux guerres mondiales, la crise des années trente et les discussions qui suivirent aboutirent à l'acceptation par le peuple, le 6 juillet 1947, des articles économiques qui donnent à la politique agricole un fondement constitutionnel.

En substance, le principe de la liberté du commerce est maintenue, mais il peut subir des dérogations, justifiées par l'intérêt général, notamment pour :

- sauvegarder d'importantes branches économiques ou professions menacées dans leur existence ;
- *conserver une forte population paysanne*, assurer la productivité de l'agriculture et consolider la propriété rurale ;
- *protéger des régions dont l'économie est menacée*. (Ce point servira de base constitutionnelle à la politique globale de la Confédération en faveur des régions de montagne.)

On peut remarquer que l'agriculture est la seule branche de l'activité économique qui soit nommément désignée dans ces articles.

La seconde mesure fondamentale de la politique agricole fédérale tient à l'adoption de la LF du 3 octobre 1951 sur l'agriculture. Celle-ci rassemble dans un seul texte toutes les dispositions essentielles d'ordre économique et social intéressant la profession.

Divisée en huit titres, elle contient, outre les règles générales, des dispositions de caractère économique (production, placement, importation, exportation, prix) spéciales pour certaines branches de la production (par exemple, la viticulture, l'élevage, etc.) sur les améliorations foncières, sur le travail agricole et sur les assurances, pour ne citer que les plus importantes.

Cette loi résulte d'un compromis entre les impératifs protectionnistes, découlant en particulier des nécessités d'approvisionnement en cas de conflit, et la volonté d'ouverture aux produits étrangers, conformément à la tradition libre-échangiste de la Suisse.

L'assurance d'un *revenu suffisant* à l'exploitant, par le truchement de prix couvrant les frais de production, contenue dans l'article 46 de l'ordonnance d'application du 21 décembre 1953, consacre le *système de parité* et devient ainsi la clé de voûte de la politique agricole.

La loi de 1951 consacre dans leur ensemble les revendications les plus importantes des agriculteurs, de leur organisation — l'USP — et son expression parlementaire. En 1960, le «Club agricole» de l'Assemblée fédérale comprenait 58 conseillers nationaux et 23 conseillers aux Etats, membres de divers groupes politiques, à l'exclusion des partis de gauche. (J. Meynaud [8.12].)

Depuis les années cinquante, avec l'adoption de la loi sur l'agriculture, la politique agricole repose sur trois principes généraux :

- le maintien de l'exploitation familiale ;
- le principe de la sécurité de l'approvisionnement ;
- le principe du maintien du paysage et de l'entretien du paysage.

Pour l'application de cette politique, la loi générale de 1951 et ses nombreuses ordonnances d'application, est complétée par un très grand nombre d'actes législatifs, se présentant comme des mesures spéciales de soutien, dont les principaux sont :

- Pour les mesures de politique économique : la LF du 20 mars 1959 sur l'approvisionnement du pays en blé (loi sur le blé) ; l'AF du 25 juin 1971 sur l'économie laitière ; l'AF du 28 juin 1974 sur l'économie sucrière indigène, et notamment pour les fruits, la LF du 21 juin 1932 sur l'alcool.
- Pour le crédit : la LF du 23 mars 1962 sur les crédits d'investissements dans l'agriculture et l'aide aux exploitations paysannes et la LF du 12 décembre 1940 sur le désendettement des domaines agricoles.
- Pour la politique foncière : la LF du 12 juin 1951 sur le maintien de la propriété foncière rurale, la LF du 21 décembre 1960 sur le contrôle des fermages et l'ordonnance du 14 juin 1971 sur les améliorations foncières. Les problèmes de politique foncière sont en étroite relation avec l'aménagement du territoire, dans le cadre duquel sont décidées les zones agricoles, où sont seules permises les constructions nécessaires à l'agriculture. (P. Moor, C. A. Morand [8.13].)

En vertu de l'article 2 de la loi sur l'agriculture, l'agriculture de montagne est particulièrement soutenue, soit qu'elle bénéficie de mesures spécifiques, soit que les mesures générales lui sont appliquées à des conditions plus favorables qu'à l'agriculture de plaine, ou que, dans les faits, ces mesures s'appliquent avant tout à elle.

L'instrument privilégié de la Confédération pour atteindre les buts fixés dans sa politique agricole est le recours aux subventions. Elles forment ensemble près *d'un tiers* du volume total des subventions de la Confédération.

Parallèlement à l'action de cette dernière, les cantons édictent et exécutent leur propre législation agricole (formation professionnelle, améliorations foncières, etc.)

mais de manière générale, ils participent dans une mesure relativement modeste à l'exécution de la politique agricole fédérale.

« A ce catalogue d'interventions et de moyens protectionnistes qui découlent de cette vaste et minutieuse série de lois et de décrets, il faut ajouter aussi tout un système d'organes et d'institutions para-étatiques, qui règlent et dominent le marché agraire, de la production du lait à l'exportation du fromage, du grain au vin, aux œufs, etc. Certains spécialistes ont observé que la tâche confiée par la loi agraire à la Confédération, soit le maintien d'une classe agricole saine, atteint les limites extrêmes de ce que l'on peut requérir d'un Etat et de ses organes. De ce fait, un certain scepticisme à l'encontre du nouveau droit agraire est compréhensible. » (B. Biucchi, in : [4.15], p. 34.)

D'autre part, en 1959, dans son second rapport sur la situation de l'agriculture suisse, le Conseil fédéral déclare, à propos du maintien d'une forte population paysanne : « Nos efforts ne tendront pas avant tout à conserver et à encourager le plus grand nombre possible d'exploitations, leur but sera d'accroître le nombre de celles (...) qui offrent les meilleures conditions en ce qui concerne l'emploi de la main-d'œuvre et des capitaux et la rationalisation. » (Conseil fédéral [8.4], p. 128.)

Cette dernière citation indique bien les limites et le rôle de « régulation » que tient à jouer l'Etat au travers de sa politique interventionniste. Politique qui entend se situer dans le cadre (les lois) de l'économie de marché et qui paraît avoir profité particulièrement aux moyennes et grandes exploitations situées en plaine.

En conclusion, il semble que la politique agricole n'a pas vraiment atteint l'objectif du maintien d'une forte paysannerie. En effet, la diminution de la population agricole s'est accentuée entre 1950 et 1970 ; ce processus touche de manière différenciée les populations de plaine et de montagne au détriment de ces dernières.

11.4.2 Vers une politique régionale

En raison de ces développements, les cantons à caractères montagneux et agricoles accusent un retard économique et un dépeuplement démographique grandissants qui rompent un certain équilibre intercantonal, situation susceptible de provoquer une certaine mise en cause du fédéralisme.

C'est pourquoi, dans le but de réaliser une compensation entre régions économiquement fortes et faibles, le Conseil fédéral élabore dès la fin des années soixante et approuve en 1971 une conception relative au développement de *toute* l'économie des régions de montagne. La principale nouveauté consiste en la volonté de définir des régions et d'intégrer l'ensemble des mesures dans un programme de développement régional.

Outre la politique agricole, la politique de développement économique des régions de montagne est composée d'autres domaines d'intervention de l'Etat, tels que l'hôtellerie, la formation professionnelle et le logement. L'adoption d'une conception globale de développement marque la reconnaissance explicite de la nécessité de coordonner l'ensemble des mesures.

Celles-ci consistent principalement en subventionnements (prêts à fonds perdus, remboursables ou cautionnement) spéciaux (supplémentaires) en faveur des régions de montagne. L'adoption de cette conception globale de développement économique des régions de montagne est concrétisée par l'adoption par les Chambres fédérales de la *LF du 28 juin 1974* sur l'aide en matière d'investissement dans les régions de montagne (LIM) qui vise à améliorer les conditions d'existence dans ces régions par l'octroi d'une aide sélective destinée à faciliter les investissements en faveur de projets d'équipements (écoles, routes, hôpitaux, installations culturelles, entreprises d'approvisionnement, etc.). Les bénéficiaires de l'aide sont les communes, les collectivités de droit public, ainsi que les particuliers dont l'activité sert les buts de la loi. Cette loi subordonne l'obtention d'une aide fédérale pour le développement des régions de montagne à la constitution de régions avec un plan de développement détaillé.

Cette loi ne contient qu'une aide financière pour la création d'infrastructure. (L'aide fédérale représente au plus le quart de l'investissement global et comme les cantons doivent verser une part au moins équivalente, ces aides cumulées représentent les 50% de l'investissement global.) Depuis son adoption, la LF est complétée par d'autres lois élaborées par le Parlement, notamment la LF « sur l'encouragement du crédit à l'hôtellerie et aux stations de villégiature », modification du 13 décembre 1974 (de la LF de 1966); la LF du 25 juin 1976 encourageant l'octroi de cautionnement dans les régions de montagne; la LF du 9 mars 1978 concernant l'amélioration du logement dans les régions de montagne. On parle également au niveau fédéral de rassembler dans une loi toutes les mesures agricoles spécifiques aux régions de montagne, qui sont actuellement dispersées dans l'ensemble des textes juridiques relatifs à la politique agricole (M. Bassand et al. [8.1]).

La LIM n'est donc qu'un des éléments d'une politique régionale globale puisque dans son essence, elle est issue d'un concept applicable aux régions dites de « montagne » et principalement agricoles et touristiques.

La LIM ne s'applique pas mécaniquement à toutes les régions en crise, comme par exemple les régions de la chaîne du Jura. Celles-ci sont caractérisées par un tissu industriel peu diversifié mais dense. Elles souffrent depuis la récession des années septante de l'affaiblissement très important de la branche industrielle dominante, en l'occurrence l'horlogerie. Cette récession provoque une émigration que d'aucuns qualifient de véritable saignée. C'est pourquoi, par son arrêté fédéral de 1978 sur l'aide subsidiaire en faveur des régions dont l'économie est menacée, la Confédération — en dépit des réserves des milieux proches de l'économie privée — dispose d'un nouveau — bien que très modeste — moyen d'action pour sa politique régionale. Cette aide subsidiaire consiste en un soutien financier alloué sous la forme de cautionnements de crédits d'investissements et de contributions au service de l'intérêt pour encourager l'innovation et la diversification dans les régions présentant des structures affaiblies et où l'économie est axée sur une seule branche industrielle.

Ces contributions sont supportées à la fois par les banques, les cantons et la Confédération. Cette dernière ouvre un crédit de 30 millions de francs aux fins de financer sa contribution au service de l'intérêt.

11.5 EN GUISE DE CONCLUSION

Par ces trois exemples de politiques publiques, nous n'avons évidemment pas fait un tour complet des politiques gouvernementales qui ont pour objectif, avoué ou pas, de freiner ou encourager la mobilité spatiale de la population résidant en Suisse. Notons encore :

- les politiques cantonales et fédérales du logement et d'urbanisme qui ont une incidence considérable sur la mobilité résidentielle et les mouvements pendulaires ;
- les politiques de péréquation financière qui luttent contre les disparités intercantonales ;
- les politiques cantonales d'harmonisation fiscale entre communes et celles qui abordent la coordination scolaire et universitaire intercantonale ;
- la loi de 1978 sur la formation professionnelle, le remaniement de l'assurance chômage et la révision en cours de la loi sur le service de l'emploi, toutes trois ont, entre autres, pour objectif de favoriser l'accroissement des mobilités professionnelle et géographique des travailleurs. Elles sont une réponse ponctuelle à la récession économique qui touche la Suisse depuis 1974 ;
- les politiques sociales relatives à l'abaissement de l'âge de la retraite ou l'allongement des vacances annuelles ont évidemment des conséquences sur les mobilités interrégionales et la mobilité de loisir ;
- il en va de même avec les politiques de la santé et de l'énergie.

Bref, il ne fait pas de doute que l'action des pouvoirs publics sur la mobilité spatiale est considérable. Mais l'observation trop brève de ces politiques ne nous permet pas de tirer des conclusions sur leur *impact réel*. De cette rapide analyse apparaît pourtant déjà que non seulement ces politiques s'interpénètrent, mais encore ces interactions ont parfois des effets contradictoires. Ainsi par exemple, la politique des routes nationales a renforcé l'attractivité des grands pôles urbains du point de vue de l'emploi, de la formation, de la culture, etc., au détriment des régions de montagne, entre autres, contribuant ainsi à la pérennité de l'exode rural, par ailleurs combattue par les politiques agricoles, mais dont on a vu les résultats peu probants sur l'exode rural, etc.

Par cette dernière remarque, nous ouvrons tout un champ de recherches encore peu pratiquées en Suisse, à savoir la recherche évaluative des politiques publiques.

CHAPITRE 12

CONCLUSIONS

12.1 LIMITES

D'emblée soulignons que ce bilan n'est pas exhaustif: dans le laps de temps arrêté pour faire cette étude, il était impossible de traiter complètement un champ aussi vaste, c'est-à-dire qui comprend au moins six types de mobilité spatiale. C'est petit à petit que nous nous sommes rendus à cette évidence. En effet, l'importance de la mobilité spatiale est telle que toutes recherches en sciences humaines l'abordent d'une manière ou d'une autre. D'où très rapidement, nous avons réduit notre investigation aux recherches qui traitent centralement et prioritairement d'un des six types de mobilité spatiale. Ensuite, devant la quantité des travaux recensés, nous avons dû admettre qu'il était impossible de les examiner systématiquement. Le lecteur pourrait nous poser alors la question suivante: pourquoi n'avoir pas redimensionné notre bilan sur un nombre plus restreint de types de mobilité spatiale? Nous nous sommes aussi posé cette question. Mais en même temps que nous mesurions l'ampleur des matériaux, nous prenions conscience que les mobilités spatiales internationales, interrégionales, intra-régionales et pendulaires, forment un système qu'il aurait été regrettable de dissocier. En d'autres termes, *nous avons opté pour un bilan extensif, plutôt qu'intensif.* Nous reviendrons plus loin sur cet aspect.

12.2 ÉVALUATION DES TRAVAUX FAITS EN SUISSE

Les publications sur la mobilité spatiale en Suisse sont nombreuses, beaucoup plus nombreuses que nous le supposions au début de cette étude. Pourtant, cette première constatation appelle deux nuances importantes.

Premièrement, les efforts de recherche ont été fort inégalement répartis. Les études sur l'immigration étrangère et les mobilités interrégionales (exode rural, mobilité interurbaine, émigration urbaine) sont par exemple nombreuses, alors que celles sur la mobilité résidentielle se comptent à peine sur les doigts des deux mains.

Deuxièmement, la quantité ne doit pas faire illusion. En effet, quels que soient les types de mobilité spatiale, rares sont les *travaux de portée nationale*. L'immense partie des publications sont des recherches monorégionales. De six types de mobilité spatiale, seule l'immigration étrangère a été traitée de manière *relativement* complète, c'est-à-dire sous les diverses perspectives que nous avons mentionnées dans les premiers chapitres de cette étude. L'exploration des autres types de mobilité spatiale reste encore embryonnaire et fractionnée. Ou bien les données sont anciennes, ou bien monorégionales, ou bien l'exploration n'est le fait que d'un nombre réduit de disciplines, ou bien ces dernières ne traitent que de quelques aspects du processus, ou bien encore ces lacunes se cumulent.

En soulignant ces manques, nous ne sous-estimons pas l'intérêt des recherches effectuées, bien au contraire. Mais à un moment donné de la recherche sur un thème donné, ces investigations doivent être dépassées par des travaux scientifiques de portée nationale.

12.3 QUELQUES PERSPECTIVES GÉNÉRALES

12.3.1 Mobilité spatiale et organisation de l'espace

La mobilité spatiale résulte de la différenciation de l'espace. Elle est donc le processus par lequel s'opère, entre autres la spécialisation de l'espace. Nous avons vu à plus d'une reprise que les groupes sociaux et économiques s'approprient l'espace selon des modalités qui varient avec les époques : *polarisation dans les villes* des entreprises industrielles dans la phase ascendante de l'industrialisation ; *redéploiement des entreprises industrielles* dans les périphéries urbaines et *concentration au cœur des villes des entreprises tertiaires* dans les phases plus avancées de l'industrialisation ; actuellement on assiste à l'implantation de certains secteurs de production dans des régions suisses et étrangères où la main-d'œuvre est plus avantageuse, etc. C'est cette mobilité des facteurs de production qui entraîne celle de la main-d'œuvre. Il en va de même avec l'habitat qui se structure plus ou moins indépendamment des précédents déplacements de facteurs de production. En effet, la localisation du logement qui se fait en termes de rentabilité, surtout, et de qualité de vie, et qui se spécialise selon des critères sociaux, démographiques, économiques et culturels, va elle aussi entraîner des mobilités spatiales de population. Finalement, l'émergence d'un temps de non-travail toujours plus long permet la création de zones de loisir plus ou moins éloignées des marchés de travail ; eux aussi entraînent une mobilité spatiale.

Bref, en raison des facteurs fort divers, l'espace se spécialise socialement, économiquement, démographiquement, culturellement, cela autant au plan *international, national, régional et local. C'est par la mobilité spatiale que cette spécialisation a pu et peut s'opérer, mais encore c'est grâce à elle que ces espaces spécialisés peuvent échanger et former une unité organique.* La mobilité spatiale est la condition *sine qua non* du fonctionnement de *cette mosaïque que sont les sociétés urbanisées.* En bref, sans être un facteur premier, la mobilité spatiale est un processus par lequel les changements de l'organisation de l'espace peuvent avoir lieu, mais en même temps, c'est par elle que cette nouvelle organisation spatiale peut fonctionner effectivement.

Il va de soi que cette mobilité spatiale est rendue fluide et aisée par la mise à disposition de moyens de transports rapides et puissants, ainsi que de moyens de communication. A leur tour, ces innovations technologiques permettent des redéploiements nouveaux de l'économie et de l'habitat. La suburbanisation, la rurbanisation, la structuration de zones touristiques avec l'ampleur que nous leur connaissons, n'auraient pas été possibles sans moyens de transports et de communication adéquats. Ces thèmes ont été mis en évidence dans les chapitres précédents. De même le rôle des pouvoirs publics peut faciliter les mobilités spatiales que nous venons d'évoquer ou, au contraire, les freiner ou tout simplement les rendre impossibles.

12.3.2 Système des mobilités spatiales

Tout au long de cette recherche, nous avons reconnu et souligné que la mobilité spatiale était subdivisée en plusieurs types qui présentaient chacun des particularités en termes de distance, de retour ou pas et de durée. Nous avons vu que bien d'autres traits les différenciaient, par exemple en termes de leurs déterminants liés au travail, à la résidence, aux loisirs, de même que les conséquences pour le migrant, pour ses lieux d'accueil et d'origine.

Ces différences nous paraissent importantes et c'est pour cela que nous distinguons plusieurs types, même si par ailleurs ils ont de nombreux points en commun.

Cela dit, il serait erronné de séparer les divers types de mobilité spatiale parce que très souvent, diachroniquement et synchroniquement, ils s'articulent, se complètent, se succèdent, s'enchaînent, s'opposent. *Bref les divers types de mobilité spatiale forment un système.* Tout au long des chapitres précédents, nous avons illustré cette proposition. Rappelons ici quelques exemples:

- l'exode rural ne suffisant plus aux besoins de l'industrie et des services, il est fait appel à l'immigration étrangère;
- les zones semi-urbaines et mono-industrielles se vidant, et les autochtones restants ne voulant plus faire certains travaux, il est fait appel à l'immigration étrangère;
- le mouvement pendulaire des frontaliers est précédé pour l'immense partie d'entre eux d'une mobilité internationale ou interrégionale;
- la mobilité résidentielle, pour satisfaire des aspirations nouvelles en matière d'habitat, augmente souvent la durée et la distance des mouvements pendulaires;
- un déménagement met en place une chaîne d'autres déménagements dont la longueur varie selon la qualité et la nature du logement;
- pour beaucoup, les mouvements pendulaires longs sont suivis à plus ou moins long terme de déménagement; pour d'autres, ils peuvent remplacer une migration définitive;
- l'établissement de certains groupes sociaux dans un quartier donné, chasse les anciens résidents.

Nous pourrions aisément allonger cette liste. Pour plus de détails, nous renvoyons le lecteur aux chapitres précédents.

En bref, s'il est légitime d'étudier un type de mobilité spatiale, pour en comprendre et expliquer les tenants et aboutissants, il est erroné de l'isoler des autres types. Comme il est tout autant erroné de ne pas distinguer les divers types de mobilité et de leur appliquer sans discernement la même terminologie et les mêmes modèles d'analyse.

Si les divers types de mobilité spatiale forment très souvent un système, ce dernier est aussi lié aux autres formes de mobilité qui animent une société : mobilité sociale et professionnelle, mobilité dans le cycle de vie, mobilité culturelle (passage d'une culture à une autre), mobilité des facteurs de production. Il existe entre la mobilité spatiale et ces diverses formes de mobilité des combinaisons multiples qu'il serait trop long de dénombrer et de décrire ici. Ce qui, en revanche, apparaît très clairement, tout au long des chapitres précédents, c'est *qu'un acteur ne se déplace quasiment jamais que spatialement.* Son mouvement est précédé, accompagné ou suivi d'un ou de plusieurs autres types de mobilité ou sociale ou professionnelle, ou sur le cycle de vie, ou culturelle. *Du point de vue de l'acteur, la mobilité spatiale implique donc un jugement sur la société et reflète sa volonté de s'y forger un rôle et une position sociale.* De même la mobilité spatiale *n'est qu'un aspect du mouvement et du changement d'une société.*

12.3.3 Etude interdisciplinaire de la mobilité spatiale

Il nous paraît important de revenir sur un point déjà évoqué dans le chapitre 4. La compréhension et l'explication de la mobilité spatiale passent par l'effort non pas d'une seule discipline, mais de toutes les sciences sociales : nous avons pu montrer précédemment que la mobilité spatiale a des composantes sociales, démographiques, économiques, politiques, culturelles, etc. Plus encore, ces disciplines se doivent d'aborder la mobilité spatiale en établissant un pont entre les approches micro-sociales (ou psychosociologiques) et macro-sociales (ou structurelles). En effet, comme nous avons pu le montrer à plus d'une reprise, les transformations macro-sociales ne correspondent pas toujours nécessairement aux motivations, aspirations et décisions des acteurs, et ceux-ci ne se plient pas nécessairement aux premières. Plus souvent encore, la satisfaction des aspirations des acteurs d'un type ou d'un autre créent des situations structurelles tout à fait inattendues : la xénophobie par rapport aux travailleurs étrangers, l'hostilité plus ou moins vive de certains ruraux à l'égard des vacanciers. De même, des mesures structurelles qui devraient freiner l'exode rural, comme l'aide à la rationalisation de l'agriculture, ou des mesures qui devraient réduire la pendularité urbaine, comme la décentralisation de l'emploi, en fait ont pour effet d'accélérer ces mouvements. Bref, il n'y a pas de compréhension pertinente de la mobilité spatiale si les deux niveaux micro- et macro-sociaux ne sont pas pris en considération.

CHAPITRE 13

BIBLIOGRAPHIE

13.1 PERSPECTIVES THÉORIQUES ET MÉTHODOLOGIQUES SUR LA MOBILITÉ SPATIALE

Dans cette première bibliographie sont mentionnés par ordre alphabétique trois types d'études :

- quelques ouvrages généraux relatifs à la mobilité spatiale ;
- les études qui sont mentionnées d'une manière ou d'une autre dans les chapitres 1 à 4 ;
- quelques travaux généraux sur le développement urbain et régional.

1.1   Albrecht, G.
        Soziologie der geographischen Mobilität : zugleich ein Beitrag zur Soziologie des sozialen Wandels. – Stuttgart : F. Enke, 1972.
1.2   Anderson, Th. R.
        Intermetropolitan migration : a comparison of the hypotheses of Zipf and Stouffer : *American Sociological Review*, 20 (1955) 3 ; pp. 287-292.
1.3   Annales de démographie historique 1970. – Paris : Mouton, 1971. – Bibliogr.
        Recueil d'études sur les migrations de population dans divers pays du monde entre 1500-1800 : études de démographie historique sur la mobilité géographique de populations à travers les migrations alternantes, les migrations saisonnières, les migrations temporaires, l'émigration et le peuplement de diverses localités, régions ou Etats et leurs conséquences démographiques sur le pays d'origine ou le pays d'accueil.
1.4   Aydalot, P. ; Gaudemar, J.-P. de.
        Les migrations. – Paris : Gauthier-Villars, 1972. – Bibliogr.
        La migration du travail est-elle un phénomène momentanément déviant, processus d'ajustement d'un système trouble, ou bien la matière même dont est faite la croissance spatiale ? Cinq articles tournent autour de ce débat : éléments pour une critique de la théorie néo-classique des migrations ; contributions à la théorie des migrations ; mobilité et migrations internes ; la mobilité des cadres ; les migrations et la mobilité du travail en France, 1926-1968.
1.5   Aydalot, P.
        Dynamique spatiale et développement inégal. – Paris : Ed. Economica, 1976.

1.6   Bassand, M.
        Urbanisation et pouvoir politique. – Genève: Georg, 1974.

1.7   Bassand, M.; Fragnière, J.-P.
        Le pouvoir dans la ville. – Vevey: Delta, 1978.

1.8   Beltramone, A.
        La mobilité géographique d'une population. – Paris: Gauthier-Villars, 1966. –
        Bibliogr.

1.9   Beshers, J. M.; Nishiura, E. N.
        A theory of internal migration differentials: *Social Forces*, 39 (1961) 3;
        pp. 214-217.

1.10   B.I.T.
        Les migrations internationales, 1945-1957. – Genève, 1959.

1.11   Bogardus, E. S.
        Immigration and race attitudes. – Boston: D.C. Heath, 1928.

1.12   Bogue, D. J.
        Internal migration. In: Hauser, Philip M.; Duncan, Otis D.: The study of
        population. – Chicago, 1959. – pp. 486-509.

1.13   Bogue, D. J.
        Techniques and hypotheses for the study of differential migration: *Internatio-
        nal Popul. Conference*, 1961, com. 114.

1.14   Bogue, D. J.; Thompson, W. S.
        Migration and distance: *American Sociological Review*, 14 (1949); pp. 236-
        244.

1.15   Borrie, W. D.
        The cultural integration of immigrants. – Paris: Unesco, 1959.

1.16   Boudon, R.
        Modèles appliqués à l'analyse des phénomènes migratoires. In: Boudon, R.:
        L'analyse mathématique des faits sociaux. – Paris: Plon, 1967. – pp. 353-361.

1.17   Bourguignon, F.; Gallois-Hamonno, G.; Fernet, B.
        Choix économiques liés aux migrations internationales de main-d'œuvre: le
        cas européen. – Paris: OCDE, 1977.
        Le rôle des migrations internationales de main-d'œuvre dans l'ensemble des échanges internatio-
        naux et dans la division internationale du travail en 1977: choix entre migration de capital et
        migration de main-d'œuvre, avantages et coûts respectifs pour les pays d'accueil en Europe, émi-
        gration et développement économique, effets dans les pays de départ.

1.18   Bourne, L. S.
        Internal structure of the city. – New York: Oxford University Press, 1971.

1.19   Bright, M. L.; Thomas, D. S.
        Interstate migration and intervening opportunities: *American Sociological
        Review*, 6 (1941); pp. 773-783.

1.20   Brown, L. A.; Moore, E.
        The intra-urban migration process: a perspective. In: Bourne L. S.: Internal
        structure of the city: readings on space and environment. – New York: Oxford
        University Press, 1971. – pp. 200-209.

1.21   Buercher, B.
        Der Agglomerationsprozess in der Schweiz: *Dokumente und Informationen zur Schweizerischen* O.-R.-L. DISP (1976) 43; pp. 34-42.

1.22   Bunge, M.
        Four Models of Human Migration: an exercice in Mathematical Sociology: *General Systems*, Yearbook of the Society for General Systems Research, University of Michigan, XVI (1971).
        L'auteur discute l'apport de deux modèles déterministes et de deux modèles stochastiques en vue d'une explication du phénomène social de la mobilité humaine.

1.23   Burgess, E. W.
        The urban community. – Chicago: University Press, 1926.

1.24   Burgess, E. W.; Bogue, D. J.
        Contributions to urban sociology. – Chicago: Univ. Press, 1964.

1.25   Butler, E. W.
        Urban sociology. – New York: Harper and Row, 1976.

1.26   Cani, J. S. de.
        On the construction of stochastic models of population growth and migration: *Journal of Regional Science*, 3 (1961); pp. 1-13.

1.27   Castells, M.
        La question urbaine. – Paris: Maspero, 1973.

1.28   Charbit, Y.
        La sociologie des migrations en Grande-Bretagne (1960-1975): *L'Année sociologique*, 26 (1975); pp. 83-105. – Bibliogr.
        Jadis terre de départ, l'Angleterre connaît aujourd'hui un renversement du flux migratoire. La sociologie des migrations devient sociologie des relations interethniques et pose un regard critique sur une société qui cherche en même temps à préserver ses traditionnelles valeurs libérales tout en limitant le nombre de ses immigrants de couleur.

1.29   Christoffel, M.
        Die industrielle Ballung in der Schweiz: Untersuchung über die Standortwahl schweizerischer Industrieunternehmungen seit 1952. – St. Gallen: Universität, 1967 (Diss. Wirtsch.).

1.30   Courgeau, D.
        Les champs migratoires en France. – Paris: PUF, 1970.

1.31   Cromme, D. et al.
        Projektion der räumlichen Bevölkerungsbewegung mit Hilfe von Markov-Ketten und Raumtypen: *Rhein.-Westf. Institut für Wirtsch. Forsch.*, Essen (1971) 3.

1.32   Csillaghy, J.
        Intégration économique internationale et différenciation régionale. – Paris: Ed. de l'Epargne, 1965.

1.33   Dollot, L.
        Les migrations humaines. – 3e éd. – Paris: PUF, 1970.

1.34   Drewe, P.
        Steps toward action-oriented migration research: *Papers of the Regional Science Association*, 26 (1971); pp. 145-164.

1.35   Duchac, R.
        La sociologie des migrations aux Etats-Unis. – Paris: Mouton, 1974. –
        Bibliogr.
        Constatant que les communautés d'immigrants ont toujours résisté à une assimilation totale,
        l'auteur pense que l'évolution de la sociologie des migrations ne peut être séparée de l'évolution
        de la sociologie américaine et de la théorie concernant cette société. Cette constatation
        conditionne le cheminement de l'étude au cours de laquelle sont exposés les diverses techniques
        d'analyse des migrations, les mesures de la ségrégation et le rôle opératoire des principaux
        modèles d'analyse mathématique des mouvements migratoires. La part croissante qu'a prise la
        sociologie dans l'élaboration et l'application d'une politique de migration est mise en relief.

1.36   Duncan, B.
        Intra-urban population movement. In: Hatt, P. K.; Reiss, A. J.: Cities and
        society. – Glencoe: The Free Press, 1959. – pp. 297-309.
        Les déplacements quotidiens de la population de Chicago sont mis en relation avec les modes
        d'utilisation du sol (patterns of land use). Facteurs écologiques et facteurs économiques
        concourent à l'élaboration de la notion d'« accessibilité du site ». Un site urbain donné sera un
        foyer de convergence de mouvements de population, à proportion de son degré d'accessibilité.
        Mesurer ce degré, c'est prendre en considération, d'une part l'implantation d'équipements
        publics attractifs, ou la possibilité de les implanter (compte tenu par ex. du prix du terrain),
        d'autre part le réseau de transport existant. Ces mêmes facteurs entrent en jeu, également, pour
        l'étude de la distribution de la population dans les zones résidentielles.
        L'auteur fait l'inventaire des taux d'utilisation, pour un certain nombre de fins définies (activités
        industrielles, commerciales, institutions publiques, voirie et transports, utilisation résidentielle)
        du territoire urbain de Chicago divisé en zones concentriques. Les données de base, croisées
        avec des variables socio-économiques, permettent de décrire la distribution de la population et
        ses mouvements (notamment la distance parcourue sur le trajet résidence-travail).

1.37   Duncan, B.; Sabagh, G.; Van Arsdol, M. D. Jr.
        Patterns of city growth: *American Journal of Sociology*, 67 (janv. 1962);
        pp. 418-429.

1.38   Eisenstadt, S. N.
        The process of absorption of new immigrants in Israël: *Human Relations*, 5
        (1952); pp. 223-246.

1.39   Ellemers, J.-E.
        The determinants of emigration: an analysis of Dutch studies on migration:
        Sociologia Neerlandica, 2 (1964) 1; pp. 41-55.

1.40   Freedman, R.
        Migration differentials in the city as a whole. In: Hatt, P. K. & Reiss, A. J.:
        Cities and society. – 2ᵉ éd. – Glencoe: The Free Press, 1957. – pp. 367-381.

1.41   Freedman, R.
        Cityward migration, urban ecology and social theory. In: Burgess, E. W.;
        Bogue, D. J.: Contributions to urban sociology. – Chicago: University Press,
        1964. – pp. 178-200.

1.42   Gans, H. J.
        The urban villagers: Group and class in the life of Italian-Americans. – 6ᵉ éd. –
        New York: The Free Press, Collier-Macmillan, 1969. – Bibliogr.

1.43   Gaudemar, J.-P. de.
        Mobilité du travail et accumulation du capital. – Paris: Maspero, 1976.

1.44   George, P.
       Types of migration of the population according to the professional and social
       composition of migrants. In: Jansen, C. J.: Readings in the sociology of migra-
       tion. – Oxford: Pergamon Press, 1970. – pp. 39-47.
1.45   Girard, A.; Stoetzel, J.
       Français et immigrés: l'attitude française. L'adaptation des Italiens et des
       Polonais. – Paris: PUF, 1953.
1.46   Girod, R.
       Sociologie des migrations: les travailleurs étrangers en Europe. – Genève:
       Département de sociologie, 1973.
1.47   Granotier, B.
       Les travailleurs immigrés en France. – Paris: Maspero, 1970. – Bibliogr.
1.48   Graves, T. D.
       Alternative models for the study of urban migration: *Human Organization*, 25
       (1966) 4; pp. 295-299.
1.49   Greenwood, M. J.
       An analysis of determinants of geographic mobility in the U.S.: *Review of Eco-
       nomics and Statistics* (mai 1969).
1.50   Greenwood, M. J.
       Lagged response in the decision to migrate: *Journal of Regional Science*
       (1970).
1.51   Greenwood, M. J.
       Research on internal migration in the United States: a survey: *Journal of Eco-
       nomic Literature*, 13 (1975) 2; pp. 397-433. – Bibliogr.
1.52   Haegerstrand, T.
       Migration and area: survey of a sample of Swedish migration field and hypo-
       thetical considerations in their genesis: *Lund Studies in Geography*, Serie B,
       (1957) 13; pp. 27-158.
1.53   Handbuch der empirischen Sozialforschung: Soziale Schichtung und Mobili-
       tät: *Wissenschaftliche Reihe*, Stuttgart (1976) 5.
1.54   Handlin, O.
       The newcomers: Negroes and Puerto-Ricans in a changing metropolis. –
       Cambridge, Mass.: Harvard University Press, 1959.
1.55   Hatt, P. K.; Reiss, A. J.
       Cities and society. – New York: The Free Press, 1951.
1.56   Haumont, B.
       Croissance urbaine, migrations et activités tertiaires. – Paris: Sorbonne, 1969.
       (Thèse de 3e cycle, dactyl.)
1.57   Hauser, P. M.; Schnore, L. F.
       The study of urbanization. – New York: J. Wiley, 1965.
1.58   Heberle, R.
       Die Bedeutung der Wanderungen im sozialen Leben der Völker. In: Albrecht,
       G.: Reine und angewandte Soziologie. Festgabe für Ferdinand Tönnies. –
       Leipzig, 1936. – pp. 165-179.

1.59   Heberle, R.
        Migratory mobility: theoretical aspects and problems of measurement: *Proceedings of the World Population Conference*, UNO, 2 (1954); pp. 527-542.
1.60   Heberle, R.
        Theorie der Wanderungen: soziologische Betrachtungen. In: *Schmollers Jahrbuch für Gesetzgebung*, Verwaltung und Volkswirtschaft, Berlin, 75 (1955) 1; pp. 1-23.
1.61   Heberle, R.
        Types of migration: *Southwestern Social Science Quarterly*, 36 (1955); pp. 65-70.
1.62   Heberle, R.
        Die soziale Bewegung «Ethnischer» Gruppen: *Koelner Zeitschrift für Soziologie*, 17 (1965); pp. 619-631.

1.63   Heberle R.
        Besprechung von G. Albrecht, Soziologie der geographischen Mobilität. In: *Kölner Zeitschrift für Soziologie und Soziopsychologie*, 1 (1973); pp. 204-205.

1.64   Heintz, P.
        Einführung in die soziologischen Theorie. – 2ᵉ éd. – Stuttgart, 1968.

1.65   Heintz, P.
        Ein soziologisches Paradigma der Entwicklung mit besonderer Berücksichtigung Lateinamerikas. – Stuttgart, 1969.

1.66   Heintz, P.; Hoffmann-Nowotny, H.-J.
        Das Fremdarbeiterproblem aus soziologischer Sicht: *Schweizer Monatshefte*, 49 (1969) 5; pp. 466-473.

1.67   Hietala, K.
        Migration flows between the nordic countries in 1963-1975: an econometric analysis of the factors behind them: Conference on «Economic and demographic change: issues for the 1980's», Helsinki, 1978; p. 5.1.1.

1.68   Hoffmann-Nowotny, H.-J.
        Migration: ein Beitrag zu einer soziologischen Erklärung. – Stuttgart: F. Enke, 1970.
        Présentation et discussion de nombreux modèles, définitions, typologies et théories de la migration. La théorie des tensions structurelles et anomiques fournit à l'auteur des hypothèses vérifiées ensuite par des données relevant des migrations internationales aussi bien qu'intercantonales.

1.69   Hoffmann-Nowotny, H.-J.
        Soziologie des Fremdarbeiterproblems: eine theoretische und empirische Analyse am Beispiel der Schweiz. – Stuttgart: F. Enke, 1973.
        Etude de la sociologie de l'immigration, plus particulièrement du problème des travailleurs immigrés en Suisse. L'auteur examine les espérances et les comportements du groupe minoritaire des travailleurs étrangers, l'impact de l'immigration sur les structures sociales, les tentatives de discrimination, les raisons du faible taux d'intégration des travailleurs italiens, etc., et en conclut que la sociologie du problème du travailleur étranger devrait être la sociologie du pays-hôte plutôt que celle des travailleurs étrangers.

1.70 Horstmann, K.
Horizontale Mobilität. In: Handbuch der empirischen Sozialforschung, Bd 2.
– Stuttgart, 1969. – pp. 43-64.

1.71 Horstmann, K.
Zur Soziologie der Wanderungen. In: Handbuch der empirischen Sozialforschung, Bd 5. – Stuttgart, 1976.

1.72 Hunt, C. J.; Butler, E. W.
Migration, participation and alienation: *Sociology and Social Research*, 56
(1971/72).

1.73 Hunter, L. C.; Reid, G. L.
La mobilité des travailleurs urbains. – Paris: OCDE, 1968. – Bibliogr.

1.74 Isbell, E. C.
Internal migration in Sweden and intervening opportunities. In: Jansen, C. J.:
Readings in the sociology of migration. – Oxford: Pergamon Press, 1970. –
pp. 341-364.

1.75 Jackson, J. A. (Ed.)
Migration. – Cambridge: University Press, 1969.

1.76 Jansen, C. J.
Migration: a sociological problem. In: Jansen, C. J.: Readings in the sociology
of migration. – Oxford: Pergamon Press, 1970. – pp. 3-35.

1.77 Jansen, C. J.
Readings in the sociology of migration. – Oxford: Pergamon Press, 1970. –
Bibliogr.

1.78 Jansen, P. G.
Zur Theorie der Wanderungen. In: *Zentralinstitut für Raumplanung*: Zur
Theorie der allgemeinen und der regionalen Planung, Beiträge zur Raumpla-
nung, Bd 1. – Bielefeld, 1969. – pp. 149-163.

1.79 Kain, J. F.
An econometric model of metropolitan development: *Papers and Proceedings
of the Regional Science Association*, 11 (1963); pp. 123-143.

1.80 King, L. G.; Golledge, R. G.
Cities, space and behavior. – New Jersey: Prentice-Hall, 1978.

1.81 Kneschaurek, F.; Graf, H. G.
Bevölkerungsmodelle: ihre wissenschaftliche Problematik und ihre praktische
Anwendbarkeit als Grundlage wirtschaftspolitischer Entscheidungen. – St.
Gallen: Volkswirtschaftliche Abteilung der Hochschule, 1978 (Diskussionsbei-
trag; Nr. 8).

1.82 Kottwitz, G.; Vanberg, M.
Ein Modell der Wanderungsentscheidung: *Arbeitsheft aus dem Institut für
Soziologie des T.U.*, Berlin, (1972) 4.

1.83 Kreckel, R.; Brock, D.; Thode, H.
Vertikale Mobilität und Unmobilität in der BRD: *Mitteilungen aus dem Institut für Raumordnung*, Bonn/Bad Godesberg, 1972.

1.84 Ladame, P.-A.
Le rôle des migrations dans le monde libre. – Genève: Droz, 1958.

1.85 Lansing, J. B.; Barth, N.
Residential location and urban mobility: a multivariate analysis. – Ann Arbor, Mich.: Institute for social research, University, 1964.

1.86 Lansing, J. B.; Müller, E.
The geographic mobility of labor. – Ann Arbor, Mich.: Institute for social research, University, 1968.

1.87 Lee, E. S.
A theory of migration. In: Jackson, J. A.: Migration. – Cambridge: University Press, 1969. – pp. 282-297.

1.88 Lee, E. S.
Theorie der Wanderungen. In: Szell, G. (Hrsg): Regionale Mobilität. – München, 1972.

1.89 Leslie, G. R.; Richardson, A. H.
Life-cycle, career pattern, and the decision to move: *American Sociological Review*, 26 (1961); pp. 894-902.

1.90 Lowry, I. S.
A Model of Metropolis. – Santa Monica: Rand Corporation, 1964.

1.91 Lowry, I. S.
Migration and Metropolitan Growth: two analytical Models. – Los Angeles: Institute of government and public affairs, University of California, 1966.

1.92 McKensie, R. D.
The ecological approach to the study of the human community. In: Park, R. E.; Burgess, E. W.; McKensie, R. D.: The city. – 4ᵉ éd. – Chicago: University of Chicago Press, 1967. – Bibliogr.

1.93 Mangalam, J. J.; Schwarzweller, H. K.
Some theoretical guidelines toward a sociology of migration: *International Migrations Review*, 4 (1969/70) 2.

1.94 Migration and adaptation: *American Behavioral Scientist*, 13 (1969) N° spécial.

1.95 Morrison, P. A.
Theoretical issues in the design of population mobility models. – Santa Monica: Rand Corporation, 1969.

1.96 Needham, B.
How cities work. – New York: Pergamon Press, 1977.

1.97 Niederberger, J.
Migration als Spannungstransfer. – Zürich: Universität, 1973 (Lizentiatsarbeit).

1.98 Okun, B.; Richardson, F.
Regional income inequality and internal population migration. In: Friedman, J.; Alonso, W. (Ed.): Regional development and planning. – Cambridge, Mass., 1965. – pp. 303-318.

1.99 Olsson, G.
Distance and human interaction: a review and bibliography. – Philadelphia: Regional science research Institute, 1965. – (Bibliography Series Nr 2).

1.100 Olsson, G.
Distance and human interaction: a migration study: *Geografiska Annaler*, 47 (1965); pp. 3-43.

1.101 Olsson, G.
Central place systems, spatial interaction, and stochastic processes: *Papers and Proceedings of the Regional Science Association*, 18 (1967); pp. 13-45.

1.102 Omer, G.; Täuber, K.
Metropolitan migration and intervening opportunities: *American Sociological Review*, 31 (1966); pp. 5-13.
Cette étude contient un essai d'application et de vérification du deuxième modèle de Stouffer.

1.103 Orban, B.
Zur Kausalanalyse von Mobilitätsprozessen. – Zürich: Universität, 1973 (Lizentiatsarbeit).

1.104 Packard, V.
Une société d'étrangers. – Paris: Calmann-Lévy, 1973.
Le caractère de plus en plus mobile de la société américaine conduit à l'éclatement des petits groupes sociaux. Un tel phénomène de fragmentation sociale détermine la détérioration des relations sociales traditionnelles, des croyances religieuses, de la stabilité professionnelle et de la cellule familiale. C'est aux formes de déracinement liées à cette situation qu'est consacré cet ouvrage, ainsi qu'aux nombreux troubles physiques et psychiques qu'elles engendrent.

1.105 Park, R. E.
Human migration and the marginal man: *American Journal of Sociology*, 33 (1928); pp. 881-893.

1.106 Park, R. E.
Immigration: book reviews: *American Journal of Sociology*, 34 (1928) 2; pp. 376-381.

1.107 Park, R. E.; Burgess, E. W.; McKensie, R. D.
The city. – 4ᵉ éd. – Chicago: University Press, 1967. – Bibliogr.

1.108 Parsons, T.
The social system. – New York: The Free Press, 1951.

1.109 Parsons, T.
The structure of social action. – 2ᵉ éd. – Glencoe, Ill., 1949.

1.110 Petersen, W.
A general typology of migration. In: Jansen, C. J. (Ed.): Readings in the sociology of migration. – Oxford: Pergamon Press, 1970. – pp. 49-68.

1.111 Petersen, W.
Population. – New York: Macmillan, 1975. – 3ᵉ éd.

1.112 Prognos A. G.
Auswirkungen von Nutzungsverlagerung auf kommunale Einnahmen und Ausgaben. – Basel: Prognos, 1977.

1.113 Ravenstein, E. G.
The laws of migration: *Journal of the Statistical Society*, 48 (1885); pp. 167-227.

1.114   Ravenstein, E. G.
        The laws of migration: *Journal of the Royal Statistical Society*, 52 (1889);
        pp. 241-301.

1.115   Reid, I. de A.
        Immigration and assimilation: *Current History*, 29 (1955) 171.

1.116   Richardson, H.
        Factor mobility: *Regional Economics*, (1969) chap. 12.

1.117   Rose, A.
        Distance of migration and socio-economic status of migrants. In: Jansen,
        C. J.: Readings in the sociology of migration. – Oxford: Pergamon Press,
        1970. – pp. 85-91.

1.118   Rose, A.; Warshay, L.
        The adjustment of migrants to cities: *Social Forces*, 36 (1957); pp. 72-76.

1.119   Rossi, P. H.
        Why families move: a study in the social psychology of urban residential
        mobility. – Glencoe, Ill.: The Free Press, 1955.

1.120   Saunders, H. W.
        Human migration and social equilibrium. In: Spengler, J. J.; Duncan, O. D.
        (Ed.): Population theory and policy. – Glencoe, Ill., 1956. – pp. 219-229.

1.121   Sauvy, A.
        Théorie générale de la population. – Paris: PUF, 1954. – 2 vol.

1.122   Shibutani, T.; Kwan, K. M.
        Ethnic stratification. – New York: McMillan, 1965.

1.123   Siu, P. C. P.
        The isolation of the chinese laundryman. In: Burgess, E. W.; Bogue, D. J.:
        Contributions to urban sociology. – Chicago: University Press, 1964. –
        pp. 429-442.

1.124   Spengler, J. J.; Duncan, O. D.
        Population theory and policy: selected readings. – Glencoe, Ill.: The Free
        Press, 1956.

1.125   Steglich, W. G.
        Some characteristics of long versus short-distance migrants: *Proceedings of
        Southwest Sociolog. Assoc.*, 14 (1964); pp. 20-25.

1.126   Stewart, C. T. Jr.
        Migration as a function of population and distance: *American Sociological
        Review*, 25 (1960) 3; pp. 347-356.

1.127   Stewart, J.
        An inverse distance variation for certain social influences: *Science*, 39 (1941);
        pp. 89-90.

1.128   Stewart, J.; Arntz, W.
        Physics of population distribution: *Journal of Regional Science*, 1 (1958);
        pp. 99-123.

1.129 Stonequist, E. V.
The problem of the marginal man: *American Journal of Sociology*, 41 (1935/36); pp. 1-12.

1.130 Storbeck, D.
Zur Theorie der regionalen Bevölkerungsstruktur. – Münster/Westf., 1974.

1.131 Stouffer, S. A.
Intervening opportunities: a theory relating mobility and distance: *American Sociological Review*, 5 (1940); pp. 845-867.

1.132 Stouffer, S. A.
Intervening opportunities and competing migrants: *Journal of the Regional Science*, 2 (1960); pp. 1-26.

1.133 Strodtbeck, F.
Equal opportunity intervals: a contribution to the method of intervening opportunity analysis: *American Sociological Review*, 14 (1949); pp. 490-497.

1.134 Täuber, C.
Recent trends of rural-urban migration in the United States. In: Postwar problems of migration. – New York: Milbank Memorial Fund, 1947. – pp. 124-134.

1.135 Täuber, I.
Migration, mobility and the assimilation of the Negro: *Population Bulletin*, 14 (1958) 7; pp. 126-151.

1.136 Täuber, I.
Family, migration and industrialization in Japan. In: Jansen, C. J.: Readings in the sociology of migration. – Oxford: Pergamon Press, 1970. – pp. 367-382.

1.137 Täuber, K. E.; Alma, F.
The Negro as an immigrant group: recent trends in racial and ethnic segregation in Chicago: *American Journal of Sociology*, 69 (1964); pp. 374-382.

1.138 Tarver, J. D.
Interstate migration differentials: *American Sociological Review*, 28 (1963) 3; pp. 448-451.

1.139 Termote, M.
Les modèles de migration: une perspective d'ensemble: *Recherches économiques*, 33 (1967) 4; pp. 413-444.

1.140 Thomas, W. I.; Znaniecki, F.
The Polish peasant in Europe and America. – New York, 1927.

1.141 Thomlinson, R.
A model for migration analysis: *Journal of the American Statistical Association*, 56 (1961); pp. 675-686.

1.142 Tugault, Y.
Méthode d'analyse d'un tableau Origine-Destination de migrations: *Population* (janv.-fév. 1870); pp. 59-68.

1.143 Union internationale pour l'étude scientifique de la population (UIESP), Liège.
Conférence sur « Economic and demographic change: Issues for the 1980's », Helsinki, 1978.

1.144   Werth, M.
Analyse mobilitätshemmender Motivationen. – Göttingen, 1974.

1.145   Wieting, R. G.; Hübschle, J.
Struktur und Motive der Wanderungsbewegungen in der BRD (unter besonderer Berücksichtigung der kleinräumigen Mobilität). – Basel: Prognos, 1968.

1.146   Wolpert, J.
Migration as an adjustment of environmental stress: *Journal of Social Issues*, New York, 22 (1966) 4; pp. 92-102.

1.147   Wulf, J.
Ergebnisse der Wanderungsforschung und ihre Integration in raumwirtschaftliche Modelle: *Zeitschrift für die Gesamte Staatswissenschaft*, 128 (1972) 3; pp. 473-497.

1.148   Zimmer, B. G.
Participation of migrants in urban structure: *American Sociological Review*, 20 (1955); pp. 218-224.

1.149   Zipf, G. K.
The $P_1 P_2/D$ hypothesis: on the intercity movement of persons: *American Sociological Review*, 11 (1946); pp. 677-686.

13.2 MIGRATIONS INTERNATIONALES ET IMMIGRATION ÉTRANGÈRE

Pour faciliter l'orientation du lecteur dans cette section vaste et hétéroclite sur les migrations internationales, nous avons retenu quelques thèmes qui correspondent à des domaines de recherche plus spécifiques.

- **Généralités**
  1.35, 1.43, 1.68, 1.69, 2.88, 2.161, 2.226, 2.248, 2.278.
- **Volume et direction des courants migratoires**
  1.47, 2.36, 2.52, 2.61, 2.65, 2.93, 2.94, 2.100, 2.173, 2.197, 2.203, 2.260, 2.288.
- **Causes et conséquences pour le contexte d'origine**
  2.59, 2.61, 2.152, 2.162, 2.164, 2.200, 2.235.
- **Conséquences pour le pays d'accueil**
  1.69, 2.45, 2.53, 2.84, 2.86, 2.96.
- **Politique d'immigration: statut légal des immigrés**
  2.13, 2.18, 2.27, 2.53, 2.57, 2.62, 2.85, 2.104, 2.185, 2.265, 2.296.
- **Migration clandestine**
  2.19, 2.166, 2.203, 2.236.
- **Exode des cerveaux**
  2.145, 2.153, 2.176, 2.249, 2.268.
- **Retour des émigrés**
  1.69, 2.172, 2.195, 2.209, 2.301.
- **Xénophobie et relations interethniques**
  1.28, 1.69, 2.11, 2.137.
- **Condition sociale des immigrés dans les pays d'accueil**
  2.10, 2.19, 2.146, 2.234, 2.264, 2.300.
- **Intégration et assimilation des immigrés**
  1.95, 2.14, 2.69, 2.77, 2.148, 2.295.
- **Problèmes linguistiques et intégration scolaire**
  2.154, 2.257, 2.292, 2.298.

Suisse

2.1   Almeida, C. C.
       Migration, classe et ethnie: réflexions sur le processus d'intégration des travail-
       leurs migrants: Actes du 2ᵉ Congrès de la Société Suisse de Sociologie, Genè-
       ve, 1974; pp. 17-27.
2.2   Associazioni Cristiane Lavoratori Italiani (ACLI).
       Denuncia della condizione del lavoratore stagionale in Svizzera = Rapport sur
       la condition du travailleur saisonnier en Suisse. – Rome: ACLI-Svizzera,
       1971.
       Etude de l'évolution des besoins de main-d'œuvre et du marché du travail liés aux progrès tech-
       nologiques et aux changements, plus particulièrement dans l'industrie du bâtiment. Analyse des
       formes de gestion, des problèmes d'intégration sociale et de leur incidence sur la productivité,

des facteurs de motivation, etc. Commente la politique récente du gouvernement concernant l'immigration.

2.3   Associazioni Cristiane Lavoratori Italiani (ACLI).

Previdenza ed assistenza per il lavoratore italiano in Svizzera. – Rome: ACLI, 1967.

Commentaires des dispositions prises en matière de législation sociale concernant les travailleurs italiens immigrés en Suisse. Accompagnés des textes des traités bilatéraux et des conventions.

2.4   Beck, R.

Der italienische Arbeiter ohne seine Familie in der Schweiz: die Situation der italienischen Industriearbeiter in der Schweiz. – Zürich: Schule für soziale Arbeit, 1959.

2.5   Behrendt, R. F.

Die Assimilation ausländischer Arbeitskräfte in soziologischer Sicht: *Zeitschrift für Präventivmedizin*, 8 (1963) 6; pp. 337-344.

2.6   Berset, J.

Quelques aspects de l'immigration italienne à Fribourg. – Fribourg: Faculté des Lettres, 1967.

2.7   Die Berufliche Entwicklung ausländischer Arbeiter in der Schweiz: Konsultation über Fragen der Weiterbildung, des Stellenwechsels und des Berufwechsels ausländischer Einwanderer in der Schweiz. – Männedorf: Boldern Tagungs- und Studienzentrum, 1968.

Rapport d'une conférence sur les problèmes d'adaptation des travailleurs et en particulier sur les besoins éducatifs des travailleurs italiens immigrés en Suisse. Rassemble des textes et des dossiers rapportant des discussions sur les qualifications professionnelles, les programmes de formation permanente, la mobilité du travail, les aspects légaux des contrats de travail, les facteurs culturels, etc.

2.8   Bickel, W.

Foreign workers and economic growth in Switzerland. – Belgrade: United Nations world population conference, 1965.

Ce texte rédigé à l'occasion d'une Conférence des Nations Unies traite des travailleurs immigrés en Suisse ainsi que des implications économiques de ces migrations.

2.9   Blandy, R.

Brain drains in an integrating Europe: *Comparative Education Review*, 12 (1968) 2; pp. 180-193.

Etude des données concernant l'exode des cerveaux de et vers la France et la Suisse. Traite des possibilités d'emploi pour les travailleurs immigrés (ouvriers hautement spécialisés, directeurs, techniciens, etc., inclus) et décrit la méthode d'analyse statistique utilisée.

2.10   Blumer, G.

Emigrazione italiana in Europa. – Milano: Feltrinelli, 1970. – Bibliogr.

Etude des implications sociales et économiques, des aspects politiques de l'émigration italienne vers d'autres pays européens, en particulier vers la *Suisse*, l'Allemagne fédérale et la France. Examine les caractéristiques démographiques, l'emploi, le statut social, le statut légal, la position dans la structure professionnelle, la discrimination dans la politique de l'emploi, l'intégration sociale, les conditions de vie, les conditions de travail, l'attitude des syndicats, les facteurs culturels, etc.

2.11   Bory-Lugon, V.

Immigration et xénophobie dans la société suisse. – Lausanne: Institut de Science politique, 1977. – Bibliogr.

Monographie abordant les problèmes de discrimination et d'attitudes défavorables envers les étrangers installés en Suisse et des travailleurs immigrés. Traite aussi des aspects politiques et idéologiques de ces comportements en incluant des données de mesures.

2.12 Boscardin, L.

Die italienische Einwanderung in der Schweiz, mit besonderer Berücksichtigung der Jahre 1946-1959. – Basel: Universität, 1962 (Dissert.).

2.13 Braun, R.

Die ausländischen Arbeitskräfte als Streitgegenstand der schweizerischen Politik: *Annuaire suisse de Science politique* (1965); pp. 100-107.

2.14 Braun, R.

Sozio-kulturelle Probleme der Eingliederung italienischer Arbeitskräfte in der Schweiz. – Erlenbach-Zürich: E. Rentsch, 1970.

Etude sociale des conditions de vie et des problèmes d'intégration sociale des travailleurs italiens immigrés en Suisse. Avec les données statistiques concernant le nombre, les groupes d'âge, l'état civil, les qualifications professionnelles, les raisons de l'immigration de travailleurs italiens. Cette étude examine aussi les conditions de travail, les relations sociales, les problèmes d'adaptation des travailleurs, les facteurs culturels, les groupes familiaux, la politique suisse de l'emploi, etc.

2.15 Büchi, W.

Die ausländischen Arbeiter in der Schweiz: *Civitas*, 20 (1964/65) 4/5; pp. 244-250.

2.16 Bürki, F.

Überfremdungsprobleme und Einbürgerung. – Luzern: Schweizer Verband der Bürgergemeinden, 1963.

2.17 Calvaruso, C.

Sindicati ed emigrazione: *Studi emigrazione*, 9 (1972) 27; pp. 227-261, et 10 (1973) 29; pp. 3-119.

Cet article en deux parties examine les préoccupations et les actions spécifiques des syndicats à l'égard des émigrants: premièrement dans des pays d'émigration (Yougoslavie et Italie), deuxièmement dans des pays d'immigration (travailleurs immigrés yougoslaves et italiens en *Suisse*, France et Allemagne fédérale). Il condamne les attitudes et les politiques de certains syndicats avant tout parce que le nationalisme empêche la classe ouvrière de devenir véritablement solidaire sur le plan international.

2.18 Calvaruso, C.

Sous-prolétariat en Suisse: 192 000 travailleurs saisonniers, pourquoi? Yverdon: Ed. de la Thièle, 1973.

Monographie d'étude sociale des travailleurs immigrés en Suisse. Traite de la politique de l'emploi, des aspects sociologiques, du statut légal des travailleurs saisonniers ainsi que de leurs conditions de vie, de leurs implications sociales, économiques, etc.

2.19 Castelnuovo-Frigessi, D.

La condition immigrée: les ouvriers italiens en Suisse. – Lausanne: Ed. d'En Bas, 1978. (Trad. de: Elvezia, il tuo governo. – Torino: G. Einaudi, 1977.)

Cet ouvrage laisse la parole aux ouvriers italiens qui s'expriment sur leur statut social et légal, sur les syndicats, sur la société helvétique et sur les luttes qu'ils ont menées.

Une introduction de l'auteur retrace l'évolution de la politique suisse en matière d'immigration, le rôle de l'immigration dans la récession et l'impact des initiatives xénophobes.

2.20 Castelnuovo-Frigessi, D.

Tendances des études sur « Migration et maladies mentales » : Communication à la *Journée de Politique sociale*, Genève, novembre 1979.

2.21   Castles, S.; Kosack, G.
        Immigrant workers and class structure in Western Europe. – London: Oxford
        University Press, 1973. – Bibliogr.
        Ouvrage qui fait le point sur l'immigration en France, RFA, Angleterre et *Suisse*. Le postulat
        fondamental est la similitude des situations, au-delà des différences ethniques et culturelles des
        migrants. Leur condition socio-économique les situe dans la strate inférieure de la classe ouvriè-
        re. Sous cet éclairage sont étudiés les problèmes d'éducation, de formation professionnelle, du
        logement, de discrimination raciale, d'adaptation sociale, de la vie familiale, des conséquences
        économiques de la migration ainsi que les fonctions des préjugés.

2.22   Centre social protestant, Lausanne.
        Etude sur les conseils consultatifs des immigrés. – Lausanne: C.S.P., 1974.
        Monographie sur la participation et l'intégration sociales des travailleurs espagnols et italiens
        immigrés en Suisse, ainsi que sur leurs droits civils et leur statut légal. Les groupes d'intérêts des
        immigrants déjà existants, leur participation politique à l'échelon local, etc., amènent à proposer
        l'organisation d'un conseil consultatif des immigrants conforme aux recommandations de la
        CEE.

2.23   Comité intergouvernemental pour les migrations européennes (CIME).
        Economic aspects of migration. – Genève, 1961.

2.24   Comité intergouvernemental pour les migrations européennes (CIME).
        The motivation of migration. – Genève, 1961.

2.25   Comité intergouvernemental pour les migrations européennes (CIME).
        Vingt années consacrées au libre mouvement des personnes. – Genève, 1971.

2.26   Comité intergouvernemental pour les migrations européennes (CIME).
        Séminaire sur l'adaptation et l'intégration des immigrants permanents. – Genè-
        ve, 1974. – Bibliogr.

2.27   Comité pour l'abolition du statut de saisonnier, Genève.
        Saisonnier aujourd'hui: livre blanc. – Genève, 1976.
        Brochure traitant des problèmes des travailleurs saisonniers (travailleurs immigrés) en Suisse:
        mises au point concernant les contrats de travail, les permis de travail, les licenciements, les
        salaires, les conditions de logement et de vie des travailleurs essentiellement manuels et mises en
        cause des attitudes nationales envers les étrangers.

2.28   Commission chargée de l'étude du problème de la main-d'œuvre étrangère.
        Le problème de la main-d'œuvre étrangère. – Berne, 1964.
        Soulève le problème de l'immigration d'étrangers en Suisse, ses implications sociales et économi-
        ques, ses effets sur la structure sociale. Aborde aussi les problèmes des travailleurs immigrés, la
        politique de l'emploi, le statut social et légal.

2.29   Commission fédérale consultative pour le problème des étrangers (CFE).
        Incidences de la présence des étrangers sur le marché du logement et l'infra-
        structure d'équipements collectifs de la Suisse. – Berne, 1976.

2.30   Commission fédérale consultative pour le problème des étrangers (CFE).
        L'optimum de peuplement et la densité de la population de la Suisse, compte
        tenu spécialement de la population étrangère: *La Vie économique* (juin 1976);
        pp. 309-319.

2.31   Commission fédérale consultative pour le problème des étrangers (CFE).
        Conséquences de la récession sur les étrangers: *La Vie économique* (octobre
        1977); pp. 557-563.

2.32 Commission fédérale consultative pour le problème des étrangers (CFE).
Intégration sociale des travailleurs étrangers par l'intermédiaire des partenaires sociaux. – Berne, 1978.
Etude du rôle joué par les organisations patronales et les entreprises dans l'intégration sociale des travailleurs immigrés en Suisse, particulièrement par le biais de l'éducation des migrants. Traite de l'enseignement des langues, des programmes d'information pour migrants, des possibilités de loisirs, de formation professionnelle, etc., et donne une liste des cours de formation.

2.33 Danieli, L.; Brandt, A.
Employment of foreign workers in some western european countries: a statistical picture. – Geneva: BIT, 1965.
Rapport d'une conférence sur les migrations européennes comprenant des statistiques sur les travailleurs immigrés employés en Autriche, Allemagne fédérale, Norvège, Suède, *Suisse*, au Luxembourg et aux Pays-Bas.

2.34 Département politique fédéral.
Les droits politiques des Suisses de l'étranger: rapport de la Commission d'étude. – Berne, 1973.

2.35 Dobler-Mikola, A.
Finninnen in der Schweiz. – Zürich: Universität, 1979. (Mémoire de licence.)

2.36 Elsasser, H.; Trachsler, H.
Europäische Migrationsdaten: DISP Nr. 45, O.-R.-L. Zürich; pp. 5-12.
Mise en relief des balances migratoires internationales dans les divers pays européens ainsi que de quelques aspects caractéristiques des migrants européens.
Vue d'ensemble des directions et volumes des courants migratoires internes en RFA, France, Italie, Pays-Bas, Belgique, Grande-Bretagne, Scandinavie, *Suisse*, Autriche.

2.37 Ente nazionale ACLI per l'istruzione professionale, Roma.
Corsi di formazione professionale dell'ENAIP in Svizzera e in Germania: *Formazione e lavoro*, 48 (mars-avril 1978); pp. 64-73.
Article décrivant le rôle de l'Italie en matière de formation professionnelle et de cours professionnels destinés aux travailleurs italiens émigrants en *Suisse* et en Allemagne fédérale.

2.38 Etrangers de la Suisse: *Hommes et Migrations* (1973) 121; pp. 1-136.
Compilation d'articles, de données statistiques et autres documents sur les travailleurs immigrés et autres immigrants en Suisse. Passe en revue les implications économiques et sociales, les facteurs culturels tels que la langue et la religion, la participation de la main-d'œuvre, la structure professionnelle et celle de l'emploi, la politique d'immigration, etc.

2.39 Fédération des Eglises protestantes de la Suisse.
Suisses-étrangers: notre avenir commun. – Migrationstagung des SEK (Schweizerischer Evangelischer Kirchenbund), 1974.

2.40 Federici, M.
Emigrazione ieri e domani. – Roma: Ed. Anfe, 1973
Monographie sur l'émigration de travailleurs italiens vers les pays de la CEE, la *Suisse* et l'Australie, depuis la Seconde Guerre mondiale.
Traite des points suivants: les droits civils de la famille, l'assistance sociale, les accidents du travail, la protection sociale, les employées de maison, la main-d'œuvre féminine, l'alimentation, les migrations de retour, l'enseignement professionnel, la politique du travail en Italie, la scolarisation des enfants, etc.

2.41 Fischer, H.
Wege zur wissenschaftlichen Erfassung der ausländischen Arbeitskräfte in der Schweiz: *Industrielle Organisation*, 30 (1961) 6; pp. 273-280.

2.42   Fischer, H; Weidmann, H.
        Deutsche, Franzosen, Italiener und Österreicher in der Sicht junger Schweizer:
        Revue suisse d'Economie politique et de Statistique, 97 (1961) 4; pp. 435-454.

2.43   La formazione professionale dei lavoratori emigranti: *Formazione e lavoro*,
        25-26 (mai-août 1967); pp. 1-143. – Bibliogr.
        Compilation d'articles sur la formation professionnelle des travailleurs italiens immigrés dans les
        pays de la CEE et en *Suisse*. Etudie l'aspect historique de la migration des travailleurs, la mobili-
        té du travail, la politique sociale, l'adaptation des travailleurs, etc.

2.44   Girod, R.
        Foreign workers and social mobility in Switzerland. – Geneva: International
        Institute for labour studies, 1965.
        Ce texte publié à l'occasion d'un symposium au BIT traite des aspects sociologiques et des
        implications économiques des migrations, des migrations internes et de la mobilité de la main-
        d'œuvre en tant que facteurs d'ascendance sociale de la population en Suisse. Des statistiques
        montrent le rôle joué par les travailleurs immigrés dans la structure professionnelle et l'économie
        suisse. Les incidences d'attitudes discriminatoires sur l'intégration politique et sociale des travail-
        leurs immigrés y sont aussi étudiées.

2.45   Girod, R.
        Travailleurs étrangers et mobilité sociale en Suisse: *Revue économique et
        sociale*, 24 (mai 1966) 2; pp. 149-171.
        L'analyse comparée de la population suisse et immigrée montre que les Suisses ont profité de la
        création de multiples emplois nouveaux aux niveaux moyens et supérieurs de l'échelle des fonc-
        tions. Ceci est rendu possible grâce à l'appel d'une importante masse de main-d'œuvre étrangère
        qui, devenue structurellement nécessaire, ne séjourne que temporairement en Suisse.

2.46   Girod, R.
        Sociologie des migrations: les travailleurs étrangers en Europe. – Genève:
        Département de sociologie, 1973 (document de travail N° 6).

2.47   Gnehm, A.
        Ausländische Arbeitskräfte: Vor- und Nachteile für die Volkswirtschaft. –
        Bern: P. Haupt, 1966. – X. – Bibliogr.
        Etude des problèmes posés en Suisse par les travailleurs immigrés. Leur importance pour la
        croissance économique, leur influence sur la productivité. Statistiques détaillées sur la main-
        d'œuvre étrangère. Causes entraînant des changements dans la structure des salaires.

2.48   Grässle, A.
        Der Arbeitsmarkt und die ausländischen Arbeitskräfte als wirtschaftliches,
        soziales und politisches Problem. – St. Gallen: Komm. der Fehr'-schen
        Buchh., 1960.

2.49   Grandjean, E.
        Problèmes de la main-d'œuvre étrangère en Suisse. Aspects sociologiques et
        médicaux de l'assimilation: *Revue économique et sociale*, 23 (1965) 1; pp. 23-
        34.

2.50   Grandjeat, P.
        Les migrations de travailleurs en Europe: compte rendu du Colloque de l'Insti-
        tut international d'études sociales à Genève. – Paris: Librairie sociale et éco-
        nomique, 1966. – pp. 5-93 (Cahiers de l'Institut international d'études socia-
        les).

2.51 Guicciardi, R.
Brain drain oder Brain gain? – Basel: Institut für Sozialwissenschaften, 1969.

2.52 Hagmann, H. M.; Livi-Bacci, M.
Report on the demographic and social pattern of migrants in Europe, especially with regard to international migrations: *2d European Population Conference*, Conseil de l'Europe, Strasbourg, 1971.
Rapport d'une conférence qui examine: 1) les caractéristiques de la structure démographique et sociale des migrants en Europe et plus particulièrement des immigrants provenant de pays méditerranéens; 2) les problèmes des travailleurs italiens immigrés en *Suisse*, et plus spécialement les tentatives d'intégration sociale et les difficultés relationnelles entre groupes.

2.53 Hagmann, H. M.
Les travailleurs étrangers, chance et tourment de la Suisse: problème économique, social, politique, phénomène sociologique. – Lausanne: Payot, 1966.
Analyse des causes et conséquences de l'immigration entre 1888 et 1914, 1945 et 1965, y compris les causes historiques et géographiques, les aspects sociologiques, les implications économiques, les politiques suivies. Etudie les offres d'emploi, les besoins de main-d'œuvre et une politique de l'emploi pour les travailleurs immigrés.

2.54 Herzig, A. W.
Die neue Tendenz unserer Auswanderung: *Gewerkschaftliche Rundschau*, 53 (1961) 2.

2.55 Hoffmann-Nowotny, H.-J.
Einwanderung, Unterschichtung und soziale Mobilität. – Wien: Arbeitskreis für neue Methoden in der Regionalforschung, 1972.

2.56 Hoffmann-Nowotny, H.-J.
Determinanten des Widerstandes gegen Integration und Mobilität von Fremdarbeitern: eine Analyse am Beispiel der Schweiz. In: *Deutsche Gesellschaft für Bevölkerungswissenschaft* (Hrsg.): Die Ausländer in der Bundesrepublik. – Saarbrücken, 1973.

2.57 Hoffmann-Nowotny, H.-J.
Immigrant minorities in Switzerland: sociological, legal and political aspects. In: Archer, M. S. (Ed.): Current research in sociology. – La Haye: Mouton, 1974. – pp. 1-25.

2.58 Hoffmann-Nowotny, H.-J.
Rassische, ethnische und soziale Minderheiten als Zukunftsproblem internationaler Integrationsbestrebungen. In: Kurzrock, R. (Hrsg.): Minderheiten. – Berlin: Colloquium Verlag, 1974. – pp. 173-183.

2.59 Hoffmann-Nowotny, H.-J.
Sozialstrukturelle Konsequenzen der Kompensation eines Geburtenrückgangs durch Einwanderung. In: Kaufmann F. X. (Hrsg.): Bevölkerungsbewegung zwischen Quantität und Qualität – Beiträge zum Problem einer Bevölkerungspolitik in industriellen Gesellschaften. – Stuttgart: F. Enke, 1975. – pp. 72-81.

2.60 Hoffmann-Nowotny, H.-J.
Gastarbeiterwanderungen und soziale Spannungen. In: Reimann, H.; Reimann, H. (Hrsg.): Gastarbeiter. – München: Goldmann Verlag, 1976. – pp. 43-62.

2.61 Hoffmann-Nowotny, H.-J.
European migration after second world war. In: McNeill, W. H.; Adams, R. S.: Human migration: patterns and policies. – Bloomington/London: Indiana University Press, 1978. – pp. 85-105.

2.62 Hoffmann-Nowotny, H.-J.
Die Ausländerpolitik in den Staaten West- und Nordeuropas: Schweiz. In: Gehmacher, E.; Kubat, D.; Mehrländer, U. (Hrsg.): Ausländerpolitik im Konflikt, Arbeitkräfte oder Einwanderer? Konzept der Aufnahme- und Entsende-Länder. – Bonn: Neue Gesellschaft, 1978. – pp. 169-186.

2.63 Hoffmann-Nowotny, H.-J.
Labour importing countries: Switzerland. In: Krane, R. E. (Ed.): International labour migration in Europe. – New York: Praeger Pub., 1979. – pp. 45-62.

2.64 Hoffmann-Nowotny, H.-J.
Soziologie der Wanderung: *Civitas* (1979) 2; pp. 62-67.

2.65 Hoffmann-Nowotny, H.-J.; Hoby, J. P.
Structural consequences of migration into Switzerland: *Bulletin*, Soziologisches Institut der Universität Zürich (juillet 1968) 8; pp. 64-98.
Article examinant les effets de l'afflux de travailleurs immigrés et autres immigrants sur la structure sociale et professionnelle en Suisse. Statistiques à l'appui.

2.66 Holzer, M.
Das Problem der ausländischen Arbeitskräfte: Bericht der Studienkommission. – Bern: Eidg. Drucksachen- und Materialzentrale, 1964. – Ed. française: Le problème de la main-d'œuvre étrangère.

2.67 Huber, K.
Die ausländischen Arbeitskräfte in der Schweiz. – Bern: Universität, 1963. (Diss. rer. pol.)

2.68 Immigrés en Europe: *Croissance des Jeunes Nations*, 136 (juin 1973); pp. 5-18.
Article qui étudie les aspects de l'immigration de travailleurs en Allemagne fédérale, Grande-Bretagne, *Suisse*, Belgique et aux Pays-Bas. Etudie les conditions de travail et de vie, les statuts légal et social, etc.

2.69 L'intégration et l'assimilation des étrangers: *Journal des Associations patronales*, 65 (1970) 37; pp. 677-680.
Article sur les problèmes d'intégration sociale des travailleurs immigrés en *Suisse*. Couvre les aspects sociologiques, examine les diverses possibilités de résoudre le problème, suggère que l'assimilation des travailleurs étrangers pourrait se réaliser en collaboration avec l'entreprise et propose de prendre des dispositions en faveur de la sécurité sociale, du logement, de l'éduction du migrant, d'une formation professionnelle plus accessible, de la création de bureaux d'information, de la possibilité de devenir membre d'organisations professionnelles...

2.70 Jeangros, E.
Handwerk und Berufsbildung in der Schweiz: *Deutsches Handwerksblatt*, 18 (1966) 3; pp. 58-60
La situation de l'artisanat en *Suisse*, les problèmes de formation professionnelle et celui de pouvoir faire venir les travailleurs immigrés nécessaires. Dans une structure industrielle changeante, une formation permanente toujours renouvelée s'avère indispensable.

2.71 Jobin, A.

Le problème des migrations. – Zürich: Chambre du commerce international, 1946.

2.72 Jöhr, W. A.; Huber, R.

Die konjunkturellen Auswirkungen der Beanspruchung ausländischer Arbeitskräfte: Untersuchungen mit Hilfe eines Simulationsmodelles der schweizerischen Volkswirtschaft: *Revue suisse d'Economie politique et de Statistique*, 104 (1968) 4; pp. 365-610, et 105 (1969) 1; pp. 1-92.

Travail d'économie comprenant une étude, dans le cadre de la théorie économique, des implications économiques de l'emploi de travailleurs étrangers pour répondre aux besoins de main-d'œuvre, particulièrement en *Suisse*. Comprend aussi une bibliographie annotée et une analyse de textes.

2.73 Jucker, W.

Das magische Dreieck und die Begrenzung der Einwanderung: *Wirtschaft und Recht* (1963); pp. 251-255.

2.74 Kammermann, J.

Familiennachzug der ausländischen Arbeitskräfte: eine Überprüfung auf Verfassungsmässigkeit und Menschenrechte. – Zürich: Schultess Polygraphischer Verlag, 1976.

Thèse de droit civil sur les permis d'immigration accordés aux membres des familles des travailleurs immigrés déjà installés en *Suisse*. Commentaires de la législation et des règlements concernant les permis de séjour et de travail. Traite aussi des accords internationaux touchant aux migrants italiens ainsi qu'à ceux d'Europe de l'Ouest, des conventions signées par les pays de la CEE au sujet des droits de l'homme, du statut légal des travailleurs immigrés, des aspects sociologiques de la réunion des familles, etc. Comprend une bibliographie.

2.75 Laffranchini, S.

Psychiatrische und psychosomatische Probleme der italienischen Arbeiter in der Schweiz: *Praxis*, 54 (1965); pp. 786-795.

2.76 Ley, K.

Lebens- und Arbeitssituation italienischer Frauen in der Schweiz. – Frauenfeld: Huber, 1979.

Ce livre traite des conditions de vie et de travail des femmes immigrées en *Suisse* et montre les obstacles qui s'opposent à la réalisation de certaines aspirations. Les concepts utilisés montrent, d'une part les multiples problèmes, linguistiques, sociaux, historiques, issus du passage de la campagne à la ville et de régions sous-développées à des régions industrialisées; d'autre part, ils indiquent les possibilités d'épanouissement et de libération de la femme dans un environnement où règnent dépendance et exploitation.

2.77 Ley, K.; Augustoni, S.

Die politische Integration von ausländischen Arbeitnehmern: eine Pilotstudie zur Einbürgerungsproblematik in der Schweiz: *Revue suisse de Sociologie* (1976) 3; pp. 119-147.

Etude de la participation politique du travailleur immigré en Suisse et en particulier des motivations qui poussent les immigrants italiens à acquérir les droits civils suisses. Examine les aspects sociologiques du processus d'intégration sociale, la durée du séjour et le statut légal nécessaires pour la naturalisation.

2.78 Ley, K.; Meyer, A.

Die Situation der südländischen Frau in der Schweiz. – Zürich: Soziologisches Institut der Universität, 1978.

2.79   Lobsiger, G.
Emigration suisse et colonisation: un demi-siècle d'émigration pour outre-mer.
– Genève: chez l'auteur, 1947.

2.80   Lobsiger, G.
L'émigrant et ses préoccupations. – Bern: Kümmerli & Frey, 1951.

2.81   Lüscher, K.
Junge Auslandschweizer zwischen Ursprungs- und Wohnland: eine empirisch-
soziologische Untersuchung über die Beziehungen einer Gruppe junger
Auslandschweizer zur Schweiz und zum Wohnland. – Bern: Haupt, 1961.

2.82   Lutz, V.
Foreign workers and domestic wage levels with an illustration from the Swiss
case: *Quarterly Review*, Banque nationale du travail (mars 1963), 64.

2.83   Macheret, A.
L'immigration étrangère en Suisse à l'heure de l'intégration européenne. –
Genève: Georg, 1969.
Commentaire analytique de la politique gouvernementale, de la législation fédérale, de la juridic-
tion cantonale concernant l'immigration en Suisse, en liaison avec les décisions prises par la
CEE, l'OCDE, l'AELE et les lois internationales réglant la libre circulation et le libre emploi des
travailleurs migrants dans les pays de la CEE.

2.84   Maillat, D.
Structure des salaires et immigration. – Neuchâtel: La Baconnière, 1968. –
Bibliogr.
Etude sur l'effet de l'offre de la main-d'œuvre (illimitée à cause de l'immigration étrangère) sur la
croissance, la structure des salaires et la redistribution de la main-d'œuvre étrangère et suisse
entre les diverses branches industrielles. Etablissement d'une articulation entre mobilité spatiale
(immigration) et mobilité sociale (en fonction d'une redistribution des catégories socio-professionnelles de la population indigène).
L'évolution de la dispersion des salaires entre branches détermine pour une large part la mobilité
distributive des travailleurs suisses dans la mesure où ceux-ci, libres de se déplacer, se dirigent
vers les branches industrielles les mieux payées (horlogerie, arts graphiques, chimie, industrie des
métaux et machines); tandis que les étrangers, ne disposant pas de la liberté de circulation, se
trouvent au bas de la hiérarchie professionnelle, exerçant des travaux socialement indésirables
dans les branches industrielles les moins bien payées (papier et cuir, habillement, textile, alimentation). Entre 1949 et 1959, l'éventail des salaires s'est ouvert et on observe alors une redistribution de la main-d'œuvre suisse.
De 1959/60 à 1966, un nouveau boom économique fait accélérer la demande de main-d'œuvre
dans les diverses branches. La mobilité distributive de la main-d'œuvre indigène n'est plus suffi-
sante pour couvrir les besoins des branches les mieux payées. La politique d'immigration change
de forme: dorénavant, les immigrés peuvent accéder à toutes les branches du secteur secondaire.
La politique d'immigration devient non sélective bien que les immigrés ne soient pas toujours
libres de changer d'emploi.
De la répartition différentielle de la main-d'œuvre suisse et étrangère dans l'appareil de production résulte le fait que la structure de l'emploi de la main-d'œuvre indigène ne correspond plus à
la structure de l'économie: la présence de la main-d'œuvre étrangère est devenue une nécessité
structurelle.

2.85   Maillat, D.
L'immigration en Suisse: évolution de la politique d'immigration et conséquen-
ces économiques. In: Les travailleurs étrangers en Europe occidentale. – Paris:
Mouton, 1976. – pp. 105-120.

2.86   Maillat, D.; Böhning, W. R.
        Les effets de l'emploi des travailleurs étrangers. – Paris: OCDE, 1974.

2.87   Maillat, D.; Jeanrenaud, C.
        Rapport relatif aux répercussions sociales et économiques sur les travailleurs
        migrants des crises et des récessions économiques. – Strasbourg: Conseil de
        l'Europe, 1975.

2.88   Maillat, D.; Jeanrenaud, C.; Widmer, J.-P.
        Transfert d'emplois vers les pays qui disposent d'un surplus de main-d'œuvre
        comme alternative aux migrations internationales: le cas de la Suisse. – Genè-
        ve: BIT, 1976-77. – 3 vol. (Working papers).
        Vol. 1: 1976
        Vol. 2: 1977.
        Vol. 3: Le comportement de l'entrepreneur face à la pénurie de main-d'œuvre:
        résultats d'une enquête par questionnaire. – 1977.

2.89   Maillat, D.; Widmer, J.-P.
        La permanence de l'immigration: étude du cas de la Suisse. – Paris: OCDE,
        1976.

2.90   Maillat, D.; Widmer, J.-P.
        Immigration et segmentation du marché du travail. – Neuchâtel: Université,
        Groupe d'études économiques, 1978.

2.91   La main-d'œuvre étrangère en Suisse: *Revue internationale du Travail*, (1963)
        2.

2.92   Marti, T.
        Quelques aspects médico-sociaux de la main-d'œuvre étrangère en Suisse:
        Chefs, 2 (février 1965); pp. 9-12.
        Aspects médicaux et sociologiques de l'emploi des travailleurs immigrés en Suisse. Problèmes de
        stress mental et d'adaptation des travailleurs, dus en partie aux mauvaises conditions de loge-
        ment qui empêchent les travailleurs de faire venir leur famille. Propositions pour des améliora-
        tions des services de santé.

2.93   Mayer, K. B.
        The population of Switzerland. – New York: Columbia University Press,
        1952.
        L'auteur retrace l'histoire des mouvements de population suisse les plus importants: l'évolution
        du taux de natalité, de mortalité et de migrations, les grandes poussées de l'émigration suisse sui-
        vie de l'immigration étrangère. L'analyse de la migration interne se base sur les données du
        recensement fédéral de 1941.

2.94   Mayer, K. B.
        Post-war immigration in Switzerland: *International Migration*, 3 (1965) 3;
        pp. 122-136.
        Bref rappel de l'historique de l'immigration étrangère en Suisse. L'auteur présente l'évolution de
        la politique suisse en matière d'immigration, l'importance et la composition de la population
        immigrée selon la nationalité, ainsi que les problèmes d'assimilation qui se posent.

2.95   Mayer, K. B.
        Post-war migration from Italy to Switzerland: *International Migration Digest*,
        2 (1965) 1; pp. 5-13.

2.96 Mayer, K. B.
The impact of postwar immigration on the demographic and social structure of Switzerland: *Demography*, 3 (1966) 1; pp. 68-89.

2.97 Mayer, K. B.
Swiss foreign invasion: *Columbia University Forum*, 9 (1966); pp. 38-41.

2.98 Mayer, K. B.
Migration, cultural tensions and foreign relations: Switzerland. - Evian: 6ᵉ Congrès mondial de sociologie, sept. 1966. - pp. 139-152.

2.99 Mayer, K. B.
International migration of European workers. - 1972.

2.100 Mayer, K. B.
Intra-european migration during the past twenty years: *International Migration Review*, 9 (1975) 4; pp. 441-447.
Après avoir rappelé les conditions historiques et économiques qui ont amené les pays d'Europe occidentale à faire appel à la main-d'œuvre étrangère, l'auteur fait le tour des problèmes actuels et pose la question suivante: une alternative à l'immigration est-elle possible et laquelle (par exemple, exportation d'industries dans les pays fournisseurs de main-d'œuvre)?

2.101 Mehrländer, U.
Probleme der Ausländerbeschäftigung in der Bundesrepublik Deutschland, in Österreich und in der *Schweiz*. - Bonn-Bad Godesberg: Friedrich-Ebert Stiftung, 1974.

2.102 Meneghel, G.
L'immigrazione italiana in Svizzera. - Trieste: Université, 1972. - (Thèse de Lettres.)

2.103 Menthon, J. de.
La montée des travailleurs vers le nord: accélérateur de la croissance et remède douloureux du sous-développement: *Revue économique*, 16 (1965) 4; pp. 569-580.
Etude des migrations sud-nord des travailleurs non qualifiés. La croissance économique des pays riches implique-t-elle l'asservissement des pays pauvres ou en voie de développement? Analyse de la situation de travailleurs immigrés en *Suisse*, France, Belgique, Allemagne fédérale, Grande-Bretagne, aux USA, Pays-Bas, au Luxembourg.

2.104 Monnier, L.; Rham, G. de.
Immigration et xénophobie en Suisse. - Lausanne: Institut de science politique, 1974.

2.105 Monnier, L.; Rham, G. de; Martin, S. (Ed.).
Pour une recherche sur l'immigration en Suisse: bilan d'un séminaire. - Lausanne: Institut de science politique, 1976.

2.106 Müller, G.
Handlungsspielräume und Mobilität im internationalen System. - Zürich: Soziologisches Institut der Universität, 1976.

2.107 Neury, J.
Population de la Suisse de 1966 à 1975: bref aperçu. - Berne, 1975.
Rapport sur l'évolution de la population et la politique d'immigration en Suisse.

2.108 Nydegger, A.
Das Problem der ausländischen Arbeitskräfte im Rahmen der schweizerischen Konjunkturpolitik: *Revue suisse d'Economie politique et de Statistique*, 1963; pp. 321-332.

2.109 Orazio, G. d'.
Formazione permanente come adeguamento alla realtà del cambiamento e forza strategica per lo sviluppo economico e sociale: *Formazione Domani*, 6 (nov. 1977); pp. 1-15.
Article proposant le lancement d'un programme de formation permanente pour les travailleurs italiens immigrés en Suisse. En explique la nécessité et l'organisation.

2.110 Parti suisse du travail; Colonies libres italiennes; Parti communiste italien.
L'économie suisse: le prix du bien-être: crise et immigration. – Genève, 1978.

2.111 Pedotti, G.
Le marché du travail et la main-d'œuvre étrangère: *Revue syndicale suisse* (1960) 6.

2.212 Pedotti, G.
Marché du travail en Suisse et politique en matière de main-d'œuvre étrangère: *La Vie économique* (décembre 1975).

2.113 Perren, D.
Droits de l'homme et travailleurs migrants. – Genève: Centre Europe-Tiers monde, 1978.

2.114 Prevost, G.
Les travailleurs étrangers en Suisse: *Hommes et Migrations* (1969) 112.

2.115 Risso, M.
Primi risultati di un' indagine sociologica e psicopatologica sugli emigrati italiani nella Svizzera tedesca: *Il Lavoro neuropsichiatrico* (1963).

2.116 Röpke, W.
Les barrières à l'immigration. – Genève, 1950.

2.117 Rossi, A.
Wage structure and immigration. – Zürich: Institut für Wirtschaftsforschung, 1974 (Working paper).

2.118 Rossi, A.; Thomas, R. L.
Inflation in the post war Swiss economy: an econometric study of the interaction between immigration and the labour market: *Revue suisse d'Economie politique et de Statistique* (1971).

2.119 Rossi, M.
Svilupo economico e immigrazione di manodopera estera in Svizzera dalla seconda guerra mondiale al 1963/64. In: Soldini, Rossi, Poglia: L'immigrazione in Svizzera. – Milano: Sapere Ed.

2.120 Rüegg, E.
Entstehung, Entwicklung und Funktion einer Einwohner- und Fremdenkontrolle im modernen Rechtsstaat. – 1965.

2.121 Rüegg, E.
Überfremdungsfragen im Zusammenhang mit dem Italiener-Abkommen, dem

Familiennachzug, der Zulassung von Arbeitskräften aus entfernteren Ländern und deren Begrenzung. – Zürich: Selbstverlag, 1965.

2.122   Russo, G.

Quinze millions d'Italiens déracinés. – Paris: Ed. ouvrières, 1966.

Analyse de l'économie du sud de l'Italie (Mezzogiorno) où le sous-emploi croissant résulte d'une réforme agraire ratée et d'une mauvaise politique industrielle et est en partie résolu par l'émigration. Etude du statut social et des conditions de vie des travailleurs italiens immigrés en Allemagne fédérale, France, Belgique et *Suisse*.

2.123   Schelbert, L.

Einführung in die schweizerische Auswanderungsgeschichte der Neuzeit. – Zürich: Leemann, 1976.

2.124   Schmutz, B.

La signification des facteurs de mouvements de la main-d'œuvre dans les transformations de la structure professionnelle: un essai d'étude empirique. – Neuchâtel: La Baconnière, 1965. – Bibliogr.

Cette monographie traite des aspects suivants: la mobilité du travail, les travailleurs immigrés et leurs incidences sur la structure professionnelle, les aspects psychologiques et sociologiques ainsi que les implications sociales et économiques de la mobilité, les tendances historiques. L'auteur étudie la mobilité internationale selon le sexe, la classe d'âge, la responsabilité de la famille et son effet sur la répartition inégale du revenu dans l'industrie et l'agriculture.

2.125   Schnidrig, A. L.

Walliser in der Fremde: Probleme der Auswanderung. – Brig: Selbstverlag, 1952.

2.126   Schrettenbrunner, H.

Die Wanderbewegung von Fremdarbeitern am Beispiel einer Gemeinde Kalabriens: *Geographische Rundschau*, 21 (1969); pp. 380-388.

2.127   Stark, T.

Situation of migrant workers from countries of the EEC as compared with that of workers from other countries. – Geneva: International Institute for labour studies, 1965 (Symposium on migration for employment in Europe).

Ce compte rendu de conférence traite, entre autres, du statut légal des travailleurs émigrants des pays de la CEE. Il comprend aussi une étude comparative des réglements sur la sécurité de l'emploi, la sécurité sociale, le logement, l'admission des familles, la formation professionnelle, la participation des travailleurs dans l'entreprise, les allocations familiales, en Belgique, France, Allemagne fédérale, *Suisse*, au Luxembourg et aux Pays-Bas.

2.128   La Suisse et le migrant: séminaire... – Genève: Hospice général, Bureau d'information sociale, 1967.

Rapport de conférence sur la position de la Suisse par rapport aux travailleurs immigrés ainsi que sur les migrations en général. Il étudie particulièrement les problèmes démographiques et ceux soulevés par l'afflux de travailleurs italiens et espagnols, de fonctionnaires internationaux de l'ONU et autres organisations. Les aspects sociologiques (y compris la sécurité sociale) et psychologiques sont aussi abordés.

2.129   Trachsel, P.

Der Einsatz italienischer Arbeitskräfte in der schweizerischen Landwirtschaft. – Winterthur: P. G. Keller, 1958.

2.130 Tuchtfeldt, E.
Das problem der ausländischen Arbeitskräfte in der Schweiz: *Wirtschaftspolitische Monatsschrift* (1965) 12.

2.131 Virot, M.
Vom Anderssein zur Assimilation: Merkmale zur Beurteilung der Assimilationsreife der Ausländer in der Schweiz. – Bern: P. Haupt, 1968.

2.132 Walter, E. J.
Empirische Beiträge zum Problem der italienischen Fremdarbeiter in der Schweiz: *Revue suisse d'Economie politique et de Statistique* 98 (1962) 1; pp. 76-79.

2.133 Widmer, J.-P.
La politique d'immigration en Suisse. – Neuchâtel: Groupe d'études économiques, 1975.

2.134 Widmer, J.-P.
Le rôle de la main-d'œuvre étrangère dans l'évolution du marché suisse du travail. – Neuchâtel: Groupe d'études économiques, 1978. – Bibliogr.
Rappel de l'évolution de la politique d'immigration qui a rendu très souple le marché du travail en Suisse.
Une enquête auprès de 250 industriels suisses montre que, contrairement à ce que l'on pourrait penser, la majorité d'entre eux a effectué des investissements de rationalisation (substitution du capital au travail) avant que le gouvernement ne mette un frein à l'immigration.
Dans l'impossibilité de déterminer avec précision les liens qui existent entre l'immigration et la croissance, l'auteur se borne à analyser l'incidence de la présence des travailleurs étrangers sur le fonctionnement du marché du travail depuis 1945. On remarque ainsi que la main-d'œuvre étrangère est à l'origine de l'essor des secteurs secondaire et tertiaire et qu'elle a empêché la formation de goulots d'étranglement dans la production ainsi que l'apparition de déséquilibres structurels et régionaux sur le marché suisse du travail.
Avec la récente politique fédérale restrictive en matière d'immigration, le marché du travail perd de sa flexibilité et les entrepreneurs se voient obligés de modifier leur comportement en fonction des nouvelles données.

2.135 Willi, V. J.
Denkanstösse zur Ausländerfrage. – Zürich: Orell Füssli, 1974-1977. – 2 vol. – Bibliogr.
Monographie sur les problèmes liés à l'intégration des étrangers et plus particulièrement des travailleurs immigrés en Suisse. Etude des facteurs sociologiques et culturels qui influent sur le comportement, les attitudes et les relations entre immigrants et population indigène dans le cadre des écoles, de l'Eglise et de la société... Propose des suggestions pour une politique d'immigration plus libérale.

2.136 Windisch, U.
Travailleurs immigrés, xénophobie et capitalisme: le cas de la Suisse: *Espaces et Sociétés* (1971) 4; pp. 89-105.
Cet article développe deux thèses erronées: d'abord celle d'une politique d'intégration et d'assimilation sélective, ensuite celle de la lutte des classes. Selon l'auteur, l'accumulation intense du capital a négligé les besoins sociaux non directement rentables. La crise du logement, la pollution, le manque d'équipements collectifs reflètent les contradictions du capitalisme suisse. Les valeurs traditionnelles représentées par une large partie des xénophobes est un frein pour la nouvelle idéologie qui exprime les problèmes à résoudre par l'ensemble de la population.

2.137   Windisch, U.
Intégration des travailleurs immigrés et xénophobie en milieu ouvrier suisse:
diverses approches méthodologiques. – Genève: Département de sociologie de
l'Université, 1972.

2.138   Windisch, U.
Quelques éléments explicatifs de l'intégration des travailleurs immigrés et de la
xénophobie en milieu ouvrier suisse. – Montréal: 9e Congrès mondial de science politique, 1973.

2.139   Windisch, U.
Quelques approches quantitatives de l'intégration des travailleurs immigrés et
de la xénophobie en milieu ouvrier: Actes du 2e Congrès de la Société suisse de
sociologie, Genève 1974; pp. 425-434.

2.140   Windisch, U.; Jäggi J.-M.; Rham, G. de.
Xénophobie? Logique de la pensée populaire: analyse sociologique du discours des partisans et des adversaires des mouvements xénophobes. – Lausanne: L'Age d'Homme, 1978.

2.141   Winterberger, G.
Das Problem ausländischer Arbeitskräfte in der Schweiz: *Wirtschaftspolitische Mitteilungen*, 17 (1961) 7/8.

2.142   Zanolli, S.
L'assimilation des travailleurs étrangers: enquête sur les problèmes d'adapta-
tion de 100 Italiens ouvriers sur métaux dans une grande entreprise zurichoise.
– Zürich: Juris-Verlag, 1964. – Bibliogr.

2.143   Ziegler, P. U.
Die Stellung der Ausländer im und zum Aufenthaltsstaate. Die Situation der
Ausländer in der Schweiz, unter besonderer Berücksichtigung eines allfälligen
Ausländerstimmrechtes und der sogenannten Überfremdung. – Basel: Univer-
sität, 1973. (Diss. jur.).

2.144   Zum Problem der ausländischen Arbeitskräfte in der Schweiz. – Zürich:
Industrielle Organisation, 1961.

Etranger

2.145   Adams, W.; Rieben, H.
L'exode des cerveaux: travaux de la Conférence de Lausanne, 1967. – Lausanne: Centre de recherches européennes, 1968.
Le problème et sa perspective historique. Le point de vue cosmopolite, le point de vue nationalis-
te, l'importance nationale du capital humain. L'analyse des facteurs d'émigration et d'immigration, formation et migration: les cas français, grec, africain, indien, de la CEE et des pays sous-
développés. Un programme d'action

2.146   Allal, T., et al.
Situations migratoires: la fonction-miroir. – Paris: Ed. Galilée, 1977.
Analyse de la société d'accueil à travers la population immigrée. Le pouvoir et la dynamique de
l'institutionnalisation dans le cas présent.

2.147 Allaya, M.

Les migrations internationales des travailleurs du bassin méditerranéen et la croissance économique. – Montpellier: Institut agronomique méditerranéen, 1974 (Travaux et recherches; 1).

2.148 Amaro, N.; Portes, A.

Una sociologia del exilio: situacion de los grupos cubanos en Stados Unidos: *Aportes* (1972) 23; pp. 6-24.

La consolidation du régime socialiste à Cuba ne laisse aux exilés cubains que la possibilité de leur assimilation par la société nord-américaine. Etude des différentes phases de l'immigration et des processus possibles d'intégration aux Etats-Unis.

2.149 Anido, N.; Freire, R.

A existencia de ciclos emigratorios na emigracao portuguesa = L'existence de cycles migratoires dans l'émigration portugaise: *Analise social*, 12 (1976) 45; pp. 179-186.

Analyse statistique à partir des taux annuels de travailleurs portugais permanents entrés en France entre 1950 et 1973 d'un exemple de conduite cyclique dans l'émigration portugaise. Les auteurs isolent 4 cycles inégaux, ce qui démontre que le caractère cyclique du phénomène n'est pas parfait bien que la périodicité des cycles oscille entre 6 à 8 ans.

2.150 Armengaud, A.

Migrations (Histoire des). In: Encyclopedia Universalis (1978) vol. 11. – pp. 1-7.

2.151 Augarde, J.

La migration algérienne: *Hommes et Migrations* (1970) 116; pp. 3-168. – Bibliogr.

Analyse de l'immigration algérienne entre 1947-1970 et des problèmes propres à cette immigration. Présentation des accords conclus entre la France et l'Algérie.

2.152 Baillet, P.

L'intégration des rapatriés d'Algérie en France: *Population*, 30 (1975) 2; pp. 303-314.

2.153 Ballendorf, D. A.

A cause analysis of the emigration of highly trained manpower from poor to rich countries: *Journal of Education*, 15 (1972) 4; pp. 79-88. – Bibliogr.

2.154 Baloche, C.; Defrance, J.; Gokalp, A.; Massin, C.; Vignac, M.

Un stage d'initiation pour les adolescents étrangers: l'expérience du Rocheton. – Paris: Service social d'aide aux migrants, 1976.

Dans le cadre d'une étude générale concernant la socialisation des enfants de migrants de 3 à 16 ans, dans l'année qui suit leur arrivée en France, l'ouvrage présente l'expérience du centre de Rocheton qui accueille de jeunes garçons de 14 à 16 ans afin de les familiariser avec les formes de vie scolaire et de préparer leur orientation (intégration dans le circuit ou insertion dans le monde du travail).

2.155 Bastide, R.

Les études et les recherches interethniques en France de 1945 à 1968: *Ethnies* (1971) 1; pp. 37-54.

Une revue de 3000 fiches bibliographiques montre que le caractère principal des recherches inter-ethniques en France est l'aspect pratique, au détriment de la recherche scientifique et théorique. Mais une nouvelle tendance apparaît, capable de constituer une science des relations interethni-ques comme science pivotale autour de laquelle s'agrègent des problèmes jadis autonomes.

2.156   Becker, T.
Cultural patterns and nationalistic commitment among foreign students in the
United States: *Sociology and Social Research*, 55 (1971) 4; pp. 467-481.
L'attachement aux valeurs culturelles d'origine tend à s'éroder au cours d'un séjour prolongé à
l'étranger. L'attachement sentimental au pays d'origine et l'attachement utilitaire au pays d'accueil concourent à produire un désengagement des deux. Application à un échantillon d'étudiants étrangers à Los Angeles.

2.157   Beijer, G.
Modern patterns of international migratory movements. In: Jackson, J. A.
(Ed.): Migration. – Cambridge: University Press, 1969. – pp. 11-59.

2.158   Bennoune, M.
The maghribin migrant workers in France: *Race and Class*, 17 (1975) 1;
pp. 39-56.
Analyse sociologique de l'immigration maghrébine en France de ses origines à nos jours qui
souligne les avantages politico-économiques de l'immigration (augmentation des profits, atté-
nuation des contradictions sociales inhérentes au capitalisme, formation d'un néo-colonialisme,
etc.) et la fonction idéologique du racisme dans la société française.

2.159   Bensimon-Donath, D.
L'intégration des juifs nord-africains en France. – Paris: Mouton, 1971. –
Bibliogr.
Cet ouvrage décrit les résultats d'une enquête menée de mars 1966 à mars 1967 sur un échantillon de 315 adultes juifs et de 314 jeunes émigrés d'Afrique du Nord. Cet échantillon a tenu
compte de la répartition géographique des juifs immigrés en France après l'indépendance des
pays maghrébins (Paris, Région parisienne, Marseille, Aix-en-Provence, Angers, Nantes) et de
leur nationalité. Elle fait suite à une enquête réalisée en 1963 en Israël. La première partie analyse les problèmes que soulève l'intégration d'adultes juifs en France. La deuxième partie relate les
résultats de l'enquête menée auprès de jeunes juifs (formation scolaire-professionnelle, monde
étudiant, avenir). Quelques chapitres sont consacrés aux aspects particuliers de l'intégration
sociale et culturelle dans la société française et la dernière partie de l'ouvrage analyse l'intégration dans la communauté juive en France (participation à la vie de la communauté, attitude à
l'égard d'Israël).

2.160   Bernard, M.
L'évolution et la réglementation applicable aux travailleurs immigrés de 1888 à
1938: *Migrations/Etudes* (juillet 1978) 15.

2.161   Bernard, P.-J. (Ed.)
Les travailleurs étrangers en Europe occidentale. – Paris: Mouton 1976. –
(Actes du Colloque organisé par la Commission nationale pour les études et
les recherches interethniques Paris-Sorbonne, du 5-7 juin 1975.)
Dans ce compte rendu du colloque consacré aux problèmes des travailleurs émigrés en Europe,
les communications ont été regroupées sous trois rubriques qui permettent d'appréhender globa-
lement le phénomène migratoire. Après une analyse des déterminants économiques de l'immigration et des conséquences pour les nations d'accueil et de départ, les problèmes de formation,
d'adaptation et de préservation des identités culturelles sont abordés. Le dernier volet de cet
ouvrage est consacré aux conditions de vie des travailleurs émigrés, à leurs droits sociaux et juridiques.

2.162   Bohning, W. R.
Programme de recherche mondial sur l'emploi, note de travail, migration pour

l'emploi, les travailleurs méditerranéens : effet sur les pays d'origine et les pays d'arrivée. – Genève : BIT, 1975.

Les migrations sur le côté du bassin méditerranéen de l'Europe et les effets de ces migrations de travailleurs sur les pays d'origine et les pays d'accueil.

2.163   Brun, F.

La réinstallation des agriculteurs pieds-noirs dans le Midi méditerranéen : *Annales de Géographie*, 83 (1974) 460 ; pp. 676-683.

L'auteur examine les conditions de réinstallation des agriculteurs rapatriés d'Algérie dans le Midi, l'originalité du groupe ainsi formé et son impact régional qui dépasse largement son poids numérique, grâce à son dynamisme, à sa conception neuve de l'agriculture et à la parfaite réussite technique des exploitations.

2.164   Bureau international du travail (BIT).

Italian emigration : *International Migration* (1966) 2 ; pp. 121-128.

2.165   Bureau international du travail (BIT).

La sécurité sociale des travailleurs migrants. – Genève, 1974.

2.166   Bustamante, J. A.

The wetback as deviant : an application of labeling theory : *American Journal of Sociology*, 77 (1972) 4 ; pp. 706-718. – Bibliogr.

Etude des immigrants clandestins passant du Mexique aux Etats-Unis (les Wetback). Historique de l'immigration aux Etats-Unis et de la violation des lois sur l'immigration. Conséquences socio-économiques de la notion de l'immigré clandestin comme déviant par rapport à la loi. L'auteur utilise comme instrument d'analyse la labeling theory : le caractère déviant de l'immigré ne réside pas dans son comportement mais dans l'attribution de l'étiquette de déviant par les groupes avec lesquels ils est en relation. Les dimensions politiques de ce processus.

2.167   Butaud, J.-P.

Le logement des immigrés en France : *Documents d'Information et de Gestion, CNRO* (décembre 1973) 25.

2.168   Campbell, R. R. ; Johnson D. M. ; Stangler, G.

Return migration of black people to the South : *Rural Sociology*, 39 (1974) 4 ; pp. 514-528. – Bibliogr.

2.169   Carrière, P.

L'insertion dans le milieu rural languedocien des agriculteurs rapatriés d'Afrique du Nord : *Etudes rurales* (1973) 52 ; pp. 57-79. – Bibliogr.

L'étude porte sur les exploitants agricoles ayant acquis le statut de migrant et obtenu l'aide publique, c'est-à-dire sur une partie seulement des agriculteurs provenant de l'ancien empire colonial, installés dans le Languedoc-Roussillon. L'auteur étudie l'origine des agriculteurs rapatriés, le type de biens fonciers abandonnés en Afrique du Nord puis les caractères spécifiques des exploitations obtenues, leur répartition géographique, le mode de culture entrepris et les innovations techniques apportées, enfin le degré d'intégration dans la société rurale autochtone.

2.170   Castellan, M.

Comptes socio-démographiques : l'exemple des emplois et de la mobilité intersectorielle : *Economie et Statistique* (1975) 75 ; pp. 27-38.

Présentation des comptes socio-démographiques établis pour les années 1968-1973 et permettant de dégager les différents types de flux à l'origine de la mobilité de la main-d'œuvre sur le marché du travail en France : composition des flux entraînés par les embauches dans les différents secteurs d'activité économique, échanges entre secteurs, recours à l'immigration et aux inactifs. Rôle des différents secteurs dans la variation du chômage.

2.171   Cerase, F.
        Su una tipologia di emigrati ritornati: il ritorno di investimenti: *Studi emigrazione* (1967) 10; pp. 327-350.

2.172   Cerase, F.
        Expectations and reality: a case study of return migration from the United States to southern Italy: *International Migration Review*, 8 (1974) 2; pp. 245-262. – Bibliogr.
        A la suite d'une enquête menée en Italie du Sud, parmi des immigrants de retour au pays, l'auteur tente d'esquisser une typologie des retours en la reliant au vécu de l'émigration et aux processus d'intégration.

2.173   Chevalier, M.
        Etude sociologique auprès d'immigrés de Dunkerque. – Lyon: GSU, 1974.

2.174   Cinanni, P.
        Emigrazione e imperialismo. – Roma: Ed. Riuniti, 1968.

2.175   Collins, C.
        Distribution of Commonwealth immigrants in Greater London: *Ekistics*, 32 (1971) 188; pp. 12-21. – Bibliogr.
        L'histoire de l'immigration dans le Grand-Londres des personnes originaires des pays du Commonwealth; leur implantation géographique actuelle, leur composition socio-économique. Etude des variables permettant de connaître le degré d'intégration ou d'assimilation des migrants.

2.176   Comay, Y.
        Influences on the migration of Canadian professionals: *Journal of Human Resources*, 6 (1971) 3; pp. 333-344. – Bibliogr.
        Analyse des facteurs déterminant l'émigration aux Etats-Unis des cadres canadiens hautement qualifiés: études dans une université américaine, niveau des diplômes obtenus, mobilité professionnelle, groupe ethnique et origine géographique.

2.177   Comité des Eglises auprès des travailleurs migrants en Europe occidentale.
        Enquiry related to the return of migrant workers. – Genève, 1966.
        Cette étude porte sur un échantillon de 30 Siciliens en RFA (comment ils perçoivent leur situation en tant qu'immigrés, leurs motivations de retourner, leur satisfaction avec les conditions de travail) et 30 Siciliens après leur retour chez eux.
        Analyse du concept d'émigration et d'immigration.

2.178   Comité des Eglises auprès des travailleurs migrants en Europe occidentale.
        Migrant workers in Western Europe: a select bibliography 1964-1972. – Genève, 1972.

2.179   Communauté européenne du charbon et de l'acier.
        Bibliographie relative à la mobilité interne et aux migrations internationales des travailleurs. – Luxembourg, 1958.

2.180   Couper, C.
        La migration des Asiatiques britanniques d'Afrique orientale en Angleterre: *Comptes rendus de Recherches et Bibliographie sur l'Immigration* (1974) 2; pp. 1-9.
        La situation de la population asiatique d'Afrique occidentale (Kenya, Ouganda, Tanzanie) avant l'indépendance, minorité privilégiée, maintenant minorité vulnérable, lui fait traverser une crise d'identité qui la conduit souvent à émigrer en Angleterre (cette population est de citoyenneté britannique) où elle se trouve en butte à une discrimination à laquelle elle n'est pas accoutumée; et constitue pourtant la couche supérieure des immigrés du Commonwealth.

2.181   Dagodag, W. T.
Source regions and composition of illegal mexican immigration to California:
International Migrations Review, 9 (1975) 4; pp. 499-511.
Recherche sur l'origine géographique et la composition socio-économique des immigrants mexicains clandestins en Californie, à partir des données de l'Institut national de statistiques. D'origine rurale, de sexe masculin, généralement jeunes et en bonne santé, ces travailleurs proviennent
du centre-ouest du Mexique, zone soumise à de grands déséquilibres socio-économiques.

2.182   Daniel, J.-L.
La traite des pauvres: racolage et exploitation des travailleurs étrangers. –
Paris: Fayard, 1975.

2.183   Descloîtres, R.
Les travailleurs étrangers: leur adaptation au travail industriel et à la vie urbaine. – Paris: OCDE, 1967.

2.184   Dietzel, K.-P.
Die Rolle der rückkehrenden Arbeiter in der Entwicklungsstrategie des west-
deutschen Imperialismus: *Argument*, 13 (1971) 9-10; pp. 764-781.
La nouvelle orientation de la politique ouest-allemande à l'égard des pays sous-développés vise à
pallier le manque de main-d'œuvre qualifiée nécessaire à l'exploitation des capitaux exportés et à
exercer un contrôle sur la formation professionnelle, le degré de qualification et l'emploi de la
main-d'œuvre, tout en permettant au capitalisme monopolistique de maintenir une division du
travail internationale en tout point désavantageuse à l'égard des pays concernés (exemple de la
Turquie).

2.185   Dijoud, P. (Préf.).
La nouvelle condition politique de l'immigration. – Paris: Secrétariat d'Etat
aux travailleurs immigrés, s.d.
Après avoir présenté les données du problème de l'immigration en France, l'ouvrage précise les
orientations fondamentales et les conditions de la politique en faveur des immigrés et de leur
insertion, ainsi que les objectifs que s'est fixés le gouvernement actuel dans ce domaine.

2.186   Drettakis, E. G.
Migrations des travailleurs européens en France de 1956 à 1972: *Annales de
l'INSEE* (1975) 18; pp. 61-101. – Bibliogr.
Analyse comparative sur l'emploi des travailleurs venus du sud et du sud-est européen en France et en Allemagne. L'auteur utilise des régressions log-linéaires pour expliquer les flux à partir
de certaines variables explicatives, effectue l'auto-corrélation des perturbations dans les régressions de flux trimestriels sur ces mêmes variables et estime les flux nets d'immigrants et les flux
sortants pour la période 1968-72.

2.187   Duchac, R., et al.
Le seuil de tolérance aux étrangers: concept opératoire ou notion idéologique?: *Sociologie du Sud-Est* (1975) 5-6; pp. 5-184.
Compte rendu des journées d'études organisées par le CIRDOM (Centre interuniversitaire de
recherches et de documentation sur les migrations), Aix-en-Provence, 13-14 décembre 1974. Ce
colloque international a réuni des théoriciens des sciences sociales et des praticiens venus des
deux bords de la Méditerranée en vue d'un bilan sur la validité du concept. Les communications
sont groupées sous 4 rubriques: 1) Positions et propositions générales; 2) Tolérance et intoléran-
ce vues du Maghreb; 3) Ce que disent les chiffres, et ce que l'on en dit; 4) Tolérance et intolé-
rance dans la région de Marseille.

2.188   Les effets économiques de la migration dans les pays d'accueil: tentatives de
bilan: *Economie et Humanisme* (1971) 200; pp. 5-15.

Conséquences de la migration sur les conditions de production, sur les transferts vers les pays d'origine, sur la structure de la dépense nationale (coûts sociaux), sur les transferts sociaux.

2.189 Eisenstadt, S. N.

The absorption of immigrants. – Londres, 1954.

2.190 Emigrazione: cento anni, 26 milioni: *Il Ponte*, 30 (1974) 11-12; pp. 1217-1636.

2.191 Evolution de l'émigration portugaise: *Hommes et Migrations*, 24 (1973) 847; pp. 1-32.

Exposé sur le courant migratoire portugais dans l'histoire du Portugal: 1) Existence d'un cycle brésilen d'émigration (XVᵉ siècle-1960), suivi d'un cycle européen d'émigration (1960-1973).

2) Evolution de l'immigration portugaise en France depuis 1960, l'importance du besoin de main-d'œuvre ressenti en France et l'absence de mesures d'accueil dans ce pays.

2.192 Ferguson, L. C.; Ferguson, L. P.; Boutourline-Young, H.

Comparative political attitudes of Italians and Italo-Americans: *Comparative Political Studies*, 5 (1972) 1; pp. 85-92. – Bibliogr.

Etude de l'influence d'environnements différents sur la socialisation politique d'enfants italiens habitant Palerme, Rome et Boston. Analyse des données recueillies au cours d'une recherche longitudinale (Harvard Research Project, 1956-1969) sur la croissance et la santé d'un échantillon de 300 enfants italiens et italo-américains, auxquelles a été adjoint un questionnaire sur les attitudes politiques. Similitudes d'intérêt politique, mais différences sur le plan cognitif. Réactions plus émotionnelles à Palerme tandis qu'à Boston, les jeunes Italiens ont davantage le sentiment de pouvoir exercer une influence politique.

2.193 George, P.

Les migrations internationales. – Paris: PUF, 1976. – Bibliogr.

L'auteur commence par établir une typologie du phénomène migratoire en classant les migrations internationales selon les critères de motivations de déplacement, distance parcourue, durée de séjour, analysant les types de pays d'accueil et de départ et en étudiant les émigrés eux-mêmes. Ensuite, il applique ce classement à l'étude de cas particuliers: Afrique du Nord, Yougoslavie, Turquie comme pays d'émigration; USA, Canada et Australie comme terres d'immigration. Après avoir examiné la situation concrète des travailleurs étrangers en Allemagne, Suisse et France, il termine son étude par le problème des migrations internationales entre pays non industriels.

2.194 Germani, G.

Migration and acculturation. In: Handbook for social research in urban areas. – Paris: Unesco, 1964. – pp. 159-178.

Esquisse d'un cadre général pour aborder les problèmes de l'assimilation suivie d'une migration. Distinction théorique de 3 phases: la décision d'émigrer, le transfert, l'acculturation. L'auteur propose 3 niveaux d'analyse: le niveau objectif (les facteurs d'attraction-répulsion), le niveau normatif (qui se manifeste essentiellement dans les valeurs attribuées à la mobilité) et enfin le niveau psycho-social qui couvre les attitudes personnelles.

2.195 Gesano, G.

Return movements of Italian migrants: *2d European Population Conference*, Conseil de l'Europe, Strasbourg, 1971 (Provisional Report).

2.196 Girard, A.

Migrants. In: Encyclopedia Universalis (1978) vol. 10. – pp. 1089-1093.

2.197 Grubel, H. G.

Reflections on the present state of the brain drain and a suggested remedy: *Minerva*, 14 (1976) 2; pp. 209-224.

Ampleur de l'exode des compétences à partir de 1960. Mesure des coûts de la fuite des cerveaux. Analyse géométrique des effets sur le bien-être produits par la migration du capital humain. Quelques réflexions sur la Conférence de Bellagio (février 1975) des spécialistes. La taxe sur les migrants est une solution.

2.198   Guillon, M.

Les rapatriés d'Algérie dans la Région parisienne: *Annales de Géographie*, 84 (1974) 460; pp. 644-675.

17% des rapatriés, soit 160000 personnes, vivent dans la région parisienne; à partir des statistiques de l'INSEE, l'auteur examine la structure démographique de cette population, sa répartition par secteur d'activité, puis sa localisation à Paris et en banlieue; l'ensemble de ces données paraît être un indice de bonne intégration.

2.199   Guyot, J. (Ed.), et al.

Des femmes immigrées parlent. – Genève: Centre Europe-Tiers Monde, 1977.

2.200   Harbach, H.

Internationale Schichtung und Arbeitsmigration. – Reinbeck bei Hamburg: Rowolt Taschenbuch, 1976. – Bibliogr.

L'auteur tente ici d'analyser en fonction des diverses perspectives théoriques la polémique politique et scientifique sur l'emploi des travailleurs en Allemagne fédérale et propose un cadre théorique permettant une synthèse des approches particulières de ce problème.

2.201   Hill, P.-J.

The economic impact of immigration into the United States. – New York: Arno Press, 1975.

2.202   Höpfner, K.; Ramann, B.; Rürup, B.

Ausländische Arbeitnehmer. – Bonn: Gesellschaft für regionale Strukturentwicklung, 1973.

2.203   Houdaille, J.; Sauvy, A.

L'immigration clandestine dans le monde: *Population* (juillet-octobre 1974) 4-5; pp. 725-741.

2.204   Hume, I. M.

Quelques aspects économiques de la migration de main-d'œuvre en Europe depuis la Deuxième Guerre mondiale. Les aspects économiques de la croissance démographique. – Paris: CNRS, 1976 (Colloque international, Valescure, 1973, N° 550; pp. 175-199).

Les migrations des travailleurs du sud et de l'est de l'Europe vers l'Europe occidentale en 1960-1973.

2.205   Hunt, T. C.

The schooling of immigrants and black Americans: some similarities and différences: *The Journal of Negro Education*, 45 (1976) 4; pp. 423-431. – Bibliogr.

Comparaison de la situation en milieu urbain des immigrants d'Europe de l'Est et du Sud en 1890-1920 et de celle des Noirs de la même période qui vivaient dans les villes du nord ou des Noirs du sud rural qui ont émigré vers les villes de l'est et de l'ouest de 1940 à 1966.

2.206   Johner, P,; Sellier, F.

L'importance du phénomène d'immigration dans l'agriculture française: *Entreprises agricoles* (1974) 81; pp. 63-65.

Situation de l'immigration dans l'agriculture en France en 1974: travailleurs saisonniers, travailleurs immigrés.

2.207   Kayser, B.
         Migrations internationales de la main-d'œuvre: bibliographie. – Paris: OCDE,
         1969.

2.208   Kayser, B.
         Migration de main-d'œuvre et marchés du travail. – Paris: OCDE, 1971 (Rap-
         port de synthèse).

2.209   Kayser, B.
         Les retours conjoncturels de travailleurs migrants et les effets de l'émigration.
         – Paris: OCDE, 1972. – Bibliogr.
         En 1970, une série d'enquêtes sur les retours des migrants dans leur pays d'origine, en Europe et
         en Turquie, a permis d'éclairer le phénomène important. Les retours conjoncturels, liés à la
         récession allemande de 1966-67 se sont avérés peu différents des retours réguliers: tout s'est pas-
         sé comme si ces retours avaient été des congés prolongés. L'étude des retours réguliers des tra-
         vailleurs montre, en effet, que ceux-ci sont rarement définitifs, et résultent, lorsqu'ils le sont, d'un
         échec personnel. Bien qu'insuffisante par ses sources statistiques et par l'impossibilité de déceler
         les émigrants définitifs, cette étude montre une stabilité de comportement des migrants, que
         pourrait seule modifier l'évolution des structures socio-économiques des pays d'origine.

2.210   Kayser, B.
         L'échange inégal des ressources humaines: migrations, croissance et crise en
         Europe: *Tiers Monde*, 18 (1977) 69; pp. 7-20.
         Depuis les années 60, la division nord-sud de l'Europe n'a pas cessé de s'accentuer, séparant
         toujours davantage pays dominants et pays dominés, l'immigration et l'emploi des travailleurs
         étrangers prenant de plus en plus un caractère structurel, jusqu'à la crise des années 74 qui a vu
         les pays d'Europe du Nord adopter une politique migratoire restrictive et même interrompre
         l'immigration. Les enseignements à tirer de la crise et les perspectives économiques conduisent à
         concevoir un nouveau modèle des relations migratoires intra-européennes, dans la mesure où
         dans le sud de l'Europe, certains groupes se différencient de plus en plus.

2.211   Kayser, B.
         Les effets des migrations internationales sur la répartition géographique de la
         population en Europe: *Etudes démographiques*, Conseil de l'Europe, Stras-
         bourg (1977) 2.

2.212   Körner, H.
         Der Zustrom von Arbeitskräften in die Bundesrepublik Deutschland, 1950-
         1972: Auswirkungen auf die Funktionsweise des Arbeitsmarktes. – Bern:
         H. Lang, 1976.

2.213   Krane, R. E.
         Effects of cyclical international composition migration upon socio-economic
         mobility: *International Migrations Review*, 7 (1973) 4; pp. 427-436.
         Etude des effets cycliques des migrations internationales à partir de deux exemples: la RFA et la
         Turquie, choisis à cause de leur rôle respectif réciproque dans le mouvement migratoire d'impor-
         tation et d'exportation de main-d'œuvre.

2.214   Kruse, A.
         Wanderungen II: Internationale Wanderungen. In: Handwörterbuch der
         Sozialwissenschaften, Band 11. – Göttingen, 1961.

2.215   Kudat, A.
         Current research and findings on migration of workers at the Science Center
         Berlin: *International Migrations Review*, 10 (1976) 4; pp. 515-522.

Compte rendu des recherches entreprises par le Centre des sciences sociales de Berlin sur les caractéristiques des migrations de travail sur le pourtour méditerranéen et en Europe occidentale.

2.216 Lannes, X.

La mobilité internationale de la main-d'œuvre en Europe occidentale: *Revue internationale du Travail* (1956) 1-2.

2.217 Lannes, X.

Les migrations de travailleurs entre les pays du Marché commun: *Population* (1962) 1.

2.218 Lebon, M.

Les migrations externes: approches de quelques aspects significatifs du fait migratoire en France: *Revue française des Affaires sociales* (avril-juin 1978) N° spécial.

2.219 Le Masne, H.; Saglio, J.; Soubiran, M.-F.; Cavard, D.; Cordeiro, A.; Verhä-ren, R. E.; Bunel, J.

Travailleurs migrants et politiques d'accueil: *Economie et Humanisme* (1975) 221; pp. 4-50.

H. Le Masne, dans «Le Retour des Algériens au Pays», analyse différents projets de retour à partir d'une enquête auprès d'un groupe de travailleurs algériens de la région Rhône-Alpes. D. Cavard, A. Cordeiro et R. E. Verhären, dans «L'Immigration et le Système des Prestations sociales», présentent les résultats de leurs recherches sur le coût des assurés sociaux portugais, maghrébins et yougoslaves dans la circonscription de sécurité sociale de Grenoble. M.-F. Soubi-ran compare le statut des travailleurs migrants en France et en RFA. J. Bunel et J. Saglio, dans «Le CNPF et la Politique d'Immigration», analysent les dernières positions du CNPF dans le cadre d'un contrat de recherche du CORDES sur les politiques patronales.

2.220 Le Pors, A.

Immigration et développement économique et social. – Paris: La Documenta-tion Française, 1976.

L'immigration en France vers 1975 et ses effets économiques et sociaux: les transferts monétai-res liés à l'immigration, ampleur et variations liées à la nationalité, à l'âge, au sexe et au milieu socio-familial. Evaluation des dépenses sociales liées à l'immigration. Rôle de l'immigration dans la croissance économique.

2.221 Lewis, O.

La Vida: une famille portoricaine dans une culture de pauvreté: San Juan et New York. – Paris: Gallimard, 1969 (Coll. Témoins).

2.222 Livi-Bacchi, M.

Die italienische Auswanderung nach Europa: Elemente einer sozialen und wirtschaftlichen Bilanz. In: Lohrmann, R.; Manfrass, K.: Ausländerbeschäfti-gung und internationale Politik. – 1974.

2.223 Lomas, G.

Race and employment: *New Society*, 32 (1975) 658; pp. 413-???.

Examen des changements dans la composition et la structure d'emploi des ménages d'immigrés de couleur à la suite des restrictions imposées à l'immigration en Grande-Bretagne. Disparition du ménage immigré typique composé de plusieurs hommes adultes exerçant une activité et rem-placement par un type de ménage-famille avec enfant proche du modèle britannique, avec une seule différence que les mères de jeunes enfants ont un taux d'emploi supérieur à celui des mères de famille britanniques.

2.224   Longone, P.
        Migrations intra-européennes: *Popul. soc.* (1972) 44; pp. 1-4.
        Historique des mouvements migratoires intra-européens, situation actuelle par pays d'accueil et
        pays d'origine et prévisions pour 1980.

2.225   Maldonado, R. M.
        Why Puerto Ricans migrated to the United States in 1947-73: *Monthly Labor
        Review*, 99 (1976) 9; pp. 7-18.
        Analysant des données statistiques relatives aux Portoricains, l'auteur tente, à l'aide d'un modèle
        mathématique, d'isoler les diverses variables explicatives de la migration portoricaine aux Etats-
        Unis et montre que si la motivation économique reste importante, d'autres facteurs jouent un
        rôle non négligeable dans la décision de migrer.

2.226   Mangalam, J. J.
        Human migration: a guide to migration literature in English, 1955-1962. –
        Lexington, 1968.

2.227   Mannino, F. V.; Shore, M. F.
        Perceptions of social supports by spanish-speaking youth with implications for
        programme development: *Journal of School Health*, 46 (1976) 8; pp. 471-
        474. – Bibliogr.
        Enquête menée par l'Institut national de santé mentale d'Adelphi (Maryland, USA) auprès de
        jeunes gens originaires en grande partie de Cuba, d'Amérique centrale et du Sud, plutôt que de
        Porto Rico et du Mexique. Recherche sur les différences dans le monde de la perception des sup-
        ports sociaux, sur l'importance de la famille, notamment les parents comme support social, sur
        le degré d'information des jeunes parlant espagnol, sur les sources de support pour divers types
        de problèmes.

2.228   Mauco, G.
        Les étrangers en France: étude géographique sur leur rôle dans l'activité éco-
        nomique. – Paris: A Colin, 1962.

2.229   Meyers, R. G.
        Education and emigration: study abroad and the migration of human resour-
        ces. – USA: D. McKay, 1972.

2.230   Migration and fertility: *International Migrations Review*, 9 (1975) 2; pp. 111-
        231. – Bibliogr.
        Numéro spécial sur migration et fécondité contenant une série d'articles de démographie étu-
        diant: 1) Les différences de fécondité entre migrants et non-migrants dans les agglomérations
        des deux Amériques; 2) Une étude du rôle de l'immigration dans la croissance démographique
        des Etats-Unis de 1790 à 1970; 3) Une étude sur le rôle de la fécondité des migrants dans la
        croissance urbaine en Amérique latine; 4) Une comparaison entre la fécondité des Portoricains
        aux Etats-Unis et à Porto Rico et une bibliographie d'ensemble sur le problème.

2.231   Minces, J.
        Les travailleurs étrangers en France: enquête. – Paris: Seuil, 1973.

2.232   La mobilité des universitaires et des chercheurs: *Informations universitaires et
        professionnelles internationales*.
        La mobilité géographique internationale des universitaires et des chercheurs en France, Alle-
        magne fédérale, Suède, Royaume-Uni en 1977.

2.233   Montvallon, R. de.
        Les aspirations des jeunes travailleurs migrants en Europe occidentale. –
        Paris: Unesco, 1976.

2.234   Morokvasic, M.
        Les femmes yougoslaves en France et en République fédérale d'Allemagne:
        Hommes et Migrations (nov. 1976) 915; pp. 3-17. – Bibliogr.
        Les femmes dans l'émigration de travailleurs étrangers de Yougoslavie vers la France et l'Alle-
        magne fédérale vers 1970-1975: l'importance des courants migratoires selon le pays d'accueil et
        l'ampleur de l'activité féminine. Répartition des femmes actives selon le secteur d'activité écono-
        mique. Attitude face au travail et modification des rôles traditionnels dans la famille.

2.235   Mottura, G.; Pugliese, E.
        Observations on some characteristics of italian emigration in the last fifteen
        years: *Community Development* (1972) 27-28; pp. 3-20.
        Après un historique de l'émigration italienne depuis le début du siècle, les auteurs étudient la cri-
        se de l'émigration en Europe, les perspectives et leurs implications sociales. Le développement
        du pays de départ n'implique pas l'arrêt de l'émigration, celle-ci étant surtout déterminée par les
        situations politiques, sociales, économiques des pays d'émigration et d'immigration.

2.236   Nelkin, D.
        Invisible migrant workers: *Trans-Action*, 9 (1972) 6; pp. 36-41.
        A partir d'une étude par observation participante, l'auteur analyse le phénomène de la migration
        clandestine noire aux Etats-Unis, les camps de travailleurs agricoles migrants, les communica-
        tions entre communauté locale et migrants, la perpétuation du système par les mécanismes
        d'adaptation et le caractère invisible de la migration, enfin le rôle joué par les employeurs, les
        travailleurs sociaux et les organismes d'aide dans l'adaptation au phénomène et la non-remise en
        question du système global.

2.237   Nikolinakos, M.
        The concept of the « European South» and the « North-South» problem in
        Europe: *Die dritte Welt* (1974) 1.

2.238   Les nouvelles classes dangereuses: *Espaces et Sociétés* (1971) 4; pp. 107-120.
        Analyse des causes économiques et politiques de l'émigration, de son rôle dans l'équilibre écono-
        mique des pays capitalistes (armée de réserve industrielle remplissant les emplois délaissés, per-
        mettant de faire pression sur les salaires et de réaliser des économies de formation et d'équipe-
        ments sociaux). La situation actuelle des immigrés en France, notamment en ce qui concerne
        l'habitat. Quelques propositions d'actions et étude du cas des travailleurs antillais.

2.239   Organisation de coopération et de développement économique (OCDE).
        Séminaire international mixte sur la mobilité professionnelle et géographique
        de la main-d'œuvre. – Paris: OCDE, 1964.

2.240   Organisation de coopération et de développement économique (OCDE).
        Séminaire international mixte sur l'adaptation des travailleurs ruraux et étran-
        gers à l'industrie. – Paris: OCDE, 1965.

2.241   Organisation de coopération et de développement économique (OCDE).
        Migrations internationales de la main-d'œuvre. – Paris: OCDE, 1969. –
        Bibliogr.

2.242   Organisation de coopération et de développement économique (OCDE).
        L'OCDE et les migrations internationales. – Paris: OCDE, 1975.

2.243   Organisation de coopération et de développement économique (OCDE).
        Sopemi, rapporto 1974: *Quindicinale di Note e Commenti* (janvier 1975) 217-
        218. – Bibliogr.
        Rapport du système d'observation permanente des migrations mise en place par l'OCDE sur les
        migrations internationales en Europe occidentale en 1963-74: l'immigration et l'émigration selon
        la nationalité, le sexe, l'âge, la situation de famille; les flux migratoires entre principaux pays

d'origine et pays d'accueil; les secteurs d'activité des travailleurs étrangers. Modification de la politique d'immigration et impact de la suspension de l'immigration intervenue en France, Allemagne fédérale et en Suisse.

2.244   Organisation de coopération et de développement économique (OCDE). Sopemi, rapport 1977. – Paris: OCDE, 1978.
Rapport pour l'année 1977 du système d'observation permanente des migrations dans les pays de l'OCDE: évolution des flux migratoires, déclin de l'immigration vers les pays d'accueil traditionnels, mais maintien de flux assez hétérogènes. Echec relatif des politiques d'organisation des retours des travailleurs étrangers vers leur pays d'origine et stabilité relative des effectifs de population étrangère dans les pays de l'OCDE.

2.245   Organisation des Nations Unies (ONU). Analytical bibliography of international migration statistics, selected countries 1925-1950. – New York: United Nations, Department of economic and social affairs, 1955.

2.246   Petersen, W. Migration. In: Sills, D. L. (Ed.): International encyclopedia of the social sciences, T. 10. – Glencoe, 1968.

2.247   Philip, A. Les travailleurs migrants en Europe occidentale. – Paris: Aubier, 1964.

2.248   Poinard, M. Les étrangers dans l'agglomération lyonnaise: *Espaces et Sociétés* (1971) 4; pp. 145-151.
L'agglomération de Lyon comprend environ 12% d'étrangers. L'auteur étudie la composition de cette immigration (nationalité, âge, sexe, secteur d'emploi et qualifications); la localisation des différentes nationalités selon le lieu et le type d'habitat (les anciens immigrés ayant davantage accès aux HLM); et le processus de rejet des étrangers par l'éviction du vieux centre en cours de rénovation. L'implantation des immigrés révèle un négatif de la spéculation foncière.

2.249   Portes, A. Determinants of the brain drain: *International Migrations Review*, 10 (1976) 4; pp. 489-508.
Etude des facteurs déterminant l'exode des cerveaux des pays en voie de développement vers les Etats-Unis. En s'appuyant à la fois sur les statistiques annuelles américaines d'immigration et de naturalisation, ainsi que sur l'ensemble des travaux antérieurs, l'auteur met en évidence 3 ordres de facteurs qui sont: 1) Les déséquilibres internationaux en matière de rémunération, d'emploi, de statut social et de conditions générales de vie; 2) Les déséquilibres internes entre l'offre et la demande des services hautement qualifiés: l'excès d'offre, en termes qualitatifs et quantitatifs entraînant l'émigration; 3) Les facteurs individuels.

2.250   Prévost, G. Des chiffres et des hommes: les étrangers en France: *Hommes et Migrations* (1969) 113; pp. 8-46.
Statistiques sur les travailleurs étrangers en France en 1969 selon le pays d'origine, le secteur d'activité économique et le sexe.

2.251   Purnode, N.; Martens, A. Travailleurs migrants et relogement. In: Service social dans le monde. – Paris, 1970.

2.252   Rademacher, M. Ursachen für die Einwanderung von Ausländern in die BRD. – Arnoldsheim/

Taunus: Jahrestagung der deutschen Gesellschaft für Bevölkerungswissenschaft, avril 1972 (Vervielfältigtes Manuskript).

2.253 Reiffers, J. L.
Le rôle de l'immigration de travailleurs dans la croissance de la République fédérale d'Allemagne de 1958 à 1968. – Aix-en-Provence: étude réalisée pour le BIT, 1970.

2.254 Rochefort, R.
Géographie des migrations: *Revue géographique de Lyon*, 46 (1971) 2; pp. 227-229.

2.255 Rosanvallon, A.
Les aspects économiques de l'émigration algérienne. – Grenoble: Université, 1974.
Analyse de l'impact des migrations extérieures de travailleurs étrangers sur le fonctionnement des économies des pays d'origine. Le cas de l'Algérie vers 1970: histoire de l'émigration algérienne en France, l'impact de l'émigration sur le niveau et la structure des emplois en Algérie, le rôle des transferts monétaires. Statistiques par sexe, âge, par catégorie socio-professionnelle, par département.

2.256 Rose, A.
Migrants in Europe: problems of acceptance and adjustment. – Minneapolis: Minnesota Press, 1969.

2.257 Rutter, M.; Yule, W.; Berger, M.
The children of West Indian migrants: *New Society*, 27 (1974) 597; pp. 630-633.
Etude comparative sur le comportement scolaire d'enfants de migrants, originaires des Antilles, selon le type d'implantation: petite ville ou métropole.

2.258 Salt, J.; Clout, H. (Ed.).
Migration in post war Europe: geographical essays. – London: Oxford University Press, 1976.

2.259 Samman, M. L.
L'immigration étrangère a pris un caractère plus familial: *Economie et Statistique* (1977); pp. 55-63.
Evolution de l'immigration en France entre 1968-1975: répartition selon la nationalité et l'âge. Implantation dans les différentes régions. Répartition par catégorie socio-professionnelle et secteur d'activité économique. Taux d'activité et augmentation de la part des familles.

2.260 Sauvy, A.; Moindrot, C.
Le renversement du courant d'immigration séculaire: *Population* (1962) 1.

2.261 Sayad, A.
Les causes de départ: les conditions du migrant dans son économie d'origine: *Options méditerranéennes* (déc. 1973) 22; pp. 52-56.

2.262 Sayad, A.
Elghorba: le mécanisme de reproduction de l'émigration: *Actes de la Recherche en Sciences sociales* (1975) 2; pp. 50-66.
Interview d'un jeune émigré kabyle, arrivé récemment en France et qui retrace son itinéraire biographique. A partir de ce récit, l'auteur décrit certains des mécanismes tendant à perpétuer l'émigration: les causes de l'émigration ne peuvent être ramenées à la simple nécessité économique,

qui constitue au contraire un moyen de justification commode aussi bien pour le chercheur que pour l'immigré.

2.263	Sayad, A.

Les trois âges de l'émigration algérienne en France: *Actes de la Recherche en Sciences sociales* (1977); pp. 59-82.

Etude de l'origine et du niveau socio-familial des travailleurs étrangers venant d'Algérie et vivant en France et de son évolution en 1900-1975 environ: dans la première phase, les émigrés permettent la survie de leur pays d'origine.

2.264	Sayad, A.

Les enfants illégitimes: *Actes de la Recherche en Sciences sociales*, 1re partie: (janvier 1979) 25; pp. 61-81; 2e partie: (mars-avril 1979) 26/27; pp. 117-132.

2.265	Schiller, G.

La régulation des migrations: aperçu de quelques politiques, notamment en République fédérale d'Allemagne: *Revue internationale du Travail*, 111 (1975) 4; pp. 363-386.

Après examen de diverses mesures de restriction de l'immigration et de rentabilisation de la main-d'œuvre déjà immigrée, l'auteur critique l'utilisation du mécanisme des prix pour décourager la demande de main-d'œuvre étrangère et la réduction de la répartition différente des coûts sociaux. Selon l'auteur, ce n'est pas l'afflux des travailleurs étrangers qui peut être tenu pour responsable des maux des sociétés industrialisées, mais la structure générale de ces sociétés.

2.266	Schulz, P.

Labor migration among the socialist european countries in the post-world war II period: *Migrations internationales*, 13 (1975) 4; pp. 190-201. – Bibliogr.

L'auteur pose le problème de l'existence de déséquilibres de main-d'œuvre en Europe de l'Est, et celui des migrations de travailleurs entre ces pays. Il conclut à la non-uniformité de ces pays en matière de population et de main-d'œuvre.

2.267	Shannon, L. W.

The economic absorption and cultural integration of immigrant workers: *The American Behavioral Scientist*, 13 (1969); pp. 36-56.

2.268	Singh Das, M.; Lal Sharma, B.

Brain drain controversy and latin america scholars: *Sociologus*, 24 (1974) 2; pp. 160-176. – Bibliogr.

Les auteurs étudient l'hypothèse d'une tendance générale à l'exode des cerveaux de l'Amérique latine vers les Etats fortement développés, au moyen d'une analyse statistique des attitudes de 374 étudiants latino-américains aux USA. Les résultats de l'analyse ne confirment pas l'hypothèse, 9% seulement des étudiants comptant s'installer définitivement aux USA.

2.269	Sorre, M.

Les migrations des peuples: essai sur la mobilité géographique. – Paris: Flammarion, 1955.

2.270	Süsterhenn, K.

Die Förderung der Mobilität der Arbeitskräfte durch die europäischen Gemeinschaften... und die BRD. – Fribourg: Universität, 1972. – (Wirtschafts- und sozialwiss. Diss.).

2.271	Sutherland, D. E.

On the migration of sociological structures, 1933-1941: a forgotten episode in the history of american sociology and a case study in the sociology of sociology: *Sociologie contemporaine*, 22 (1974) 1-3, paru 1977; pp. 87-121. – Bibliogr.

A travers l'étude de la migration des scientifiques, et en particulier des sociologues, de l'Allemagne nazie vers les Etats-Unis, l'auteur pose le problème du caractère social de la connaissance en tant que structure théorique.

2.272 Symposium on ethnicity and migration: *Australian and New Zealand Journal of Sociology*, 12 (1976) 2; pp. 106-151.

Numéro spécial consacré à la migration et à l'ethnicité. On trouvera dans ce numéro des articles de réflexion théorique portant sur des concepts (pluralisme, marginalité), une analyse comparative des directions de recherche interethnique en Grande-Bretagne et en Nouvelle-Zélande, des études monographiques portant sur les Grecs d'Australie, le rôle du facteur ethnique dans le catholicisme australien sur une communauté de migrants venus tardivement en Australie, les Nord-Américains; une étude sur l'attitude des Australiens par rapport aux immigrants européens.

2.273 Tabah, L.; Cataldi, A.

Effets d'une immigration dans quelques populations modèles: *Population* (1963-64); pp. 683-696.

2.274 Taboada-Leonetti, I.

Le problème de l'identité chez les immigrants des départements d'outre-mer: l'exemple des Réunionnais: *Sociologie du Travail*, 14 (1972) 3; pp. 294-315.

Les migrants réunionnais (et antillais en général), français de nationalité, se trouvent en métropole dans une situation plus proche de celle des travailleurs étrangers que celle des travailleurs français. La confrontation de l'image mythique et paternelle avec la réalité provoque des crises d'identité qui peuvent les amener à divers types d'identification totale à la France ou prise de conscience d'une identité nationale spécifique.

2.275 Taboada-Leonetti, I.

Les conséquences de la migration sur l'attitude des migrants envers le pays d'origine: *Comptes rendus de Recherches et Bibliographie sur l'Immigration* (1974) 2; pp. 24-37.

Résultats d'une enquête effectuée à La Réunion auprès des Réunionnais sur le point d'émigrer, et en France, après la migration, sur l'image de la France avant et après, l'appréciation des situations respectives du Réunionnais en Réunion et en métropole, et les attitudes envers ces situations. Typologie de Réunionnais émigrés.

2.276 Taft, D. R.; Robbins, R.

International migrations. – New York, 1955.

2.277 Talha, L.

La migration des travailleurs entre le Maghreb et l'Europe: *Hommes et Migrations* (1975) 893; pp. 3-17.

L'émigration d'Algérie, de Tunisie et du Maroc vers la France: historique des flux migratoires, fonction économique des travailleurs étrangers et impact des migrations sur le pays d'origine et sur le pays d'accueil. Transferts de technologie et transferts de revenu.

2.278 Tapinos, G. P.

L'économie des migrations internationales. – Paris: A. Colin, 1974. – Bibliogr.

2.279 Tapinos, G. P.

Les migrations internationales et la conjoncture présente: *Travail et Société* (anciennement *Bulletin de l'Institut international d'Etudes sociales*), 1 (1976) 1; pp. 104-120.

Principaux points de discussion et conclusions essentielles du colloque portant sur les implications de la récession présente pour les migrations des travailleurs, qui s'est tenu à Paris les 5-6 avril 1974. Le rapport comporte trois parties:
1) Les leçons du passé et les politiques face à la crise.
2) Une situation nouvelle résultant des modifications structurelles des économies des pays récepteurs aussi bien que de celles de la migration elle-même.
3) Un avenir incertain.

2.280   Tara, V.
Problèmes d'adaptation au niveau de la vie professionnelle des migrants originaires des D.O.M.: *Ethnies*, 2 (1972); pp. 53-64.
Les problèmes d'adaptation professionnelle des migrants des départements d'outre-mer en France ne sont pas totalement comparables à ceux des immigrés étrangers, du fait du statut de ces populations, de leurs projets initiaux non homogènes, de leurs problèmes d'identité, de leurs aspirations professionnelles et sociales, des discriminations raciales dont ils sont l'objet... Si l'adaptation professionnelle se réalise en général, il convient de savoir au prix de quelles difficultés psychologiques elle s'effectue.

2.281   Thomas, B.
International migration and economic development. – Paris: Unesco, 1961.

2.282   Thomas, B.
Migration: economic aspects. In: Sills, D. L. (Ed.): International Encyclopedia of the Social sciences, T. 10. – Glencoe, 1968.

2.283   Thomas, B.
Migration and economic growth: a study of Great Britain and the Atlantic economy. – 2e éd. – Londres: Cambridge University Press, 1973.
Survol des théories purement économiques de la migration.

2.284   Les travailleurs immigrés en agriculture: *Bulletin d'Information du Ministère de l'Agriculture et du Développement rural* (sept. 1974) 651; pp. C1-C4.
L'immigration de travailleurs étrangers en agriculture par pays d'origine en France, 1946-1973: travailleurs saisonniers.

2.285   Travaux universitaires concernant les problèmes de l'immigration soutenus de 1947 à 1977.
Répertoire des travaux universitaires effectués entre 1947-1977 en France sur l'immigration des travailleurs étrangers et de population étrangère essentiellement vers la France.

2.286   Tribut.
Le contrôle de l'immigration étrangère en France de 1888 à 1940: *Migrations/Etudes* (juillet 1978) 15.

2.287   Trinh-Van-Thao.
Essai sur une sociologie du rapatriement: *Ethnopsychologie*, 28 (1973) 1; pp. 1-93.
Etude sur le rapatriement des Français d'Indochine. Description et analyse du processus psychologique d'adaptation concernant une centaine de familles rapatriées, installées depuis une dizaine d'années environ dans la région parisienne.

2.288   Tugault, Y.
L'immigration étrangère en France: une nouvelle méthode de mesure: *Population*, 26 (1971) 4; pp. 691-705.
L'insuffisance et la mauvaise qualité des données statistiques sur les étrangers en France ne permettent que des estimations. L'auteur montre que la méthode classique d'estimation provoque

un taux d'omission très élevé et élabore une méthode permettant des résultats plus précis, basés sur le lieu de naissance des personnes recensées.

2.289 Tugault, Y.
Les migrations internationales: *Population* (juin 1974) N° spécial; pp. 115-123.

2.290 Unesco.
The positive contribution by immigrants. – Paris: Unesco, 1955.

2.291 Ventilation des travailleurs étrangers en France: *Hommes et Migrations* (1973) 120; pp. 10-65.
Bibliographie complète sur les problèmes de l'immigration en France, 1971, selon la nationalité, la région d'accueil et la branche d'activité.

2.292 Verdoodt, A.
Linguistic problems of adult migrant workers and socio-linguistic problems of migrant workers' children being educated in the host country: *La Sociologie contemporaine*, 22 (1974) 1-3, paru 1977; pp. 331-351. – Bibliogr.
Enquête menée dans 8 pays: Autriche, Belgique, Danemark, Finlande, France, Italie, Norvège, Allemagne fédérale, en vue d'étudier les problèmes et les conditions d'enseignement de la langue maternelle des immigrés de ces pays.

2.293 Vieuguet, A.
Français et immigrés. – Paris: Ed. sociales, 1975.

2.294 Weppner, R. S.
An empirical test of the assimilation of a migrant group into an urban milieu: *Anthropol. Quarterly*, 45 (1972) 4; pp. 262-273. – Bibliogr.
Proposition d'un modèle différentiel englobant des variables économiques, linguistiques, sociales et psychologiques pour définir les séquences temporelles dans le processus d'assimilation. Les résultats de l'application de ce modèle à un groupe de migrants navajo dans une grande ville américaine confirment sa validité.

2.295 Weppner, R. S.
Socioeconomic barriers to assimilation of Navajo migrant workers: *Human Organisation*, 31 (1972) 3; pp. 303-314. – Bibliogr.
Deux groupes de migrants ruraux navajos à Denver sont comparés entre eux, puis avec un groupe d'ouvriers anglo-saxons, pour identifier les facteurs qui favorisent l'assimilation. L'accent est mis sur l'intégration économique dans le milieu du travail, l'assimilation intervenant lorsque le migrant devient économiquement indépendant.

2.296 Widgren, J.
Recent trends in European migration policies: *Revue internationale de Pédagogie*, 21 (1975) 3; pp. 275-85. – Bibliogr.
Composition de la population des travailleurs migrants dans les divers pays occidentaux et récents développements des politiques gouvernementales relatives au contrôle et à la stabilisation de l'immigration, à l'éducation et aux droits politiques des travailleurs migrants.

2.297 Wiedenbörner, W.
Travailleurs migrants en une période de récession économique. – RFA, 1968.

2.298 Willke, I.
Schooling of immigrant children in West-Germany, Sweden, England: the educationally disadvantaged: *Revue internationale de Pédagogie*, 21 (1975) 3; pp. 357-382.

Les trois pays comparés ici par l'auteur ont des proportions similaires d'enfants d'immigrants, mais de nationalités différentes. L'auteur relie le problème linguistique posé par ces enfants au fait qu'ils font partie des défavorisés de notre société.

2.299   Wisniewski, J.

Les étrangers dans les régions de France: *Hommes et Migrations* (1975) 122; pp. 2-203.

Statistiques concernant les travailleurs étrangers en France entre 1962-1972 (par région d'accueil et département).

2.300   Zehraoui, A.

Les travailleurs algériens en France: étude sociologique de quelques aspects de la vie familiale. – Paris: Maspero, 1971. – Bibliogr.

Enquête auprès de 50 familles algériennes dans la région parisienne étudiant les conditions de vie et les problèmes de ces familles.

Immigration d'hommes seuls et immigration familiale sont deux phénomènes intimement liés par la structure de la famille algérienne (agnatique) qui tend à se transformer sous l'effet de la vie industrielle (passage à la vie conjugale).

2.301   Zieris, E.

Zur Problematik der Rückwanderung. – Genève: Comité des Eglises auprès des travailleurs migrants en Europe occidentale, 1967.

13.3 MOBILITÉ INTERRÉGIONALE

Suisse

3.1   Atteslander, P.
        Dynamische Aspekte des Zuzugs in die Stadt Zürich: *Kölner Zeitschrift für Soziologie*, 7 (1955) 3.

3.2   Atteslander, P.
        Probleme der sozialen Anpassung: eine soziologische Untersuchung über den Zuzug nach der Stadt Zürich. – Köln: Westdeutscher Verlag, 1956.

3.3   Baechtold, R. V.
        Migrations démographiques dans le canton de Berne. – Berne, 1969 (Multigr.).

3.4   Brinkmann, H.
        Wanderungsbewegungen und wirtschaftliche Struktur in einigen Gemeinden des Kantons Bern im Jahre 1965. – Fribourg: Université, 1968 (Diss. Wirtschaft.- und Sozialwiss.).

3.5   Castiglione, F.; Cuendet, C.-L.; Georg, D.; Wyss, T.
        Meyrin: Mobilité de la population: enquête d'économie sociale. – Genève: Université, 1966.

3.6   Centre d'économétrie, Genève.
        Analyse des mouvements migratoires: estimation du solde migratoire par sexe et par groupe de générations. Canton de Berne: évolution par région 1920-1960. – Genève: Centre d'économétrie, 1968.

3.7   Comby, B.
        Les relations entre la mobilité du travail et l'aménagement du territoire en Europe d'après-guerre. – Fribourg: Ed. universitaires, 1966.
        La mobilité du travail et du capital est analysée, au niveau européen, entre pôles de croissance et régions sous-développées. Une intervention publique en faveur d'un aménagement du territoire et d'une mobilité du travail pourrait diminuer la tendance vers un accroissement des disparités régionales et nationales.

3.8   Cuenoud, Ch.
        Aspects des migrations interrégionales: *Revue suisse d'Economie politique et de Statistique*, 4 (1975); pp. 545-558.
        Lorsque l'on confronte ce court aperçu théorique à la réalité des mouvements migratoires en Suisse depuis le début du siècle, force est de constater la poursuite, voire l'aggravation des tendances dualistes. Face à cette situation, il apparaît que toute tentative de modifier le processus régissant la migration interne est très complexe. Seule une approche multidisciplinaire, qui inscrirait la migration dans le cadre social, économique et démographique auquel elle appartient, est à même de nous fournir les éléments d'une prise de décision objective.

3.9   Eigler, S.
        Das Problem der Mobilität der industriellen Arbeiterschaft. – Neuchâtel, 1954 (Thèse de sc. commerc. et écon.).

3.10   Fasler, S.
        Räumliche Bevölkerungsbewegung: *Wirtschaft und Verwaltung*, 6 (1947) 1.

3.11   Fischer, G.
        Schaffhausen: Zukunft einer Region. – Schaffhausen: P. Meili, 1973.

L'auteur tient compte, entre autres, des divers motifs de la migration, différenciés selon le lieu de départ et le lieu d'arrivée.

3.12   Fischer, G., et al.

Regionale Differenzierung von Lebenslaufbahn-Perspektiven. – St. Gallen: SIASM, 1976-79 (en cours).

3.13   Flütsch, E.

St. Antönien – kulturlandschaftliche Aspekte einer Walsergemeinde. – Zürich: Geographisches Institut der Universität, 1976.

3.14   Flury, J.

Die Abwanderung im Solothurner Jura. – Zürich: Geographisches Institut der Universität, 1978.

3.15   Frey, R. L.

Die Infrastruktur als Mittel der Regionalpolitik: eine wirtschaftstheoretische Untersuchung zur Bedeutung der Infrastrukturförderung von entwicklungsschwachen Regionen in der Schweiz. – Bern: P. Haupt, 1979.
Etude concernant notamment la mobilité spatiale:
– mise en relief des facteurs déterminant la mobilité inter- et intra-régionale;
– inventaire des variables qui expliquent au mieux le volume de la mobilité intercantonale (premiers résultats d'une recherche en cours).

3.16   Furrer, B.

Regionale Disparitäten und geographische Mobilität. – Zürich: Geographisches Institut der Universität, 1978.

3.17   Furrer, G.

Bevölkerungsveränderungen in den Schweizer Alpen 1950-70: einige bevölkerungsgeographische Aspekte zum Umbruch im alpinen Raum: *Mitteilungen der Österreichischen Geographischen Gesellschaft*, 111 (1977) 1.

3.18   Gantenbein, H.

Die Zusammenhänge zwischen Arbeitsplatzstruktur, Bevölkerungstruktur und Bevölkerungsbewegung. – Zürich: Geographisches Institut der Universität, 1972.

3.19   Gaude, J.; Peek, P.

Les effets économiques des migrations des campagnes vers les villes: *Revue internationale du Travail*, 114 (1976) 3; pp. 365-375.

3.20   Gilliand, P.; Diserens, M.

Approche démographique des disparités régionales: un profil des cantons suisses et flux théoriques de population active: *Revue suisse d'Economie politique et de Statistique*, 111 (1975) 4; pp. 559-567.
Cet article analyse la force explicative de divers indicateurs concernant les disparités cantonales. Vers l'an 2000, les perspectives démographiques montrent que la proportion des jeunes (0-20 ans) et celle des personnes âgées (60 ans et plus) seront équivalentes (env. 22%). Le solde entre flux d'entrées et flux de sorties des actifs masculins sera négatif. La compensation par une élévation des taux féminins ne pourrait être que partielle.
Les disparités économiques entre régions risquent dorénavant de se cumuler et de s'accentuer.

3.21   Girod, R.; Solari, L.

Mouvements migratoires (intérieurs et internationaux) et mobilité sociale en

Suisse: esquisse d'un schéma d'analyse. – Fribourg: Ed. universitaires, 1968. – pp. 67-78.

3.22 Gubler, K.-R.
Bevölkerungsentwicklung und wirtschaftliche Wandlungen im Kanton Luzern (seit dem Ende des 18. Jahrunderts). – Zürich: Universität, 1952 (Diss.).

3.23 Güller, P.
Zuger Prognosemodell: Bevölkerungs- und Arbeitsplatzprognose für den Kanton Zug: Auftrag der Baudirektion des Kantons Zug. – Zürich, 1973.

3.24 Güller, P.; Schuler, M.; Weber, A.
Multiregionales Prognosemodell für den Kanton Zürich und die Deutsch-Schweiz. – Zürich: Eigenverlag P. Güller, 1976.
Ce modèle, développé en 1976 pour la région de Zurich et la Suisse alémanique, est un modèle explicatif combiné avec la méthode des agrégats: 52 régions de la Suisse alémanique sont analysées par périodes de 5 ans, en tenant compte de facteurs démographiques (taux de natalité et de mortalité, migrations interrégionales et internationales, naturalisations), du potentiel de force de travail indigène (population active, population pendulaire), du besoin en force de travail (par secteur et par branche), de la population active (établie, saisonnière, frontalière). Outre le processus d'ajustement de l'offre et de la demande sur le marché de l'emploi en fonction des données actuelles, le modèle de prévision inclut certaines politiques publiques récentes.
En ce qui concerne plus spécifiquement la mobilité spatiale, le modèle combine les migrations et la pendularité. Mais l'effet de causalité ne relie pas les différents types de mobilité entre eux, mais indépendamment en fonction du taux d'occupation (phases chronologiques dans le système d'adaptation au marché du travail → «Arbeitsmarkt-Ausgleichsmodell»).
Buts principaux:
– réexamination du Conseil d'aménagement du territoire du canton de Zurich quant aux possibilités de la réalisation;
– description des limites du champ d'action de la politique de l'aménagement du territoire, en d'autres termes, des possibilités d'intervention des pouvoirs publics.

3.25 Güller, P.; Schuler, M.; Weber, A.
Bevölkerungs- und Beschäftigenprognose des Kantons Solothurn und seiner Regionen: Beiträge zur Statistik des Kt. Solothurn, Finanz-Department, Reihe D (1979) 3.

3.26 Haag, F.
Interregionale Migration: ein Forschungsprojekt. In: Contributions à l'analyse sociologique de la Suisse. – Genève: Actes du 2ᵉ Congrès de la SSS, 1974.

3.27 Haag, F.
Interregionale Wanderungen in der Schweiz. In: DISP Nr. 44, Zürich, O.-R.-L., 1977; pp. 24-31.

3.28 Haag, F.; Orban, B.; Wyss, M.
Die kantonalen Migrationsströme zwischen 1965 und 1970. – Zürich: O.-R.-L., 1975 (Bericht Nr. 1).

3.29 Haag, F.; Orban, B.; Wyss, M.
Migration zwischen ländlichen und städtischen Gebieten 1965-1970. – Zürich: O.-R.-L., 1975 (Bericht Nr. 2).

3.30 Haag, F.; Orban, B.; Wyss, M.
Etappenwanderung. – Zürich: O.-R.-L., 1976 (Bericht Nr. 3).

3.31   Haag, F.; Orban, B.; Wyss, M.
        Migration zwischen ländlichen und städtischen Gebieten 1965-1970 = Les
        migrations entre régions rurales et régions urbaines 1965-1970: *Revue suisse
        de Sociologie* (1976) 2; pp. 85-95.

3.32   Haag, F.; Orban, B.; Wyss, M.
        Struktur der interregionalen Migration 1965-1970. – Zürich: O.-R.-L., 1977
        (Bericht Nr. 4).

3.33   Haag, F.; Orban, B.; Wyss, M.
        Interregionale Wanderungen in der Schweiz. – Zürich: O.-R.-L., 1978 (Bericht
        Nr. 37).

        1) Objet de l'étude et buts poursuivis
           Travaux effectués à l'Institut ORL entre 1974 et 1977.
           Analyse descriptive des courants migratoires et de leur structure.
           Raisons: connaissances imparfaites et rudimentaires des concentrations démographiques et
           socio-économiques au niveau national. Importance des structures de l'habitat dans la réparti-
           tion des courants migratoires.
           Buts: orientation géographique prédominante et caractère sélectif des courants migratoires.
           Eléments d'appréciation en vue de la possibilité d'orienter les migrations dans le sens d'une
           répartition plus équilibrée dans le cadre de l'aménagement du territoire.
        2) Cadre de référence théorique
           Concept du *cycle de vie* (les migrations ont lieu à certaines phases de la vie) et concept des
           tensions structurelles (les migrations comme réponse aux disparités démographiques et
           socio-économiques entre régions).
           Concepts permettant de classifier le matériel de base et de fournir des éléments d'apprécia-
           tion dans l'interprétation des résultats. Distinction entre données démographiques (cycle de
           vie) et données socio-économiques (tensions structurelles, disparités interrégionales).
        3) Source de données, leurs définition, classification et mise en valeur
           Données de base fournies par le Bureau fédéral de statistique (tableau 7.14): analyse quanti-
           tative (recensement de la population 1970).
           Echantillon tiré des données de base contenant 34 variables démographiques et socio-écono-
           miques: analyse qualitative (structure). Critères de classification: répartition des populations
           selon des critères de délimitation géographique (cantons et régions), répartition selon la struc-
           ture de l'habitat et le degré d'urbanisation.
           Mise en valeur des données élaborées selon les critères de classification et validation effectuée
           par l'emploi de procédures statistiques.
        4) Présentation des résultats et essai d'interprétation
           – Tendances générales qui se dégagent de l'analyse quantitative: importance des échanges
             migratoires entre régions urbaines et régions rurales.
           – Degrés de mobilité des groupes sociaux saisis par la comparaison entre population
             «migrante» et population «résidante».
           – Orientation principale des mouvements migratoires selon le lieu de destination: l'attractivi-
             té des types d'habitat et ses effets sélectifs sur la composition de la population migrante.
           – Analyse des soldes migratoires des différentes catégories de population dans les divers
             types d'habitat: centre principal, moyen, régions rurales et régions de montagne.
        5) Conclusions en matière d'aménagement du territoire
           Confrontation entre le postulat du nivellement des inégalités interrégionales et l'orientation
           prédominante des groupes mobiles.

3.34   Hadermann, J.; Käppeli, J.; Koller, P.
        Räumliche Mobilität: theoretische Grundlagen und empirische Untersuchun-

gen in der Planungsregion St. Gallen. – Zürich: Schulthess Verlag, 1975. –
Vol. V, VI, VII.

Les auteurs passent en revue une grande partie de la littérature sur la mobilité intra- et interrégionale. Ils présentent brièvement les modèles gravitationnels simples ou élargis par la prise en
considération des facteurs d'attractivité et d'intégration des modèles de comportement du
migrant ainsi que des modèles décisionnels.

Après avoir dessiné un modèle qui conçoit la migration comme résultat d'un acte de décision,
adaptation aux déséquilibres tels qu'ils sont perçus par l'individu, aux niveaux environnemental
et personnel, les auteurs examinent un grand nombre d'hypothèses. Les données disponibles se
basent sur une enquête effectuée dans les 28 communes de la région saint-galloise. L'échantillon
au hasard comporte 4 classes de migrants:
– migrants intra-régionaux;
– migrants interrégionaux dont le lieu d'arrivée est une des 28 communes de la région saint-galloise;
– migrants interrégionaux dont le lieu de départ est une des 28 communes;
– les sédentaires dans les 28 communes.

Les hypothèses formulées par les auteurs portent sur les motivations des migrants, les *déterminants personnels* de la mobilité: position dans le cycle de vie, structure du ménage, sexe, religion,
origine géographique, le statut socio-économique (formation, profession, condition de logement),
les facteurs de personnalité (les migrants paraissent plus extravertis que les sédentaires), les
déterminants spatiaux de la mobilité, comme le degré d'urbanisation du lieu d'arrivée, les facteurs de logement, le marché du travail, la perception des structures sociales différenciées selon
le contexte, la conjoncture économique, le temps nécessaire pour aller au travail.

Les auteurs ajoutent une série d'hypothèses qui traitent de l'impact du degré d'information du
migrant potentiel sur le processus de décision.

Une vue d'ensemble des divers courants migratoires à l'intérieur et entre la région de Saint-Gall
et d'autres régions complète l'étude.

3.35   Hodel, E.

Die Wanderungsbewegungen in Geroldswil von 1960-1972. – Zürich: Amt für
Raumplanung.

3.36   Institut de sociologie et de science politique, Neuchâtel.

Les migrations dans le Jura neuchâtelois. – Neuchâtel: section cantonale de
l'aménagement du territoire, 1970.

Analyse des flux d'arrivées et de départs des habitants des régions de La Chaux-de-Fonds, du
Locle, et du Val-de-Travers. Etude détaillée des motifs de départ et les caractéristiques des
migrants selon l'âge, le sexe, la nationalité (Suisses/étrangers), la profession, le revenu, la durée
du séjour, le lieu de destination ou la résidence antérieure, les causes de départ et d'arrivée.

3.37   Kamer, A.

Assimilation in einer wachsenden Industriestadt, dargestellt am Beispiel der
Zuzüger in der zweisprachigen Gemeinde Biel. – Bern: P. Haupt, 1963.

3.38   Maillat, D.

Redéploiement des activités et urbanisation: communication présentée au Colloque « Urbanisation, développement régional et fédéralisme », Commission
nationale suisse pour l'Unesco, Lausanne, 1978.

3.39   Maillat, D.; Widmer, J. P.

Transferts d'emplois et déséquilibres régionaux. In: Caroni, P.; Dafflon, B.;
Enderlé, G. (Ed.): Nur Ökonomie ist keine Ökonomie. – Bern: Haupt (1978?).
– pp. 287-303.

3.40　Müller, M.
Die Markov-Kette als Modell zur Analyse und Prognose räumlicher Bevölke-
rungsverteilungen: eine empirische Untersuchung, durchgeführt für die Stadt
Mannheim. – Mannheim: Universität, 1974 (Diss.).

3.41　Ötterli, J.; North, Y.
Geographische Mobilität als Beurteilungskriterium landesplanerischer Leitbil-
der. – Zürich: O.-R.-L., 1971 (Notiz 3, Soz.).

3.42　Parish, W. L. Jr.
Internal migration and modernization: the european case: *Economic Development and Cultural Change*, 21 (1973) 4, part 1; pp. 591-609.
La migration interne totale dans 8 pays européens, dont la *Suisse*. L'auteur s'interroge en particulier sur les changements dans les distances, les possibilités de migration et les types d'immigrants.

3.43　Pasche, G.
Die Wanderungen von und nach der Stadt Zürich in der Zeit von 1946 bis
1965: eine Analyse über Umfang, Struktur und volkswirtschaftliche Bedeutung. – Zürich: P. G. Keller, 1968.

3.44　Pellaton, J.-P.; Strohmeier, A.
Les migrations dans la région Centre-Jura: principaux résultats d'une enquête
par questionnaire. – Neuchâtel: Faculté de droit, 1975.

3.45　Perrenoud, A.
Les migrations en Suisse sous l'Ancien Régime: quelques problèmes: *Annales
de Démographie historique 1970*. – Paris: Mouton, 1971. – pp. 251-259.
L'auteur fait le point de la recherche historique des migrations en Suisse jusqu'au XVIIIᵉ siècle.

3.46　Piveteau, J.-L.
Les régions attractives de Suisse sous l'angle de l'implantation des habitants et
de celle des emplois: *Annales de Géographie*, 78 (1969) 428; pp. 435-461.
Cette étude, fondée sur l'analyse des densités de population par commune, met en évidence l'ag-
gravation des disparités régionales sur le plan démographique et en précise les modalités. Elle
porte, en seconde partie, sur une confrontation de l'emploi avec la résidence. Au plan statique,
on constate une discordance sensible entre la Suisse du travail et la Suisse de l'habitant. Au plan
dynamique, on remarque que celle-ci se modifie moins rapidement que celle-là. Il y a à ce phénomène des raisons d'ordre général, mais aussi des motifs spécifiquement helvétiques. Cet article se
termine par un essai pour définir une géographie des régions fortes et faibles du pays. Il invite à
s'interroger sur les articulations spatiales communément admises jusqu'alors.

3.47　Piveteau, J.-L.
La perception des disparités économiques régionales en Suisse depuis la fin du
XVIIIᵉ siècle: *L'Espace géographique* (1974) 3; pp. 219-228.
L'existence des disparités régionales et la prise de conscience de celles-ci paraissent deux phénomènes actuels. Pourtant, une recherche appliquée au cas suisse montre que la saisie d'inégalités
entre les lieux existe déjà à l'époque préindustrielle et que sa croissance ne s'est pas opérée gra-
duellement.

3.48　Rossi, A.
Wanderung und regionales Wirtschaftswachstum: DISP Nr. 22, Zürich,
O.-R.-L., 1973.
L'analyse confirme une corrélation significative entre revenu cantonal moyen par habitant et les
bilans migratoires intercantonaux. Cependant, les mouvements migratoires sont aussi détermi-
nés par d'autres facteurs supplémentaires.

3.49 Rychner, J.
Les migrations et leur influence sur la structure par âge, la natalité et la mortalité: étude comparée des districts de Neuchâtel et du Val-de-Travers. – 1977.

3.50 Schärer, M.
Demographische Vorausschau: ein Verfahren zur Quantifizierung der Ungewissheit der demographischen Vorausschau als Entscheidungsgrundlage in der Raumplanung, getestet am Beispiel Urserental. – Zürich: O.-R.-L., 1978. – 155 (Berichte zur O.-R.-L. Nr. 38).

3.51 Schmid, B.
Bevölkerungsprognose, Migration und Markov-Ketten. – Zürich: O.-R.-L., 1975.
Bref rappel des éléments constitutifs des modèles markoviens. L'auteur en propose un cadre d'application dans le domaine des pronostics sur l'évolution démographique déterminés par les taux de migration, de fécondité et de mortalité.

3.52 Schmid, B.
Entropie-Modelle und Raumplanung. – Zürich: O.-R.-L, 1975.
Entre autres, il est question de modèles mathématiques qui pourraient tenir compte du phénomène migration.

3.53 Schmid, B.
Bilanzmodelle. Studienunterlagen zur O.-R.-L. – Zürich: O.-R.-L., 1978.

3.54 Schreiber, K. H.
Wanderungsursachen und idealtypische Verhaltensmuster mobiler Bevölkerungsgruppen. – Frankfurt, 1975.

3.55 Schuler, M.
Umorientierung der schweizerischen Binnenwanderungen: *Forum Statisticum* (1978) 10.
On peut noter un renversement de la balance migratoire de la Suisse avec l'étranger en tant que conséquence de la récession économique de 1974.
Les migrations intérieures sont caractérisées, en Suisse, par de nouvelles tendances.

3.56 Schwaar, E.
Wanderungsbewegung der Zürcher Wohnbevölkerung seit 1950: *Zürcher Statistische Nachrichten*, 53 (1976); pp. 85-100.
Arrivées et départs de/à Zurich (centre/agglomération) et le reste de la Suisse de 1950 à 1975, différenciés selon la nationalité (Suisses/étrangers). Les migrations suisses tendent vers une certaine stabilité, tandis que celles des étrangers augmentaient de 1950 à 1964 et diminuaient de façon accélérée lors de la récession. Le bilan migratoire est différencié selon le lieu d'origine, la fonction professionnelle et la branche d'activité.

3.57 Schweizerische Vereinigung für Sozialpolitik.
Mobilität der Abeitskräfte im nationalen Rahmen. – Bern: Sekretariat der Vereinigung, 1966.

3.58 Sorgo, K.
Siedlungseinflüsse auf die individuelle Regulierung von Fortbewegungsaktivitäten. – Zürich: ETH, 1977 (Diss. Nr. 6031).

3.59 Vries-Dinner, F. de.
Die Bedeutung der Binnenwanderung für die Raumplanung. – Zürich: O.-R.-L., 1971.

On y trouve une systématisation des divers types de migration ainsi que les multiples dimensions les déterminant.

Esquisse d'une analyse décisionnelle tenant compte de divers paramètres dont les variables économiques, le domicile, la formation, les moyens de transport sur place...

3.60   Wickli, E.
Determinanten der Migration, dargestellt am Beispiel eines nationalen Subkontextes. – Zürich: Universität, 1975 (Lizentiatarbeit).

3.61   Wildhaber, U.
Die Problematik der Beeinflussung von Wanderungen durch raumpolitische Massnahmen. Möglichkeiten und Grenzen, dargestellt am Beispiel der Region St. Gallen. – Zürich: Juris-Verlag, 1977. – (Diss.).
Cette dissertation constitue la partie non traitée par Hadermann/Käppeli/Koller dans «Räumliche Mobilität». L'auteur se donne pour but de mettre en relief les conséquences structuro-politiques qui peuvent être dégagées à partir des données primaires établies par Hadermann/Käppeli/Koller.
Il s'agit de montrer dans quelle mesure les moyens de planification sont susceptibles d'influencer des personnes inclinées à migrer. Dans ce but, l'auteur élabore un profil du migrant type tout en tenant compte des variables personnelles, professionnelles, et environnementales. Vu les conséquences importantes de l'implantation d'une entreprise pour le développement d'une région, l'auteur cherche à dégager les caractéristiques de l'attractivité régionale qui correspondent le mieux aux préférences de ceux qui prennent les décisions en matière économique (directeurs, cadres supérieurs, etc.).

3.62   Wolfensberger, H.
Die Zuwanderung in die Stadt Zürich seit 1893. – Zürich, 1952 (Diss. Volkswirtschaft.).

3.63   Wyss, M.
Interregionale Migration in der Schweiz. Analyse der Volkszählung 1970: Ergebnisse und Beurteilung = Migrations interrégionales en Suisse. Une analyse du recensement fédéral de 1970. – Zürich: O.-R.-L., 1979 (Rapport N° 37: communication présentée devant le Groupe d'études démographiques de la Société suisse de statistique et d'économie politique).

3.64   Zentrum für Zukunftsforschung, St. Gallen.
Regionale Verteilung von Bevölkerung, Arbeitsplätzen und Volkseinkommen. – St. Gallen: Zentrum für Zukunftsforschung, 1977.

3.65   Zingg, W.
Soziale Mobilität und Wanderung. In: Atteslander, P. (Ed.): Soziologie und Raumplanung. – Berlin, 1976.

3.66   Zingg, W.
Aspekte der Mobilitätsplanung: zum Verhältnis zwischen sozialer Mobilität und Wanderung. – Augsburg: Maro, 1978.
Analyse théorique des conditions de la mobilité sociale et son effet sur la répartition spatiale de la population. Deux hypothèses sont surtout étudiées: premièrement, la migration est considérée comme une condition nécessaire pour parvenir à un statut social supérieur; deuxièmement, la migration consiste en une adaptation spatiale d'une mobilité sociale réalisée.

3.67   Züst, W.
Regionale Bevölkerungsbewegung in der Schweiz 1965-1970 nach Komponenten. Zürich: O.-R.-L., 1977 (Studienunterlage Nr. 32).

3.68   Zwingli, U.; Bickel, W.
Zuwanderungen in die Stadt Zürich 1958: *Zürcher Statistische Nachrichten*
(1959) 3; pp. 177-???.

Etranger

3.69   Adebahr, H.
Binnenwanderung und Lohnhöhe: *Schmollers Jahrbuch*, Berlin 89 (1969) 5;
pp. 557-578.

3.70   Akademie für Raumforschung und Landesplanung, Hannover.
Beiträge zur Frage der räumlichen Bevölkerungsbewegung: *Raum und Bevölkerung*, 9 (1970) 55.

3.71   Albrecht, G.
Besprechung von W. Langenheders Ansatz zu einer allgemeinen Verhaltenstheorie in den Sozialwissenschaften, dargestellt und überprüft an Ergebnissen
empirischer Untersuchungen über Ursachen von Wanderungen: *Kölner
Zeitschrift für Soziologie und Sozialpsychologie*, 21 (1969) 3; pp. 363-366.

3.72   Aleman, J.; Novelle, R.
Les migrations de population entre 1968 et 1975 en Languedoc-Roussillon:
Repères, Economie du Languedoc-Roussillon (1977) 11.

3.73   Anderseck, K.
Der Einfluss familiärer Wanderungsentscheidungen auf die Mobilität des Fak-
tors Arbeit. – Marburg, 1972.

3.74   Anderseck, K.
Innerfamiliäre Wanderungsentscheidung. – Bonn, 1973.

3.75   Anderson, M.
Urban migration in nineteenth century Lancashire. Some insights into two
competing hypotheses: *Annales de Démographie historique*, 1971. – Paris:
Mouton, 1972. – pp. 13-26
Vérification de la théorie suivant laquelle la migration des campagnes vers la grande ville comprend des étapes intermédiaires constituées par des petites villes où le migrant s'adapte progressivement à la vie urbaine. Analyse secondaire des données d'une enquête sur la structure familiale dans le Lancashire à partir d'un échantillon au 1/10ᵉ de la population de Preston.

3.76   Andrea, D.; Geyer, G.
Analyse und Prognose der Migration: ihre Bedeutung für die Bevölkerungsprognose in der Territorialplanung: *Geographische Berichte*, 14 (1969) 1;
pp. 40-55.

3.77   Apur.
Les migrations de la population de Paris entre 1962 et 1968. – Paris: Apur,
1967 (Multigr.).

3.78   Arbeitsamt, Dortmund.
Wie steht es um die Mobilität der arbeitslosen Arbeitnehmer? – Dortmund,
1968.

3.79   Arbeitsgemeinschaft Ländlicher Raum, Wien.
Mobile Gesellschaft. – Wien, 1974.

3.80   Aydalot, P.
         Migration des travailleurs et croissance urbaine. – Paris: CETEM, 1971.
3.81   Aydalot, P.; Thanh Binh, H.
         Mobilité et croissance spatiale. – Paris: Gauthier-Villars, 1971. – Bibliogr.
         (Multigr.).
3.82   Bacon, L.
         Poverty among interregional rural-to-urban migrants: *Rural Sociology*, 36
         (1971) 2; pp. 125-140. – Bibliogr.
         A partir des données de 1967 sur les migrations aux Etats-Unis, l'auteur étudie l'incidence de la
         pauvreté parmi les immigrés noirs et blancs. D'un point de vue opératoire, la pauvreté est
         considérée comme un indice mesurant le niveau d'adaptation de l'immigrant adulte au milieu
         urbain. Remarques sur la théorie sociologique des migrations.
3.83   Bacon, L.
         Migration, poverty, and the rural South: *Social Forces*, 51 (1973) 3; pp. 348-
         355. – Bibliogr.
         Article basé sur les données du « Survey of economic opportunity » (1967) pour tester les hypo-
         thèses de la sélectivité des migrations et de leurs rapports avec la distance structurelle.
3.84   Badouin, R.
         Croissance et chômage dans les économies régionales. – Montpellier: Univer-
         sité, 1972.
         Impact de la croissance économique sur l'élévation du chômage au niveau des régions en France
         vers 1973: augmentation et répartition spatiale du chômage. Essai de typologie des chômages
         régionaux. Relations entre migration intérieure et niveau de revenu et structure de la population
         active. Investissements et création d'emploi. Efficacité économique et niveau d'emploi.
3.85   Bähr, V. et al.
         Bevölkerungsmobilität und kommunale Planung am Beispiel von Stuttgart. –
         Stuttgart: Krämer Verlag, 1976 (Schriftenreihe 7 des städtebaulichen Instituts
         der Universität Stuttgart).
3.86   Beldermann, U.
         Wanderungsverlauf und Einzugsbereich westdeutscher Grossstädte. In: *Aka-
         demie für Raumforschung und Landesplanung*: Beiträge zur Frage der räumli-
         chen Bevölkerungsbewegung. – Hannover, 1970. – pp. 77-97.
3.87   Barbichon, G.
         Les migrants dans la ville: Lorient, Dunkerque: *Annales de la Recherche
         urbaine* (1979) 3; pp. 3-25.
         Lorient et Dunkerque ont été choisies, compte tenu des caractères contrastés des courants
         migratoires qui y convergent, pour préciser la manière dont les migrants d'origine rurale ou
         d'origine urbaine se font une place dans la ville d'accueil.
3.88   Bass, B. M.; Alexander, R. A.
         Climate, economy, and the differential migration of white and nonwhite wor-
         kers: *Journal of Applied Psychology*, 56 (1972) 6; pp. 518-521. – Bibliogr.
         Corrélation entre l'immigration intra-américaine dans chacun des Etats des USA entre 1950 et
         1960 et les conditions climatiques de ces Etats.
3.89   Bastide, H.; Girard, A.
         Mobilité de la population et motivations des personnes: une enquête auprès du
         public:

1re partie: *Population*, 29 (1974) 3; pp. 579-607.

2e partie: Les motifs de la mobilité: *Population*, 29 (1974) 4-5; pp. 743-769.

3e partie: Les facteurs de la mobilité: *Population*, 29 (1974) 6; pp. 1071-1096.

Les deux premiers articles portent sur les résultats d'une enquête auprès d'un échantillon de 2554 personnes réparties sur l'ensemble du territoire (étrangers exclus). Les questions portent sur la mobilité géographique et ses causes. Dans le troisième article, les auteurs présentent l'étude des facteurs de mobilité, ainsi que l'opinion générale du public en matière de répartition des Français sur leur territoire.

3.90 Baudry, P.

Les migrations définitives entre 1962 et 1968 dans la Région parisienne: *Aspects statistiques de la Région parisienne* (1973) 2; pp. 5-61 et (1973) 11; pp. 3-39.

Présentation des données statistiques sur les déplacements de la population totale par âge, ceux de la population active par catégorie socio-professionnelle et sur les migrants venus de l'étranger; on y trouve encore l'évolution du phénomène migratoire dans la Région parisienne depuis 1954.

3.91 Beale, C. L.; Ellis, W. N.; Culver, L. W.

Ruralization: *Futurist*, 9 (1975) 4; pp. 196-209.

Trois articles étudient la tendance à l'exode urbain qui se manifeste aux Etats-Unis depuis quelques années.

– Renewed growth in rural communities;
– The post-industrial age is upon us;
– The undisciplined city in a resource short world.

3.92 Beaumont, P. B.

The problem of return migration under a policy of assisted labour mobility: an examination of British evidence: *British Journal of Industrial Relations*, 14 (1976) 1; pp. 82-88.

A travers une enquête basée essentiellement sur des statistiques effectuées en Ecosse, l'auteur tente d'évaluer la nécessité d'une politique de migration professionnelle et s'interroge sur le nombre d'individus ainsi déplacés s'adaptant à leur nouveau travail et à leur environnement social et restant dans la région d'accueil.

3.93 Becker, Ch.

Die Darstellung grossräumiger Bevölkerungswanderungen in der BRD mit Hilfe des Bevölkerungsschwerpunktes: *Informationen*, Institut für Raumordnung, Bad Godesberg, 20 (1970) 22; pp. 675-692.

3.94 Bendemann, G.

Regionale Besonderheiten der Bevölkerungsbewegung in der DDR, dargestellt am Beispiel des Jahres 1960: *Petermanns Geographische Mitteilungen* (1964) 108.

3.95 Beshers, J. M.

Population processes in social systems. – New York, 1967.

3.96 Les bilans migratoires dans quatre régions du Centre et de l'Est (1962-1968): *Economie et Statistique* (1971) 25; pp. 62-64.

3.97 Blanco, C.

The determinants of interstate population movements: *Journal of the Regional Science*, 5 (1963) 1; pp. 77-84.

Analyse des taux de migration nette entre Etats américains pour la période 1950-1957. 85 % des variations dans le taux régional de migration nette sont expliqués par les seules différences dans le taux d'accroissement du chômage.

3.98   Bose, G.

Entwicklungstendenzen der Binnenwanderung in der DDR im Zeitraum 1953 bis 1965: *Petermanns Geographische Mitteilungen* (1970) 114.

3.99   Bose, G.

Einige Hauptaspekte der überregionalen Binnenwanderung in der DDR: *Wiss. Zeit.* der Friedrich-Schiller Universität Jena, 19 (1970) 5/6; pp. 795-812.

3.100   Bouchet, J.

Einseignement du recensement et conditions nouvelles pour l'aménagement du territoire: *Futuribles* (1976) 6; pp. 193-209.

3.101   Boustedt, O.

Grundaspekte der räumlichen Bevölkerungsverteilung. In: *Akademie für Raumforschung und Landesplanung:* Bevölkerungsverteilung und Raumordnung. – Hannover, 1970.

3.102   Brutsärt, H.

In-migration and functional type of city: test of hypothesis: *T. Soc. Wetensch.*, Belgique, 17 (1972) 3; pp. 324-330.

Mise en relation des différents taux de migration interne aux Etats-Unis d'après les données du Standard Metropolitan Statistical Area pour 1955-1960 avec les caractéristiques socio-démographiques des migrants (âge, sexe, race, niveau d'instruction, profession) et l'importance respective des secteurs secondaires et tertiaires des villes de destination. Montre que le taux de migration est conditionné par l'expansion économique du secteur tertiaire dans les pays développés.

3.103   Buchholz, E. W.

Methodische Probleme der Erforschung von Wanderungsmotiven: *Akademie für Raumforschung und Landesplanung*: Beiträge zur Frage der räumlichen Bevölkerungsbewegung, Bd 55. – Hannover, 1970. – Pp. 29-36.

3.104   Caussinus, H.; Thelot, C.

Note complémentaire sur l'analyse statistique des migrations: *Annales de l'IN-SEE* (1976) 22-23; pp. 135-146. – Bibliogr.

Présentation et étude de la mise en œuvre technique d'un nouveau modèle statistique, suivie d'une application à l'analyse des migrations interrégionales par classe d'âge.

3.105   Cebula, R. J.

On migration, migration costs, and wage differentials, with special reference to the United States: *Schweiz. Zeitschrift für Volkswirt. und Statistik*, 109 (1973) 1; pp. 59-68.

3.106   Cebula, R. J.

Migration and welfare benefit levels: an analysis of the Netherlands and United States experiences: *Kyklos*, 30 (1977) 4; pp. 691-698.

3.107   Cebula, R. J.; Vedder, R. K.

A note on migration, economic opportunity, and the quality of life: *Journal of Regional Science*, 13 (1973) 2.

3.108   Centre de sociologie urbaine, Paris.

Les migrations dans le bassin parisien de 1954 à 1962. – Paris: CSU, 1968.

3.109   Ceres, Lille.

Etudes des migrations intra-régionales dans la région nord entre 1954 et 1962. – Lille: Ceres, oct. 1968. – 2 vol.

3.110   Chanut, J.-M.; Treca, L.

Analyse régionale et indicateurs régionaux. – Paris: INSEE, 1975.

Présentation des résultats des recherches effectuées dans les domaines de la démographie, de l'activité économique et des conditions de vie pour tenter de décrire la situation et l'évolution des régions, recherches qui ont conduit à l'élaboration d'un ensemble d'indicateurs régionaux.

3.111   Chevalier, M.

Reprise critique des études sur les migrations et les créations ou transferts d'emplois qui visaient à répondre aux deux questions suivantes: A quelle condition des travailleurs viendront-ils et en quel nombre dans une nouvelle zone d'urbanisation? Comment les choix des entreprises sont-ils conditionnés par les mouvements migratoires des travailleurs? – Lyon: GSU, 1971.

3.112   Cornu, R.

Marché du travail et mobilité des travailleurs: *L'Année sociologique* (1973); pp. 465-484.

3.113   Cornu, R.; Duplex, J.; Picon, B.

Analyse contextuelle de la mobilité: 1) les industries portuaires à Marseille. – Aix-en-Provence: Laboratoire d'économie et sociologie du travail, 1973.

Rapport CORDES qui étudie dans quelle mesure les mouvements du capital déterminent les mouvements de la main-d'œuvre, et dans quelle mesure les salariés développent des pratiques collectives informelles ou réagissent sur le plan syndical aux variations de l'emploi. Sont examinés successivement: les transformations des activités maritimes et du port; la structure des diverses branches d'activité; l'organisation du travail et les pratiques liées à cette organisation; les relations habitat-travail; le syndicalisme et les conflits liés au problème de l'emploi.

3.114   Courgeau, D.

Les premières migrations de Français dans la période contemporaine: *Population*, 29 (1974) N° spécial mars; pp. 11-24. – Bibliogr.

A partir d'une enquête rétrospective sur un effectif de 2500 personnes, l'auteur dresse un tableau de la mobilité géographique en France sur une période de 50 ans.

3.115   Courgeau, D.

L'intensité des changements de catégorie de communes: *Population*, 30 (1975) 1; pp. 81-102. – Bibliogr.

L'auteur s'attache à définir, dans une étude longitudinale, une intensité du phénomène migratoire qui permette de comparer les divers flux de migrants entre eux. Il traite ici le cas de changements de catégorie de communes, avec des données relatives à la France.

3.116   Courgeau, D.

Les migrations internes en France de 1954 à 1975. – Paris: INED, 1978.

Vue d'ensemble du phénomène de migrations en France. Une étude plus fine sera publiée ultérieurement.

Actuellement plus de 10% des Français changent de logement. Les flux entre régions suivent cette évolution de façon différente: nord, est, Région parisienne voient leur migration nette diminuer, l'ouest et le sud augmenter. Les villes perdent de leur attraction migrative, le rural voit sa répulsion diminuer ou même se changer en attraction, qu'il fasse partie ou non d'une zone de peuplement industriel et urbain.

3.117 Coyaud, L.-M.
L'urbanisation des campagnes: contribution méthodologique. – Paris: Centre de recherche d'urbanisme, 1973.

3.118 Cribier, F.
La migration de retraite. In: Migrations intérieures: méthodes d'observation et d'analyse. – Paris: CNRS, 1975. – pp. 443-451 (4ᵉ Colloque international de démographie, Caen, 1973).
Résumé des travaux du laboratoire de géographie humaine sur les migrations intérieures liées au passage à la retraite en France vers 1970: les différents types de migration de retraite. Les caractéristiques de la répartition géographique des travailleurs âgés. Origine sociale, lieu de résidence et mode de vie des migrants.

3.119 Cribier, F.; Duffau M.-L.; Kych, A.
La migration de retraite. – Paris: Laboratoire de géographie humaine, 1973. – 3 vol. (Multigr.).
Rapport CORDES. Etudie les changements de résidence consécutifs à la retraite: intensité de ces migrations et leur évolution actuelle, taille des localités d'accueil, répartition géographique, motivation.

3.120 Danyi, D.
Impact of investment on internal migration. In: Szabady, E. (Ed.): Studies on fertility and social mobility. – Budapest, 1964. – pp. 255-258.

3.121 Dedering, H.
Die Mobilität der Arbeitnehmer bei Betriebsstillungen. – Frankfurt, 1970.

3.122 Dedering, H.
Arbeitsplatzmobilität: Diskussion und Systematik ihrer Begriffsinhalte: *Kölner Zeitschrift für Soziologie und Sozialpsychologie*, 24 (1972) 1.

3.123 Delagrange, F.; Michau, M.
Bibliographie commentée sur le thème bassin d'emploi. – 1978.
Bibliographie sur les marchés du travail local et les bassins de main-d'œuvre en France vers 1977: études de mobilité professionnelle et de mobilité géographique. Problèmes de liaison emploi-formation. Planification et développement régional.

3.124 Desoye, H.
Binnenwanderung in Österreich (1956-1961): *Statistische Nachrichten*, 21, Neue Folge (1966) 11; pp. 613-619 et 21, Neue Folge (1966) 12; pp. 677-682.

3.125 Desplanques, G.
Les migrations intercensitaires de 1962 à 1968. – Paris: INSEE, 1975.
Ce volume décrit dans une première partie les migrations intérieures esquissant au travers de quelques chiffres le profil du migrant, précisant ses caractéristiques démographiques ou socio-économiques ainsi que son déplacement et son implantation (pôles d'attraction et zones d'émigration). Une deuxième partie fait, selon les mêmes critères, le bilan des migrations extérieures (rapatriés d'Algérie, autres immigrants français et immigrants étrangers).

3.126 Desplanques, G.
La ville ou la campagne?: *Economie et Statistique* (1979) 107; pp. 17-29.

3.127 Deville, J.-Cl.
Près d'un Français sur dix a changé de région: *Economie et Statistique* (1979) 107; pp. 5-16.

3.128 Dietrichs, B.
Eine Analyse der Wanderungsbewegungen in der BRD unter besonderer Berücksichtigung der Infrastruktur. In: Jochimsen, R.; Simonis, E. (Hrsg.): Theorie und Praxis der Infrastrukturpolitik. – Berlin: Duncker & Humbolt, 1970. – Pp. 509-531.

3.129 Dumont, M.-E.
Les migrations ouvrières du point de vue de la délimitation des zones d'influence urbaine et la notion de zone d'influence prédominante: *Bulletin de la Société belge d'Etudes géographiques*, 19 (1950) 1; pp. 21-35.

3.130 Duncan, R. P.; Perruci, C. C.
Dual occupation families and migration: *American Sociological Review*, 41 (1976) 2; pp. 252-261.
Influence du cumul d'activité dans les ménages sur la mobilité géographique aux Etats-Unis vers 1970: influence du statut professionnel des hommes sur la propension à l'émigration, influence des migrations sur les interruptions d'activité des femmes.

3.131 Fabre, R.
Migrations et disparités entre régions: *Annales de l'INSEE* (1974) 15; pp. 103-141.
La faible croissance de certains secteurs de production exerce une influence défavorable sur l'emploi et sur la rémunération du travail; les travailleurs concernés se trouvent devant un choix, explicité ici par un modèle à deux secteurs, deux facteurs de production. Examen du problème des bénéfices et coûts de déplacement de main-d'œuvre et de la question de l'influence des migrations sur les disparités régionales de revenu.

3.132 Federici, N.
Grado di industrialità e grado di urbanità come fattori di attrazione demografica = Taux d'industrialisation et taux d'urbanisation comme facteurs d'attraction démographique: *Revue internationale de Sociologie*, 7 (1971) 2, paru 1973; pp. 262-282.
Communication au 22ᵉ Congrès de l'Institut international de sociologie (1969). Distinction entre l'attraction exercée par les villes en tant que centre industriel (motivation économique) et en tant que centre de culture urbaine (motivation sociologique). Influence de ces deux types de motivation. Dans une recherche portant sur l'Italie dans son ensemble et sur quatre zones géo-économiques: nord-ouest, nord-est, centre, sud et îles. L'influence du phénomène urbain est prédominante, mais varie en fonction du degré de développement de la région.

3.133 Fourastié, J.
Migrations professionnelles. – Paris: INED, 1957.

3.134 Friedlander, D.; Roshier, R. J.
A study of internal migration in England and Wales: *Population Studies*, part II, 1 (1966).

3.135 Gatzweiler, H. P.
Zur Selektivität interregionaler Wanderungen: *Forschungen zur Raumentwicklung*, Bundesforschungsanstalt für Landeskunde und Raumordnung, Bonn-Bad Godesberg, 1 (1975).

3.136 Giard, V.
Emploi et espace: éléments pour un modèle de prévision. – Paris: La Documentation française, 1974. – 2 vol.

Construction d'un modèle de prévision de l'ajustement entre offre d'emploi et demande d'emploi en France: les bases théoriques du modèle, les techniques de choix d'un découpage spatial et de modélisation et les recherches sur le marché du travail. Les sous-modèles de migration intérieure et l'évolution de l'emploi dans l'agriculture, l'industrie du bâtiment et des travaux publics, le secteur secondaire et le secteur tertiaire dans les régions et les départements. Typologie des mécanismes d'ajustement.

3.137   Girard, A.; Meuthey, P.
        Développement économique et mobilité des travailleurs. – Paris: INED, 1956.

3.138   Girard, A.; Bastide, H.; Pourcher, G.
        Geographical mobility and urban concentration in France: a study in the provinces. In: Jansen, C. J.: Readings in the sociology of migration. – Oxford: Pergamon Press, 1970. – pp. 203-253.

3.139   Graber, E. E.
        Newcomers and oldtimers: growth and change in a mountain town: *Rural Sociology*, 39 (1974) 4; pp. 504-513. – Bibliogr.
        Etude de cas d'une petite ville de montagne du Colorado. Les motivations des nouveaux venus, les caractéristiques socio-économiques des nouveaux et des anciens habitants, les changements résultant de ces migrations.

3.140   Grubel, H. G.; Scott, A. D.
        Determinants of migration: the Highly Skilled: *International Migrations Review*, 2 (1967); pp. 127-139.

3.141   Hansen, U. M.; Gruben, W. C.
        The influence of relative wages and assisted migration on locational preferences: Mexican Americans in South Texas: *Soc. Sci. Quarterly*, 52 (1971) 1; pp. 103-114.
        Enquête auprès d'un échantillon de Mexico-Américains (élèves de l'enseignement secondaire et jeunes adultes actifs) sur leur attitude envers la migration dans une région économiquement plus prospère et sur les villes ou régions préférées pour s'y établir. Recherche des facteurs intervenant dans le choix du lieu de migration.

3.142   Harloff, H.-J.
        Der Einfluss psychischer Faktoren auf die Mobilität der Arbeit. – Berlin, 1970.

3.143   Harloff, H.-J.
        Attraktivität oder Frustrativität als Ursache von Berufs-, Arbeitsplatz- und Wohnungswechseln: *Jahrbuch für Sozialwissenschaften*, 22 (1971) 3; pp. 359-???.

3.144   Hawkins, H. C.
        Trends in black migration from 1863 to 1960: *Phylon*, 34 (1973) 2; pp. 140-152.

3.145   Heberlé, R.; Meyer, F.
        Die Grossstädte im Strom der Binnenwanderung. – Leipzig, 1937.

3.146   Helmfrid, S.
        Zur Geographie einer mobilen Gesellschaft: Gedanken zur Entwicklung in Schweden: *Geographische Rundschau*, 20 (1968); pp. 445-451.

3.147   Hemery, S.; Salais, R.; Dinh, Q. C.; Passagez, M.
        Projections démographiques pour la France avec migrations extérieures (point de départ: 1er janvier 1970). – Paris: INSEE, 1973. – Bibliogr.

Ces projections portent sur la population totale, la population active et le nombre de ménages. Aux hypothèses d'évolution du mouvement naturel (jusqu'en l'an 2000) a été associée une hypothèse migratoire (jusqu'en 1985). La population totale augmente de 1,1% ou de 0,9% par an suivant le niveau de fécondité retenu. La structure de la population comprendra 43% de personnes de plus de 75 ans. Enfin la population active et le nombre des ménages croîtront assez rapi-

3.148   Hemery, S.; Dinh, Q. C.
La situation démographique en 1971. – Paris: INSEE, 1973.
Présentation des principales informations disponibles sur le mouvement de la population telles qu'elles résultent de l'exploitation des bulletins statistiques de l'état civil enregistrés au cours de l'année et des statistiques relatives aux mouvements migratoires extérieurs. Mariages, divorces, naissances et décès sont dénombrés dans la France entière et par région, département et grande unité urbaine.

3.149   Hemery, S.; Guignon-Back, N.
La situation démographique en 1972. – Paris: INSEE, 1974.
La démographie en France en 1972: état, structure de la population. Les mouvements naturels, naissance, mariage, mortalité. Les mouvements de migration, l'immigration contrôlée par l'ONI (Office national d'immigration) et l'immigration des travailleurs étrangers en provenance d'Algérie. Résultats statistiques par région, département et par grandes villes.

3.150   Hemery, S.; Guignon-Back, N.
La situation démographique en 1973. – Paris: INSEE, 1976.

3.151   Hendrix, L.
Kinship and economic-rational migration: a comparison of micro- and macro-level analyses: *Sociological Quarterly*, 16 (1975) 4; pp. 534-543. – Bibliogr.
A partir d'une étude effectuée sur une communauté des monts Ozark, l'auteur remet en cause les explications classiques concernant une émigration économico-rationnelle, destinée à répondre aux besoins d'une société industrielle amenant la disparition progressive de la famille et des liens de parenté. Il montre au contraire qu'au niveau micro-sociologique, les liens de parenté, notamment ceux de la classe ouvrière, continuent à jouer un rôle prédominant dans les motivations de départ comme dans la trajectoire du migrant.

3.152   Hofbauer, H.; Nagel, E.
Regionale Mobilität bei männlichen Erwerbspersonen: *IAB-Mitteilungen*, 6 (1973).

3.153   Hohenberg, P.
Migrations et fluctuations démographiques dans la France rurale, 1836-1901: *Annales Economies, Sociétés, Civilisations*, 29 (1974) 2; pp. 461-497.
Données statistiques intégrant l'étude des mouvements de population dans l'évolution générale de la France rurale. L'accent est mis sur les comparaisons entre régions et sur les migrations intérieures identifiant les aires de comportement atypique.

3.154   Holland, S.
Capital versus the regions. – London: McMillan, 1976.

3.155   Institut für Angewandte Sozialwissenschaften (INFAS).
Der Zuzug nach München: eine Untersuchung über die soziologischen und psychologischen Faktoren des Wanderungsgewinns, 1961-62. – Bonn-Bad Godesberg: INFAS, 1962.

3.156   Institut für Angewandte Sozialwissenschaften (INFAS).
Mobilität an Lahn und Dill: eine Untersuchung über die Motive der Bevölkerungsfluktuation im mittelheissischen Raum 1962-63. – Bonn-Bad Godesberg: INFAS, 1963.

3.157 Institut für Angewandte Sozialwissenschaften (INFAS).
Wanderungen und Wanderungsmotive: Ergebnisse einer soziologischen Strukturuntersuchung im Raum Schleswig-Holstein-Mitte/Kiel. – Bonn-Bad Godesberg: INFAS, 1969.

3.158 Institut national de la statistique et des études économiques (INSEE).
Migrations définitives dans la région Centre de 1962 à 1968. – Orléans:
INSEE, 1971.

3.159 Institut national de la statistique et des études économiques (INSEE).
Les mouvements internes en Ile-de-France. In: Vers un nouvel équilibre Paris-
Province? – Supplément trimestriel N° 2 à *Aspects statistiques de l'Ile-de-
France*, INSEE Paris.

3.160 Institut national de la statistique et des études économiques (INSEE).
La mobilité de la main-d'œuvre: synthèse rapide des principales informations
disponibles. – Paris, 1976.
Principales informations sur la mobilité professionnelle et la mobilité géographique en France
vers 1965-1970 d'après l'enquête formation-qualification professionnelle.

3.161 Isard, W.; Carrothers, G. A. P.
Migration estimation. In: Isard, W.: Methods of regional analysis. – New
York, 1960. – pp. 51-79.

3.162 Jansen, C. J.
Some sociological aspects of migration. In: Jackson, J. A.: Migration. – Cambridge: Univeristy Press, 1969. – pp. 60-73.

3.163 Jong, G. F. de; Humphrey, C. P.
Selected characteristics of metropolitan-to-nonmetropolitan area migrants: a
study of population redistribution in Pennsylvania: *Rural Sociology*, 41 (1976)
4; pp. 526-538. – Bibliogr.

3.164 Kestermann, R.
Zur Erfolgskontrolle der Ausgleichszielsetzung in der Bayerischen Landesplanung. – Zürich: O.-R.-L., 1979 (Einzelarbeit NDS).

3.165 Kind, G.; Steindorf, H.
Mathematische-statistische Untersuchungen der Binnenwanderung: *Geographische Berichte* (1971) 3.

3.166 Kirschenbaum, A.
Patterns of migration from metropolitan to nonmetropolitan areas: changing
ecological factors affecting family mobility: *Rural Sociology*, 36 (1971) 3;
pp. 315-325. – Bibliogr.
Mesure des effets de la décentralisation industrielle aux Etats-Unis sur les migrations ville-campagne. Pour la période considérée (1955-1965) marquant le début de la décentralisation, les taux
de départ assez faibles, surtout chez les professionnels, sont attribués, entre autres, à la compétition avec la main-d'œuvre locale. Examen des caractéristiques des migrants.

3.167 Klökner, A.
Les migrations interrégionales en France de 1954 à 1962. – Lille: Faculté de
Droit et Sciences économiques, 1967 (thèse).

3.168   Klüss, S.
Über die Struktur von Wanderungsbewegungen und ihre Motive, untersucht
am Beispiel Frankfurt. – Frankfurt, 1969 (Manuskript).

3.169   Koch, R.
Altenwanderung und räumliche Konzentration alter Menschen: *Forschungen zur Raumentwicklung*, Bundesforschungsanstalt für Landeskunde und
Raumordnung, Bonn-Bad Godesberg, 4 (1976).

3.170   Kötter, H.
Stadt-Land-Soziologie. In: König, R.: Handbuch der empirischen Sozialforschung, Bd. 2. – Stuttgart, 1969. – pp. 605-621.

3.171   Kollmann, W.
Les mouvements migratoires pendant la grande période d'industrialisation de
la Rhénanie-Westphalie: *Annales de Démographie historique 1971*. – Paris:
Mouton, 1972. – pp. 91-120.

3.172   Kosinski, L. A.; Prothero, R. M. (Ed.).
People on the move: studies on internal migration. – London: Methuen, 1975.
Recueil d'études sur les migrations intérieures, leurs aspects théoriques, statistiques et pratiques:
migrations, urbanisation et développement économique. Source statistique utilisable pour l'étude
des migrations intérieures en Afrique, en Amérique latine, en Asie, aux Etats-Unis, au Canada,
en Europe occidentale, etc. Migrations liées à des phénomènes sociaux, religion, coutumes,
mariage, retraite.

3.173   Kurth, M.
Umzugswünsche – wichtig für die Regionalplanung: *Neue Heimat* (1971) 4;
pp. 13-18.

3.174   Labat, J.-C.; Viseur, J.
Données de démographie régionale 1968. – Paris: INSEE, 1973. – Bibliogr.
La première partie fournit l'ensemble des caractéristiques démographiques, calculées pour différentes unités géographiques, en 6 chapitres: répartition par âge, natalité-fécondité, mortalité,
nuptialité, évolution naturelle de la population, migrations. La seconde illustre et complète ces
résultats.

3.175   Langenheder, W.
Ansatz zu einer allgemeinen Verhaltenstheorie in den Sozialwissenschaften,
dargestellt und überprüft an Ergebnissen empirischer Untersuchungen über
Ursachen von Wanderungen. – Köln und Opladen, 1968.
Etude des causes de migration dans le cadre de la théorie des champs de K. Lewin.

3.176   Lee, E. S.
Internal migration and population redistribution in the United States. In:
Freedman, R. (Ed.): Population: the vital revolution. – Garden City, N. Y.,
1964. – pp. 123-???.

3.177   Liedtke, B.; Szell, G.; Vanberg, M.
Dokumentation zur regionalen Mobilität. – Berlin: Institut für Soziologie der
T.U., 1969 (Arbeitsgruppe Wanderungsforschung; H. 1).

3.178   Lind, H.
Internal migration in Britain: the role of migration in economic theory. In:
Jackson, J. A. (Ed.): Migration. – Cambridge: University Press, 1969. –
pp. 74-98.

3.179 Linde, H.

Die räumliche Verteilung der Bevölkerung als Ergebnis gesellschaftlicher Prozesse: *Akademie für Raumforschung und Landesplanung*: Bevölkerungsverteilung und Raumordnung. – Hannover, 1970.

3.180 Long, L. H.

Poverty status and receipt of welfare among migrants and nonmigrants in large cities: *American Sociological Review*, 39 (1974) 1; pp. 45-56. – Bibliogr.

Examen critique de la relation entre types de migration et importance de l'aide sociale aux Etats-Unis. Vérification de la validité de ces hypothèses à partir de l'étude des motivations et des caractéristiques des migrants et des résultats du recensement de 1970 sur les interrelations entre race, région de naissance, date de l'arrivée, probabilité de pauvreté et d'assistance sociale dans les grandes villes américaines. Bien que les Noirs émigrés récemment du sud représentent les niveaux de pauvreté et d'assistance sociale les plus élevés, il semble qu'au bout de quelques années, ils échappent plus souvent à cette condition que les Noirs nés dans les villes du nord. Parmi les Blancs, on ne constate pas de relation significative entre migration, pauvreté et assistance sociale.

3.181 Louder, D. R.

Migration and population trends in the Pacific Northwest: *Business Review*, 30 (1971) 4; pp. 23-44. – Bibliogr.

Les mouvements de population dans la région nord-ouest des Etats-Unis: accroissement naturel de la population et immigration. Variations entre 1920 et 1970, variations selon les Etats. Statistiques, cartes, graphiques.

3.182 Lutz, B.; Weltz, F.

Der zwischenbetriebliche Arbeitsplatzwechsel. Zur Soziologie und Sozio-ökonomie der Berufsmobilität. – Frankfurt, 1966.

3.183 Mackensen, R.

Attraktivität der Grossstadt: ein Sozialindikator: *Analysen und Prognosen* (juillet 1971) 16; pp. 17-20.

3.184 Mackensen, R.; Eckert, W.

Zur Messung der Attraktivität von Grossstädten: *Analysen und Prognosen* (septembre 1970) 11; pp. 10-14.

3.185 Mackensen, R.; Vanberg, M.; Krämer, K.

Probleme regionaler Mobilität. – Göttingen, 1975.

3.186 Mackensen, W.

Dynamik der Bevölkerungsentwicklung. – München: Hanser Verlag, 1973.

3.187 McDonald, J. R.

Internal migration and changing patterns of regional economic development: the case of France: *Journal of Geography*, 71 (1972) 9; pp. 542-548.

L'étude des migrations internes permet d'évaluer les changements dans les conditions socio-économiques régionales et nationales. La France procure un cadre idéal de recherche: population totale relativement stable, abondance de données statistiques et tradition de migrations internes remontant à la période de rivalité industrielle. Entre les deux périodes de référence utilisées par l'auteur (1952-62, 1962-68), on observe des changements substantiels dans la structure des migrations internes. Actuellement on ne peut plus distinguer une France riche et une France pauvre séparées par la ligne Seine-Rhône.

3.188 Mälich, W.
Analyse und Prognose räumlicher Bevölkerungsverteilung und ihrer Veränderungen. – Berlin: Duncker und Humbolt, 1973.

3.189 Mann, M.
Workers on the move: the sociology of relocation. – London: Cambridge University Press, 1973. – Bibliogr.
Etude sociologique minutieuse qui propose trois chapitres de réflexion théorique sur les problèmes d'urbanisation et de déplacement d'entreprise et cinq chapitres sur l'étude du cas du transfert d'une entreprise de produits alimentaires de Birmingham à Banbury.

3.190 Mesplier, J.
Contribution à l'analyse du concept de mobilité géographique de la population: *Revue juridique et économique du Sud-Ouest*, 22 (1973) 2; pp. 195-236.
Analyse de motivation, à partir d'interviews administrées à un échantillon au hasard de personnes venant de se déplacer (20 interviews, diversifiées par l'âge, le sexe, la taille de la famille et la catégorie socio-professionnelle). Examen des différentes variables et de leur rôle respectif sur la propension au déplacement. Relation entre attitude et comportement. Présentation d'un modèle de prise de décision de mobilité.

3.191 Metra D.
Stadt- und Regionalforschung: die Wohnort- und Arbeitsplatzmobilität der Bevölkerung in ländlichen Räumen. – Frankfurt: Auftrag des Bundesministeriums des Innern, décembre 1971.

3.192 Miller, S. J.
Family life cycle, extended family orientations, and economic aspirations as factors in the propensity to migrate: *Sociological quarterly*, 17 (1976) 3; pp. 323-335. – Bibliogr.

3.193 Millot, B.
Le capital humain incorporé dans les échanges migratoires. In: Migrations intérieures: méthode d'observation et d'analyse. – Paris: CNRS, 1975. – pp. 417-424 (4e Colloque international de démographie, Caen, 1973).
Incidence du niveau de formation sur la propension à la migration intérieure en France vers 1968: propension à émigrer ou à immiger. Poids des facteurs attractifs supérieur au poids des facteurs de répulsion. Situation relative des différentes régions françaises.

3.194 Millot, B.
La mobilité du travail: réflexion sur les hypothèses théoriques et les analyses empiriques. – Dijon: Université, 1976 (thèse de 3e cycle).

3.195 Mincer, J.
Family migration decisions: *Journal of Political Economy*, 86 (1978) 5.

3.196 Moscovici, S.
La résistance à la mobilité géographique dans les expériences de reconversion: *Sociologie du Travail* (oct.-déc. 1959); pp. 24-36.

3.197 Münke, St.
Die mobile Gesellschaft. – Stuttgart, 1967.

3.198 Musgrove, F.
The migratory elite. – London, 1963.

3.199   Neundörfer, L.
Wanderungen I/II: Binnenwanderungen. In: *Handwörterbuch der Sozialwissenschaften*, Bd 11. – Göttingen, 1961.

3.200   Nijkamp, P.
Socio-economic and environmental indicators as determinants of interregional migration flows: *Social Indicators Research*, 3 (1976) 1; pp. 101-110. – Bibliogr.

3.201   Obermann, K.
De quelques problèmes et aspects socio-économiques des migrations allemandes du XVIe au XIXe siècle: *Annales de Démographie historique 1971* (1972); pp. 121-132.

3.202   Obermann, K.
Du rôle et du caractère des migrations internes vers Berlin de 1815 à 1875: *Annales de Démographie historique 1971* (1972); pp. 133-159.

3.203   Olvey, L. D.
Regional growth and interregional migration: their pattern of interaction: *Rev. Reg. Stud.*, 2 (1972) 2; pp. 139-163.

3.204   Paris, C.
La mobilité de la main-d'œuvre: contribution à l'analyse du marché du travail. – Toulouse: Université, 1973 (thèse pour le doctorat ès sciences économiques).

3.205   Paillargues, N.
Migrations de jeunes travailleurs vers la capitale: migrations géographiques et migrations professionnelles. – Paris: INED, 1967 (Multigr.).

3.206   Payne, R.
Rural and urban adolescents attitudes toward moving: *Rural Sociology*, 22 (1957); pp. 59-61.

3.207   Piccand, A.
Les migrations entre 1968 et 1975: grosses pertes franc-comtoises: *Reflets de l'Economie franc-comtoise* (1977) 11.

3.208   Pourcher, G.
Le peuplement de Paris, origine régionale, attitudes et motivations: *Cahiers de l'INED* (1964) 43.

3.209   Pourcher, G.
The growing population of Paris: regional origin, social composition, attitudes and motivations. In: Jansen, C. J.: Readings in the sociology of migration. – Oxford: Pergamon Press, 1970. – pp. 179-202.

3.210   Pourcher, G.
Die geographische und berufliche Mobilität in Frankreich. In: Szell, G.: Regionale Mobilität. – München, 1972.

3.211   Prünte, V.
Beweggründe ehemaliger Einwohner zur Abwanderung aus Heidelberg: *Stadtbauwelt* (1976) 49.

3.212 Reding, K.
Wanderungsdistanz und Wanderungsrichtung. – Bonn: Gesellschaft für regionale Strukturentwicklung, 1973.

3.213 Rees, P. H.; Wilson. A. G.
Spatial population analyses. – London: Arnold, 1977.

3.214 Ritchey, P. N.
Effects of marital status on the fertility of rural-urban and urban-rural migrants: *Rural Sociology*, 38 (1973) 1; pp. 26-35. – Bibliogr.
Les données d'une recherche nationale faite en 1967 aux Etats-Unis permettent à l'auteur de déterminer les effets du statut matrimonial sur la relation entre migration et fécondité. Il étudie le problème en examinant la fécondité chez les femmes blanches mariées, ayant de 20 à 44 ans, migrantes des zones rurales vers les zones urbaines et chez les femmes ayant les mêmes caractéristiques, migrantes de zones urbaines vers les zones rurales, en mettant l'accent sur la contribution à la croissance de la population de 2 zones par ces 2 groupes. L'inclusion des femmes non mariées altère considérablement les résultats.

3.215 Rochefort, R.
Séquences migratoires et comportement des migrants: travailleurs étrangers et migrations intérieures en France. In: Migrations intérieures: méthode d'observation et d'analyse. – Paris: CNRS, 1975. – pp. 359-364 (4e Colloque international de démographie, Caen, 1973).

3.216 Röder, H.
Ursachen, Erscheinungsformen und Folgen regionaler Mobilität: Ansätze zu ihrer theoretischen Erfassung: *Beiträge SWR*, Zentralinstitut für Raumplanung, Münster, 16 (1974).

3.217 Rogers, A.
A regression analysis of interregional migration in California: *Review of Economics and Statistics*, 49 (1967) 2; pp. 262-267.

3.218 Schäffer, K.-A.
Mathematische Analyse von Wanderungsströmen in der BRD. – Köln-Lindenthal, mars 1968 (Unveröffentl. Manuskript).

3.219 Schaffer, F.
Untersuchungen zur sozialgeographischen Situation und regionalen Mobilität in neuen Grosswohngebieten am Beispiel Ulm-Eselsberg: *Münchener Geographische Hefte*, 32 (1968).

3.220 Schaffer, F.
Aspekte räumlicher Mobilität. Ergebnisse sozial-geographischer Fallstudien: *Informationen*, Institut für Raumordnung, Bonn-Bad Godesberg, 19 (1969) 24; pp. 753-770.

3.221 Schaffer, F.
Räumliche Mobilitätsprozesse in Stadtgebieten: *Akademie für Raumforschung und Landesplanung*: Beiträge zur Frage der räumlichen Bevölkerungsbewegung. – Hannover, 1970.

3.222 Schmeling, S.
Räumliche Bevölkerungsbewegungen: ein komplexes Problem der Raumordnung, dargestellt an der Region Nordhessen. – Berlin: T.U., 1973 (Diss.).

3.223   Schröder, D.
Strukturwandel, Standortwahl und regionales Wachstum. – Prognos 3, 1968.

3.224   Schröder, L. D.
Interrelatedness of occupational and geographical labor mobility: *Industrial and Labor Relations Review*, 23 (1976) 3; pp. 405-411.

3.225   Schwarz, K.
Masszahlen in der Wanderungsstatistik: *Allgemeines Statistisches Archiv*, 43 (1959); pp. 17-34.

3.226   Schwarz, K.
Analyse der räumlichen Bevölkerungsbewegung: *Abhandlungen* der Akademie für Raumforschung und Landesplanung, Hannover, 58 (1969).

3.227   Schwarz, K.
Neuere Erscheinungen der Binnenwanderung mit Beispielen. In: *Akademie für Raumforschung und Landesplanung*: Beiträge zur Frage der räumlichen Bevölkerungsbewegung. – Hannover, 1970. – pp. 37-53.

3.228   Schwarz, K.
Bestimmungsgründe der räumlichen Bevölkerungsbewegung und ihre Bedeutung für die Raumforschung und die Landesplanung. In: *Akademie für Raumforschung und Landesplanung*: Bevölkerungsverteilung und Raumordnung. – Hannover, 1970. – pp. 23-33.

3.229   Shaw, R. P.
Migration theory and fact: a review and bibliography of current literature. – Philadelphie: Regional Science Research Institute, Bibliography series (1975) 5.

3.230   Shryock, H. S.; Nam, C. B.
Educational selectivity of interregional migration: *Social Forces*, 43 (1965).

3.231   Siebert, H.
Regionales Wirtschaftswachstum und interregionale Mobilität. – Tübingen: Mohr, 1970.

3.232   Sito, N.
Effects of internal migrations on the ideological level: *Bulletin* (1968) 8; pp. 1-48.

3.233   Simmie, J. M.
The sociology of internal migration: a discussion of theories and analysis of a survey in Southampton Bountry Borough. – Manchester: University, 1972.

3.234   Sleeper, R. D.
Labour mobility over the life cycle: *British Journal of Industrial Relations*, 13 (1975) 2; pp. 194-214. – Bibliogr.
A partir de l'analyse des données britanniques sur le flux de la main-d'œuvre entre entreprises, l'auteur indique que malgré la rigidité de la structure salariale, la mobilité permet à un nombre significatif d'ouvriers d'augmenter leur rendement et propose une explication pour ce phénomène.

3.235   Stark, T.
The economic desirability of migration: *International Migrations Review*, 1 (1967) 2; pp. 3-22.

3.236 Stefanov, I.
Statistische Grundlagen zur Erforschung der Binnenwanderung: *Bulletin of the International Statistical Institute*, 42 (1969) 2; pp. 685-696.

3.237 Stiens, G.
Landesforschung im Raumplanungsprozess: *Forschungen zur Raumentwicklung*. Bundesforschungsanstalt für Landeskunde und Raumordnung, Bonn-Bad Godesberg, 5 (1977).

3.238 Stiens, G.
Alternative Gesichtspunkte zur grossräumigen Bevölkerungsentwicklung: *Informationen* des Instituts für Raumordnung, Bonn-Bad Godesberg, (1977) 12.

3.239 Sutter, J.
Evolution de la distance séparant le domicile des futurs époux: *Population*, 13 (1958); pp. 227-258.

3.240 Szell, G.
Regionale Mobilität als Forschungsgegenstand. In: Szell, G. (Ed.): Regionale Mobilität. – München, 1972.

3.241 Szell, G. et al. (Ed.).
Regionale Mobilität. – München, 1972.

3.242 Tarver, J. D.
Predicting migration: *Social Forces*, 39 (1961) 3; pp. 207-213.

3.243 Tarver, J. D.
Occupational migration differentials: *Social Forces*, 43 (1964) 2; pp. 231-241.

3.244 Tarver, J. D.
Metropolitan area intercountry migration rates: reply: *Industrial and Labor Relations Review* (janv. 1866).

3.245 Tarver, J. D.; Mc Leod, R. D.
Trends in the distance of movement of interstate migrants: *Rural Sociology*, 41 (1976) 1; pp. 119-126. – Bibliogr.
Suite de l'étude parue dans cette revue, 1970, N° 4. L'extension de la recherche à la période 1965-1970 indique une continuation de la tendance déjà notée depuis 1940: allongement des distances à un taux déclinant.

3.246 Taylor, R. C.
Migration and motivation: a study of determinants and types. In: Jackson, J. A.: Migration. – Cambridge: University Press, 1969. – pp. 99-133.

3.247 Termote, M.
Migration et équilibre spatial. – Louvain: Université, 1969.

3.248 Thelot, C.
Analyse statistique des migrations: *Annales de l'INSEE* (1976) 22-23; pp. 101-133. – Bibliogr.
Présentation de quelques modèles sur les migrations interrégionales des chefs de ménage en France de 1962 à 1968. Le modèle le mieux adapté aux données indique que le flux migratoire d'une région vers une autre est le produit de 3 facteurs: une répulsion de la région d'origine, une attraction de la région d'arrivée, le tout modulé par une proximité supposée symétrique entre les 2 régions.

3.249   Thomas, B.
         Migration and economic growth: a study of Great Britain and the atlantic eco-
         nomy: Migration et croissance économique: une étude de la Grande-Bretagne
         face à l'économie atlantique. – Cambridge: University Press, 1973.
         Etude des migrations de population et de capital par un modèle économique incluant le Royau-
         me-Uni, les Etats-Unis, le Canada, l'Australie et l'Argentine: facteur démographique et facteur
         monétaire dans les cyles de la croissance économique. Comparaison internationale des statisti-
         ques de migration intérieure et de migration internationale au Royaume-Uni, au Canada, en
         Suède et aux Etats-Unis. Théorie de l'émigration. Liaison immigration-investissement. Liaison
         migration-développement régional.

3.250   Thomas, K.
         Mobilität als Voraussetzung für soziale Sicherheit: Frankfurter Hefte, 12
         (1964).

3.251   Treinen, H.
         Symbolische Ortsbezogenheit. In: Atteslander, P.; Hamm. B.: Materialen zur
         Siedlungssoziologie. – Köln, 1974.

3.252   Tugault, Y.
         La mesure de la mobilité: 5 études sur les migrations internes. – Paris: PUF,
         1973. – Bibliogr.
         A chacun des chapitres de ce livre correspond une étude sur les migrations internes, cependant
         les 3 premiers étudient et adaptent à l'étude des migrations des méthodes utilisées dans d'autres
         domaines de l'analyse démographique.
         – Chap. 1: Exposé et critique de la méthode proposée par Friedlander et Roshier pour reconsti-
           tuer les flux orientés de migrants entre circonscriptions à partir des statistiques sur le lieu de
           naissance.
         – Chap. 2: Etude longitudinale de la mobilité depuis un siècle.
         – Chap 3: Etude transversale de la mesure des flux de changements de département, par pério-
           des intercensitaires de 1881 à 1962.
         – Chap. 4: Prospectives de la population et mesure des erreurs de prévision.
         – Chap. 5: Eléments sur la mobilité au cours des 2 périodes 1954-62 et 1962-1968 et son évolu-
           tion d'une période à l'autre.

3.253   Tugault, Y.
         Croissance urbaine et peuplement: population rurale et population urbaine:
         évolution à long terme: Population (juin 1974) N° spécial; pp. 207-237.

3.254   Uhlenberg, P.
         Noneconomic determinants of nonmigration: sociological considerations for
         migration theory: Rural Sociology, 38 (1973) 3; pp. 296-311.

3.255   Vanberg, M.
         Kritische Analyse der Wanderungsforschung in der BRD. – Berlin: Institut für
         Soziologie der T.U., 1971 (Arbeitsheft; 3).

3.256   Villemez, W. J.
         Gemeinschaft, noneconomic distinctions, and the migrant worker: from the
         inside looking out: Pacific Sociological Review, 18 (1975) 4; pp. 463-482. –
         Bibliogr.
         Le comportement et l'attitude des ouvriers agricoles migrants ont toujours été considérés com-
         me des adaptations fonctionnelles à la pauvreté. L'auteur conteste cette conception et prouve,
         par une enquête menée en Floride auprès de 366 migrants, l'importance des facteurs non écono-
         miques des migrations saisonnières.

3.257 Vincens, J.; Robinson, D.
Etude des comportements sur le marché du travail. – Paris: OCDE, 1974.

3.258 Weinberg, A.
Migration and belonging. – La Haye, 1961.

3.259 Wewer, Heinz.
Forschungsdokumentation zur regionalen Mobilität. – Berlin: Institut für Soziologie der T.U., 1972 (Arbeitsgruppe Wanderungsforschung; H. 4).

3.260 Wiethold, F.
Beschreibung und Analyse verschiedener Formen sozialer Mobilität in Ost-Hessen und ihre Bedeutung für die Arbeitsmarktentwicklung. Untersuchungsphase II, Teil 2: Zum Verhältnis von beruflicher und regionaler Mobilität in einer gering industrialisierten Region. – Marburg, 1970.

3.261 Willis, K. G.
The influence of spatial structure and socio-economic factors on migration rates: a case study, Tyneside 1961-1966: *Regional Studies*, Oxford, 6 (1972).

3.262 Wilson, A. G.
A statistical theory of spatial distribution models: *Transportation Research*, Oxford, 1 (1967); pp. 253-269.

3.263 Wolpert, J.
Behavioral aspects of the decision to migrate: *Papers of the Regional Science Association*, 15 (1965); pp. 159-169.

3.264 Zimmer, B. G.
Migration and changes in occupational compositions: *International Migrations Review*, 7 (1973) 4; pp. 437-447.
La recherche est basée sur l'étude d'un échantillon au hasard de 3000 habitants de villes ou de banlieues américaines. On étudie l'origine de la migration (type du lieu de naissance, dernier lieu de résidence avant l'accueil), on examine ensuite les changements survenus dans la composition professionnelle des migrants à 3 périodes différentes, c'est-à-dire le dernier emploi occupé dans la ville de résidence précédente, le premier emploi après l'arrivée et l'emploi occupé actuellement. Comparaison des emplois des migrants avec ceux de la population non migrante.

3.265 Zimmermann, H.
Regionale Präferenzen. Zur Wohnorientierung und Mobilitätsbereitschaft der Arbeitnehmer in der BRD: Überblick über Ergebnisse einer empirischen Untersuchung: *Informationen* des Instituts für Raumordnung, Bonn-Bad Godesberg, 22 (1972) 15; pp. 379-398.

3.266 Zühlke, W.
Zu- und Abwanderung im Ruhrgebiet 1967: Ergebnisse einer Umfrage. – Essen, 1968 (Siedlungsverb. Ruhrkohlenbez.; Nr. 20).

13.4 EXODE RURAL

Suisse

4.1   Ärni, K.
        Zur Entvölkerung der Gemeinde Heimiswil zwischen 1910 und 1960: *Geographica Helvetica* (1965) 3, Sonderdruck.

4.2   Bäggoi, W.
        Landflucht und Bodenrecht: *Agrarpolitische Revue*, 5 (1949) 12.

4.3   Bassand, M.; Christe, E.; Grandmousin, C.; Lehmann, P.; Michel, B.; Windisch, U.
        Urbanisation de la périphérie: sociologie d'une micro-région rurale en déclin. – Lausanne: Institut de recherche sur l'environnement construit, 1978.

4.4   Bassand, M.; Christe, E.; Windisch, U.
        Jeunesses rurales: les 15 à 20 ans du Clos-du-Doubs. – Lausanne: Institut de recherche sur l'environnement construit, 1979.

4.5   Baumberger, C.
        Begründung der Motion betr. die Entvölkerung unserer Hochtäler: *Agrarpolitische Monatsblätter* (1950) 6.

4.6   Bernet, W.
        La mobilité de la population agricole en Suisse: ses causes économiques et sociales. – Neuchâtel: Université, 1966 (thèse sc. économiques).

4.7   Binswanger, E.
        Tragen Abwanderung und Landflucht dazu bei, die Gegensätze zwischen Stadt und Land zu steigern?: *Agrarpolitische Revue* (mai 1945) 9.

4.8   Biucchi, B. M.
        Esodo rurale e spopolamento della montagna svizzera dal 1850-1960: *Economia e Storia* (1968) 4; pp. 527-570.

4.9   Böhler, E.
        Die nachteile der Landflucht in Entvölkerungsgebieten: *Agrarpolitische Revue* (juin/juillet 1963) 173.

4.10   Boillat, D.
        Le dépeuplement des Franches-Montagnes. – Neuchâtel: Institut de géographie, 1973.

4.11   Boillat, E.
        Der Arbeiterbauer im Oberwallis, im besonderen im Einzugsgebiet der Lonza AG, Werk Visp. – Bern: Schule für Sozialarbeit, 1969.

4.12   Bühler, A.
        Der Finanzausgleich im Dienste der Bekämpfung der Landflucht. – Horgen, 1949.

4.13   Bula, W.
        Die Landflucht. – Bern: A. Francke, 1946.

4.14   Butz, P.
        Extreme Entvölkerungsgemeinden in der Schweiz: *Geographica Helvetica*, 24 (1969) 3.

4.15   Commission nationale suisse de l'Unesco.
Exode rural et dépeuplement de la montagne en Suisse: aspects sociaux, économiques et administratifs. – Fribourg: Ed. universitaires, 1963.
Cet ouvrage fondamental a été mis au point par B. Biucchi. Il contient une série d'articles rédi-
gés en partie par B. Biucchi qui font le point sur les multiples aspects de l'exode rural en Suisse
jusqu'en 1968. Les principaux thèmes traités sont:
– l'exode rural en Suisse: perspectives et bibliographie, par B. Biucchi;
– les incidences défavorables de l'évolution économique sur les petites et moyennes exploitations des régions de montagne;
– mouvements migratoires (intérieurs et internationaux) et mobilité sociale en Suisse: esquisse
  d'un schéma d'analyse;
– transformations sociales dans les communes de montagne;
– le tourisme et la population montagnarde en Suisse;
– l'agriculture valaisanne est-elle encore une réserve de main-d'œuvre?
– l'agriculture fribourgeoise est-elle encore une réserve de main-d'œuvre?
– le tourisme et l'industrie, facteurs de lutte contre l'exode des campagnes;
– industrie et industrialisation dans le canton de Vaud;
– éléments caractéristiques de la situation démographique au Tessin, en relation avec le phénomène de dépeuplement;
– exode rural et dépeuplement;
– observations et conclusion au Colloque de Montreux, par B. Biucchi;
– documentation statistique;
– bibliographie des études suisses sur l'exode rural et sur le dépeuplement.

4.16   Egli, E.
Landflucht, Landkultur. – Münsigen, 1951.

4.17   Gasser-Stäger, W.
Landflucht und Verstädterung. In: Strukturwandlungen der schweizerischen
Wirtschaft und Gesellschaft: Festschrift für Fritz Marbach. – Bern, 1962. –
pp. 547-571.

4.18   Gruppe Migration der Universität, Zürich.
Zur Migration der Frau in Berggemeinden. – Zürich, 1978.
La migration présente des caractéristiques spécifiques selon le sexe. La propension des femmes à
émigrer d'un contexte alpin vers un contexte urbain n'est que partiellement déterminée par la
position du lieu de départ sur le continuum centre-périphérie. Les raisons d'émigrer sont d'ordre
matériel, tandis que les motifs de quitter un contexte urbain pour un contexte rural/alpin sont
d'ordre idéaliste.

4.19   Guggisberg, A.
Die demographische Bedeutung der Landflucht: *Agrarpolitische Revue*, 8
(1951) 2; pp. 49-75 et 8 (1951) 3/4; pp. 132-141.

4.20   Gütersohn, H.
Die Landflucht und ihre Bekämpfung: der Beitrag der Landesplanung. – Zürich: ETH Geographisches Institut, 1950.

4.21   Haag, F.
Migration im ländlichen Raum. In: Der ländliche Raum – eine Aufgabe der
Raumplanung. – Zürich: O.-R.-L., 1977 (Schriftenreihe Nr. 28).

4.22   Hauser, A.
Arbeiter und Bauer: *Wirtschaftspolitische Mitteilungen*, 14 (1958) 6; pp. 1-12.

4.23   Heimann, A.
        Berglandwirtschaft. Gestalten statt Verwalten. Zukunftsbild, Bauern- und
        Sozialpolitik, Bedeutung der Nebenerwerbsbetriebe. – Zürich: Ex Libris, 1974.
4.24   Howald, O.
        Bekämpfung der Landflucht: der Standpunkt der Landwirtschaft. – Zürich,
        1949 (Vortrag an der Studientagung des Verbandes der Gemeindepräsidenten
        des Kt. Zürich).
4.25   Jäger, H.-P.
        Das Safiental: Alpwirtschaft und Entvölkerung. – Zürich: Institut de géogra-
        phie de l'Université, 1975 (Diss.).
4.26   Jäggi, U.
        Berggemeinden im Wandel: eine empirisch-soziologische Untersuchung in vier
        Gemeinden des Berner Oberlandes. – Bern: Haupt, 1965.
4.27   Koller, A.
        Entvölkerung und Landflucht: *Revue suisse d'Economie politique et de Statis-
        tique*, 85 (1949) 3; pp. 193-208.
4.28   Lurati, M.
        Lo spopolamento delle valli del Cantone Ticino. – Bellinzona: Grassi, 1957. –
        XIX.
4.29   Michaud, R.
        Monographie d'exode rural: la commune de Cheiry, ses divers cadres: *Agrar-
        politische Revue*, 14 (1958) 5; pp. 182-206.
4.30   Pilloud, M.
        Exode rural et structure agraire. – Bulle: Impr. commerciale, 1960.
4.31   Rohner, J. A.
        Studien zum Wandel von Bevölkerung und Landwirtschaft im Unterengadin. –
        Basel: Helbing und Lichtenhahn, 1972.
4.32   Schläppi, W.
        Die Berufskombination in der Berglandwirtschaft. – Bern: P. Lang, 1977.
4.33   Secrétariat des paysans suisses.
        Les ouvriers-paysans en Suisse. – Brugg: Secrétariat des paysans suisses.
4.34   Stat. Bureau des Kantons Bern.
        Das Schicksal der Abgewanderten, dargestellt an Beispielen aus der berni-
        schen Gemeinde Heimiswil. – Bern, 1948.
4.35   Valarche, J.
        La mobilité professionnelle des ruraux dans une société libre. – Fribourg: Ed.
        universitaires, 1953.
4.36   Valarche, J.
        Problèmes de l'agriculture suisse. – Fribourg: Ed. universitaires, 1975. –
        Bibliogr.
4.37   Vallat, J.
        Etude sur le développement des zones rurales. – Lausanne, 1965.

Etranger

4.38   Alix, M.

Les problèmes d'adaptation des jeunes rurales à la vie urbaine et à la modernité: *Economie rurale* (1974) 104; pp. 41-44.

Enquête par entretiens auprès de 334 jeunes travailleuses d'origine rurale venues à Tours pour exercer une activité professionnelle ou pour poursuivre des études.

4.39   Bages, R.

Exode rural et mobilité sociale: *Population*, 29 (1974) spécial mars; pp. 121-131.

A partir d'une enquête réalisée dans la région Midi-Pyrénées, l'auteur tente d'établir les relations entre l'origine sociale des migrants ruraux et la profession qu'ils exercent en ville. Il constate que grâce aux progrès de la scolarisation, la proportion des ruraux dans le tertiaire tend à augmenter.

4.40   Bages, R.

Les déterminismes sociaux de l'exode rural. In: Migrations intérieures: méthodes d'observation et d'analyse. – Paris: CNRS, 1975. – pp. 365-373. (4e Colloque international de démographie, Caen, 1973.)

Les modalités de l'exode rural en France vers 1970 d'après une étude réalisée dans 8 communes rurales de France, région Midi-Pyrénées: intensité de l'exode rural selon la catégorie socio-professionnelle des parents. Lien étroit entre la catégorie socio-professionnelle d'origine et celle d'arrivée.

4.41   Bages, R.

Migrants ruraux à Auterive. – Toulouse: Université, 1974.

Etude de l'exode rural en direction de la petite ville d'Auterive, près de Toulouse: origine sociale et géographique des migrants, âge au moment de l'exode, niveau d'instruction, emplois exercés. Le questionnaire utilisé est reproduit en annexe.

4.42   Barbichon, G.

Adaptation et formation de la main-d'œuvre des régions rurales au travail industriel. – Paris: OCDE, 1962.

4.43   Barbichon, G.

La mobilité comme objet d'action. Une illustration: le transfert des agriculteurs dans l'industrie en Italie: *Sociologie du Travail* (1967) 4; pp. 421-437.

4.44   Barbichon, G.

Aspects psychologiques et sociaux du transfert des agriculteurs de l'agriculture vers l'industrie: *Economie rurale*, 77 (1968); pp. 45-52.

4.45   Barbichon, G.

Mutation et migration des agriculteurs: *Revue d'Economie politique* (1969) 2; pp. 341-371.

4.46   Barbichon, G.; Delbos, G.; Prado, P.

Migrant d'origine rurale, migrant d'origine citadine dans deux situations de croissance urbaine. – Paris: Copedith, 1974.

4.47   Barbichon, G.; Delbos, G.

Cheminement des agriculteurs et environnement communal. – Paris: Centre d'ethnologie française, 1974.

Reconstitution, par enquête directe, des cheminements professionnels de la totalité des agriculteurs qui ont quitté le travail de la terre depuis 1950 dans 5 communes rurales françaises. Une place essentielle est réservée à l'étude des décisions associées aux changements d'emploi et de mode d'existence.

4.48 Baudot, J.; Desmottes, J.-M.; Vimont, C.
Conditions de vie et d'emploi des jeunes travailleurs: résultats de deux enquêtes. – Paris: PUF, 1968.

4.49 Beijer, G.
Rural migrants in urban setting: an analysis of the literature on the problem consequent on the internal migration from rural to urban aeras in 12 european countries, 1945-1961. – La Haye: M. Nijhoff, 1963.

4.50 Beteille, R.
Les Aveyronnais de Paris: relations sociales et vie amicaliste: *Etudes de la Région parisienne*, 47 (1973) 39; pp. 12-22.
Depuis le milieu du siècle dernier, les natifs du département de l'Aveyron ont établi à Paris une colonie puissante et nombreuse, comparable à celle des Bretons et des Auvergnats. Ils se rassemblent en sociétés amicales selon leur village d'origine et gardent ainsi un lien vivant avec leur province d'origine.

4.51 Blevins, A. L. Jr.
Socioeconomic differences between migrants and nonmigrants: *Rural Sociology*, 36 (1971) 4; pp. 509-520. – Bibliogr.
Comparaison des ressources financières de deux échantillons, résidents ruraux et ruraux migrants en ville (auprès d'Anglo-Saxons, de Mexico-Américains et de Noirs aux Etats-Unis): la supériorité de revenus des migrants: implications pour les planifications.

4.52 Bureau international du travail (BIT).
Pourquoi les travailleurs abandonnent la terre: étude comparative. – Genève: BIT, 1960.

4.53 Chatelain, A.
Des migrations viagères aux migrations définitives: *Revue de Géographie de Lyon*, 32 (1957) 3; pp. 187-200.

4.54 Clemente, F.; Summers, G. F.
The journey to work of rural industrial employees: *Social Forces*, 54 (1975) 1; pp. 212-219. – Bibliogr.

4.55 Comité intergouvernemental pour les migrations européennes (CIME).
Agricultural emigration from Europe, 1920-1961: bibliography. – Genève. 1962.

4.56 Curie, J.
Le devenir des travailleurs d'origine agricole: contribution à l'étude de la transformation des conduites de travail. – Paris: Librairie H. Champion, 1975. – Bibliogr.
Incidence de la mobilité géographique et de la mobilité professionnelle impliquées par le phénomène de l'exode rural sur l'évolution des attitudes face au travail des anciens agriculteurs en France vers 1970: les recherches en psychosociologie du travail et leur utilisation possible pour cette étude. Le poids des conditions de travail, de l'origine agricole ou urbaine et de l'ancienneté dans l'entreprise et des conditions de sortie de l'agriculture, sur les conditions de l'adaptation.

4.57 Cusset, J.-M.
Urbanisation et activités agricoles. – Paris: Economica, 1975. – Bibliogr.
Cette étude qui se rapporte aux relations entre la ville et la campagne, aux conflits et solidarités

qui peuvent exister, s'articule autour de trois points: 1) L'interdépendance des activités urbaines et rurales: prise en considération des effets de l'urbanisation sur l'économie agricole dans un cadre spatial à travers l'analyse des flux (migratoires, de revenus, biens et services, capitaux) et celle de la répartition du sol et des ressources naturelles. 2) La dépendance des activités agricoles est non seulement le fait d'impulsions urbaines (consommation de masse, par exemple) mais aussi de l'organisation du secteur agricole (un chapitre est consacré à l'intégration verticale). 3) La capacité d'adaptation des agriculteurs à la société urbaine dominante à travers l'étude de la pauvreté en agriculture, de l'agriculture à temps partiel et de la dynamique de l'adaptation.

4.58 Duboscq, P.
La mobilité rurale en Aquitaine: essai d'analyse logique: *L'Espace géographique*, 1 (1972) 1; pp. 23-42.
Application de la logique mathématique à une étude sur l'évolution démographique de l'Aquitaine entre les recensements de 1954, 1962 et 1968.

4.59 Eizner, N.; Maupeou-Abboud, N. de.
L'abandon de la vie rurale: étude démographique et sociologique sur la mutation des jeunes ruraux en Basse-Normandie. – Paris: Fondation Royaumont pour le progrès des sciences de l'homme, 1967. – 4 fasc.

4.60 Exode rural et transformation des campagnes: enquête réalisée dans huit communes de la région Midi-Pyrénées. – Toulouse: Université, 1972.
L'étude procède à une analyse statistique des mouvements de la population suivant les catégories socio-professionnelles. Distinguant la campagne préurbaine de la campagne profonde, il souligne l'importance des déterminismes géographiques et sociaux dans les décisions de départ ou de fixation. En dépit d'une diversification des activités dans les petites villes, il constate un double phénomène de concentration des terres et de concentration écologique, qui laisse prévoir en fin de compte un exode de plus en plus accentué vers les grandes villes.

4.61 Hannan, D. F.
Migration motives and migration differentials among Irish rural youth: *Sociologia Ruralis*, 9 (1969).

4.62 Hanson, R. C.; Simmons, O. G.
Differential experience paths of rural migrants to the city: *American Behavioral Scientist*, 13 (1969) 1; pp. 14-35.

4.63 Kleiber, W.
Der Bergarbeiterberufsverkehr im rheinisch-westfälischen Industriegebiet. – München: Universität, 1950 (Diss.).

4.64 Mabogunje, A. L.
Systems approach to a theory of rural-urban migration: *Geographical Analysis*, 2 (1970); pp. 1-18.

4.65 Maury, R.
L'évolution d'une commune agricole proche d'une ville: Saint-Georges-les-Baillargeaux (Vienne): *Norois*, 19 (1972) 75; pp. 501-518. – Bibliogr.
Etude réalisée à partir d'une enquête récente et d'une monographie plus ancienne. Examen du milieu physique, des mutations profondes survenues dans la structure agraire, le système foncier et l'habitat de 1850 à 1914; la situation actuelle de cette société rurale, la critique ou les efforts de modernisation ne parviennent pas à endiguer l'exode rural.

4.66 Mendras, H.
Société paysanne: éléments pour une théorie de la paysannerie. – Paris: A. Colin, 1976. – Bibliogr.

4.67 Merlin, P.
L'exode rural. Suivi de Deux études sur les migrations, par R. Herin et R. Nadot. – Paris: PUF, 1971.

4.68 Organisation de coopération et de développement économique (OCDE).
Mesures d'adaptation de la main-d'œuvre rurale au travail industriel et au milieu urbain. – Paris: OCDE, 1968.

4.69 Organisation des Nations Unies (ONU).
Groupe d'experts sur les aspects sociaux des migrations de la campagne vers les villes en Europe et problèmes connexes: rapport. – New York: Nations Unies, 1969 (Programme européen de développement social).

4.70 Perier, E.
Contribution à l'étude de l'exode rural. Le cas de l'arrondissement de Sainte-Ménehould (1800-1954). – Nancy: CREDES, 1960.

4.71 Pitié, J.
Exode rural et migrations intérieures en France. L'exemple de la Vienne et du Poitou-Charentes. – Poitiers: Norois, 1971.

4.72 Pitié, J.
L'exode rural: bibliographie annotée. France, généralités, régions. – Poitiers: Centre d'études et de recherches rurales de l'Université, 1978.
Plusieurs centaines d'analyses ou d'extraits accompagnent les indications bibliographiques. Des textes de présentation intercalaires y donnent une synthèse rapide des ouvrages cités.

4.73 Pitié, J.
L'exode rural. – Paris: PUF, 1979.

4.74 Price, D. O.
Rural to urban migration of Mexican-Americans, Negroes and Anglos: *International Migrations Review*, 5 (1971) 15; pp. 281-291.
Comparaison entre les migrants ruraux mexicains-américains, noirs et anglos vers la ville et les non-migrants restés dans la région d'origine. On constate un accroissement des revenus et de meilleures conditions de vie chez les migrants. Dans l'ensemble, les migrants s'estiment plus heureux à la ville qu'ils ne l'étaient à la campagne. Les anglos et les noirs continuent d'entretenir des relations étroites avec leur région d'origine.

4.75 Quante, P.
Die Abwanderung aus der Landwirtschaft. – Kiel, 1958.

4.76 Rieger, J. H.
Geographic mobility and the occupational attainment of rural youth: a longitudinal evaluation: *Rural Sociology*, 37 (1972) 2; pp. 189-207. – Bibliogr.
Compte rendu d'une enquête longitudinale étudiant l'impact de la migration sur la carrière d'un échantillon de jeunes ruraux du Michigan, élèves de l'enseignement secondaire au départ de l'enquête. Différence de réussite professionnelle entre migrants et non-migrants et entre migrants en fonction du lieu de migration: grande ville, petite ville, village.

4.77 Ritchey, P. N.
Urban poverty and rural to urban migration: *Rural Sociology*, 39 (1974) 1; pp. 12-27. – Bibliogr.
Il est couramment admis que les migrants d'origine rurale contribuent à saturer les ghettos urbains et sont un des principaux facteurs de pauvreté dans les grandes villes. A partir d'un examen des données du recensement américain de 1960, l'auteur conclut que la pauvreté urbaine

tient plutôt à la structure même de la société (handicaps dus à l'âge, au statut de la femme seule chef de ménage, à la race).

4.78 Royer, J.-F.

L'exode agricole: des départs sans relève: *Economie et Statistique* (1976) 79; pp. 59-63.

L'exode rural est défini comme comprenant non seulement les abandons de l'activité agricole, mais aussi, ce qui est très important et délicat à apprécier, les décisions des fils d'agriculteurs de ne pas suivre la tradition familiale. A l'aide de statistiques de flux tirées des enquêtes formation-qualification professionnelle, l'auteur avance quelques chiffres correspondant à ces différentes acceptions du phénomène de l'exode rural.

4.79 Royer, J.-F.

L'exode rural va-t-il tarir?: *Economie et Statistique* (1976) 79; pp. 64-68.

Historique et perspectives de l'évolution de l'exode rural en France entre 1900-1985: accentuation et maintien d'un fort exode entre 1945-1954. Quatre hypothèses d'évolution d'ici à 1985.

4.80 Saville, J.

Rural depopulation in England and Wales, 1851-1951. – Londres: Routledge, 1957.

4.81 Sironneau, J.-P.

Le double rythme de la vie sociale chez le paysan montagnard: *Annales du Centre d'Enseignement supérieur*, Chambéry (1963) 1.

4.82 Touraine, A.; Ragazzi, O.

Ouvriers d'origine agricole. – Paris: Seuil, 1961.

4.83 Usui, W. M.; Lei, T.-J.; Butler, E. W.

Patterns of social participation of rural and urban migrants to an urban area: *Sociology and Social Research*, 61 (1977) 3; pp. 337-349.

Enquête auprès d'un échantillon stratifié de chefs de famille migrants d'origine rurale et urbaine. Réfutation de l'hypothèse que l'exode rural a un effet destructeur sur la participation sociale.

4.84 Vincienne, M.

Du village à la ville: le système de mobilité des agriculteurs. – Paris: Mouton, 1972. – Bibliogr.

Le passage des agriculteurs de leur village à la ville est analysé à l'aide des données des recensements, du fichier électoral et d'enquêtes. Ces diverses approches permettent de voir les transformations que subit le travail par le passage du village à la ville, les nouvelles relations sociales qui se créent, le rôle des jeunes dans le système de mobilité, la définition de la ville à laquelle contribuent les migrants, enfin l'inachèvement de leur projet de mobilité et leur réinvention du village. Ce dernier point conduit à une mise en cause de la ville telle qu'elle existe et montre qu'elle ne constitue qu'une étape dans l'évolution des sociétés.

4.85 Vohrer, M.

Die Analyse des Mobilitätsverhaltens der Landwirte als Basis für eine agrarische Mobilitätspolitik, dargestellt anhand einer beispielhaften Untersuchung im Landkreis Freiburg. – Freiburg, 1972.

13.5 MOUVEMENTS PENDULAIRES ET FRONTALIERS

Suisse

5.1   Annaheim, H.
Die Raumgliederung des Hinterlandes von Basel: *Wirtschaft und Verwaltung*,
3 (juil./sept. 1950).
Sur la base de statistiques des mouvements pendulaires, l'auteur met en évidence les relations
entre espaces urbains et espaces ruraux. Signification du marché de l'emploi urbain pour les
habitants de la région. Répartition zonale de l'arrière-pays bâlois.

5.2   Association des Instituts d'études européennes.
Les régions transfrontalières de l'Europe: Colloque de Genève 1975. – Genè-
ve: Institut universitaire d'études européennes, 1975.
Avec les contributions de:
– Brugmans, H.: Les régions frontalières en Europe: un problème test.
– Rougemont, D. de: Pourquoi des régions?
– Van der Auwera, G.: La politique régionale communautaire et les régions frontalières.
– Petrella, R.: Planification et régionalisation.
– Massart-Pierard, F.: Région fonctionnelle et région transnationale.
– Strassoldo, R.: The systemic region.
– Ricq, C.: Les relations régionales transfrontalières.
– Poche, B.: La Région: institution à créer ou modèle culturel?
– Langereau, M.: Problèmes institutionnels et attitudes des populations.
– Kessler, S.: Le travail frontalier.
– Buet, J.-P.: Problèmes sociaux des travailleurs frontaliers en Suisse.
– Bricq, R.: Le Genevois haut-savoyard et Genève.
– Stevelberg, E.: Alpazur.
– Mozer, A.: Euregio 1975.
– Briner, H.: Die grenzüberschreitende Zusammenarbeit im Oberrheingraben.
– Rabier, J.-R.: Différences et différenciations interrégionales dans les attitudes et comporte-
ments du public.
– Sidjanski, D.: Les régions transfrontalières en Europe: rapport de synthèse.

5.3   Avanzini, B. B.
Analisi sociologica della migrazione frontaliera. In: Il fenomeno dei frontalieri
in Lombardia. – Como: Camera di commercio, 1972 (Atti del Convegno di
Como, 23-24 Giugno 1971).

5.4   Banz, M.
Die deutschen und französischen Grenzgänger auf dem baselstädtischen
Arbeitsmarkt. – Bâle: Druck Werner und Bischoff, 1964. – (Mitteilungen des
Statist. Amtes des Kantons Basel-Stadt).

5.5   Basler; Hofmann.
Pendlerbeziehungen von 350 Gemeinden mit der Stadt Zürich. – Zürich, 1975.
– 2 Bd.

5.6   Baumgartner, C.; Beutler, W. et al.
Les mouvements pendulaires en Suisse: analyse d'un échantillon de données
des mouvements pendulaires tirés du recensement fédéral 1970. – Berne:
Commission CGST, 1974 (Conception globale suisse des transports: document de travail Nº 15).

L'échantillon englobe environ 90 000 personnes actives, écoliers et étudiants. Le but de l'analyse consiste à démontrer les relations existant entre variables dépendantes (dépense de temps, distance, choix du mode de transport, nombre de parcours) et variables indépendantes (branches d'activité, position professionnelle, nationalité, niveau culturel, taille du ménage, âge, sexe, grandeur de la localité, type de région). Des résultats significatifs existent entre *dépense de temps* et grandeur des localités, niveau socio-professionnel, types de migrants (personnes actives ou en formation); entre *distance* et types de migrants, grandeur des localités, niveau socio-professionnel, âge; entre *choix du mode de transport* et types de migrants, grandeur des localités, branches d'activités et niveau socio-professionnel, taille des ménages, sexe; entre *nombre des parcours* et taille des ménages, temps et distance (temps de travail), mode de transport.

5.7   Baumgartner, C.; Ötterli, J.
Haushaltbefragung über den Werktagsverkehr. – Bern: CGST, 1974/75.

5.8   Bedert, J.-P.; Zadory, B.
Migrations journalières de travail dans le district de Neuchâtel. – Neuchâtel: Université, Séminaire de géographie, 1972.

5.9   Bedert, J.-P.; Zadory, B.
Migrations journalières de travail dans le district du Val-de-Ruz. – Neuchâtel: Université, Séminaire de géographie, 1973.

5.10   Biucchi, B.
Le prospettive dell'economia ticinese ed il contributo dei frontalieri italiani: *Convegno* Varese, 1969.

5.11   Bureau d'information et de prévisions économiques.
Les problèmes posés par la main-d'œuvre alsacienne travaillant en Allemagne ou en Suisse. – Paris, janvier 1970.

5.12   Carol, H.
Sozialräumliche Gliederung und planerische Gestaltung des Grossstadtbereiches: *Raumforschung und Raumordnung*, 2/3 (1956) Sonderdruck; pp. 80-92.
Utilisation des mouvements pendulaires comme critère de répartition spatiale et de planification des grandes agglomérations. Trois seuils de 5 %, 10 % et 25 % de pendularité en direction de la ville de Zurich permettent de grouper les communes environnantes en zones pendulaires de faible, moyenne et longue portée.

5.13   Chevalier, G.; Corajoud, G.; Maillard, P.
Analyse des transferts habitat-travail. – Lausanne: Institut de recherche sur l'environnement construit, 1977.

5.14   Conférence permanente des chambres de commerce suisse et italienne des régions frontières.
Problemi dei frontalieri. – Novara: 5e réunion plénière, 1969.

5.15   Donzé, R.; Ricq, C.
Travailleurs frontaliers à Genève: analyse descriptive du flux migratoire frontalier en octobre 1973. – Genève: Service cantonal de statistique; Institut universitaire d'études européennes, 1974.

5.16   Dufner, P.
Entwicklung der Industrie- und Bevölkerungsagglomeration Basel 1945-1961: Grundlagenstudie für eine Regionalplanung: *Mitteilungen des Stat. Amtes des Kanton Basel* (1964) 79.

5.17 Il fenomeno dei frontalieri in Lombardia. – Como: Camera die commercio, 1972 (Atti del Convegno di Como, 23-24 Giugno 1971).

5.18 Frey, L.
La problematica dei frontalieri nella regione lombarda e in aree economicamente connesse. In: Il fenomeno dei frontalieri in Lombardia. – Como: Camera di commercio, 1972 (Atti del Convegno di Como, 23-24 Giugno 1971).

5.19 Früh, H.
Beiträge zur Stadtgeographie Schaffhausens. – Zürich: Université, 1950 (Diss.).

5.20 Gächter, E.
Die demographisch-sozioökonomische Struktur der Stadt Bern 1970 in quartierweiser Gliederung: *Berner Beiträge zur Stadt- und Regionalforschung*, 1 (1974).

5.21 Gächter, E.
Die demographisch-sozioökonomische Struktur der Region Bern (ohne Stadt Bern) nach Quartieren und Gemeindeteilen 1970: *Berner Beiträge zur Stadt- und Regionalforschung*, 2 (1974).

5.22 Galletti, A.
La manodopera frontaliera nel Mendrisiotto. – Fribourg: Université, 1971. – (Mémoire de licence sc. écon. et soc.).

5.23 Gehrig, R.; Leibundgut, H.
Grundlagen zur Abgrenzung und Typisierung von Planungsregionen. – Zürich: O.-R.-L., 1971 (Arbeitsberichte zur O.-R.-L. Nr. 27).

5.24 Gerber, F.; Ranft, B.
Motorisierungsprognose. – Zürich: Institut für Verkehrsplanung und Transporttechnik ETH, 1973. – (LS-Bericht Nr. 73/1).

5.25 Gerber, M.
Das Einzugsgebiet der City von Schaffhausen: ein Beitrag zur geographischen Stadt-Umlandforschung. – Zürich: Juris-Verlag, 1976 (Diss. phil. II).

5.26 Güller, P.; Schuler, M.; Keller, D./SNZ Ingenieurbüro AG.
Pendleranalyse Zürich: Auftrag der Behördendelegation für den Regionalverkehr Zürich. – Zürich, 1975.
Exploitation des données statistiques concernant les pendulaires du recensement de 1970. Les points suivants sont particulièrement étudiés:
– mise en place de bases pour la planification des transports;
– analyse des facteurs caractérisant les pendulaires et le « modalsplit »;
– analyse des relations fonctionnelles intercommunales et interrégionales, c'est-à-dire de la structure centrale locale, dans l'optique des problèmes posés par la régionalisation;
– analyse des incidences de la pendularité sur la structure socio-économique des agglomérations ainsi que la description et l'appréciation du phénomène de ségrégation fonctionnelle de l'espace urbain liée à la mobilité.

5.27 Guth, H.
Die Pendelwanderung im Kanton Zürich 1941: *Zürcher Wirtschaftsbilder*, Statist. Bureau des Kantons Zürich, 1 (1945) 5/6.
L'histoire des mouvements pendulaires est relativement récente. Elle commence avec la concentration industrielle et le développement des transports. En 1941, environ 1/10 de la population

active du canton de Zurich travaille en dehors de sa commune de domicile. Le flux pendulaire augmente d'année en année. L'auteur met en évidence les motifs économiques et personnels. Il distingue les mouvements pendulaires dus à la contrainte, et ceux de libre choix.

5.28   Guth, H.
       Die Pendelwanderung: *Plan*, 3 (1946) 2.

5.29   Heer, Ernst.
       Reisezeiten zu den Siedlungszentren des Leitbildes CK-73. – Zürich: O.-R.-L., 1976 (Studien-Unterlagen Nr. 26).
       La durée du trajet est utilisée comme indicateur pour la définition et l'aménagement des centres de polarisation (temps de voyage – isochrone des centres principaux et des centres moyens).

5.30   Heller, H.
       Pendelwanderungen und Zentralorte im Kanton Bern: *Jahresberichte der Geograph. Gesellschaft* (1965-1966).

5.31   Höhn, A.
       Instrumente der Befragung « Betagtenmobilität » in zwei Quartieren der Stadt Zürich. – Zürich: Seminar für angewandte Psychologie, 1976.

5.32   Institut national de la statistique et des études économiques (Rhône-Alpes).
       Les travailleurs frontaliers de l'Ain et de la Haute-Savoie en Suisse, recensement de 1975: *Points d'Appui* (1975) 8.

5.33   Institut national de la statistique et des études économiques (Rhône-Alpes).
       Les travailleurs frontaliers de l'Ain et de la Haute-Savoie à Genève: éléments pour un profil socio-économique: *Points d'Appui* (1976) 9.

5.34   Institut national de la statistique et des études économiques (Alsace).
       Les travailleurs frontaliers français et allemands en Suisse du Nord-Ouest: *Chiffres pour l'Alsace* (1976) 2.

5.35   Institut national de la statistique et des études économiques (Alsace).
       Les travailleurs frontaliers alsaciens en Allemagne ou en Suisse: *Chiffres pour l'Alsace* (1976) 3.

5.36   Institut de sociologie, Université de Zurich.
       Analyse der regionalwirtschaftlichen und gesellschaftlichen Auswirkungen des Verkehrssystems. – Zürich: Institut de sociologie, 1977. – 5 vol. (Etude pour la CGST).
       Cette étude poursuit un double but: d'une part, décrire les répercussions des modifications du système des transports sur l'évolution économique et sociale de la région ou de la commune; d'autre part, fournir des renseignements sur les effets et les conséquences de cette évolution sur le plan social.
       L'étude comporte quatre parties:
       1) Le plan intercommunal (caractéristiques structurelles des communes suisses réparties en 11 types en 1950, 1960 et 1970, parallèlement au système des transports).
       2) Le plan interrégional (relation entre développement régional et changements apportés au système des transports).
       3) Le plan intra-régional (études de cas de trois régions types).
       4) Le plan intra-communal (enquête approfondie par interview auprès de la population de deux communes dans chacune des trois régions).
       Les effets les plus significatifs du système des transports sont la ségrégation fonctionnelle des communes, la baisse du nombre des régions purement rurales. L'influence du système des transports sur le développement intra-régional est différente de cas en cas; depuis 1950, les transports

en tant que facteur de développement ne jouent plus un rôle déterminant. Enfin, l'évolution communale liée au développement des transports entraîne souvent des phénomènes de désorganisation sociale, en particulier dans les communes de montagne et les communes-dortoirs.

5.37   Jenal, S.

Pendelwanderung in der Schweiz: *Geographica Helvetica*, 6 (1951) 1.

Pour l'auteur, la définition du pendulaire est arbitraire. Il se trouve que la distance parcourue par les migrants pendulaires peut être plus courte que celle parcourue par les personnes dont le lieu d'habitat et le lieu de travail se trouvent sur le même territoire communal (Zurich par ex.). Les statistiques de la pendularité ne permettent de ce fait pas de saisir l'ensemble des déplacements quotidiens domicile-travail.

5.38   Keller, R.

Der Pendlerverkehr in der Region Basel: Ergebnisse der Betriebszählung 1965: *Wirtschaft und Verwaltung*, 28 (1969) 1.

5.39   Landolt, E.-A.

Die Pendelwanderung im Kt. Glarus: Beiträge zur Sozialgeographie eines frühindustrialisierten Alpentales. – Zürich: Université, 1961 (Diss. phil. II).

Analyse économique et socio-géographique des résultats de statistiques de pendularité et utilisation des résultats pour une typologie des communes.

Dès la fin du XIXe siècle, la région de Glaris est caractérisée par une industrialisation très intensive, fortement décentralisée et mono-structurelle (textile). A partir de 1950, diversification des industries. Au point de vue pendulaire, le canton de Glaris est en quatrième position de l'ensemble des cantons suisses (examen des variables socio-dém graphiques: catégorie socio-professionnelle, position dans la profession, âge, sexe, état civil, confession, origine et lieu de naissance, moyen de transport). La proportion des femmes et des classes d'âge supérieures se situe au-dessus de la moyenne nationale. Dominance quasi absolue du secteur secondaire. Les pendulaires se déplacent en majorité en train ou à vélo.

5.40   Lebeau, R.

Les migrations alternantes de travail dans le Jura suisse. In: Grandes et petites villes. – Paris: CNRS, 1970 (Colloque national du CNRS, Lyon, Saint-Etienne, Grenoble, 22-26.4.1968).

5.41   Leibundgut, H.; Tami, P.

Die Pendlerbeziehungen in der Schweiz 1970. – Zürich: O.-R.-L., 1978 (Studienunterlagen Nr. 37).

5.42   Maillard, A.

La zone d'attraction de main-d'œuvre de l'agglomération sierroise, 1910-1970. – Fribourg: Faculté des Lettres, 1975. – (Mémoire de licence).

Etude du rayonnement de l'agglomération de Sierre (Sierre et Chippis) à partir des mouvements pendulaires. Ceux-ci sont appréhendés premièrement sur la base du coefficient d'indépendance des communes, c'est-à-dire de la force avec laquelle les unités spatiales retiennent leurs travailleurs. Dans la zone considérée (25 communes de plaine et 40 communes de montagne des cinq districts du Valais central), en 1910, ce coefficient était de 96,7%, en 1970 de 61,9%; deuxièmement sur la base de la force de travail, c'est-à-dire du rapport immigration-émigration. Actuellement, plus du tiers de la population active de la région travaille hors de sa commune d'origine. Depuis 1960, le phénomène migratoire pendulaire touche toutes les communes de la région, et la progression est particulièrement rapide dans les communes de montagne.

5.43   Maillard, P.; Corajoud, G.; Chevalier, G.

Transports urbains collectifs: cahier 5, structure socio-démographique et déplacements habitation-travail. – Lausanne: Institut de recherche sur l'environnement construit, 1979.

5.44 Marchisio, S.

Regime internazionale dei lavoratori frontalieri italiani in Svizzera: *Rivista di Diritto internazionale*, 58 (1975) 4; pp. 705-730.

Article sur les aspects internationaux de la politique de l'emploi des travailleurs italiens immigrés en Suisse dans la zone frontière. Traite de la mobilité du travail, des conditions de travail, des salaires, de la sécurité sociale, etc., des travailleurs frontaliers.

5.45 Maurer, W.; Leibacher, A.

Statistische Analyse der Haushaltbefragung. – Zürich: Wirtschafts-Mathematik AG.

1re partie: Auftrag CVK-CH Nr. 59, 1975.

2e partie: Auftrag GVK-CH Nr. 94, 1976.

5.46 Maier, A.

Zur Frage der Beschäftigung deutscher Grenzgänger in der Schweiz: *Deutschland-Schweiz, Schweiz-Deutschland*, 4 (1955) 9.

5.47 Metron AG/Ortsplanung Vaduz.

Ein- und Auspendlerumfrage Vaduz 1974. – Vaduz, Fürstentum Liechtenstein: Sitzung der Planungskommission OPV vom 14.2.1975.

5.48 Michel, P.

Die Verteilung der Arbeitsplätze und der berufstätigen Wohnbevölkerung sowie die Pendelwanderung in der Stadt und Region Bern: *Berner Beiträge zur Stadt- und Regionalforschung*, Teil A und B (1967).

5.49 Paulssen, H. C.

Die Grenzgänger in deutscher und schweizerischer Sicht: *Deutschland-Schweiz, Schweiz-Deutschland* (1955) 12; pp. 341-342.

5.50 Pittet, M.

Les mouvements pendulaires fribourgeois vers les cantons limitrophes. – Fribourg: Office de développement économique, 1972.

Cette étude est orientée en trois parties:

1) Une analyse socio-géographique: importance quantitative des mouvements pendulaires dans le canton de Fribourg en général et celle à destination des cantons voisins en particulier, évolution des migrations vers l'extérieur, régions les plus touchées par l'émigration quotidienne, localité de domicile et localité de travail, ainsi que composition socio-professionnelle de 1300 migrants quotidiens.

2) Une recherche sur les motivations: image que les migrants pendulaires se font de la politique économique fribourgeoise, perception des disparités de salaires, facteurs de préférence pour un domicile dans le canton et/ou facteurs de préférence pour une activité hors canton, attaches para-professionnelles et familiales.

3) Une analyse des moyens pour réduire ou tout au moins stabiliser l'exportation de main-d'œuvre du canton.

5.51 Raffestin, C.

Eléments pour une problématique des régions frontalières: *L'Espace géographique* (1974) 1; pp. 12-18.

Le champ relationnel des sociétés est affecté par la frontière en tant qu'elle est susceptible de se déplacer, pourvue de fonctions et comme ligne de souveraineté juxtaposant des politiques différentes. Les effets de frontière peuvent être directs, indirects ou induits. Le cas de la région franco-genevoise en fournit, dans le domaine de la population, de l'économie et de l'organisation de l'espace, des illustrations spécifiques.

5.52　Raffestin, C.; Burgener, J.; Gabioud, B.; Landry, P.
Travail et frontière: le cas franco-genevois. – Genève: Département de géographie de l'Université, 1971.

5.53　Ramseyer, A.
Der Berufsverkehr im Kanton Basel-Stadt und seine Bedeutung für die Verkehrsplanung: *Wirtschaft und Verwaltung*, 15 (1956) 2.

5.54　Regionalplanungsgruppe Solothurn und Umgebung (RSU).
Pendelwanderung in der Region Solothurn, 1962. – Zürich, 1970.
Enquête effectuée en 1962 auprès des entreprises de la région de Soleure pour le compte de la planification des transports. Volume des pendulaires: au total; par rapport au marché du travail; selon l'origine et la destination; selon les moyens utilisés. Comparaison avec les recensements fédéraux des années 1960, 1950 et 1910.

5.55　Ricq, C.
Le guide du travailleur frontalier. – Genève: Institut universitaire d'études européennes, 1974.

5.56　Ricq, C.
Les travailleurs frontaliers, acteurs économiques et politiques dans les régions transfrontalières. – Genève: Institut universitaire d'études européennes, 1975 (Colloque d'Antibes).

5.57　Ricq, C.
Problématique et méthodologie spécifique aux régions transfrontalières: le cas franco-genevois et l'exemple des travailleurs frontaliers. – Nice: Université, 1976 (Colloque de Nice).

5.58　Ricq, C.
Les flux de la main-d'œuvre frontalière à Genève face à la récession: *Le Courrier du Parlement* (nov. 1977).

5.59　Ricq, C.
Le profil socio-culturel du travailleur frontalier. – Genève: Institut universitaire d'études européennes, 1977.

5.60　Ricq, C.
Les travailleurs frontaliers en Europe: analyse descriptive des flux; problèmes et solutions. – Genève: Université, 1978 (thèse).

5.61　Rossi, A.; Bergomi B.
La RFU (Région Fonctionnelle Urbaine) de Lugano: premiers résultats de l'analyse. – Zürich: O.-R.-L., Regionalwirtschaft und Stadtökonomie, 1979 (Arbeitspapier Nr. 7).

5.62　Schwytzer, H.
Die Pendelwanderungen im Kanton Luzern 1941: *Statistische Mitteilungen des Kantons Luzern*, 1 (1947).
Typologie des communes. L'auteur étudie, entre autres, les effets des mouvements pendulaires sur les entreprises agricoles de quelques communes.

5.63　Scope (Institut für Markt- und Meinungsforschung); Wyss, W.; Weber, R.
Haushaltbefragung über den Werktagsverkehr. – Luzern, 1975 (Im Auftrage des GVK-Stabes, Nr. 46).

5.64   Stadt- und Regionalforschungsstelle, Bern.
        Zusammenstellung einiger Angaben über Wohnbevölkerung, Wohnungen und
        Pendelwanderung sowie Vergleiche mit der Stadt Zürich. – Bern, 1974.
        Tableaux statistiques tirés des recensements fédéraux. Evolution de la population, du marché du
        logement et des mouvements pendulaires pour Berne et Zurich. Les mouvements pendulaires
        sont en constante augmentation.

5.65   Turski, P.
        Die Pendelwanderung in den Kantonen Genf, Waadt und Neuenburg. – Zü-
        rich: Université, 1947 (Diss. Volkswirtschaft).

5.66   Ufficio delle Ricerche Economiche (URE).
        I lavoratori frontalieri nell'economia ticinese. – Bellinzona, 1965.

5.67   Ufficio delle Ricerche Economiche (URE).
        Note sull'occupazione nel Ticino di lavoratori frontalieri e sull'eventuale
        opportunità di una sua limitazione selettiva o globale. – Bellinzona, 1972. – 41.

5.68   Ufficio delle Ricerche Economiche (URE).
        I frontalieri nel Distretto di Lugano. Censimento e analisi statistico-economi-
        che. – Bellinzona, 1975.

5.69   Weber, H.
        Problem des Grenzgängers am Hochrhein: eine Untersuchung des Grenz-
        gängerverkehrs zwischen Deutschland und der Schweiz, unter besonderer Be-
        rücksichtigung der Landkreise Mülheim, Lörrach, Säckingen, Waldshut und
        Konstanz. – Planungsgemeinschaft Hochrhein, 1957.

5.70   Weber, H.
        Probleme der Grenzgänger am Oberrhein. – Freiburg im Breisgau, 1957.

5.71   Weiss, M. et al.
        L'agglomération des trois frontières de Bâle. – Bâle: Service de coordination
        internationale de la Regio, 1978 (Rapport d'études N° 4).

5.72   Werczberger, E.
        Untersuchung über die Pendlerregionen und Einteilung der Schweiz in Arbeits-
        marktregionen. – Zürich: O.-R.-L., 1974.
        Mandat de l'OFIAMT de 1961, « Gesamtschweizerische Studie über Industriestandorte » dont
        la présente analyse constitue le rapport intermédiaire N° 2.
        Etude effectuée sur la base du recensement fédéral de 1950 (statistiques pendulaires), des cartes
        des routes nationales et des données démographiques des communes 1950-1960. Les mouve-
        ments pendulaires servent d'indicateurs des régions « nodales » (centre et arrière-pays) et de don-
        nées de base pour la répartition en régions de marchés du travail. Première répartition en 100
        régions, deuxième répartition en 48 régions (fusions de centres principaux et de sous-centres).
        Les régions de marché du travail comprennent au maximum une distance de 35 km entre la
        commune la plus éloignée et le centre, sinon régions intermédiaires.

5.73   Wiesler, H.
        Die Pendelwanderung zwischen Wohn- und Arbeitsort im Kanton Zürich
        1950: Statistische Berichte des Kantons Zürich, 13 (1957) 2.

5.74   Wyss, M.
        Eine sozio-ökonomische Abgrenzung des Einzugsgebietes der Arbeitsstätten
        der Stadt Zürich. – Zürich: O.-R.-L., 1972 (Studienunterlagen Nr. 11).

5.75   Zwingli, U.
Wohnort und Arbeitsort der Berufstätigen in Zürich: *Zürcher Statistische Nachrichten*, 2 (1956) Sonderdruck.
Analyse démographique du volume et de l'orientation des flux pendulaires pour l'agglomération zurichoise (lieu de travail, lieu d'habitat, structure démographique des pendulaires), sur la base du recensement fédéral de 1950 et des statistiques industrielles d'août 1955. Mouvements pendulaires intercommunaux (14 communes de l'agglomération) et intracommunaux (quartiers de la ville de Zurich). Pour 1950, la population active de Zurich dépasse de 11% la population résidente (solde des migrations pendulaires), tandis que pour 1941, ce taux était de + 7%. Flux dans les deux sens: plus d'hommes que de femmes, classes d'âge inférieures. Pendulaires vers le centre: plutôt célibataires, du secteur tertiaire. Pendulaires vers la périphérie: plutôt mariés, du secteur secondaire.
Sur une population active d'environ 201000 personnes habitant Zurich, 35% travaillent dans leur quartier, 55% dans d'autres quartiers de la ville, 5% à l'extérieur de la ville, 5% lieu de travail changeant ou inconnu. L'importance des flux pendulaires intra-communaux ne peut être saisie par les recensements fédéraux.

Etranger

5.76   Akar, B.
Réflexions sur le problème des déplacements dans la Région parisienne: *Cahier du Musée social* (1961) 1; pp. 21-31.

5.77   Association industrielle et commerciale de Haute-Savoie.
L'exode des frontaliers hauts-savoyards et ses incidences économiques pour le département. – Annecy, sept. 1969.

5.78   AUROC.
Modèle d'évaluation des flux domicile-travail dans les agglomérations. – Paris: AUROC, 1962.

5.79   Barlet, H.
Die Pendelwanderung im Rhein-Neckar-Raum. – Mannheim, 1953.

5.80   Baumert, R.
Les travailleurs frontaliers originaires du Haut-Rhin. – Region du Haut-Rhin, sept. 1970.

5.81   Beyer, G. H.
Housing and journey to work: the patterns of rural families in Monroe County: *Bulletin of the Agricultural Experiment Station of Cornell University*, Ithaca (1951) 877.

5.82   Bieganski, R.
L'industrie textile du nord de la France: structure, emploi, marché du travail. – Lille: Echelon régional de l'emploi, 1972.
Structure par classe de taille des établissements de l'industrie textile de la région nord de la France entre 1958-1970: étude de l'intégration de l'industrie textile. Evolution de l'emploi textile par arrondissement, sexe, catégorie d'activité économique et le problème des *migrations journalières*, travailleurs étrangers et *travailleurs frontaliers*. Analyse des modifications de la structure des qualifications 1954-1968 sur la zone de Roubaix-Tourcoing. Fonctionnement du marché du travail 1965-1970, conditions de réinsertion dans un nouvel emploi des demandeurs d'emploi ayant travaillé dans l'industrie textile en fonction de l'âge, durée d'inscription et qualification.

5.83   Bleitrach, D.; Chenu, A.; Broda, J.; Boufartigue, P.; Ronchi, Y.
        Production et consommation dans la structuration des pratiques de déplace-
        ment. Les modes de vie des ouvriers des zones industrielles de Fos et de Vitrol-
        les. – Aix-en-Provence: Faculté des sciences économiques, 1977.

5.84   Bleitrach, D.; Chenu, A.; Broda, J.; Boufartigue, P.; Ronchi, Y.
        Les déplacements domicile-travail dans une aire métropolitaine en formation:
        Sociologie du Sud-Est (1974-1975) 2-3; pp. 31-62.
        Les auteurs analysent les conditions générales des déplacements domicile-travail telles qu'elles
        sont mises en place par les employeurs, l'Etat, les collectivités locales, dans une aire métropoli-
        taine naissante, l'aire marseillaise avec sa zone industrialo-portuaire de Fos-sur-Mer.

5.85   Bleitrach, D.; Chenu, A.
        Les déplacements domicile-travail de la classe ouvrière dans une aire métropo-
        litaine en formation: *La Vie urbaine* (1976) 2-3-4; pp. 49-66. – Bibliogr.
        Présentation d'une recherche sur les rapports entre l'emploi, la résidence et le système de trans-
        port dans la région marseillaise en tenant compte, en particulier, de la redistribution des secteurs
        d'activité due à l'implantation industrielle de Fos-sur-Mer.

5.86   Bonnet, S.
        Les ouvriers-migrants quotidiens des usines sidérurgiques de l'agglomération
        de Longwy, 1962-1968. – Paris: EPHE, 1965 (thèse de doctorat).

5.87   Bouchard, R.; Pyers, C.
        The use of the gravity model for describing urban travel: an analysis and criti-
        que: *Highway Research Record* (1965) 88; pp. 1-43.

5.88   Boustedt, O.
        Pendlerverkehr. In: Handwörterbuch der Raumforschung und Raumordnung.
        – Hannover, 1966. – pp. 1308-1335.

5.89   Bruyelle, P.
        Les migrations quotidiennes dans la région du nord entre 1962 et en 1968:
        essai de typologie communale: *Hommes et Terres du Nord* (1973) 1; pp. 7-37.
        – Bibliogr.
        La région du nord est une de celles où le phénomène migratoire journalier revêt l'intensité la plus
        grande: cette mobilité varie fortement selon les communes, le sexe, la catégorie socio-profession-
        nelle et l'activité économique des migrants. A partir des données fournies par les recensements
        de 1962 et 1968, l'auteur se propose d'élaborer une typologie des communes selon leur compor-
        tement migratoire, le sexe et l'activité économique des migrants.

5.90   Busard, M.
        L'éloignement entre domicile et lieu de travail dans la Région parisienne: cinq
        enquêtes sociales. – Paris: PUF, 1950. – pp. 41-56.

5.91   Campagnac, E.
        Le ramassage de la main-d'œuvre dans la politique des grandes entreprises à
        Dunkerque. – Trappes: *Beture*, 1976.

5.92   Campagnac, E.; Coing, H.
        Marché du travail et urbanisation: le rôle du ramassage dans les politiques
        d'entreprises. L'exemple du textile à Roubaix-Tourcoing et de la sidérurgie-
        métallurgie à Dunkerque: *Le Vie urbaine* (1976) 2-3-4; pp. 35-47.
        Le ramassage apparaît comme un moyen de transport utilisé sélectivement et qui joue un rôle
        essentiel là où il est employé. L'action particulière d'une entreprise sur les transports, par le biais

du ramassage, ne peut s'interpréter qu'au regard des conditions générales de mobilisation de la force de travail, dont elle se démarque, et de la politique du personnel suivie par l'entreprise, c'est-à-dire indépendamment de l'ensemble des moyens visant à rendre minimal le coût global de la main-d'œuvre.

5.93   Carroll, J. D. Jr.
The relation of home to work places and the spatial patterns of cities: *Social Forces*, 30 (mars 1952); pp. 271-282.

5.94   Cassette, M.
Les travailleurs frontaliers dans le nord de la France. – Lille: Université des sciences et techniques, 1973.

Analyse de l'évolution des migrations alternantes des travailleurs frontaliers en France et en Belgique entre 1960-1972 et facteur explicatif du phénomène: évolution quantitative des effectifs employés par âge et activité professionnelle. Inversion du flux migratoire avec mouvement régressif vers la France. Changement dû à la croissance économique de la Belgique et lié à la motivation des travailleurs frontaliers par une politique économique d'aide à l'implantation industrielle et une politique des salaires.

5.95   Catanese, A. J.
Structural and socioeconomic factors of commuting. – Atlanta, 1970.

5.96   Catanese, A. J.
Home and workplace separation in four urban regions: *Journal of American Institute of Planners*, 37 (1971) 5; pp. 331-337. – Bibliogr.

Vérification de trois hypothèses relatives à la minimisation de la distance lieu de travail-lieu d'habitat, les modèles de convergence (foyers-travail) et de divergence (travail-foyer) concernant le trafic et la croissance du revenu en fonction de la distance du centre, testées dans les districts urbains de quatre grandes villes américaines, à structure urbaine très centralisée (New York), centralisée (Philadelphie), suburbaine (Milwaukee) et très décentralisée (Los Angeles).

5.97   Chapoutot, J.-J.; Gagneur, J.; Jossé, L.; Liochon, P.
Système de transports urbains et mobilisation de la main-d'œuvre: le cas de Genoble. – Grenoble: U.E.R. Urbanisme-Aménagement, 1976.

5.98   Chapoutot, J.-J.; Gagneur, J.
Mobilisation de la force de travail et gestion des transports urbains: *La Vie urbaine* (1976) 2-3-4; pp. 21-33. – Bibliogr.

Par l'étude des réseaux de ramassage d'entreprises de l'agglomération grenobloise, les auteurs démontrent les enjeux qui se trouvent présents dans la réorganisation des procédures sociales de gestion des transports collectifs. L'hypothèse de départ a été de considérer les systèmes de transports et de circulation urbains comme une condition nécessaire et un support du processus de mobilisation de la force de travail.

5.99   Charré, J.-G.; Coyaud, L.-M.
Les villes françaises de plus de 5000 habitants: bilans des migrations quotidiennes en 1962. – Paris: Centre de recherche d'urbanisme. – Vol. 2.

5.100   Chatelain, A.
Les migrations quotidiennes du travail dans les régions françaises, hors de l'agglomération parisienne: *Revue économique* (sept. 1963); pp. 659-694.

5.101   Chavrid, V. D.
Employment and residence in major metropolitan areas: *Monthly Labor Review*, 80 (août 1957); pp. 932-937.

5.102 Chevalier, M.
Enquête sociologique auprès des migrants définitifs et alternants à destination de l'agglomération de Dunkerque. – Lyon: GSU, 1974. – 3 vol.

5.103 Chilsholm, M.
Latter on the geography of commuting: *Annals of the Association of American Geographers*, 50 (juin 1960); p. 187.

5.104 Clark, C.; Peters, G. H.
The intervening opportunities method of traffic analysis: *Traffic Quarterly*, 19 (jan. 1965); pp. 101-119.

5.105 Clark, C.
Trip distribution in Oslo: *Traffic Quarterly*, 22 (avril 1968); pp. 259-301.

5.106 Coing, H.
Cars de ramassage et marché de l'emploi: le textile de Roubaix-Tourcoing. – Trappes: *Beture*, 1975.

5.107 Convert, B.; Jakubowski, P.; Pinet, M.
Transport de main-d'œuvre et mobilité dans une aire urbaine en transition. Mobilité et processus de mutation. Le cas du bassin minier Nord-Pas-de-Calais. – Villeneuve d'Ascq: Institut industriel du Nord, 1976. – Bibliogr.

5.108 Convert, B.; Jakubowski, P.; Pinet, M.
Mobilité professionnelle, mobilité spatiale et restructuration économique: le cas du bassin minier Nord-Pas-de-Calais: *La Vie urbaine* (1976) 2-3-4; pp. 115-123. – Bibliogr.
Cet article vise avant tout à résumer les principaux termes dans lesquels doivent se poser les problèmes de transport de personnes dans le bassin minier Nord-Pas-de-Calais.

5.109 Demaret, J.-M.
Les travailleurs frontaliers occupés dans le département du Nord. – Lille: Echelon régional de l'emploi, 1972.
Analyse des travailleurs frontaliers de la région Nord en France en 1974 par sexe, nationalité, situation de famille, date d'entrée dans l'établissement, activité économique, métier, activité individuelle.

5.110 Denis, M. N.
Migrations journalières dans les vallées vosgiennes: *Revue des Sciences sociales de la France de l'Est* (1974) 3; pp. 148-158.
Une grande partie de la main-d'œuvre résidant dans les vallées vosgiennes ne travaille pas sur place, mais émigre quotidiennement. A partir des données fournies par le recensement de 1962, l'auteur analyse la situation des cinq cantons les plus touchés.

5.111 Dheus, E.
Die Mobilität der Stadtbevölkerung und ihre Auswirkungen auf die Einwohnerzahl und das Wirtschaftsleben. In: Bericht über die 69. Tagung in Freiburg i. Breisgau, 1969. – Freiburg i. Breisgau: Verband deutscher Städterstatistiker, 1970. – pp. 74-84.

5.112 Dickinson, R.
The geography of commuting: the Netherlands and Belgium: *Geographical Review*, 48 (oct. 1957); pp. 521-538.

5.113 Dickinson, R.
The geography of commuting in West Germany: *Annals of the Association of American Geographers*, 49 (déc. 1959); pp. 443-456.

5.114 Dickinson, R.
Letter on critique of the geography of commuting: *Annals of the Association of American Geographers*, 50 (sept. 1960); p. 296.

5.115 Dickinson, R.
The journey-to-work. In: Gottmann, J.; Harper, R.A.: Metropolis on the move: geographers look at urban sprawl. – New York: Wiley & Sons, 1967. – pp. 69-83.

5.116 Duncan, B.
Factors in work-residence separation: wage and salary workers, Chicago 1951: *American Sociological Review*, 21 (fev. 1956); pp. 48-56.

5.117 Duquenne, R.
Où résident les salariés travaillant en villes nouvelles?: *Aspects statistiques de la Région parisienne* (1975) 3; pp. 1-17.
Dans les périmètres d'études, englobant les communes directement ou indirectement concernées par l'aménagement de cinq villes nouvelles (Cergy, Evry, Marne-la-Vallée, Melun-Senart, Saint Quentin-en-Yvelines) 9794 salariés travaillant dans 1535 établissements ont été sondés. Sur 56% des salariés qui ont leur lieu de travail et leur lieu de résidence dans le même périmètre d'études, 32% habitent leur commune d'emploi et 24% une autre commune. D'autre part, pour les communes de résidence situées en dehors de la ville nouvelle d'emploi, 29% des salariés résident en grande banlieue, 11% en petite banlieue et enfin 4% à Paris.

5.118 Ericksen, J. A.
An analysis of the journey to work for women: *Social Problems*, 24 (1977) 4; pp. 428-434.
Utilisant les données de l'étude nationale sur le travail des femmes américaines, l'auteur démontre que le trajet pour se rendre au lieu de travail n'a pas la même signification pour les femmes que pour les hommes, les obligations ménagères et le statut familial exerçant une influence prééminente sur la durée du trajet. Mise en évidence des inégalités entre femmes blanches et femmes noires à cet égard.

5.119 Faure; Desplanques, G.; Backe.
Deux aspects de la vie quotidienne: l'habitat et le travail. – *Credoc*, 1974.

5.120 Flaus, J.
Lieux de travail et zones d'habitation dans le département de la Seine: *Journal de la Société de Statistique de Paris* (1953) 4; pp. 98-120.

5.121 Foley, D. L.
The daily movement of population into central business districts: *American Sociological Review*, 17 (oct. 1952); pp. 538-543.

5.122 Foley, D. L.
Urban daytime population: a field for demographic-ecological analysis: *Social Forces*, 32 (mai 1954); pp. 323-330.

5.123 Foley, D. L.; Breese, G.
The standardization of data showing daily population movement into central business districts: *Land Economics*, 27 (nov. 1951); pp. 348-353.

5.124   Gérard, R.
        Commuting and the labor market: *Journal of Regional Science*, 1 (1958);
        pp. 124-130.

5.125   Godard, X.; Orfeuil, S. P.
        Mobilité, usage de la voiture et structures urbaines. In: Colloque « Transports
        et société », Institut de recherches des transports, Paris, avril 1978.

5.126   Goldner, W.
        Spatial and locational aspects of metropolitan labor markets: *American Economic Review*, 45 (mars 1955); pp. 113-128.

5.127   Goldstein, S.; Mayer, K. B.
        Residential mobility, migration and commuting in Rhode Island. – Providence: Planning division of the Development Council of Rhode Island, 1963
        (Publication N° 7).

5.128   Goldstein, S.; Mayer, K. B.
        Migration and the journey to work: *Social Forces*, 42 (mai 1964); pp. 462-481.

5.129   Goldstein, S.; Mayer, K. B.
        Migration and social status differentials in the journey to work: *Rural Sociology*, 29 (sept. 1964); pp. 278-287.

5.130   Gozzi, B.
        I frontalieri della Liguria occidentale: analisi sociologica del fenomeno frontaliero nelle aree occidentali della Liguria. – Genova: Ed. del Lavoro, 1974.

5.131   Gros, B.
        Quatre heures de transport par jour. – Paris: Denoël, 1970.

5.132   Guest, A. M.
        Journey to work 1960-70: *Social Forces*, 54 (1975) 1; pp. 220-225. – Bibliogr.

5.133   Guest, A. M.
        Occupation and the journey to work: *Social Forces*, 55 (1976) 1; pp. 166-181.
        – Bibliogr.

5.134   Guignon, N.
        Les migrations alternantes en 1968 dans la Région parisienne: études et synthèses: *Aspects statistiques de la Région parisienne.*
        Chapitre 1: (1972) 7.
        Chapitre 2: Influence des structures socio-démographiques (1972) 10; pp. 3-45.
        Sont présentés ici, à l'aide de nombreux tableaux statistiques, les déplacements domicile-travail de la population active, ventilée selon les principaux critères socio-démographiques, sexe et âge, catégorie socio-professionnelle et catégorie d'activité économique.
        Chapitre 3: Paris et le reste de la région (1973) 7; pp. 3-48.
        Traite des déplacements domicile-travail entre Paris, centre d'attraction régional et capitale et le reste de la région. Plus particulièrement, il présente la situation de l'emploi à Paris, les migrations alternantes de Paris vers l'extérieur et celles de l'extérieur vers Paris.

5.135   Haumont, A.
        La mobilité des citadins. – Paris: Institut de sociologie urbaine, 1977 (Ronéo).

5.136   Haumont, A.
         La mobilité et les modes de vie des citadins. In: Colloque « Transports et socié-
         té », Institut de recherches des transports, Paris, avril 1978.
         L'auteur tente de dépasser le cadre conceptuel fonctionnaliste servant fréquemment au traite-
         ment des informations sur les déplacements de personnes dans les agglomérations urbaines, et
         choisit d'étudier la mobilité à l'intérieur du mode de vie, à partir du discours des usagers.

5.137   Héraud, J.-A.; Mougeot, M.
         La détermination des bassins d'emploi en Alsace: une analyse des migrations
         alternantes. – Strasbourg: Université Louis Pasteur 1975. – Pag. mult.

5.138   Hermet, A.
         Contribution statistique à l'étude des migrations alternantes et des communes-
         dortoirs dans la zone d'influence de Toulouse: *Revue de l'Economie régionale
         Midi-Pyrénées* (nov. 1958) 6; pp. 59-90.

5.139   Howe, R. T.
         A theoretical prediction of work-trip patterns: *Highway Research Board Bul-
         letin* (1960) 253; pp. 155-165.

5.140   Humphrys, G.
         The journey to work in industrial South Wales: *Transactions of the Institute
         of British Geographers*, 40 (juin 1965); pp. 85-96.

5.141   Institut d'aménagement et d'urbanisme de la Région parisienne (IAURP).
         Analyse des migrations alternantes: 2ᵉ rapport 1962. – 1966.

5.142   Institut d'aménagement et d'urbanisme de la Région parisienne (IAURP).
         Analyse de l'enquête pilote sur les déplacements des personnes en région pari-
         sienne. – 1967.

5.143   Institut national de la statistique et des études économiques (Franche-Comté).
         Les travailleurs frontaliers: qui sont-ils?: *Reflets* (mai 1977) 4.

5.144   Institut national de la statistique et des études économiques.
         Les migrations quotidiennes domicile-lieu de travail dans la région Rhône-
         Alpes: *Points d'Appui* (1974) 5-8.

5.145   Ipsen, G.
         Wohnwünsche der Pendler: *Informationen*, Institut für Raumforschung, Bad
         Godesberg, 7 (1957) 9.

5.146   Jahnke, F.
         Pendlerwanderung und Standortpolitik: *Raumforschung und Raumordnung*
         (1972); pp. 59-66.

5.147   Kästner, F.
         Zeitaufwand für den täglichen Arbeitsweg: *Allgemeines Statistisches Archiv*,
         34 (1950).

5.148   Kain, J. F.
         The journey to work as a determinant of residential location. – Santa Monica:
         California real estate research programm, 1961.

5.149   Kain, J. F.
         A contribution to the urban transportation debate: an econometric model of

urban residential and travel behavior: *Review of Economics and Statistics*, 46 (fev. 1964); pp. 55-64.

5.150 Kain, J. F.
Urban travel behavior. In: Schnore, L.F.; Fagin, H.: Urban research and policy planning. – Beverly Hills: Sage publ., 1967. – pp. 161-192.

5.151 Kant, E.
Suburbanization, urban sprawl and commutation: examples from Sweden. In: Hannerberg et al.: Migration in Sweden. – Lund: E.W.K. Gleerup, 1957. – pp. 244-309.

5.152 Kessler, S.
D'un coin à l'autre: les frontaliers en Europe. – Paris: La Pensée universelle, 1974.

5.153 König, R.
Banlieues, déplacements journaliers. In: Friedmann, G.: Villes et campagnes. – Paris, 1953.

5.154 Krieger, K.
Pendelwanderer. Das Für und Wider eines vieldiskutierten Problems: *Mensch und Arbeit*, 2 (1950) 11; pp. 252-253.

5.155 Kutter, E.
Mobilität als Determinante städtischer Lebensqualität: Situationsanalyse: *Schriftenreihe der DVWG*, Köln (1975) B 24.

5.156 Kutza, H.; Fuchs, R.; Haberer, K.
Die Mobilität der Einwohner in Städten der DDR: *Die Strasse*, 11 (1971) 2.

5.157 Lackinger, O.
Strukturuntersuchung der Pendler nach Linz: *Statistisches Jahrbuch der Stadt Linz* (1955); pp. 71-83.

5.158 Lansing, J. B.; Hendricks, G.
How people perceive the cost of the journey to work: *Highway Research Record* (1967) 197; pp. 44-55.

5.159 Lapin, H. S.
Structuring the journey to work. – Philadelphie: University of Pennsylvania Press, 1964.

5.160 Lehr, A.-M.
Der Gestaltwandel der Stadt als Ursache und Folge der Verkehrsentwicklung. – Tübingen: Druck H. Laupp, 1961 (Diss. Phil.).

5.161 Le Vert, P.
L'étalement des activités travail, transports, loisirs. In: Management. – Paris: Fayard, 1972.
Etude de l'influence d'une répartition plus souple entre temps de travail et temps de loisir sur les conditions de vie des travailleurs en France en 1974: durée du travail, étalement des congés, vacances, week-end, migration journalière et problèmes de transport, étalement des horaires de travail quotidiens, nécessité d'accroître le sentiment d'autonomie dans le travail.

5.162 Lidauer, R.
Die Grenzgänger entlang der salzburgischen-bayerischen Grenze: *Mitteilun-*

gen der Österreichischen Geographischen Gesellschaft, 107 (1965); pp. 145-153.

5.163 Liepmann, K.
The journey to work. – London: Kegan and Co., 1944.

5.164 Löwenstein, L. K.
Commuting and the cost of housing in Philadelphia: *Traffic Quarterly*, 17 (april 1963); pp. 302-319.

5.165 Löwenstein, L. K.
The location of residences and work places in urban areas. – New York: Scarecrow Press, 1965.

5.166 Magnan, R.
Equipements et déplacements urbains. – Paris: Centre de recherche d'urbanisme, 1969.

5.167 Maier, J.
Zur Geographie verkehrsräumlicher Aktivitäten: *Münchner Studien zur Sozial- und Wirtschaftsgeographie*, 17 (1976).

5.168 Müsburger, P.
Die Vorarlberger Grenzgänger. – Innsbruck: Universität, 1969 (Veröffentlichungen der Universität Innsbruck, 7).

5.169 Menzler, F. A. A.
An estimate of the daytime population of London: *Journal of town Planning Institute*, 38 (1952); pp. 116-120.

5.170 Michel, M.
Situation et évolution récentes dans l'agglomération de Dreux: *Etudes de la Région parisienne*, 47 (1973) 38; pp. 1-16.
De 1962 à 1968, l'intensification rapide des migrations quotidiennes de travail dans l'agglomération de Dreux (Eure-et-Loir) s'accompagne de transformations de leur structure. Les sorties des travailleurs augmentent. Les échanges internes et les échanges entre Dreux et la Région parisienne se renforcent. Ceci traduit la discordance entre la croissance de la population active résidente et celle des emplois et la dépendance accrue de l'agglomération de Dreux par rapport à l'extérieur.

5.171 Micoud, A.; Nizey, J.
Nouvelles fonctions résidentielles de l'espace rural: travailler en ville et habiter à la campagne. – Saint-Etienne: *Cresal*, nov. 1977.

5.172 Nellner, W.
Die Pendelwanderung in der BRD: ihre statistische Erfassung und kartographische Darstellung: *Berichte zur Deutschen Landeskunde*, 17 (1956) 2; pp. 229-253.
Illustration cartographique des mouvements pendulaires. L'auteur distingue cinq groupes de pendulaires:
1) personnes qui aimeraient habiter près de leur lieu de travail mais en sont empêchées en raison de la pénurie de logements;
2) personnes qui maintiennent leur domicile à la campagne malgré les distances et en raison de l'amélioration des voies de communication;
3) personnes ayant abandonné leur ancien domicile trop éloigné pour s'installer à proximité de meilleures voies de communication;

4) personnes qui habitaient anciennement près de leur lieu de travail, mais ayant par la suite élu domicile à la campagne en raison d'une meilleure qualité de la vie;

5) personnes en formation (écoliers, étudiants).

5.173 Palotas, Z.

Die Tagesbevölkerung der Siedlungen: *Raumforschung und Raumordnung*, 28 (1970) 4; pp. 149-157.

5.174 Pirath, C.

Das Raumzeitsystem der Siedlungen. – Stuttgart: K. Wittwer, 1947.

5.175 Reding, K.

Die Bedeutung der Pendler für die Möglichkeiten der Schwerpunktbildung im Rahmen der Regionalpolitik: *Informationen zur Raumentwicklung* (1974) 5.

5.176 Reede, L. G.

Social differentials in needs of travel, time and cost in the journey to work: *American Sociological Review*, 21 (feb. 1956); pp. 56-63.

5.177 Regazzola, Th.; Desgoutte, J.-P.

Chroniques de la pendularité. In: Colloque « Transports et société », Institut de recherches des transports, Paris, avril 1978.

5.178 Reiss, A. J. Jr.

Research problems in metropolitan population redistribution: *American Sociological Review*, 21 (1956); pp. 571-577.

L'auteur tente de définir les fonctions différentes auxquelles répondent les deux mouvements, centripète et centrifuge, de la circulation entre le centre urbain et les quartiers périphériques et suburbains. Si le mouvement centripète est assez bien connu dans ses déterminations, parce qu'il est lié à des activités secondaires, tertiaires ou quaternaires, l'explication du mouvement centrifuge renvoie à des motivations individuelles complexes sur lesquelles on possède peu de données.

5.179 Rosé, M.

Les migrations alternantes des salariés étrangers en Région parisienne: *Aspects statistiques de la Région parisienne* (1975) 4; pp. 1-31.

Etude statistique sur les déplacements entre lieu de résidence et lieu de travail de la population active étrangère en Région parisienne effectuée à partir de l'exploitation des déclarations annuelles des effectifs et salaires faites par les employeurs pour l'année 1972. En sont exclus les salariés des secteurs agricoles, écoles publiques, administration et personnel de maison. Dans l'ensemble, il résulte de cette étude que les étrangers résidant dans une zone donnée se déplacent moins que les Français résidant dans la même zone pour se rendre à leur travail.

5.180 Ruske, H.

Verkehrsverteilung unter besonderer Berücksichtigung der Raumstruktur: ein Beitrag zur Bestimmung der Widerstandsfunktion reisespezifischer Fahrten, am Beispiel der Berufspendler. – Aachen, 1975.

5.181 Sander, E.

Zu räumlichen Gemeinsamkeiten von Pendler- und Einkaufsverflechtungen. Dargestellt am Beispiel der Wirtschaftsregion Mittlerer Oberrhein-Südpfalz: *Raumforschung und Raumordnung* (1978); pp. 59-68.

5.182 Schaffer, F.

Räumliche Mobilitätsprozesse in Stadtgebieten. In: *Akademie für Raumforschung und Landesplanung*: Beiträge zur Frage der räumlichen Bevölkerungsbewegung. – Hannover, 1970. – pp. 55-76.

5.183   Sheldon, H. D.; Hörmann, S. A.
        Metropolitan structure and commutation: *Demography*, 2 (1965); pp. 186-193.
5.184   Schnore, L. F.
        The separation of home and work: a problem for human ecology: *Social Forces*, 32 (mai 1954); pp. 336-343.
5.185   Schnore, L. F.
        The journey to work in 1957. In: Bogue, D.: Applications of demography: the population situations in the United States in 1957. – Chicago: University of Chicago Press, 1957.
5.186   Schnore, L. F.
        Three sources of data on commuting: problems and possibilities: *Journal of the American Statistical Association*, 55 (mars 1960); pp. 8-22.
5.187   Schnore, L. F.
        The urban scene: human ecology and demography. – New York: Free Press, 1965.
5.188   Schöller, P.
        Die Pendelwanderung als geographisches Problem: *Berichte zur Deutschen Landeskunde*, 17 (1956) 2; pp. 254-265.
5.189   Senaux, M.
        Industries et migrations quotidiennes dans le département de l'Oise. – Paris: A. Colin, 1967.
5.190   Spiegel, E.
        Stadtstruktur, Verkehr und Gesellschaft: *Stadt und Verkehr,* 1973.
5.191   Staff of the Transportation Center Library, Northwestern Universitz.
        The journey to work: selected references 1960-1967. – Monticello: Council of planning librarians, 1968 (Exchange bibliography No 40).
5.192   Staubach, H.
        Pendelwanderung und Raumordnung. – Köln-Opladen, 1962.
5.193   Stevens, B.
        Linear programming and location rent: *Journal of Regional Science*, 3 (hiver 1961); pp. 15-20.
5.194   Stevens, B.; Coughlin, R. E.
        A note on inter-area linear programming for a metropolitan region: *Journal of Regional Science*, 1 (1959); pp. 75-83.
5.195   Taaffe, E. J.; Garner, B. J.
        The peripheral journey-to-work: a simulation approach: *Annals of the Association of American Geographers*, 51 (dec. 1961); pp. 423-424.
5.196   Taaffe, E. J. et al.
        The peripheral journey-to-work: a geographic consideration. – Evanston: Northwestern University Press, 1963.
5.197   Tarrit, M.
        Aix-en-Provence: étude des déplacements des habitants de l'agglomération aixoise en 1966. – Aix-en-Provence: CETE, sept. 1970.

5.198 Termote, M.
Economic implications of changing urban residence patterns and commuting. In: Mutations économiques et démographiques: perspectives pour les années 1980. – Congrès d'Helsinki, 1978.

5.199 Thibault, A.
Mobilité des hommes et organisations spatiales. L'exemple de la Picardie: *L'Espace géographique*, 3 (1974) 1; pp. 57-67.
Analyse de la mobilité spatiale (migrations journalières et migrations définitives) dans 11 aires urbaines de la Picardie à partir de la notion de système à 3 éléments: noyau, espace entraîné, couronne rurale. Mise en évidence d'une nouvelle organisation spatiale en train de s'élaborer dont l'aboutissement serait une nouvelle conception du pays, espace de vie quotidienne remplaçant l'opposition ville-campagne.

5.200 Thompson, J.
The journey to work: some sociological implications: *Town and Country Planning*, 18 (nov. 1950); pp. 441-446.

5.201 Theys, J.
Les frontaliers de la Flandre occidentale dans le nord de la France: *Revue du Travail* (1964) annexe.

5.202 Thost, G.
Die Pendelwanderung in Deutschland als geographisches Problem. – München: Universität, 1951 (Diss.).

5.203 Les travailleurs frontaliers dans le nord de la France: *Profils de l'Economie Nord-Pas-de-Calais* (mai 1974) 5; pp. 3-15.
Analyse des migrations journalières de travailleurs frontaliers entre la France et la Belgique dans les années 1970: régression de la migration vers la France et augmentation de la migration vers la Belgique. Secteur d'activité économique des migrants. Rôle des salaires et de la politique de développement régional et de création d'emploi poursuivie en Belgique.

5.204 Vance, J. E.
Labor-shed employment field and dynamics analysis in urban geography: *Economic Geography*, 36 (juil. 1960); pp. 189-220.

5.205 Veiter, T.
Die Grenzgänger in der österreichischen Rechtspolitik. Rechtsgutachten erstattet für den Grenzgänger – Rechtschutzverband in Bregenz. – Wien, 1961.

5.206 Wackermann, G.
Les conséquences sociales des migrations frontalières de travail dans le nord-est de la France: *Revue des Sciences sociales de la France de l'Est* (1975) 4; pp. 207-222.
A partir d'enquêtes menées dans l'espace rhénan depuis 1957 auprès de travailleurs migrants et de leurs familles, l'auteur analyse successivement l'importance de l'attraction des pôles urbains étrangers sur les demandes d'emploi, les modifications du pouvoir d'achat et des modes d'utilisation des revenus, puis les transformations mentales résultant des migrations frontalières.

5.207 Weigand, K.
Rüsselsheim und die Funktion der Stadt im Rhein-Main-Gebiet: *Rhein.-Main. Forschungen* (1956) 44.
L'auteur étudie, entre autres, la question des transports et de l'investissement en temps et énergie nécessités par les déplacements quotidiens des pendulaires. Il propose d'inclure les 79 % de tous

les pendulaires (parcourant une distance de 45 min. jusqu'à Rüsselsheim) dans les migrants professionnels habituels.

5.208 Westergard, J.
The journey to work in the London region: *Town Planning Review*, 28 (avril 1957); pp. 37-62.

5.209 Wheeler, J. O.
Occupational status and work-trips: a minimum distance approach: *Social Forces*, 45 (juin 1967); pp. 508-515.

5.210 Wiegand, J.
Zur Planung gemischter Gebiete als Beitrag zur Zuordnung von Wohn- und Arbeitsstätten. – München: Technische Hochschule, 1972 (Diss.).

5.211 Yu, E.-Y.
Correlates of commutation between central cities and rings of Standard metropolitan statistical areas: *Social Forces*, 51 (sept. 1972); pp. 74-86.
Application des techniques de régression multiple et de corrélation à la mise en évidence des variables démographiques, socio-économiques et industrielles affectant le taux de migration alternante dans 95 SMSAS.

13.6 MOBILITÉ RÉSIDENTIELLE

Suisse

6.1   Eigenmann, U.; Frey, E.; Lussi, A.; Ryser, H.
       Bevölkerungsprobleme der Stadt Luzern – Analyse der Wanderungsmotive
       auf Grund einer Untersuchung der Einwohnerkontrolle im Jahre 1977. –
       Luzern: Höhere Wirtschafts- und Verwaltungsschule (HWV), 1978 (Seme-
       sterarbeit im Rahmen Volkswirtschaftslehre).
6.2   Iblher, G.
       Wohnwertgefälle als Ursache kleinräumiger Wanderungen, untersucht am
       Beispiel der Stadt Zürich. – Göttingen, Vandenhoeck & Ruprecht, 1974.
6.3   Iblher, G.; Iblher, P.
       Ursachen und Folgen der Wohnwertverringerung in der Stadt Zürich. – Ham-
       burg, 1973 (Im Auftrage des Hochbauamtes der Stadt Zürich).
6.4   Iblher, P.; Jansen, G. D.
       Entwicklung der Stadt Zürich, Analysen, Trends, Programme; Bd 3. – Zürich:
       Entwicklungskoordination Stadt Zürich, 1972.
6.5   Maurer, J.
       Veränderung der Wohnbevölkerung und der Arbeitsplätze in der Stadt Zürich.
       – Zürich: O.-R.-L., 1972 (Gutachten, Bd I).
6.6   Othenin-Girard, F.
       Aspirations relatives à la mobilité résidentielle: *Actes* du 2e Congrès de la
       Société suisse de sociologie, Genève, 1974. – pp. 307-318.
6.7   Paychère, D. et al.
       Le délogement et la dégradation des conditions d'habitat. – Genève: Ecole
       d'architecture (EAUG), 1971.
6.8   Prognos AG.
       Bevölkerungsrückgang der Stadt Luzern. Gründe, Folgen, Steuerungsmöglich-
       keiten. Antworten auf eine Interpellation-Vorstudie. – Basel, 1979 (Im Auftra-
       ge der Stadt Luzern).
6.9   Roth, E.
       Interner Wohnungswechsel in einer Siedlung, seine Berechtigung und seine
       Voraussetzungen, dargelegt am Fall der Werkbundsiedlung Neubühl: *Werk*,
       41 (1954) 1.
6.10   Triner, H.
       Regionaler Wohnungsbedarf in der Schweiz. – Bern: Bundesamt für Woh-
       nungswesen, 1978.
6.11   Wey, M.; Schwendimann, Ch.; Mayer, A.; Grünefelder, R.
       Sozioökonomische Entwicklung und ihre Auswirkung auf die räumliche und
       die soziale Struktur, am Beispiel der Stadt Zürich. – Zürich: Universität, 1979
       (Vordiplomstudium).
6.12   Zander, G.-L.
       Steuerung von regionalen Wanderungen mittels Wohnort-Faktoren, unter

besonderer Berücksichtigung der Agglomeration Zürich. – Zürich: O.-R.-L., 1973 (Nachdiplomstudium, roneo).

Etranger

6.13 Alonso, W.
Location and land use. – Cambridge: Harvard University Press, 1964.

6.14 Baer, M. A.
Residential mobility: some political implications for new towns: *Western Political Quarterly*.

6.15 Boustedt, O.
Wanderungsmotive und innerstädtische Mobilitätsvorgänge: *Hamburg in Zahlen*, 9 (1970) 7.

6.16 Boyce, R. R.
Residential mobility and its implications for urban spatial change: *Ekistics*, 29 (1970) 171; pp. 131-134.

6.17 Butler, E. W.
Population redistribution and urban differenciation. In: Butler, E. W.: Urban sociology: a systematic approach. – New York: Harper & Row, 1976. – pp. 149-176. – Bibliogr.

6.18 Butler, E. W.; Sabagh, G.; Van Arsdol, M. D. Jr.
Demographic and social psychological factors in residential mobility: *Sociology and Social Research*, 48 (1964); pp. 139-154.

6.19 Butler, E. W.; Chapin, F.; Hemmens, G. C.; Kaiser, E. J.; Stegman, M. A.; Weiss, S. F.
Moving behavior and residential choice: a national survey. – Washington, D. C.: National Academy of sciences, 1969.

6.20 Butler, E. W.; Kaiser, E. J.
Prediction of residential movement and spatial allocation: *Urban Affairs Quarterly*, 6 (1971); pp. 477-494.

6.21 Butler, E. W.; McAllister, R. J.; Kaiser, E. J.
The effects of voluntary and unvoluntary residential mobility on females and males: *Journal of Marriage and the Family*, 35 (1973); pp. 219-227.

6.22 Cagle, L. T.; Deutscher, I.
Housing aspirations and housing achievement: the relocation of poor families: *Social Problems* (1970) 18; pp. 243-256.

6.23 Caplow, T.
Home ownership and location preferences in a Minneapolis sample: *American Sociological Review*, 13 (1948); pp. 725-730.

6.24 Clerc, P.
La mobilité des familles françaises: changements de logement et calendrier familial: *Population*, 29 (1974) spécial mars; pp. 89-106.
A partir d'une enquête sur une population de 2111 personnes, cette étude tente d'évaluer le nombre des déménagements et leurs causes (mariage, amélioration du logement, naissance ou motifs professionnels).

6.25   Cullingworth, J. B.
        Le logement et la mobilité de la main-d'œuvre. – Paris: OCDE, 1969.

6.26   Droettboom, T. Jr.; McAllister, R. J.; Kaiser, E. J.; Butler, E. W.
        Urban violence and residential mobility: *Journal of the American Institute of Planners*, 37 (1971) 5; pp. 319-325. – Bibliogr.
        Dans le cadre d'une étude relative à l'influence de la violence sur la mobilité résidentielle des citadins, détermination des déplacements suivant la race et le revenu en vue d'indiquer que la mobilité est plus forte chez les Blancs que chez les Noirs et que les groupes les plus affectés par la violence (Noirs pauvres) sont ceux-là même qui sont les moins aptes à se reloger ailleurs.

6.27   Duncan, O. D.; Duncan, B.
        Residential distribution and occupational stratification: *American Journal of Sociology*, 60 (mars 1955); pp. 493-503.

6.28   Foote, N. N. et al.
        Housing choices and housing constraints. – New York: McGraw-Hill, 1960.

6.29   Freyssenet, M.; Regazzola, T.; Retel, J.
        Ségrégation spatiale et déplacements sociaux dans l'agglomération parisienne de 1954 à 1968. – Paris: Centre de sociologie urbaine, 1971.
        Analyse des mouvements migratoires entre Paris, les divers quartiers de Paris et sa banlieue, des différentes catégories sociales (délimitées par l'INSEE), à partir des données des recensements de 1954, 1962 et 1968, et des conséquences de ces mouvements sur leur répartition spatiale, leur degré d'association ou bien de ségrégation l'une par rapport à l'autre dans l'agglomération. Etablissement d'une typologie des communes et quartiers de l'agglomération parisienne par l'utilisation du programme Typol, et caractérisation sociale des diverses unités géographiques.

6.30   Goldscheider, C.
        Differential residential mobility of the older population: *Journal of Gerontology*, 21 (1966); pp. 103-108.

6.31   Hartman, C. W.
        Housing and social policy. – Englewood Cliffs, N. J.: Prentice-Hall, 1975.

6.32   Herbert, D. T.
        The residential mobility process: some empirical observations: *Area*, 5 (1973); pp. 44-48.

6.33   Herbin, R.; Raibon, C.; Surot, M.
        Cheminement dans l'espace urbain. – Grenoble: Université des sciences sociales, 1975 (thèse de 3e cycle d'études urbaines).
        T. 1: Les incidences socio-pathologiques de l'organisation spatiale.
        T. 2: Le déménagement: élément de polypraxis urbaine.

6.34   Kasl, S. V.; Harberg, E.
        Perceptions of the neighborhood and the desire to move out: *Journal of the American Institute of Planners*, 38 (1972); pp. 318-324.

6.35   King, L. J.; Golledge, R. G.
        Movements and interactions within the city. In: King, L. G.; Golledge, R. G.: Cities, space and behavior: the elements of urban geography. – Englewood Cliffs, N. J.: Prentice-Hall, 1978. – pp. 299-332. – Bibliogr.

6.36   König, K.
        Zum Problem der Randwanderung in den Städten: eine Modellstudie am Beis-

piel der Stadt Augsburg. In: *Akademie für Raumforschung und Landesplanung*: Beiträge zur Frage der räumlichen Bevölkerungsbewegung. – Hannover,
1970. – pp. 99-113.

6.37   Lanco, P.; Maréchal, P.
        La mobilité des ménages en 1973 et son évolution en 10 ans: *Cahiers du
        GRECOH* (1976) 13; pp. 11-17.
        Présentation des principaux résultats d'une étude effectuée par le CREDOC: exploitation com-
        plémentaire des enquêtes-logement de l'INSEE, et d'abord de celle de 1973, afin de connaître les
        facteurs et conditions dans lesquelles s'effectue la mobilité résidentielle. Dans une seconde partie,
        étude de l'évolution structurelle de cette mobilité sur 10 années: 1963-1973.

6.38   Lansing, J. B.; Clifton, C. W.; Morgan, J. N.
        New homes and poor peoples: a study of chains of moves. – Ann Arbor,
        Mich.: Institute for social research, University, 1969.

6.39   Lenz-Romeiss, F.
        Die Stadt: Heimat oder Durchgangstation? – München, 1970.

6.40   Long, L. H.
        Women's labor force participation and the residential mobility of families:
        Social Forces, 52 (1974) 3; pp. 342-348. – Bibliogr.
        Les familles dans lesquelles la femme travaille sont plus enclines à changer de domicile dans un
        rayon assez proche et légèrement moins enclines à émigrer à grande distance que les familles
        dans lesquelles la femme ne travaille pas. L'auteur analyse les raisons de ce phénomène ainsi que
        ses conséquences. Il montre en conclusion que la migration des maris peut faire obstacle à la
        carrière des femmes et explique de ce fait pourquoi les femmes ont des gains moins élevés que les
        hommes à profession, âge et niveau d'éducation similaires.

6.41   Long, L. H.
        The influence of number and ages of children on residential mobility; *Demo-
        graphy*, 9 (1972); pp. 371-382.

6.42   McAllister, R. J.; Kaiser, E. J.; Butler, E. W.
        Residential mobility of blacks and whites: a national longitudinal survey:
        American Journal of Sociology, 77 (1971) 3; pp. 445-456. – Bibliogr.
        Vérification empirique des hypothèses attribuant aux Noirs une mobilité résidentielle plus impor-
        tante et plus limitée dans l'espace que les Blancs. Les réponses d'un échantillon national soutien-
        nent les hypothèses et expliquent les différences de comportement en termes de ségrégation et de
        statut socio-économique en montrant les différences de motifs de changement de résidence selon
        la race.

6.43   McAllister, R. J.; Butler, E. W.; Kaiser, E. J.
        The adaptation of women to residential mobility: *Journal of Marriage and the
        Family*, 35 (1973); pp. 197-204.

6.44   Micoud, A.; Hominal, J.; Ion, J.; Garnier, A.; Nizey, J.
        Le fonctionnement urbain de la mobilité résidentielle intra-urbaine, application
        à l'agglomération stéphanoise. – Saint-Etienne: *Cresal*, 1974. – 145.

6.45   Morris, E. W.
        Mobility, fertility and residential crowding: *Sociology and Social Research*, 61
        (1977) 3; pp. 363-379. – Bibliogr.
        Etude des liens entre deux réactions au manque d'espace dans le logement, la mobilité résiden-
        tielle et la limitation des naissances. Des analyses de régression portant sur un échantillon de
        familles d'un comté métropolitain de l'Etat de New York indiquent que devant la menace de sur-

peuplement du logement, la mobilité résidentielle est une réponse plus probable que la limitation des naissances.

6.46 Morris, E. W.; Winter, M.
Residential mobility. In: Morris, E. W.; Winter, M.: Housing, family and society. – New York: J. Wiley, 1978. – pp. 165-190.

6.47 Øjen, Ø.
A search for predictors of residential mobility: a follow-up study of contextual position: *Acta Sociologica*, 12 (1969); pp. 109-121.

6.48 Pickvance, C. G.
Life cycle, housing tenure and intraurban residential mobility: a causal model: *Sociological Review*, 21 (1973); pp. 279-297.

6.49 Pickvance, C. G.
Life cycle, housing tenure and residential mobility: a path analytic approach: *Urban Studies*, 11 (1974); pp. 171-188.

6.50 Robson, B. T.
Housing demand: residential mobility. In: Robson, B. T.: Urban social areas. – Oxford University Press, 1975. – pp. 29-40.

6.51 Rowe, A. R.
Residential mobility and powerlessness: a dimension of the american dream: *Sociologus*, 24 (1974) 2; pp. 176-184. – Bibliogr.
Les changements de domicile sont relativement fréquents dans la société américaine et sont considérés généralement comme un signe de réussite et de mobilité sociale ascendante. D'où l'hypothèse que l'absence ou la rareté de changements de domicile est liée, ou doit être liée, à un sentiment d'échec personnel, hypothèse qu'étudie l'auteur par l'étude empirique de deux communautés urbaines de Floride et d'une région rurale de l'Indiana.

6.52 Sabagh, G.; Van Arsdol, M. D. Jr.; Butler, E. W.
Some determinants of intrametropolitan residential mobility: conceptual considerations: *Social Forces*, 48 (1969); pp. 88-98.
Essai de structuration des décisions de migrer à l'aide des variables cycle de famille, mobilité sociale, aspirations de mobilité, participation et conditions de logement.

6.53 Saint Blancart, C.
Mobilité résidentielle et ségrégation sociale dans deux grands ensembles de la Région parisienne. – Paris: Université Paris IX, 1971. – Bibliogr.
Constitution et évolution de la population de deux grands ensembles de la Région parisienne. Comparaison entre les deux résidences. Emanent toutes deux d'une politique commune du logement, mais différences dues à la localisation et aux procédés de financement. Très grande mobilité des deux populations, conséquence d'une importante ségrégation sociale et raciale.

6.54 Speare, A. Jr.
Home ownership, life cycle stage, and residential mobility: *Demography*, 7 (1970); pp. 449-453.

6.55 Speare, A. Jr.
Residential satisfaction as an intervening variable in residential mobility: *Demography*, 11 (1974); pp. 173-188.

6.56 Täuber, K. E.
Duration of residence: analysis of internal migration in the United States: *The Milbank Memorial fund Quarterly*, 39 (1961) 1; pp. 116-131.

6.57   Täuber, K. E.; Alma, F.
White migration and socio-economic differences between cities and suburbs:
American Sociological Review, 29 (1964) 5; pp. 718-729.
Les auteurs se demandent si l'accroissement constaté des différences socio-économiques (mesu-
rées par le revenu, le niveau d'éducation, la répartition professionnelle) entre villes et banlieues
est imputable au double mouvement migratoire de personnes de statut élevé émigrant vers les
banlieues tandis que des individus de statut plus bas iraient s'installer dans les villes.
L'étude portant sur 12 grandes zones métropolitaines pour la période 1955-1960, et limitée à la
population blanche relève que, s'il est exact que les banlieues sont peuplées, en majorité, par des
citadins (et la plupart du temps par des citadins venus de la métropole de ces banlieues), en
revanche les migrants que reçoivent les villes ne viennent pas de banlieues, mais d'autres villes.
En règle générale, la migration interurbaine ne se fait pas de la banlieue à la ville, mais d'une ville
à une ville, ou d'une ville à une banlieue d'une autre ville. L'existence d'une différenciation socio-
économique entre une ville et sa banlieue n'est donc pas le résultat d'un échange réciproque de
populations entre les deux zones: elle requiert l'appel à un modèle de circulation plus complexe.
L'étude relève également que tous les courants de migration, interurbains ou urbains-suburbains,
sont composés d'individus ayant un statut plus élevé que le statut moyen des non-migrants, au
lieu d'origine comme au lieu de destination.

6.58   Uyeki, E. S.
Residential distribution and stratification, 1950-1960, Cleveland Data: *American Journal of Sociology*, 69 (1964) 5; pp. 491-498.

6.59   Van Arsdol, M. D. Jr.; Sabagh, G.; Butler, E. W.
Retrospective and subsequent metropolitan residential mobility: *Demography*,
5 (1968) 1; pp. 249-266.

6.60   Vant, A.
Mobilité résidentielle intra-urbaine et environnement social: *Centre de Recherches sur l'Environnement géographique et social* (1974) 2; pp. 2-22.
L'auteur critique la démarche analytique anglo-saxonne d'approche du phénomène de la mobilité intra-urbaine; d'après l'analyse de l'exemple stéphanois, il montre les difficultés d'une
approche partant des observations concrètes et énonce l'hypothèse selon laquelle la mobilité
intra-urbaine ne peut être comprise en soi mais seulement à travers l'étude du mode de production qui la détermine.

6.61   Voppel, G.
Die Bevölkerungs- und wirtschaftsgeographische Dynamik einer wachsenden
Grossstadt, am Beispiel des Raumes Hannover: *Bevölkerungs- und Sozialgeo-
graphie*, Bd 8 der Münchner Studien zur Sozial- und Wirtschaftsgeographie,
Kallmünz/Regensburg, 1972.

6.62   Ward, D.
The pre-urban cadaster and the urban pattern of Leeds: *Annals of the Association of American Geographers*, 52 (1962); pp. 150-166.

6.63   Watson, C. J.
Household movement in West Central Scotland: a study of housing chains
and filtering: *Occasional Paper*, Center for urban and regional studies, University of Birmingham, 26 (1973).

6.64   White, H. C.
Multipliers, vacancy chains and filtering in housing: *Journal of the American
Institute of Planners*, 37 (1971); pp. 88-94.

6.65   Zimmer, B. G.
Residential mobility and housing: *Land Economics*, 49 (1973); pp. 344-350.

13.7 MOBILITÉ DE LOISIR

Suisse

7.1   Ackermann, D.
       Tourisme rural: eine Chance für Landwirtschaftsgebiete. In: Jahresbericht,
       1969. – Bern: Forschungsinstitut für Fremdenverkehr der Universität, 1970.

7.2   Amstutz, M. D.
       Der passive Fremdenverkehr unter besonderer Berücksichtigung der Schweiz.
       – Bern: Stämpfli, 1955.

7.3   Annasohn, K.
       Versuch einer langfristigen Prognose der touristischen Frequenzen im schwei-
       zerischen Berggebiet. – Bern: H. Lang, 1975.

7.4   Arbeitsgemeinschaft Gesamtschweizerisches Personenverkehrsmodell.
       Analyse des Wochenendverkehrs. – Zürich, 1974 (Auftrag GVK-CH Nr. 42).

7.5   Association internationale d'experts scientifiques du tourisme (AIEST).
       Actes des Congrès, 1960-1978. – Berne: Gurten.

7.6   Bassand, M.
       Sociologie des loisirs et du tourisme. – Turin, 1967.

7.7   Bassand, M.
       Urbanisation et loisirs: *Society and Leisure*, 1 (1971); pp. 5-19.

7.8   Bassand, M.; Lalive d'Epinay, C.
       Loisir et mobilité spatiale: état des connaissances et problématique. – Genève:
       Département de sociologie de l'Université, 1974 (Mandat CGST N° 21).

7.9   Bassand, M.; Lalive d'Epinay, C.; Christe, E.; Grandmousin, C.
       Loisirs, vacances et mobilité spatiale: rapport final. – Genève: Département de
       sociologie de l'Université, 1976 (Mandat CGST N° 44).

7.10   Bassand, M.; Lalive d'Epinay, C.
       Loisir et automobile: *Route et trafic = Strasse und Verkehr* (mars 1978) 3;
       pp. 87-88.

7.11   Baumann, R.
       Der Jugendtourismus, seine Institutionen und Organisationen, unter besonde-
       rer Berücksichtigung schweizerischer Verhältnisse. – Winterthur: P. G. Keller,
       1964.

7.12   Berger, R.
       De la culture fixe à la culture mobile: *Communication et Langages* (1972) 16;
       pp. 69-86.
       Texte consacré au voyage de masse comme facteur culturel nouveau; une autre forme de média
       créant une communication essentielle.

7.13   Bernecker, P.
       Materielle und immaterielle Funktionen des Fremdenverkehrs. – Bern: For-
       schungsinstitut für Fremdenverkehr, 1955.

7.14   Bezzola, A.
       Probleme der Eignung und der Aufnahmekapazität touristischer Bergregionen
       der Schweiz. – Bern: P. Haupt, 1975.

7.15 Blattner, F.-K.
Formen und Probleme des studentischen Reisewesens. – Zürich, 1958 (Diss. Wirtschaftswiss.).

7.16 Bleher, R. H.
Le problème de l'étalement des vacances. – Neuchâtel: Université, 1962 (thèse).

7.17 Bornet, B.
Les rapports entre le tourisme et l'emploi sur l'exemple valaisan. – Sion: A. et E. Schmid, 1975.

7.18 Bridel, L.
Le tourisme de week-end: deux enquêtes régionales dans le canton de Vaud. – Lausanne: Office cantonal de l'urbanisme, section de l'aménagement régional, 1969.

7.19 Bridel, L.
Géographie du tourisme dans le canton de Vaud. – Lausanne: Office cantonal vaudois de l'urbanisme, 1970. – 2 vol.

7.20 Bridel, L.
Les loisirs de plein air dans le canton de Vaud. – Lausanne: Office cantonal de l'urbanisme, section de l'aménagement régional, 1970.

7.21 Bridel, L.
Le phénomène touristique et sa planification. – Lausanne: Université, 1976.

7.22 Bridel, L.
Une méthode d'évaluation des transformations de l'espace dues au tourisme. – Lausanne: Institut de géographie de l'Université, 1976.

7.23 Bridel, L.; Gonvers, J.-P.
Les résidences secondaires du canton de Vaud. – Lausanne: Office cantonal vaudois de l'urbanisme, 1968.

7.24 Christen, R.
Wandlungen im Fremdenverkehr, insbesondere der Schweiz, unter Einfluss des Autotourismus. – Bern: Gurtenverlag, 1960.

7.25 Conception globale des transports (CGST).
Enquête sur le trafic aux frontières. – Berne, 1973 (Document de travail N° 12).

7.26 Conception globale des transports (CGST).
Der Ferien- und Freizeitverkehr in der Schweiz. – Berne, 1977.

7.27 Denzler, H.
Die sozialökonomische Morphologie des Wintersport-Naherholungsverkehrs. – Zürich: Akademia Verlag, 1977.

7.28 Erne, F.
Entwicklung und Organisation des Walliser Fremdenverkehrs. – Bern, 1953 (Diss. Staatsw.).

7.29 Fédération suisse du tourisme.
Le tourisme suisse dans l'optique européenne: conférences... – Berne, 1960.

7.30   Fischer, F.
         Der Üetliberg als Erholungsgebiet: *Schweizer. Zeitschrift für Forstwesen*, 116
         (1965).

7.31   Fink, C.
         Soziologische und wirtschaftliche Aspekte des Massentourismus unter beson-
         derer Berücksichtigung schweizerischer Verhältnisse. – Bern: P. Haupt, 1970.

7.32   Göldens, H.
         Strukturwandlungen des schweizerischen Fremdenverkehrs 1890 bis 1935. –
         Zürich, 1939 (Diss.).

7.33   Grob, P.
         Reise und Aufenthalt im schweizerischen Fremdenverkehr. – Winterthur:
         P. G. Keller, 1956.
         La durée moyenne de séjour a tendance à diminuer depuis la guerre, au profit du voyage. En
         particulier, importance du trafic de week-end (Binnentourismus) sur de courtes distances. Fonc-
         tion importante du sport (ski, alpinisme, manifestations).

7.34   Der Gruppentourismus, der Massentourismus, der Jugendtourismus und
         Sozialtourismus in der Schweiz. – Bern: Schweizerischer Fremdenverkehrsver-
         band, 1973.

7.35   Hanhart, D.
         Arbeiter in der Freizeit: eine sozialpsychologische Untersuchung. – Bern:
         Huber Verlag, 1964.

7.36   Hunziker, W.
         Le tourisme social: caractère et problèmes. – Berne: Impr. fédérative, 1951.

7.37   Hunziker, W.
         Le tourisme social, tome I. – Genève: AIT, 1951.

7.38   Hunziker, W.
         Human relations in the tourist development aid: *Revue du Tourisme* (1961) 3.

7.39   Hunziker, W.
         Individual- und Sozialtourismus im westeuropäischen Raum: *Revue du Tou-
         risme*, 19 (1964) 1.

7.40   Hunziker, W.
         Lage und Entwicklungstendenzen des internationalen Fremdenverkehrs:
         Revue du Tourisme, 19 (1964) 4.

7.41   Hunziker, W.
         Vision générale des problèmes de croissance du marché touristique internatio-
         nal: *Revue du Tourisme*, 21 (1966) 1.

7.42   Hunziker, W.
         Le tourisme: caractéristiques principales. – Berne: Gurten, 1972.

7.43   Hunziker, W.
         Tendances évolutives et perspectives à long terme du tourisme international. –
         Berne, ca 1975.

7.44   Institut suisse d'opinion publique (ISOP).
         Les vacances des Suisses en 1968. – Lausanne.

7.45   Jacsman, J.
Erholung am Türlersee. – Zürich: O.-R.-L., 1969 (Arbeitsberichte Nr. 8).

7.46   Jacsman, J.
Zur Planung von stadtnahen Erholungswäldern. – Zürich: O.-R.-L., 1971 (Schriftenreihe Nr. 8).

7.47   Jacsman, J. et al.
Die Naherholungsgunst der Arbeitsmarktregionen der Schweiz. – Zürich: O.-R.-L., 1970.

7.48   Jacsman, J.; Schilter, R. Ch.
Erholung an der Thur. – Zürich: O.-R.-L., 1971 (Notiz Nr. 10).

7.49   Jacsman, J.; Schilter, R.; Dozsa, J.
Attraktivität der Zielregionen des Wochenendverkehrs für die Erholung im Sommer. – Zürich: O.-R.-L., 1974 (Auftrag GVK Nr. 37).

7.50   Jacsman, J.; Schilter, R. Ch.; Schubert, B.
Erholung am Pfannenstiel: ein Beitrag zur Erforschung der landschaftsorientierten Naherholung. – Zürich: O.-R.-L., 1979 (DISP Nr. 55).

7.51   Jacsman, J.; Schilter, R. Ch.
Erholung am Katzensee. – Zürich: O.-R.-L., 1979 (Studienunterlagen zur ORL-Planung Nr. 38).

7.52   Kaspar, C.
Strukturelle Veränderungen im schweizerischen Fremdenverkehr zufolge Wandlungen der Reisegewohnheiten: *Revue du Tourisme*, 20 (1965) 1.

7.53   Kaspar, C.
Der Ausflugsverkehr, seine Bedeutung und Problematik: *Revue du Tourisme*, 33 (1978) 3.

7.54   Kaspar, C.
Tourisme et agriculture de montagne: partenaire économique naturel dans les Alpes: l'exemple de la Suisse: *Revue du Tourisme*, 33 (1978) 1.

7.55   Keller, P.
Soziologische Probleme im modernen Tourismus: unter besonderer Berücksichtigung des offenen und geschlossenen Jugendtourismus. – Bern: H. Lang, 1973.

7.56   Kipfer, A.
Der Trend im schweizerischen Fremdenverkehr. – Bern, 1945 (Diss.).

7.57   Kommission für Entwicklungsfragen der Universität Zürich.
Tourismus in Entwicklungsländern. – Bern: Copy-Quick, 1976.

7.58   Krapf, K.
Von der Empirie zur Theorie des Fremdenverkehrs. – Bern: Forschungsinstitut für Fremdenverkehr and der Universität, 1952.

7.59   Krapf, K.
Les caractères généraux de la consommation touristique: *Revue du Tourisme*, 17 (1962) 2.

7.60 Krippendorf, J.
Der touristische Verkehrsmarkt der Schweiz: Durchführung und Auswertung einer Marktforschung. – Bern: Stämpfli, 1964.
Analyse des méthodes d'études de marché appliquées au domaine touristique. Les résultats portent plus particulièrement sur les moyens de transport utilisés.

7.61 Krippendorf, J.
Zukunftgerichtetes Denken im Fremdenverkehr. – Bern: Forschungsinstitut für Fremdenverkehr, 1965.

7.62 Krippendorf, J.
Die Regionalplanung im Dienste des Fremdenverkehrs. – Ilanz: Pro Surselva, 1968.

7.63 Krippendorf, J.
Le tourisme à la croissance zéro: *Revue du Tourisme*, 28 (1973) 2.

7.64 Krippendorf, J.
Tourismus und Raumplanung. – Bern: Schweizerischer Fremdenverkehrsverband, 1975.

7.65 Krippendorf, J.
Les dévoreurs de paysage: le tourisme doit-il détruire les sites qui le font vivre? – Lausanne: Ed. 24 Heures, 1977 (Trad. de: « Die Landschaftsfresser », par J. P. Bommer).

7.66 Krippendorf, J.
Tourismus und Privatverkehr: *SFV Bulletin* (1977) 3.

7.67 Krippendorf, J.; Annasohn, K.
Regionalisierung touristischer Nachfrageprognosen für das schweizerische Berggebiet. – Bern: Forschungsinstitut für Fremdenverkehr der Universität, 1976.

7.68 Laurent, J.
Contribution à l'étude du tourisme en forêt: *Schweiz. Zeitschrift für Forstwesen*, 118 (1967) 3.

7.69 Leugger, J.
Einige soziologische Aspekte des Fremdenverkehrs: *Revue du Tourisme*, 11 (1956) 4; pp. 145-151.

7.70 Leugger, J.
Weitere soziologische Aspekte des Fremdenverkehrs: *Revue du Tourisme*, 13 (1958) 1; pp. 9-16.

7.71 Leugger, J.
Fremdenverkehrspolitische Probleme in der Schweiz: *Revue du Tourisme*, 13 (1958) 4; pp. 188-193.

7.72 Leugger, J.
Soziologische Randbemerkungen zur zahlenmässigen Erfassung des Fremdenverkehrs: *Revue du Tourisme*, 15 (1960) 3; pp. 129-132.

7.73 Leugger, J.
Zur soziologischen Literatur über Freizeit und Tourismus: *Revue du Tourisme*, 17 (1962) 1; pp. 2-8.

7.74   Leugger, J.
        Verkehrs- und Fremdenverkehrssoziologie. In: Atteslander, P.; Girod, R.:
        Soziologische Arbeiten. – Bern, 1966. – pp. 157-183.

7.75   Leugger, J.
        Le tourisme et la population montagnarde en Suisse. In: *Commission nationale suisse de l'Unesco*: Exode rural et dépeuplement de la montagne en Suisse. – Fribourg: Ed. universitaires, 1968.

7.76   Liebl, K.
        Das Problem der touristischen Entwicklungshilfe, dargestellt am Beispiel der Schweiz. – Wien, 1966 (Diss. Handelswiss.).

7.77   Mouvement populaire des familles.
        Aisance et privations. – Lausanne, 1970.

7.78   North, Y.
        Soziologische Grundlagenstudie für spätere Richtlinien im Bereich Freizeit und Erholung. – Zürich: O.-R.-L., 1972.

7.79   Reiseverkehr der Schweizer im Ausland im Jahre 1976: *Die Volkswirtschaft* (Oct. 1977) 10.

7.80   Rickenbach, W.
        Familienferien im Ausland: Erkenntnisse, Bestrebungen und Einrichtungen, Stand 1954. – Zürich: Schweizerische Gemeinnützige Gesellschaft, 1954.

7.81   Roh, H.
        Le tourisme et l'industrie, facteurs de lutte contre l'exode des campagnes. In: *Commission nationale suisse de l'Unesco*: Exode rural et dépeuplement de la montagne en Suisse. – Fribourg: Ed. universitaires, 1968. – pp. 175-185.

7.82   Rossi, J.
        Les statistiques du tourisme international: méthodologie de rassemblement, de représentation, de traitement et de prévision des séries statistiques. – Genève: Giral, 1976.

7.83   Rothauer, H.
        Die Problematik der Ferienwohnsitze in Gemeinden des alpinen ländlichen Raumes. – Wien, 1975 (Diss. techn. Wiss.).

7.84   Rubi, F.
        Der Wintertourismus in der Schweiz: Entwicklung, Struktur und Volkswirtschaftliche Bedeutung. – Bern/Basel, 1953 (Diss. rer. pol.).

7.85   Schmidhauser, H.
        Raumbezogene Fremdenverkehrsforschung des Instituts für Fremdenverkehr und Verkehrswirtschaft an der Hochschule St. Gallen. – Hannover: Gebrüder Jänecke Verlag, 1972.

7.86   Schmidhauser, H.
        Der Wochenendausflugsverkehr in der Schweiz 1972/73: Ergebnisse einer Repräsentativumfrage. – St. Gallen: Institut für Fremdenverkehr und Verkehrswirtschaft, 1973 (Auftrag GVK Nr. 8).

7.87   Schmidhauser, H.
        Reisemarkt Schweiz 1972: so reisten die Schweizer 1972: Ergebnisse einer
        Repräsentativumfrage. – St. Gallen: Institut für Fremdenverkehr, 1973.

7.88   Schmidhauser, H.
        Reisemarkt Schweiz 1974: so reisten die Schweizer 1974: Ergebnisse einer
        Repräsentativumfrage. – St. Gallen: Institut für Fremdenverkehr, 1975.

7.89   Schmidhauser, H.
        Fallstudien über den Ausflugsverkehr am Ferienort. – St. Gallen: Institut für
        Fremdenverkehr und Verkehrswirtschaft, 1975. – 2 vol. (Auftrag GVK
        Nr. 61).

7.90   Schmidhauser, H.
        The Swiss travel market and its role within the main tourist generation coun-
        tries of Europe: papier présenté en novembre 1976 au « Tourism development
        day », Swiss Expo, Le Caire.

7.91   Schmidhauser, H.
        Reisemarkt Schweiz 1976/77: so reisten die Schweizer 1976. Ferienpläne für
        1977: Ergebnisse einer Repräsentativumfrage. – St. Gallen: Institut für Frem-
        denverkehr, 1977.

7.92   Schmidhauser, H.
        Reisemarkt Schweiz 1978/79: so reisten die Schweizer 1978. Ferienpläne für
        1979: Ergebnisse einer Repräsentativumfrage. – St. Gallen: Institut für Frem-
        denverkehr und Verkehrswirtschaft, 1979.

7.93   Schneider, R.-J.
        Die Möglichkeiten und Probleme einer regionalen touristischen Planung. –
        Bern: Stämpfli, 1968.

7.94   Schönenberger, R.-L.
        Kapazitätsgrenzen alpiner Skigebiete: eine Fremdenverkehrsgeographie-Stu-
        die. – Zürich, 1973 (Diss. phil. II).

7.95   Schweizerische Afrika-Gesellschaft.
        Massentourismus und afrikanische Gesellschaften – Bern: Verlag der Nationa-
        len schweizerischen Unesco-Kommission, 1976 (Nr. 1).

7.96   Schweizerische Stiftung für Landschaftsschutz und Landschaftspflege.
        Eine motorlose Freizeit. – Bern, 1976.

7.97   Suter, P.
        Fallstudien Wochenendverkehr. Auswertungen und Analysen von drei Erhe-
        bungen des Wochenendverkehrs in acht schweizerischen Städten. – Bern: Stab
        GVK-CH, 1974 (Unveröffentliches Manuskript).

7.98   Ufficio delle ricerche economiche (URE).
        Il problema del turismo. – Bellinzona, 1963.

7.99   Ufficio delle ricerche economiche (URE).
        La pratica dello sci, le vacanze invernali in montagna, le residenze secondarie:
        inchiesta fra la popolazione ticinese delle agglomerazioni urbane. – Bellinzona,
        1974 (Documenti economica di montagna No 4).

7.100 Wehrli, P. K.
Catalogue of the 134 most important observations during a long railway journey. – Zürich: Regenbogen Verlag, 1974.

7.101 Welti, H.
Der Sozialtourismus: die moderne Form der Freizeitgestaltung. – S.1., 1961.

7.102 Wullschleger, R.
Zur Geographie und Erholungsplanung des aargauischen Reusstales. – Zürich: Geographisches Institut der ETH, 1976 (Publikation Nr. 56).

7.103 Zünd, R.
Die Entwicklung des schweizerischen Fremdenverkehrs im allgemeinen wirtschaftlichen Wachstum. – Winterthur: H. Schellenberg, 1969.

Etranger

7.104 Agriculture et tourisme: CENECA, Paris (1971) N° spécial.

7.105 Alauro, O. d'.
Le correnti turistiche estere in Italia: *Economia internazionale*, 18 (1965) 3.

7.106 Alberro, A.
Les loisirs dans la région parisienne, le mode de transport joue un rôle déterminant: *International Marketing* (1970) 174.

7.107 Albrecht, I.
Die Wochenendverkehrsregion Hamburgs. Eine empirische Untersuchung über den Wochenendverkehr der Hamburger Bevölkerung. – Hamburg, 1967 (Diss).

7.108 Albrecht, I.
Untersuchungen zum Wochenenderholungsverkehr der Hamburger Bevölkerung: *Natur und Landschaft*, 43 (1968) 5.

7.109 Alkdskogius, H.
Recreational day trip patterns in urban regions. – Salzburg: IGU Working Group, 1973.

7.110 Anfré, J.; Rempp, J.-M.
Les vacances des Français: *Economie et Statistique* (juin 1978) 101.
53% des Français ont pris des vacances au cours de l'année 1977. Vacances d'été, vacances d'hiver. Combien de fois, combien de temps? Séjours fixes ou circuits? Bien que depuis dix ans la proportion de départs n'ait que faiblement évolué, certaines transformations apparaissent: progrès des vacances d'hiver, accroissement des résidences secondaires, légère baisse des vacances en famille.

7.111 Ballossier, R.
Approche sociologique de quelques problèmes touristiques: *Les Cahiers du Tourisme*, Série C (1967) 3.

7.112 Baretje, R.
Bibliographie touristique. – Aix-en-Provence: Centre d'études du tourisme, 1965 (Etudes et mémoires N° 5).

7.113 Baretje, R.
La demande touristique. – Aix-en-Provence: Faculté de Droit, 1968. – 2 vol. (thèse).

7.114 Baretje, R.; Defert, P.
Aspects économiques du tourisme. – Paris: Berger-Levrault, 1972.
Réflexions sur l'évolution du tourisme, entre la naissance des grandes migrations de vacances des années 1930 et les voyages de l'an 2000. Le tourisme, par son expansion, anime des couches d'un public de plus en plus large: promoteurs de voyages, d'hébergement et de distractions, responsables de l'action touristique à tous les échelons, chaînes hôtelières, groupement d'agences de voyages. Ces professions comportent des aspects touristiques qui leur sont propres, mais c'est surtout à la mesure de la fonction touristique que s'intéresse cet ouvrage. Il définit en particulier un certain nombre d'indices ou de ratios tels que le taux de la fonction touristique hôtelière ou le quotient touristique d'activités tertiaires.

7.115 Baretje, R.; Camuset, F.; Gay-Para, G.; Thurot, J. M.
Les effets du tourisme sur les valeurs socio-culturelles. – Aix-en-Provence: Centre des hautes études touristiques, 1976.

7.116 Baretje, R. et al.
Résidences secondaires/tourisme de week-end: essai bibliographique. – Aix-en-Provence: Centre des hautes études touristiques, 1977 (Essai N° 17).

7.117 Barucci, P.
Turismo: fine di un mito? = Tourism: The end of a myth? – Firenze: Centro studi turistici, 1975/76.

7.118 Bensmann, H.
Die Reise-Gesellschaft: Deutschlands Urlauber und die Tourismus-Industrie. – Düsseldorf: Droste Verlag, 1976.

7.119 Bernhauer, E.
Der Reiseverkehr der Deutschen im Inland 1952-1972. In: *Institut für Fremdenverkehrswirtschaft*: Veröffentlichungen, Reihe B. – Frankfurt a. M.: J.-W. Goethe Universität, 1962.

7.120 Bernhauer, E.
Wohlstandsexport durch Fremdenverkehr?: Betrachtungen zur Entwicklung des deutschen Ausreiseverkehrs: *Der Fremdenverkehr* (Feb. 1962) 2, Sonderdruck.

7.121 Bernhauer, E.
Was machen unsere Gäste im Urlaub?: *Der Fremdenverkehr* (1976) 12.

7.122 Bjoerkman, B.
Market studies in the field of international tourist traffic: *Revue du Tourisme*, 18 (1963) 4.

7.123 Bleile, G.
Der Einfluss der Konjunktur auf den Tourismus in der BRD: *Revue du Tourisme*, 31 (1976) 1.

7.124 Blücher, V. G.
Freizeit in der industriellen Gesellschaft, dargestellt an der jüngeren Generation. – Stuttgart: F. Enke, 1956.

7.125 Boyer, M.
Vue prospective sur le tourisme en France: *Revue de l'Action populaire* (sept./oct. 1961).

7.126   Boyer, M.

La formation touristique: approches humaines du problème: *Revue du Tourisme*, 19 (1964) 3.

7.127   Boyer, M.

Vacances pour tous, mythe ou réalité? *Revue de l'Action populaire* (sept./oct. 1965) 191.

7.128   Boyer, M.

Le tourisme. – Paris: Seuil, 1972. – Bibliogr.

Bilan géographique, économique, social, culturel, voire politique du tourisme. Illustré de nombreux documents statistiques, l'ouvrage analyse les formes de tourisme, les lieux, types et conditions de séjour, les motivations, l'influence de cette migration saisonnière sur l'économie nationale. Il met en lumière les insuffisances dues à un équipement parfois vieilli, des habitudes trop bien ancrées et des réputations parfois surfaites. Il propose de nouvelles voies à tracer pour développer le tourisme.

7.129   Brier, M.-A.

Les résidences secondaires. – Paris: Dunod-actualités, 1970.

7.130   Burkart, A. J.; Medlik, S.

Tourism: past, present and future. – London: Heinemann, 1974.

7.131   Butler, C. J. von.

Freizeitverhalten ausser Haus. In: *Bundesforschungsanstalt für Landeskunde und Raumordnung*: Informationen zur Raumentwicklung. – Bonn-Bad Godesberg, 1976.

7.132   Cazes, G.

Le tiers monde vu par les publicités touristiques: une image géographique mystifiante. – Aix-en-Provence: Centre des hautes études touristiques, 1976.

7.133   Centre d'études du tourisme, Aix-en-Provence.

Bibliographie touristique (publiée tous les deux ans environ). – Aix-en-Provence, 1964-1978 (Collection Etudes et Mémoires).

7.134   Chadefaud, M.

Méthode d'analyse d'un flux touristique au niveau local et régional: *Cahiers du Tourisme*, Série C (1971) 17.

Au point d'aboutissement de la migration touristique, les informations disponibles s'avèrent à la fois partielles, peu précises, voire décevantes. Entre toutes les méthodes partielles (indicateurs indirects et directs, enquêtes psychosociologiques), la contradiction n'existe certainement pas. Le problème consiste cependant à tenter de les rapprocher pour élaborer une sorte de baromètre de l'activité touristique dans une zone déterminée.

7.135   Chatelain, A.

Les migrations touristiques temporaires et les milieux ruraux: *Etudes rhodaniennes*, 27 (1952) 2.

7.136   Chatelain, A.

Résidences secondaires et migrations de détente autour de Paris, 1945-1965. – Paris: Ecole pratique des hautes études, 1966 (thèse de doctorat).

7.137   Cohen, E.

Toward a sociology of international tourism: *Social Research* (spring 1972); pp. 164-181.

7.138   Cohen, E.
Who is a tourist? a conceptual clarification: *Sociological Review* (1974).
Définition analytique du tourisme et du rôle du voyageur qui permet d'inclure la sociologie du
tourisme dans le champ plus large de la sociologie des migrations.

7.139   Comité d'orientation de la recherche touristique.
Définitions et classifications normalisées pour les enquêtes sur les voyages. –
Ottawa, 1975.

7.140   Commissariat général du Plan.
Temps et espaces de loisirs. In: Les transformations du mode de vie. Mobilité
et coûts de l'adaptation. Temps et espaces de loisir. Problèmes du 3ᵉ âge. –
Paris: A. Colin, 1970. – pp. 133-196.

7.141   Cornuau, C. et al.
Les loisirs. In: L'attraction de Paris sur sa banlieue. – Paris: Ed. ouvrières,
1967.

7.142   Cosgrave, I.; Jackson, R.
The geography of recreation and leisure. – London: Hutchinson University
Library, 1972.

7.143   Crampon, L. J.
International travel within the Americas: *Revue du Tourisme*, 19 (1964) 1.

7.144   Crampon, L. J.
An analysis of tourist markets. In: *Bureau of Business Research:* Tourist
development notes. – University of Colorado, 1964.

7.145   Crampon, L. J.
The gravitation model: a tool for travel market analyses: *Revue du Tourisme*,
20 (1965) 3.

7.146   Cribier, F.
La grande migration d'été des citadins en France. – Paris: CNRS, 1969 (thèse
d'Etat).

7.147   Cribier, F.
Résidences secondaires, migrations de week-end et séjours à la campagne de
citadins en France: résultats de quelques enquêtes récentes et vues prospecti-
ves: rapport au Comité d'expansion économique et sociale du département de
la Somme, 1967.

7.148   Cribier, F.
La géographie du tourisme en Amérique anglo-saxonne: *Annales de Géographie* (1971).

7.149   Defert, P.
Les Français en vacances: *Tendances* (1962) 19.

7.150   Demers, J.
L'analyse des systèmes et la planification du tourisme et des loisirs de plein air.
– Québec: Ministère du tourisme, 1977 (Rapport méthodologique Nᵒ 5).

7.151   Descardilles, P.
La grande marée des touristes 1975, 1980, 1990...: *Espaces* (1975) 15, 16, 17.

7.152 Desplanques, H.
Une nouvelle utilisation de l'espace rural en Italie: l'agritourisme: *Annales de Géographie*, 82 (1973) 450; pp. 151-164.
Examen des nouveaux rapports ville-campagne en Italie. Depuis 1951, l'espace agricole se rétré-cit et, comme dans tous les pays industriels, subit des transformations en contrepartie de l'exode rural: l'agriculture de subsistance est remplacée par l'agriculture de loisir. On assiste à la multi-plication des restaurants, des hôtels, des résidences secondaires, des fermettes, etc. L'agritouris-me est à la fois une nouvelle économie touristique et une nouvelle utilisation du sol agricole.

7.153 Deutsches wirtschaftswissenschaftliches Institut für Fremdenverkehr.
Familienreisen in Deutschland: nicht nur ein ökonomisches Problem. – München: Universität, 1972.

7.154 Divo-Institut.
Erhebungen über Tourismus: ein Bericht über Urlaub und Reisen der west-deutschen Bevölkerung 1954-1961. – Frankfurt a. Main, 1962.

7.155 Dufour, R.
Les mythes du week-end. – Aix-en-Provence/Marseille: Université, 1977 (thèse de doctorat).

7.156 Dumazedier, J.
Vers une civilisation du loisir? – Paris: Seuil, 1962.

7.157 Dumazedier, J.
L'homme et les loisirs en 1985. In: La civilisation des loisirs. – Verviers, Gérard, 1967.

7.158 Dumazedier, J.
Sociologie empirique du loisir. – Paris: Seuil, 1974.

7.159 Dumazedier, J.; Imbert, M.
Espace et loisir dans la société française d'hier et de demain. – Paris: Centre de recherches et d'urbanisme, 1968. – 2 vol.

7.160 Edwards, A.
International tourism development forecasts to 1985. – London: The Econo-mist Intelligence Unit Ltd, 1976.

7.161 Ente italiana per il turismo (ENIT).
Turisti stranieri in Italia: sondeggio di opinioni 1964. – Roma: Centro di docu-mentazione, 1965.

7.162 Enzenberger, H. M.
Eine Theorie des Tourismus: *Einzelheiten*, 1 (1962); pp. 147-168.

7.163 Farcy, H. de; Gunzbourg, P. de.
Tourisme et milieu rural. – Paris: Flammarion, 1967.

7.164 Ferrand-Bechmann, D.
L'anti-ville: les résidences secondaires. – Paris/Nanterre: Université, 1974 (thèse de 3e cycle).

7.165 Forster, J.
The sociological consequences of tourism: *International Journal of Compara-tive Sociology*, 5 (1964) 2; pp. 217-227.

7.166   Gallois-Hammono, G.
Des loisirs: analyse économique de la demande de loisir en France. – Paris:
Sedeis, 1972. – Bibliogr.
Le phénomène des loisirs et son aspect économique. Deux approches simultanées: une étude des
conditions d'obtention et d'utilisation des temps libres, le loisir-temps; une analyse psychosociale
des choix réalisés parmi les formes de loisir possibles, et l'investissement matériel correspondant,
de loisir-bien. Analyse économique de la demande, incidences sur le marché. Propositions pour
une prévision de la demande.

7.167   Gerbier, G.
Les migrations de la population de Noirmoutier: le tourisme: *Norois*, 19
(1972) 74; pp. 285-311.

7.168   Ginier, J.
Les touristes étrangers en France pendant l'été. – Paris: Ed. Génin, 1971.

7.169   Ginier, J.
Géographie touristique de la France: étude générale et régionale. – 2ᵉ éd. –
Paris: SEDES, 1974.

7.170   Gleichmann, P.
Zur Soziologie des Fremdenverkehrs. In: *Akademie für Raumforschung und
Landesplanung*: Wissenschaftliche Aspekte des Fremdenverkehrs. Bd 1. –
Hannover: Studienkreis für Tourismus, 1969.

7.171   Göldener, C. R.; Dicke, K.; Sletta, Y.
Travel trends in the United States and Canada. – Boulder, Colorado, 1975.

7.172   Gonnet, P.
Simples observations sur l'histoire des migrations touristiques. In: Annales de
démographie historique 1971. – Paris: Mouton, 1972. – pp. 43-56.
Présentation des outils d'analyse et des hypothèses sociologiques pour une étude historique des
migrations touristiques. L'auteur fait débuter les migrations touristiques à la période 1730-1761
et montre le rapport entre comportement collectif et urbanisation de l'Europe occidentale.

7.173   Guerrand, R. H.
La conquête des vacances. – Paris: Ed. ouvrières, 1963.

7.174   Hamelet, J.-C.
Loisirs, tourisme et coopération. – Paris, 1971 (thèse de sciences économiques).

7.175   Hartmann, K. D.
Auslandreisen: Dienen Urlaubsreisen der Völkerverständigung? – Starnberg:
Studienkreis für Tourismus, 1974.

7.176   Haulot, A.
Aspects sociologiques du tourisme: *Revue du Tourisme*, 25 (1970) 1.

7.177   Haulot, A.
Tourisme et environnement: la recherche d'un équilibre. – Verviers: Mara-
bout-Monde moderne, 1974.
L'auteur traite un sujet qui n'arrête pas de préoccuper notre monde. En effet, le tourisme a pris
une ampleur considérable. Il affecte de nombreux aspects de la vie et est devenu lui-même un élément puissant de dégradation et de pollution. Il montre, à l'aide d'exemples aussi typiques que
possible, et en s'appuyant sur un grand nombre de sources, les retombées positives du tourisme

sur les divers plans de l'économie, des finances publiques, du niveau de l'emploi, de la vie culturelle, de l'harmonie internationale et de l'environnement humain. Mais il constate aussi des retombées négatives de la même activité sur les mêmes secteurs de la vie et révèle les éléments de destruction et de pollution qui découlent d'une activité humaine en expansion souvent anarchique, en situant cette incidence par rapport aux grandes préoccupations actuelles en matière de pollution des sites, des mœurs, du sol, de l'air et de l'eau.

7.178   Haulot, A.
Contribution à l'étude d'un problème fondamental: existence et emploi de l'espace-loisir: *Revue du Tourisme*, 32 (1977) 3.

7.179   Höbermann, F.
Kritische Bibliographie der Bücher und Sammelbände zur Freizeitsoziologie. – Hamburg: Seminar für Sozialwissenschaften, 1971.

7.180   Hoffmann, H.
Der Ausflugs- und Wochenendausflugsverkehr in der BRD. In: *Deutsches wirtschaftswissenschaftliches Institut für Fremdenverkehr: Schriftenreihe*. – München: Universität, 1973.

7.181   Hourdin, G.
Une civilisation des loisirs. – Paris: Calmann-Lévy, 1961.

7.182   Hunt, J. D.
Image as a factor in tourism development: *Journal of Travel Research*, 13 (1975); pp. 1-7.

7.183   Janisova, H.
Leisure time and the recreation of city residents: *Society and Leisure*, 4 (1971).

7.184   Kalflotis, S.
Une théorie de l'évolution du tourisme: *Espaces* (1976/77) 25.

7.185   Knebel, H.-J.
Soziologische Strukturwandlungen im modernen Tourismus. – Stuttgart: F. Enke, 1960.

7.186   Koch, A.
Der Urlaubsreiseverkehr. In: *Deutsches wirtschaftswissenschaftliches Institut für Fremdenverkehr*: Jahrbuch. – München: Universität, 1959.

7.187   Koch, A.
Die touristische Nachfrage der europäischen Bevölkerung. In: *Deutsches wirtschaftswissenschaftliches Institut für Fremdenverkehr*: Jahrbuch. – München: Universität, 1969.
Dans certains pays d'Europe, le volume des vacances a déjà atteint son maximum. Mais en moyenne, on peut prévoir une augmentation de la demande de l'ordre de 50% jusqu'en 1980. L'intensité de vacances touristiques devrait alors atteindre son optimum, ce qui ne signifie pas une baisse touristique, mais une réorientation: fractionnement des vacances et/ou prolongement du temps de séjour.

7.188   Koch, A.; Hubrich, U.
Die innerdeutschen Fremdenströme. In: *Deutsches wirtschaftswissenschaftliches Institut für Fremdenverkehr:* Schriftenreihe. – München: Universität, 1958.

7.189 Kovacz, L.
L'influence de l'âge sur les différentes formes de tourisme: *Vue touristique* (1974) 3.

7.190 Kuers, L. M.; Hoffmann, W.
Durchleuchtung des Wochenendnaherholungsverkehrs der Bevölkerung der Freien und Hansestadt Hamburg: *Städtehygiene*, 14 (1963) 11; p. 203.

7.191 Labeau, G.
Quelques aspects de la consommation touristique: *Cahiers économiques*, 17 (1963).

7.192 Labeau, G.
La consommation touristique belge: son évolution passée et future: *Cahiers économiques* (1963) 18.

7.193 Laloup, J.
Le temps du loisir. – Paris: Casterman, 1962.

7.194 Lanfant, M.-F.
Les théories du loisir. – Paris: PUF, 1972.

7.195 Lanquar, A.
Le tourisme international. – Paris: PUF, 1977.

7.196 Leroux, P.
Les comportements de loisir des Français. Les vacances d'été en 1969. Données sur l'environnement de l'habitat en France: *Collections de l'INSEE*, 24 (1970) 2; Série M; p. 104.

7.197 Librova, E.
Loisirs en plein air et résidences secondaires: *Society and Leisure*, 4 (1971).

7.198 Löbe, H.
Wochenende und Naherholung: einige Untersuchungsergebnisse aus Naherholungsgebieten der Bezirke Leipzig und Potsdam: *Deutsche Gartenarchitektur*, 9 (1968) 4.

7.199 Lundgren, J. O. J.
The development of the tourist travel systems: a metropolitan economic hegemony par excellence?: *Revue du Tourisme*, 28 (1973) 1.

7.200 Lundgren, J. O. J.
On access to recreational lands in dynamic metropolitan hinterlands: *Revue du Tourisme*, 29 (1974) 4.

7.201 McEwen, D.
The European tourist markets. – London: Tourist planning and research, 1971.

7.202 Mace, H.
Les vacances passives. L'accès à la villégiature balnéaire: *Communications*, 10 (1967).

7.203 Marot, F.
Loisirs en milieu rural. – Paris: Ministère de l'équipement et du logement, 1971.

Le milieu urbain s'élargit hors des limites de la ville. Une logique urbaine va structurer dans les décennies à venir un milieu rural qui, jusqu'à présent, obéissait à une logique de production agricole ou forestière. Le milieu rural n'en sera pas moins rural, mais il le sera différemment. Le rapport consacré aux loisirs en milieu rural fait la synthèse des travaux d'un cycle d'études organisé sur ce thème par la Commission économique pour l'Europe des Nations Unies.

7.204 Mercer, C.

Why do people take holidays?: *New Society*, 37 (1976) 724; pp. 438-440.

7.205 Les méthodes de prévision du trafic: *World Travel/Tourisme mondial* (oct./nov. 1974) 121.

7.206 Ministère de la qualité de la vie, Paris.

Les vacances d'été des Français en 1980: *Tourisme* (1975) 4.

7.207 Motive, Meinungen, Verhaltenswesen: einige Ergebnisse und Probleme der psychologischen Tourismusforschung: Bericht über eine Tagung des Studienkreises für Tourismus von 21/23.1.1969 in Frankfurt. – Sternberg: Studienkreis für Tourismus, 1969.

7.208 Nettekoven, L.

Tourisme de masse des sociétés industrielles vers les pays du tiers monde: *Espaces* (1971) 5.

Le tourisme international a connu depuis la fin de la Deuxième Guerre mondiale une évolution dans le sens d'une démocratisation: les masses sont devenues mobiles, créant des pays de travail et des pays de vacances. Dans ce dernier cas, et s'agissant de pays en voie de développement, l'aide consiste uniquement dans le transfert d'une partie du bien-être des pays industriels vers les pays d'accueil, où leur rôle se limite à s'amuser le plus possible. Il faudrait cependant veiller à ce que la problématique purement économique de ce type d'aide au développement s'enrichisse de la dimension sociologique.

7.209 Österreichisches Institut für Wirtschaftsforschung.

Internationaler Reiseverkehr und Wirtschaftswachstum: Beschreibung, Analyse und Prognose der langfristigen Nächtigungsentwicklung für die wichtigsten Herkunfts- und Zielländer. – Wien, 1975.

7.210 Österreichisches Institut für Wirtschaftsforschung.

Reiseverkehr und Konjunktur: Beschreibung, Analyse und Prognose der kurzfristigen Entwicklung der touristischen Nachfrage. – Wien, 1977.

7.211 Organisation de coopération et de développement économique (OCDE).

Le tourisme dans les pays de l'OCDE. – Paris, 1969.

7.212 Organisation de coopération et de développement économique (OCDE).

Tourisme international et politique du tourisme dans les pays de l'OCDE. – Paris, 1973 et suiv.

7.213 Ossipow, P.-W.

Le rôle de l'automobile dans le tourisme: *Revue du Tourisme*, 18 (1963) 1, 2, 4.

7.214 Paye, B.

Un facteur de réanimation du milieu rural en Auvergne: les résidences secondaires. – Paris: ENA, 1970.

7.215 Pearce, D.

Demography variation in international travel: *Revue du Tourisme*, 33 (1978) 1.

7.216   Peroni, G.
Dimensione, struttura e dinamica del turismo nei paesi della CEE. – Rome: 1re conférence internationale sur « Le tourisme et la Communauté économique européenne (CEE) », 1974.

Données statistiques et graphiques tirées de toutes les sources officielles disponibles des pays d'origine et de destination des flux touristiques d'au moins quatre jours. Dimension, structure et caractéristiques du flux touristique produit et accueilli par les pays de la CEE.

7.217   Pfister, B.
Die Gestaltung von Reiseströmen und Reisesaison unter dem Einfluss der wirtschaftlichen Expansion: *Revue du Tourisme*, 20 (1965) 2.

7.218   Plavinet, P.
Résidences secondaires et migrations de détente autour de Paris d'après les recherches d'Abel Châtelain: *Etudes de la Région parisienne* (juil. 1967) 15.

7.219   Princova, S.
Tourism and recreation as object of geographic investigations: *Society and Leisure*, 7 (1975) 4; pp. 97-115. – Bibliogr.

Le développement du tourisme et des loisirs dans les pays industrialisés conduit l'auteur à s'interroger sur une nouvelle discipline: la géographie des loisirs qui s'est fixé pour objet de dégager les multiples aspects (économique, sociologique, écologique) des déplacements de population.

7.220   Redclift, M.
The effects of socio-economic changes in a spanish pueblo on community cohesion: *Sociologica Ruralis*, 13 (1973) 1; pp. 1-14. – Bibliogr.

L'auteur montre, sur l'exemple d'un village des Pyrénées espagnoles, que la désintégration des relations sociales traditionnelles des petites communautés et leur absorption par la structure sociale nationale est un effet des changements rapides dans l'organisation sociale et économique de la société paysanne. Il examine en particulier l'influence des migrations sectorielles et des touristes sur ces changements et analyse les relations entre les communautés rurales et les systèmes sociaux nationaux, essentiellement urbains.

7.221   Renoux, M.
La prévision de la demande touristique en Amérique du Nord: approche économique. – Aix-en-Provence/Marseille: Centre d'études du tourisme, 1971 (thèse).

Après avoir bien distingué les notions de demande touristique et de demande de récréation de plein air dans le contexte nord-américain, l'auteur passe successivement en revue tous les modèles de prévision de la demande relatifs, d'une part aux zones émettrices, d'autre part aux zones réceptrices, pour se prononcer sur une approche intégrée reposant sur la théorie des systèmes.

7.222   Renoux, M.
Les modèles de simulation appliqués au tourisme et aux loisirs de plein air et leur intégration dans un système décisionnel. – Québec: Ministère du tourisme, 1973 (Rapport méthodologique N° 3, vol. I).

7.223   Renoux, M.
La demande de loisirs en plein air au Québec de 1967 à 1980: Modèle d'analyse des variantes. – Québec: Ministère du tourisme, 1975.

7.224   Rödling, M.
Urlaub auf dem Bauernhof: eine psychologische Untersuchung der Einstellungen und Erwartungen. – Starnberg: Studienkreis für Tourismus, 1975. – 2 vol.

7.225 Rosenblatt, P. C.; Russel, M. G.
The social psychology of potential problems in family vacation travel: *The Family Coordinator*, 24 (1975) 2; pp. 209-215. – Bibliogr.
Etude exploratoire par questionnaire auprès de 64 couples ayant effectué leur voyage de vacances en auto. Analyse des tensions et des difficultés interpersonnelles rencontrées au cours du voyage suivant qu'il s'agissait de vacances en groupe ou seulement avec la famille nucléaire.

7.226 Rossi, J.
Les prévisions du trafic touristique mondial à travers l'étude des flux régionaux: *World Travel/Tourisme mondial* (1976).

7.227 Schemel, H.-J.
Erholung im Nahbereich städtischer Verdichtung. – Stuttgart: Kohlhammer, 1974.

7.228 Seebohm, H.-C.
Fremdenverkehr: ein sozialer Integrationsfaktor ersten Ranges: *Der Fremdenverkehr*, 13 (1961) 7.

7.229 Sessa, A.
Turismo e terzo mondo: teoria dello sviluppo economico-turistico. – Cagliari: Ed. Sarda Fossatare, 1972.

7.230 Sessa, A.
Elementi di sociologia e psichologia del turismo. Roma: C.L.I.T.T., 1974.

7.231 Sessa, A.
Une nouvelle approche théorique au marché touristique: *Revue du Tourisme*, 30 (1975) 2.

7.232 Siefer, G.; Vogt, W. R.
Untersuchung zum Wochenendverkehr der Hamburger Bevölkerung. Das Verhalten Hamburger Wochenendführer in ausgewählten Wochenenderholungsgebieten. – Hamburg, 1967.

7.233 Stansfield, C. A. Jr.
A note on the urban-nonurban imbalance in American recreational research: *Revue du Tourisme*, 19 (1964) 4 et 20 (1965) 1.

7.234 Studienkreis für Tourismus.
Einstellungsänderung durch internationale Begegnung: Sammelbericht von G. Winter. – Starnberg, 1974.

7.235 Studienkreis für Tourismus.
Erste Ergebnisse der Reiseanalyse 1975. – Starnberg, 1976.

7.236 Tempelman, G.-J.; Peppelenbosch, P.
Le tourisme international et les pays en voie de développement: *Cahiers d'Outre-Mer*, 27 (1974) 105; pp. 77-87.
Examen des causes et de l'ampleur des flux touristiques vers les pays du tiers monde depuis les années 1960 et analyse des conséquences économiques, sociales et politiques sur ces pays.

7.237 Tideman, M. C.
Outdoor-recreation and economy. – The Hague: Stichting Recreatie, 1975.

7.238 Todt, H.
Über die räumliche Ordnung von Reisezielen. In: *Institut für Fremdenver-*

kehrswissenschaft: Beiträge zur Fremdenverkehrsforschung. – Frankfurt a. Main: J.-W. Goethe-Universität, 1965.

7.239   Le tourisme dans le monde: aménagement pour les loisirs: *Cahiers scientifiques* (1974) 5, 6, 7.

7.240   Tourisme et croissance urbaine. Les articulations entre l'unité touristique de La Grande-Motte et son espace urbain: *Economie méridionale*, 24 (1976) 96; pp. 1-28. – Bibliogr.

7.241   Tourisme et croissance urbaine. – Montpellier: Centre régional de la productivité et des études économiques, 1976.
        Etude effectuée à partir de l'unité touristique de La Grande-Motte (Languedoc-Roussillon), l'espace urbain étant représenté par les villes de Montpellier et de Nîmes. Sont successivement étudiés: la problématique des relations entre espace urbain et espace touristique; l'emprise patrimoniale de l'espace urbain; le réseau des flux entre villes et espace touristique; le rôle de l'espace touristique dans la croissance des villes.

7.242   Travel Research Association.
        The contribution of travel research in a year of crisis. – Salt Lake City: Fifth annual conference, 1975.

7.243   Trends in travel by West Europeans to destinations outside Europe. – London: Tourism planning and research, 1974.

7.244   Union internationale des organismes officiels de tourisme (UIOOT).
        Etude pilote sur les prévisions à long terme. – Genève: UIOOT, 1973.

7.245   Union internationale des organismes officiels de tourisme (UIOOT).
        Statistiques: destinations les plus fréquentées par les résidents de 30 pays membres, 1972-1974: *Bulletin technique* (août 1975).

7.246   Union internationale des organismes officiels de tourisme (UIOOT).
        Départs en voyage des résidents des pays membres, 1971-1974: *Bulletin technique* (1975), supplément mai.

7.247   Vergniol, G.
        Mythes et réalités économiques du tourisme international dans les pays pauvres: *Revue du Tourisme*, 32 (1977) 1.

7.248   Wagner, F. A.
        Die Urlaubswelt von morgen. – Düsseldorf: E. Diederichs, 1970.

7.249   Weiner, B.
        Cycle d'études européennes sur les loisirs des travailleurs. – New York: ONU, 1968 (SOA/ESDP/1974/4).

7.250   Wolfe, R. I.
        Perspective on outdoor recreation: a bibliographical survey: *Geographical Review*, 54 (1964) 2; pp. 203-238.

7.251   Wolfe, R. I.
        Recreational travel: the new migration: *Canadian Geographer*, 10 (1966) 1; pp. 1-14.

13.8 POLITIQUES PUBLIQUES ET MOBILITÉ SPATIALE

Suisse

8.1   Bassand, M.; Durussel, J.; Fragnière, J.-P.; Martin, S.; Urio, P.
        Politiques publiques d'organisation de l'espace. – Lausanne: Communauté
        d'études pour l'aménagement du territoire (CEAT), 1978 (Rapport intermé-
        diaire de recherche N° 1).
8.2   Capitalisme suisse et travailleurs étrangers. – Lausanne: Cedips, 1970.
8.3   Conseil fédéral, Berne.
        Message du Conseil fédéral à l'Assemblée fédérale à l'appui d'un projet de loi
        sur l'amélioration de l'agriculture et le maintien de la paysannerie: *Feuille fédé-
        rale*, 1 (1951) 5; pp. 141-418.
8.4   Conseil fédéral, Berne.
        Deuxième rapport du Conseil fédéral sur l'agriculture suisse et la politique
        agricole de la Confédération: *Feuille fédérale*, 1 (1959); p. 128.
8.5   Conseil fédéral, Berne.
        Cinquième rapport du Conseil fédéral sur l'agriculture suisse et la politique
        agricole de la Confédération: *Feuille fédérale*, 1 (1977) 5; pp. 252-529.
8.6   Conseil fédéral, Berne.
        Répartition des tâches entre la Confédération et les Cantons; Principes de
        l'état actuel. – Berne: Département fédéral de Justice et Police, 1977.
8.7   Conception globale suisse des transports (CGST).
        Rapport final. – Berne, 1977.
8.8   Dörig, H.-U.
        Der staatliche Einfluss auf die regionale Verteilung von Bevölkerung und
        Wirtschaft, unter besonderer Berücksichtigung der zentral- und gliedstaatli-
        chen Industriestrukturpolitik im Kanton St. Gallen. – Zürich: G. P. Keller,
        1968.
8.9   Kaspar, C.
        Evolution de la politique suisse des transports dans les domaines: transports
        publics ferroviaires et routiers, navigation aérienne et navigation intérieure
        depuis 1940. – Berne: Commission fédérale de la CGST, 1976. – pp. 27-31
        (Rapport d'études et de recherches CGST 1975, Document de travail N° 14B).
8.10   Maillat, D.
        La LIM et les régions de la chaîne du Jura: *La Région,* OFIAMT Berne,
        (1979) 2; pp. 21-29.
8.11   Meylan, J.; Maillard, P.; Schenk, M.
        Aux urnes, citoyens: 75 ans de votations fédérales en Suisse par l'affiche. –
        Prilly-Lausanne: Ed. Eiselé, 1977.
8.12   Meynaud, J.
        Les organisations professionnelles en Suisse. – Lausanne: Payot, 1963. –
        pp. 65-121.

8.13   Moor, P.; Morand, C. A.
        Les aspects juridiques de l'intervention de l'Etat dans la vie économique en
        système capitaliste. – Genève et Lausanne: Université, 1975.

8.14   Mühlemann, F.
        Les tâches de la politique régionale de développement et d'aménagement struc-
        turel en période de récession: *La Vie économique* (1976) 2.

8.15   Mühlemann, F.
        Wie stellt sich der Bund zu den Mobilitätsproblemen?: *Wirtschaft und Recht*,
        31 (1979) 1; pp. 57-65.

8.16   Politique conjoncturelle globale et politique structurelle régionale: *Bulletin
        d'Information du Délégué aux Questions conjoncturelles*, Berne (1976) 1.

8.17   Rohr, J.
        La Suisse contemporaine. – Paris: A. Colin, 1972.

8.18   Rossi, A.
        Développement urbain et politique urbaine: l'expérience des années soixante. –
        Zürich: O.-R.-L., 1978 (Arbeitspapier Nr. 13).

8.19   Rossi, A.; Tami, P.
        Développement urbain en Suisse et politique urbaine de la Confédération. –
        Zürich: O.-R.-L., 1979 (DISP Nr. 52-53).

8.20   Sauer, J.-J.
        L'agriculture et l'Europe. – Lausanne: Centre de recherches européennes,
        1962. – pp. 81-114.

8.21   Schimanski, H.
        Die Auswirkungen der Bevölkerungspolitik auf die Bevölkerungsentwicklung
        in der Schweiz. – 1974.

8.22   Stalder, P.
        Die Auswirkungen der schweizerischen Fremdarbeiterpolitik auf die industriel-
        le Branchenstruktur; empirische Ergebnisse für die Bekleidungsindustrie: *Kon-
        junktur*, Institut für Wirtschaftsforschung der ETHZ, 3 (1979); pp. 18-26.

8.23   Valarché, J.
        La Suisse a-t-elle une politique de la population agricole?: *Revue économique
        et sociale* (1975) 1.

8.24   Valarché, J.
        L'effet de la politique agricole sur les structures agricoles suisses: *Revue écono-
        mique et sociale* (1978) 2.

8.25   Vers une nouvelle étape du développement économique régional: *Bulletin
        d'Information du Délégué aux Questions conjoncturelles*, Berne (1971) 1.

Etranger

8.26   Ganser, K.
        Die raumbedeutsamen Aussagen in den Regierungserklärungen von zwei
        hochentwickelten Industriestaaten: die Bundesrepublik Deutschland und
        Schweden: *Informationen zur Raumentwicklung*, Bundesforschungsanstalt
        Landeskunde und Raumordnung, Bonn-Bad-Godesberg (1977) 5.

8.27   Heide, H. ter.

Population redistribution policies in Western European countries. – The Hague: National physical planning agency, 1968 (Mimeographed paper).

8.28   Jennes, R. A.

Manpower mobility programs: a benefit-cost approach: paper delivered at the North-American Conference on cost-benefit analysis and manpower policies. – Madison, Wisc., May 1969.

8.29   Klaassen, L. H.; Drewe, P.

Government action to influence geographical labour mobility. – Paris: OCDE, 1970 (Working document, MAS (68) 11, MAS (69) 9).

8.30   Linder, W.; Maurer, U.; Resch, H.

Erzwungene Mobilität – Alternative zur Raumordnung, Stadtentwicklung und Verkehrspolitik. – Köln: Europäische Verlagsanstalt, 1975.

8.31   Zarka, C.

Les politiques visant à améliorer la mobilité des travailleurs dans quelques pays d'Europe occidentale: *Revue internationale du Travail* (1967) 6.

ANNEXE

NOMS ET INSTITUTIONS DE SPÉCIALISTES SUISSES
DE LA MOBILITÉ SPATIALE

N. Blattner	Institut d'économie appliquée
	Université de Bâle
K. Brändle	Sozialökonomisches Seminar
	Universität Zürich
C. Cuenoud	Office fédéral des questions conjoncturelles
	Berne
G. Furrer	Institut de géographie
	Université de Zurich
H. Furrler	Prognos AG
	Bâle
P. Fürter	Faculté des sciences de l'éducation
	Université de Genève
G. Fischer	Schweizerisches Institut für Aussenwirtschafts-, Struktur-
	und Marktforschung
	Universität St. Gallen
R. Frey	Université de Bâle
G. Gaudard	Université de Fribourg
R. Girod	Département de sociologie
	Université de Genève
P. Güller	Büro für Regional- und Entwicklungsplanung
	Zürich
R. Gurny	Soziologisches Institut
	Universität Zürich
F. Haag	Office fédéral de statistique
	Berne
M. Hagmann	Département d'économétrie
	Université de Genève
C. Hauser	Institut de géographie
	Université de Zurich

P. Heintz	Soziologisches Institut
	Universität Zürich
M. A. Henz	Metron AG, Brugg
H. J. Hoffmann-Nowotny	Soziologisches Institut
	Universität Zürich
P. Kappeler	Université de Berne
M. Lendi	Institut ORL
	ETH-Zurich
H. Lörtscher	Institut de recherches économiques
	EPF-Zurich
D. Maillat	Faculté de droit et des sciences économiques
	Université de Neuchâtel
A. Nydegger	Schweizerisches Institut für Aussenwirtschafts-, Struktur-
	und Marktforschung
	Université de Saint-Gall
M. J. Ötterli	Commission pour une conception globale suisse des
	transports
	Berne
J.-P. Pellaton	Faculté de droit et de sciences sociales
	Université de Neuchâtel
M. Pelli	Metron AG
	Brugg
J.-L. Piveteau	Institut de géographie
	Université de Fribourg
J.-B. Racine	Institut de géographie
	Université de Lausanne
C. Raffestin	Département de géographie
	Université de Genève
R. Ratti	Ufficio delle ricerche economiche
	Bellinzona
J.-P. Rey	Centrale pour le développement régional
	Berne
C. Ricq	Institut universitaire d'études européennes
	Genève
H. Ringli	Institut ORL
	ETH-Zurich
A. Rossi	Institut ORL
	ETH-Zurich
U. Roth	Université de Zurich
M. Schuler	Büro für Regional- und Entwicklungsplanung
	Zürich
P. Stalder	Institut de recherches économiques
	EPF-Zurich

H. Steffen	Office fédéral de statistique
	Berne
L. Thévoz	Communauté d'étude pour l'aménagement du territoire
	Lausanne
U. Windisch	Département de sociologie
	Université de Genève
H. Würgler	Institut für Wirtschaftsforschung
	ETH-Zürich
M. Wyss	Office fédéral de statistique
	Berne
W. Zingg	Institut für Sozioökonomie
	Universität Augsburg

Ouvrages de Michel Bassand

Jeunesse et Société (avec J. Kellerhals, B. Crettaz, P. Arnold), Payot, Lausanne, 1971

Urbanisation et Pouvoir politique, Librairie de l'Université, Genève, 1974

Développement urbain et Logement, Annales du C.E.R.E.S., Genève, 1974

Familles urbaines et Fécondité (avec J. Kellerhals), Librairie de l'Université, Genève, 1975

Un Essai de Démocratie culturelle (avec C. Lalive, P. Thoma), Lang, Berne, 1976

Les ambiguïtés de la Démocratie locale (avec J.-P. Fragnière), Georgi, Saint-Saphorin, 1976

Le Pouvoir dans la Ville (avec J.-P. Fragnière), Delta, Vevey, 1978

INDEX DES AUTEURS

ZUSAMMENFASSUNG

Einige allgemeine Perspektiven

1. Die räumliche Mobilität ergibt sich aus der Verschiedenartigkeit des Raumes. Sie ist demnach auch einer der Vorgänge, die unter anderem die Spezialisierung des Raumes bewirken. Wir haben immer wieder gesehen, dass sich die sozialen und ökonomischen Gruppen den Raum einer zeitbestimmten Art und Weise gemäss aneignen: *Zusammenballung* der industriellen Unternehmen *in den Städten* in der ansteigenden Phase der Industrialisierung; *Neuentfaltung* der industriellen Unternehmen *in den Randgebieten* der Städte und *Konzentration* der tertiären Unternehmen *in den Kernstädten* in den vorgerückten Phasen der Industrialisierung; gegenwärtig stellt man die Verlegung gewisser Produktionssektoren in schweizerische′ und ausländische Gebiete fest, wo zum Beispiel die Arbeitskräfte billiger sind. Diese Mobilität der Produktionsfaktoren zieht diejenige der Arbeitskräfte nach sich. Ähnlich verhält es sich mit der Wohnsiedlung, die sich gewissermassen unabhängig von den vorhergehenden Verlagerungen der Produktionsfaktoren gestaltet. In der Tat hat die Wohnstandortwahl, die sich vor allem auf Rendite und auf Lebensqualität abstützt und sich sozial, demografisch, ökonomisch und kulturell gliedert, ebenfalls räumliche Bevölkerungsbewegungen zur Folge. Die immer länger werdende Freizeit ermöglicht die Schaffung von Erholungszonen, die mehr oder weniger weit von den Arbeitsmärkten entfernt liegen; sie erzeugen ebenfalls räumliche Mobilität.

Kurz, auf Grund verschiedenster Faktoren spezialisiert sich der Raum im sozialen, ökonomischen, demografischen und kulturellen Sinn, und dies auf *internationaler, nationaler, regionaler wie lokaler Ebene. Durch die räumliche Mobilität erfolgte und erfolgt immer noch eine solche Spezialisierung. Aber dank der räumlichen Mobilität sind die spezialisierten Räume auch ineinander verflochten und können eine organische Einheit bilden.* Die räumliche Mobilität ist die absolute funktionelle Bedingung für das Entstehen der urbanisierten Gesellschaften. Ohne ein Grundfaktor zu sein, ist die räumliche Mobilität ein Vorgang, dank dessen der Gestaltungswandel des Raumes stattfinden kann; zugleich aber kann die neue räumliche Struktur durch sie tatsächlich funktionieren.

Es versteht sich von selbst, dass die räumliche Mobilität durch die zur Verfügung stehenden raschen und leistungsfähigen Transport- und Kommunikationsmittel erleichtert wird. Ihrerseits ermöglichen solche technologische Neuerungen weitere Entfaltungen der Wirtschaft und der Wohnsiedlungen. Die Vorort- und Landverstädterung sowie die Schaffung ausgedehnter touristischer Gebiete wäre ohne entsprechende Transport- und Kommunikationsmittel nicht möglich gewesen. Gleichermassen kann die öffentliche Hand durch ihre Politik die erwähnten räumlichen Bewegungen erleichtern, einschränken, oder auch ganz verunmöglichen.

2. Die vorliegende Studie zeigt und betont, dass die räumliche Mobilität mehrere Typen umfasst, wobei jeder Typ Besonderheiten bezüglich Distanz, Rückkehr oder Verbleiben am Zielort, Dauer, usw. aufweist. Manche andere Aspekte sind unterschiedlich, wie z. B. die arbeits-, wohnungs- und freizeitgebundenen Ursachen, die Folgen der Wanderung für den Migranten, für das Ziel- und Herkunftsgebiet.

Diese Unterschiede sind wichtig, weshalb die verschiedenen Typen besonders hervorgehoben werden, obwohl sie anderweitig vieles gemeinsam haben.

Es wäre nämlich falsch, die verschiedenen Mobilitätstypen getrennt und einzeln für sich zu betrachten, denn sehr oft, im Laufe der Zeit und auch gleichzeitig, verbinden, ergänzen, folgen, verketten, widersprechen sie sich, bilden sie ein *interdependentes System*. Dieser Vorschlag wird in der Folge anhand einiger Beispiele erläutert:

- Das ländliche Arbeitskraftpotential und die damit verbundene Landflucht decken nicht mehr die Bedürfnisse der Industrie und der Dienstleistungen ab: man wendet sich an ausländische Arbeitnehmer.
- Die halbverstädterten Zonen und die Zonen mit Einzelindustrie entleeren sich, die übrigbleibenden Einheimischen wollen gewisse Arbeiten nicht mehr ausführen. Folge: man wendet sich wiederum an ausländische Arbeitnehmer.
- Das Pendeln der Grenzgänger setzt für die Mehrheit von ihnen eine interregionale oder internationale Wanderung voraus.
- Neue Ansprüche in Bezug auf Wohnungsqualität und die damit verbundene Wohnmobilität erhöhen oft die Dauer und die Strecke der Pendelwanderungen.
- Ein Umzug bewirkt eine Kette anderer Umzüge, deren Länge je nach Qualität und Art der Wohnung wechselt.
- Für viele Pendler folgt den langen Wanderungen früher oder später ein Umzug; für andere vermag das Pendeln eine endgültige Wanderung zu ersetzen.
- Die Niederlassung gewisser sozialer Gruppen in einem gegebenen Wohnviertel vertreibt die ehemaligen Bewohner.

Diese Liste liesse sich sehr leicht verlängern.

Wenn es also gerechtfertigt ist, einen einzelnen räumlichen Mobilitätstyp zu studieren, um die verschiedenen Umstände der Wanderbewegungen zu verstehen und zu erklären, ist es falsch, diesen von den anderen Typen zu trennen, wie es auch falsch ist, die verschiedenen Mobilitätstypen nicht zu unterscheiden und ohne weiteres die gleiche Methodologie und die gleichen Forschungsmodelle anzuwenden.

Wenn die verschiedenen räumlichen Mobilitätstypen also ein System bilden, gilt dies auch für die anderen Formen der gesellschaftlichen Mobilität: soziale und berufliche Mobilität, Mobilität im Lebenszyklus, kulturelle Mobilität (Übergang von einer Kultur zur andern), Mobilität der Produktionsfaktoren. Es gibt zwischen der räumlichen Mobilität und den andern Mobilitätsformen vielfältige Verbindungen, deren Auflistung und Beschreibung den Rahmen dieser Zusammenfassung sprengen würden. Es zeigt sich auf jeden Fall, dass *ein Akteur sich beinahe nie nur räumlich bewegt.* Eine oder mehrere andere Mobilitätsformen gehen der räumlichen Bewegung voran, begleiten sie oder folgen ihr, sei es soziale, berufliche oder kulturelle Mobilität oder Mobilität im Lebenszyklus. *Vom Standpunkt des Akteurs aus enthält demnach die räumliche Mobilität ein Urteil über die Gesellschaft; sie entspricht seinem Willen, sich in dieser Gesellschaft eine Rolle und eine soziale Stellung zu schaffen.* Gleicherweise ist die räumliche Mobilität *nur ein Aspekt der Bewegung und des Wandels einer Gesellschaft.*

3. Es scheint wichtig, auf einen bereits im ersten Teil der Studie erwähnten Punkt zurückzukommen. Das Verständnis und die Erklärung der räumlichen Mobilität beanspruchen nicht nur eine Disziplin, sondern sämtliche Sozialwissenschaften: wir haben nachweisen können, dass die räumliche Mobilität soziale, demografische, ökonomische, politische und kulturelle Komponenten aufweist. Überdies sollen diese Disziplinen die mikrosoziale (oder psychosoziologische) und makrosoziale (oder strukturelle) Ebene der räumlichen Mobilität zusammen betrachten. So haben wir mehrmals zeigen können, dass die makrosozialen Veränderungen nicht immer unbedingt den Motivierungen, Bestrebungen und Entscheidungen der Akteure entsprechen, und diese sich nicht unbedingt den ersteren unterziehen. Öfters noch bringt das Bestreben der Akteure nach Befriedigung von Bedürfnissen der einen oder anderen Art ganz unerwartete strukturelle Zustände hervor: die Abneigung gegenüber den Fremdarbeitern, die mehr oder weniger starke Feindseligkeit gewisser Landbewohner gegenüber den Feriengästen (Kampf gegen die Zweitwohnungen der Stadtbewohner), usw. Ebenso haben strukturelle Massnahmen, die die Landflucht einschränken sollten (wie die Hilfe zur Rationalisierung der Landwirtschaft), oder strukturelle Massnahmen, die die Pendelbewegungen in den Stadtgebieten verringern sollten (wie die Dezentralisierung der Arbeitsplätze) in der Tat die Beschleunigung der Wanderungen zur Folge. Kurz, es gibt kein umfassendes Verständnis der räumlichen Mobilität, wenn nicht die mikrosoziale und makrosoziale Ebene gemeinsam in Betracht gezogen werden.

Bewertung der Forschungen in der Schweiz

Die Publikationen über die räumliche Mobilität in der Schweiz sind zahlreich, viel zahlreicher als anfänglich vermutet. Diese erste Feststellung erfordert zwei Bemerkungen:

Erstens wurden die Forschungsaufwände sehr ungleich verteilt. Die Studien über die Ausländereinwanderung und über die interregionalen Wanderungen (Landflucht, interstädtische Wanderung, Stadtflucht) sind zahlreich, während sich jene über Wohnwanderungen zum Beispiel an den Fingern einer Hand zählen.

Zweitens ist die Anzahl der Untersuchungen nicht ausschlaggebend. Welche räumliche Mobilitätstypen es auch betreffe, *Arbeiten von nationaler Bedeutung* sind selten. Der Grossteil der Publikationen besteht entweder aus monoregionalen Forschungen oder aus allgemeinen Abhandlungen ohne empirische Studien. Von den sechs räumlichen Mobilitätstypen wurde einzig die Ausländereinwanderung *relativ* vollständig behandelt, d.h. unter den verschiedenen Aspekten, die im ersten Teil dieses Berichtes behandelt werden. Die Erforschung der anderen räumlichen Mobilitätstypen existiert nur teilweise und ist eher bescheiden entwickelt. Entweder sind die Daten veraltet, nur monoregional, die Erforschung ist die Sache von nur wenigen Disziplinen, oder letztere behandeln nur einige Aspekte des Vorgangs, oder dann kumulieren sich alle diese Lücken.

Wenn wir aber mit Nachdruck auf diese Lücken hinweisen, heisst das nicht, dass wir das Interesse der monoregionalen Forschungen oder der allgemeinen Abhandlungen unterschätzen, ganz im Gegenteil. Aber für eine umfassende Forschung über ein gegebenes Thema müssen diese Studien durch wissenschaftliche Arbeiten von nationaler Bedeutung ergänzt werden.